필자

이현희(李賢熙, Lee, Hyeon-Hie) 서울대학교 국어국문학과 교수
이영경(李玲景, Lee, Yeong-Gyeong) 가톨릭관동대학교 국어교육과 조교수
김한결(金한결, Kim, Han-Gyul) 현재 한국방송통신대학교 국어국문학과 조교
김민지(金敏智, Kim, Min-Ji) 서울대학교 국어국문학과 박사 수료
이상훈(李相勳, Lee, Sang-Hoon) 서울대학교 국어국문학과 박사 수료
백채원(白采媛, Baek, Chae-Won) 서울대학교 국어국문학과 박사 수료

근대 한국어 시기의 언어관·문자관 연구

초판발행 2014년 5월 25일 **초판2쇄발행** 2015년 8월 30일
지은이 이현희·이영경·김한결·김민지·이상훈·백채원 **펴낸이** 박성모 **펴낸곳** 소명출판 **출판등록** 제13-522호
주소 서울시 서초구 서초동 1621-18 란빌딩 1층
전화 02-585-7840 **팩스** 02-585-7848 **전자우편** somyong@korea.com **홈페이지** www.somyong.co.kr

값 26,000원
ISBN 978-89-5626-994-8 93710
ⓒ 이현희·이영경·김한결·김민지·이상훈·백채원, 2014

이 저서는 2008년 정부(교육과학기술부)의 재원으로 한국연구재단의 연구지원을 받아 수행된 연구임
(NRF-2008-361-A00007)

규장각학술총서
07

근대 한국어 시기의 언어관·문자관 연구

A Study on The Perspectives of Language and Letters in Modern Korean Period

이현희 · 이영경 · 김한결 · 김민지 · 이상훈 · 백채원

소명출판

조선이 중화사상을 바탕으로 한 이원적 어문 구도 속에서 독특한 문자생활을 영위해 왔음은 주지의 사실이다. 중국어를 중심에 두고 국어를 그 지역어의 하나로 인식하는 '아(雅)・속(俗)'의 언어관 속에서 구어와 문어가 일치하지 않는 이원적 어문 생활을 체현해야 했던 조선의 지식인들은 근본적으로 언어와 어문생활에 대한 깊은 성찰을 할 수밖에 없었다.

이러한 성찰은 조선 후기 들어 한층 심화되고 치열해진다. 한글 창제와 구어에 밀착한 언문의 빠르고 광범위한 확산이 어문에 대한 관심을 더욱 촉발하는 요인이 되면서, 조선 후기에는 어문과 관련한 다양한 담론들이 등장하고 그 학문적 연구도 활발히 이루어졌다. 그런 가운데 문자생활에서는 당시의 어문관이 반영된 정책적인 문자 행위와, 실생활 속에서 자연스럽게 이루어지는 문자 행위가 복합적으로 얽히면서 한문과 언문, 이두문까지 가세한 복잡한 다이글로시아 양상이 전개되었다. 소위 문명사적 전환기인 조선 후기는 언어적으로도 매우 역동적인 변화의 시기였던 것이다.

이 책은 이러한 조선 후기의 역동적인 언어 상황을 종합적으로 조명해 보는 데 목적이 있다. 17세기부터 개화기 이전까지 근대 한국어 시기에 나타났던 언어와 문자에 대한 다양한 인식을 알아보고, 그러한 인식하에 이루어진 실제 문자 사용의 양상을 유기적으로 고찰해 보고자 하였다. 이를 위해 이 책은 다음과 같은 내용으로 구성하였다.

제1장에서는 먼저 기초적인 논의로서 중세 한국어 시기의 언어·문자관을 일별한 후, 근대 한국어 시기의 어문관과 문자생활을 개관하고 그 특징적인 면면들을 소개하였다.

제2장에서는 근대 한국어 시기의 언어관에 대해 논의하였다. 조선 후기의 지식인들이 중국어와 자국어에 대해서 어떠한 생각을 가지고 있었는지, 음성 언어와 문자 언어의 관계에 대한 생각은 어떠했는지를 포괄적으로 살펴보고, 보다 세부적으로 한자음에 대한 인식, 문법 및 어휘에 대한 인식은 어떠하였는지를 고찰하였다.

제3장에서는 근대 한국어 시기의 문자관에 대해 논의하였다. 조선 후기 지식인들이 당대에 사용된 문자, 즉 한문과 언문, 이두문에 대해 어떠한 인식을 가지고 있었는지 알아보고, 아울러 어문 생활에 있어서 말과 문자의 관계를 어떻게 인식하고 있었는지에 대해서 살펴보았다.

제4장에서는 근대 한국어 시기의 다중적 문자 사용 양상에 대해 조명하였다. 한문과 언문, 이두문이 형성하는 다중적 문자 사용 양상을 다양한 언어 자료와 저작물들을 통해 실증적으로 고찰하였다.

이 책은 규장각한국학연구원 인문한국사업단의 지원으로, 이 분야에 관심을 가지고 있는 이영경, 김민지, 김한결, 백채원, 이상훈의 다섯 명의 연구자가 이현희 선생님을 모시고 정기적인 집담회를 가지면서 연구를 진행해 온 결과물이다. 책의 집필은 제1장은 이현희 선생님께서 맡으셨고, 제2장은 김한결, 김민지가, 제3장은 이상훈, 백채원이, 제4장은 이영경이 맡아서 진행하였다.

근대 한국어 시기의 어문관에 대해서는 최근 들어 많은 연구 성과들이 나오고 있다. 이 책이 이러한 풍부한 논의들 가운데 또 하나의 의미 있는 성과가 되기를 희망한다.

2014년 5월 22일
집필자들을 대신하여 이영경 쓰다

| 차례 |

제1장 개관

이현희

머리말

잘 알려져 있다시피, 세계 문명의 발생지는 정치·문화의 중심부였으며 그 주변부의 여러 민족을 거느리는 입장에 있었다. 그 중심부와 주변부는 모든 면에서 普遍性(the cosmopolitan)과 地域性(the vernacular)의 二項對立的인 관계를 가지고 있었다. 이는 정치적인 상황 외에, 언어생활과 문자생활에서도 두드러지게 나타났다.

그리스·로마 문명을 이어받은 중세유럽에서는 라틴어가 보편어(the cosmopolitan)의 역할을 하였으며 이는 '神聖語(sacred language)'요 '眞理語(truth language)'로서(Anderson 1983) 通俗語(vulgar language)인 유럽諸

國의 지역어(the vernacular)에 대해 지배적인 위치에 있었다.[1] 이러한 상황은 中華文明圈에서도 동일하게 나타났다. 文書語로서의 '漢文' 또는 '文言'[2]과 隣近諸國의 口頭語로서의 지역어(우리의 관심사인 한국어 역시)[3]가 '雅 / 俗'의 이항대립적인 관계를 가지고 있었던 것이다.

한국에서는 일찍부터 지리적으로 문명의 주변부에 있음을 명확히 인식하고 있었으며 언어적으로 문명 중심부의 언어와 다른 언어를 사용하고 있음을 명확히 인식하고 있었다. '東國, 東方'으로 대표되는 지리적인 상대적 표현은 그러한 周邊部性을 단적으로 드러낸다.[4] '方言·鄕語·國語'[5] 등으로 대표되는 언어적인 상대적 표현도 그러한 周邊

---

1 'the cosmopolitan (language)'과 'the vernacular (language)'의 이항대립적인 관계를 표현하는 용어는 '공통어 / 개별어', '공동어 / 민족어', '보편어 / 지역어' 등으로 다양한 번역어를 보였다. 이 글에서는 '보편어 / 지역어'라는 번역어를 받아들이기로 한다. 보편어 가운데 특히 普遍文語는 漢文·산스크리트어·아랍어·라틴어 등이 두드러졌다.

2 시대가 흐른 뒤에는 '吏文'이 외교문서에 쓰이기도 하였다.

3 이들은 '方言, 方語, 鄕語, 鄕言, 國語, 國言' 등 다양한 표현에 의해 지칭되었다.

4 만주족에 의해 청나라가 중국대륙을 지배하게 된 뒤 한동안은 조선과 일본에서 自國中心主義가 극명하게 대두되어 朝鮮中華主義, 日本型 華夷觀 등이 나타나게 되었다. 전통적인 華夷觀이 무너지고 각 나라마다 그 지역 내의 '小中華'를 자처하는, 흔히 말하는 바의 '華夷變態'的 상황이 전개된 것이다. 일본에서는 그러한 전통이 이른바 '國學'에 그대로 이어져 갔으나 조선에서는 북경을 다녀온 사신단과 수행원들이 오랑캐인 만주족이 너무나 휘황찬란한 문명을 유지하고 있는 상황을 직접 목도하고서는 조선중화주의와 북학론 사이에서 갈등하는 양상을 보이게 되었다.

5 '國語'가 우리가 이미 잘 아는 바의 절대적인 개념을 가지는 것으로 사용되는 것은 당연하지만, 그 외에 상대적인 개념을 가지는 것으로도 사용되기도 한다는 점은 약간의 설명이 필요할 것이다. "이제 우리 聖上이 (⋯중략⋯) 親히 입겻 一定ᄒ시고 儒臣 韓繼禧를 命ᄒ샤 國語로 飜譯ᄒ시고(今我聖上이 (⋯중략⋯) 親定口訣ᄒ시고 命儒臣 韓繼禧ᄒ샤 譯以國語ᄒ시고)"(『金剛經諺解』, 「孝寧大君跋(2)」)나 "고유어음[國語]에서는 溪母가 많이 쓰이지만, 한자음에서는 '夬'음 하나뿐이니, 이는 더욱 우스운 일이다.(國語多用溪母, 而字音則獨夬之一音而已, 此尤可笑者也)"(『東國正韻』, 「申叔舟序」)의 '國語'가 절대적인 개념을 가지고 있는 것이라고 한다면, "上以本國語音, 與華語雖殊, 其牙舌脣齒喉淸濁高下, 未嘗不與中國同, 列國皆有國音之文, 以記國語, 獨我國無之, 御製諺文字母二十八字."(『保閑齋集』 卷11, 姜希孟 撰「行狀」)나 "四詩의 악보를 정하니 風·雅·頌을 악장에 맞게 하였고, 세 나라 역사의 잘못을 바로잡으니 遼

部性을 잘 보인다. 이러한 지리적·언어적 상대성은 그 雅·俗의 두 존재가 결코 동일화될 수 없음을 전제로 하고 있었다. 특히 언어의 차원에서 '同語'는 원리적으로 불가능하기 때문에[6] '通語'가 대단히 중요한 지위를 차지하게 된 것이다.

그러나 보편문어의 글자인 漢字로 씌어지는 글은, 즉 文書語로서의 普遍文語는 노력만 하면 동일화시킬 수 있는 것이었다. '通文'의 수준뿐만 아니라 노력만 하면 한 걸음 더 나아가 '同文'[7]의 수준까지 가능하

· 金·元의 國語를 번역하였다.(四詩定譜, 叶風雅頌於樂章, 三史糾訛, 譯遼 金 元之 國語.)"[『正祖實錄』卷51, 23년(1799) 5월 27일]의 '國語'는 상대적인 개념을 가진다고 할 것인바, '본국어, 자국어'의 의미를 가지는 것으로 파악하여야 할 것이다.

6 실학시대에 조선어를 버리고 漢語, 즉 중국어만 쓰기를 주장한 朴齊家, 李喜經, 尹行恁 등 일부 학자들의 견해에 대하여는 이 글에서 구체적으로 살펴보지 않으나, 제2절에서 16세기 말과 17세기 초에 걸쳐 그와 유사한 견해를 피력한 柳夢寅의 한시 「方言歎」과 윤행임의 견해만 한정적으로 살펴볼 것이다. 한자음을 중국음으로 해야 한다는 생각이 나타나기도 하였다. 柳馨遠(1622~1673)은 "지금은 한어를 아는 문관들이란 전혀 없다. 만일 장헌대왕의 뜻을 받들어 낙후한 문화를 고치려면 백성들이 하는 말을 갑자기 변화시키기 어려우므로 모든 문자는 중국 음을 따르며 선비 자제들이 학습하는 경서의 언해는 洪武譯音(洪武正韻의 飜譯이다)으로써 암송하게 할 것이다. 이와 같이 한다면 말은 비록 다르더라도 문자의 음만은 동일하게 될 것이다. (이렇게 하면 그 언어의 절반은 이해할 것이다.)[今則文官之通漢語者 絶無矣 如欲追先王之志 而變夷爲夏 卽民間言語 縱難一變 凡諸文字 皆從華音 士子所習經書 諺解 一以洪武譯音 (卽洪武正韻翻譯) 使之講誦 如此則言語雖異 字音則同也 (如此則 其於言語 亦思過半矣)]"(『磻溪隨錄』卷25「續篇上」「言語」)라 한 바 있고, 徐命膺 (1716~1786)은 "전승해 오는 우리나라 한자음이 중국과 달라서 중국 한자음이 되도록 하기 위하여 그렇게 된 것입니다. 세종조 때 우리말을 고치고자 하여 대개 開座에서 반드시 먼저 우리말 사용을 금하였으므로 민간에서 어느 정도 중국 한자음과 같게 되었는데, 그 뒤 그만 두게 되어 지금에 이르기까지 (중국 한자음으로) 변하지 않았으니 가히 통탄할 만합니다[命膺曰, 俗傳邦音, 異於中國, 故欲爲中國而然矣. 世宗朝欲變方言, 凡於開座, 必先禁方言, 以此民間, 幾爲華音矣, 厥後廢却, 故至今不變, 可勝歎哉!]"(『승정원일기』 영조 46년(1770) 윤5월 22일)라 하였다. 서명응이 세종조 때 조선어를 고치고자 하여 조선어 사용을 금하였다고 한 말은 사실과 다르다. 세종 24년(1442)에 역관들의 중국어 실력을 提高하기 위하여 司譯院 내에서의 조선어 사용이 금지되고 중국말만 사용된 적이 있었을 뿐이다("1. 사역원 안에서는 향어(鄕語)를 사용하는 것을 일절 금지한다는 명령이 이미 내려 있는데[一, 司譯院中, 一禁 鄕語, 已有着令]"(『世宗實錄』卷97, 24년 8월 1일) 참조).

였던 것이다.

漢字音을 自國音化하여 소화·수용한 韓國·日本·越南에서는 漢字音·漢文·自國語 사이에서 발생하는 雅·俗의 문제를 인식하고 그 모순을 극복하기 위하여 오랜 기간 동안 치열한 노력을 기울이게 되었다. 특히 한문만으로 자국어를 기록한 것이 아니라 그와 다른 방법으로도 자국어를 기록할 수 있게 된 상황에서는(특히 자국문자를 창제해 낸 조선에서는) 이 雅·俗의 문제가 近現代가 될 때까지 끊임없이 각축을 벌이고 갈등을 일으키게 된 것이다.

이 제1장에서는 제1절에서 중세 한국어 시기의 어문관을 개략적으로 살펴봄으로써 공동연구원들이 제2장 이후 근대 한국어 시기의 언어·문자관을 구체적으로 살펴 고찰하는 디딤돌을 마련해 두고자 한다. 이 글의 제2절에서는 근대 한국어 시기의 어문관을 간략하게 살펴본다. 제3절에서는 조선시대에 漢文·吏讀文·諺文으로 이루어진 문자생활 및 그들 상호간의 번역양상에 대한 개관을 행함으로써 이 제1장이 이 글 전체의 서론 및 개관의 역할을 다하는 것으로 만들기로 한다.

---

7 '同文'이 "글이 동일함"이나 "동일한 글"의 의미가 아니라 간혹 보편문어(공동문어), 즉 한문을 가리키는 것으로 사용되기도 하나, 여기서는 전자의 것으로 사용하였다. '同文'이 "보편문어인 한문"을 가리키는 예는 "則漢文亞東之同文, 而國文二字, 亦漢字也."(元泳義, 「序」, 『蒙學漢文初階』, 中央書館, 1907)의 '同文'에서 살필 수 있다. 잘 알려져 있다시피, '同文'은 秦의 중국 통일로 인해 천하의 문물제도도 통일되었음을 표현한 『中庸』의 한 구절 "今天下, 車同軌, 書同文, 行同倫"에서 비롯한다.

1. 중세 한국어 시기의 어문관

1) 중세 한국어 시기의 언어관

중세 한국어 시기의 언어관은 이미 중국에서 나타난 바 있는 이른바 '風土說'이 대표적이라고 할 것이다. 먼저 『訓民正音』해례(1446)에 들어 있는 「鄭麟趾序」의 앞부분을 살펴보기로 한다.

① 천지 자연의 소리가 있으면 반드시 천지자연의 글자도 있는 법이다. 그러한 까닭에 옛사람들은 소리에 따라 글자 (체계)를 만들고 이로써 만물의 뜻을 능히 꿰뚫고 三才의 도를 실었으니, 후세의 사람들이 바꿀 수 없다. 그러나 四方의 風土는 서로 다르고, 소리의 기운 또한 그에 따라 달라진다. 대개 중국 이외의 나랏말은 그 소리는 있으나, 그 글자가 없다. 중국의 글자를 빌려서 널리 쓰고 있으나, 이는 둥근 구멍에 모난 자루를 끼운 것과 같이 서로 어긋나는 일이므로, 어찌 능히 통하여 막힘이 없겠는가? 요컨대 다 각각 그 처한 바에 따라 편안하게 해야 하지 억지로 같게 할 수는 없다. [天地自然之聲 則必有天地自然之文 所以古人因聲制字 以通萬物之情 以載三才之道 而後世不能易也 然四方風土區別(入) 聲氣亦隨而異焉 蓋外國之語 有其聲而無其字 假中國之字以通其用 是猶枘鑿之鉏鋙也 豈能達而無礙乎 要(去)皆各隨所處(上)而安 不可强(上)之使同也.] (『訓民正音』해례「鄭麟趾 序」)(밑줄－인용자. 이하 동일함.)

사방 풍토가 다르면 소리의 기운도 달라지니, 그 있는 곳에 따라 편안해지게 할 것이지 억지로 같아지게 해서는 안 된다는 것이다. 이 인용문에서도 문자의 유무에서 차이를 보이는, 중심부인 '中國'과 주변부인 '外國'의 대립항을 살필 수 있다. 조선도 이 '外國'의 하나에 속한다는 사실은 더 말할 나위가 없을 것이다.

유사한 생각을 『東國正韻』(1447)의 「申叔舟序」에서도 찾아볼 수 있다.

② 대저 音이 다르고 같음이 있는 것이 아니라 사람이 다르고 같음이 있고, 사람이 다르고 같음이 있는 것이 아니라 지방이 다르고 같음이 있나니, 대개 地勢가 다름으로써 풍습과 기질이 다르며, 풍습과 기질이 다름으로써 호흡하는 것이 다르니, 東南 지방의 이[齒]와 입술의 움직임과 西北 지방의 볼과 목구멍의 움직임이 이런 것이어서, 드디어 문서로써는 비록 통할지라도 聲音으로는 같지 않게 된다. 우리나라는 안팎 강산이 자작으로 한 구역이 되어 풍습과 기질이 이미 중국과 다르니, 호흡이 어찌 중국음과 서로 합치될 것이랴! [夫音非有異同 人有異同 人非有異同 方有異同 蓋以地勢別而風氣殊 風氣殊而呼吸異 東南之齒唇 西北之頰喉是已 遂使文軌雖通 聲音不同焉 吾東方表裏山河 自爲一區 風氣已殊於中國 呼吸豈與華音相合歟] (『東國正韻』「申叔舟序」)

이러한 풍토설은 근대 한국어 시기뿐 아니라 1900년대 초반의 글에서까지 살필 수 있다. 다음은 趙翼(1579~1655)의 「三經字音序」의 앞부분과 周時經(1876~1914)의 「大韓國語文法跋文」(1906)의 맨 앞부분이다.

③ ㉠ 우리나라의 언어는 중국과 달라서 文字나 聲音이 자연 모두 같지 않으니, 이는 風氣와 土俗이 그렇게 만든 것이다. 그렇긴 하지만 그 성음에

는 본래 倫類에 따른 법칙이 있게 마련이니, 같지 않은 성음을 같게 만들 수는 없다고 할지라도, 법칙이 있는 것은 또한 서로 뒤섞이지 않게 해야 할 것이다. [我國言語與中國異 文字聲音自皆不同 此風氣土俗之使然也 然其聲音本有倫類之則 其不同者雖不可同 其有則者亦不可相亂也.] (趙翼, 『蒲渚先生集』卷26 「三經字音序」)

　　ⓛ 地球上에 陸地가 天然으로 난호여 五大洲가 되고 五大洲가 쏘 天然으로 난호여 여러 나라 境界가 되니 人種도 이를 짜라 黃白黑紅赤으로 난호여 五大種이 되고 五大種이 쏘 난호여 그 居位ᄒᆞ는 句域대로 各各 닯은지라 그 天然의 境界와 人種의 各異홈을 짜라 그 水土風氣의 禀賦더로 각〻 그 人種이 쳐음으로 싱길 째붙어 自然 發音되어 그 곱으로 物件을 일홈ᄒᆞ고 意思를 표ᄒᆞ여 次〻 그 社會에 通用ᄒᆞ는 말이 되고 그 말에 合當ᄒᆞᆫ 文字를 지어 쓰며 或은 그 말은 相關업시 物件과 意思를 表ᄒᆞ는 文字를 特別이 만들어 쓰니 이는 곳 埃及에 埃及 말과 글이 잇고 羅典에 羅典 말과 글이 잇고 亞拉에 亞拉 말과 글이 잇고 波斯에 波斯 말과 글이 잇고 印度에 印度 말과 글이 잇고 蒙古에 蒙古 말과 글이 잇고 馬耒에 馬耒 말과 글이 잇고 支那에 支那 말과 글이 잇고 滿洲에 滿洲 말과 글이 잇고 日本에 日本 말과 글이 잇고 우리나라에 우리나라 말과 글이 잇슴과 ᄀᆞᆮ은 것들이니 이러케 그 말과 글이 각〻 ᄀᆞᆮ지 안이흔지라 (주시경, 「대한국어문법발문」, 『國文講義』)

이 풍토설이라는 언어관은 조선의 전 시기에 걸쳐 보편적인 언어관으로 작동하고 있었다고 할 것이다.

16세기 崔世珍의 언어관을 살펴보는 것도 의미가 있을 것으로 생각된다. 그의 「飜譯老乞大朴通事凡例(漢訓諺字皆從俗撰字旁之點亦依鄕語)」는 『四聲通解』(1517)에 실려 있는바, 당대 언어에 대한 매우 소중한 증언을 많이 담고 있다. 이 범례 제목의 협주에 들어 있는 용어들만 해도 심상치 않아 보인다. 漢訓·諺字·俗撰字·字旁之點·鄕語 등등, 하나하나 잘 해석하고 음미해 보아야 할 용어들이다. 이 범례에는 國音·漢音·諺音·旁點(漢字下諺音之點)·非ᄫ奉ᄤ微ᄝ三母·淸濁聲勢之辨·ᄝᄫ爲終聲[8]·正俗音·支紙寘三韻內齒音諸字의 9개조가 담겨 있다. 여기서는 그중 맨 처음의 '國音'條만 들어 살펴보기로 한다.

④ 國音은 무릇 평음과 측음이 있나니, 평음은 슬프면서도 편안하고, 측음은 둘이 있나니 '齒'자의 발음처럼 거세고 들리는 것이고 '位'자의 발음처럼 곧고 높은 것이 있다. 슬프면서도 편안한 것은 평성이고, 거세고 들리는 것은 (상성이며), 곧고 높은 것은 거성과 입성이다. 그러므로 우리나라 時俗의 말에 평성은 점이 없으며 상성은 점이 둘이고 거성과 입성은 점이 하나이다. 이제 反譯(=音注)에서 한자 아래 오른쪽의 諺音은 아울러 우리 고유어의 고저에 의거하여 점을 가하였다. 단지 『通攷』안의 漢音은 글자 옆의 점이 비록 이와 같다 하더라도 그 소리의 고저는 조선어와 중국어가 같지 않음이 있다. 자세한 것은 「旁點條」를 보라. [國音 凡本國語音 有平有仄 平音哀而安 仄音有二焉 有厲而擧 如齒字之呼者 有直而高 如位字之呼者 哀而安者 爲平聲 厲而擧者 (爲上聲),[9] 直而高者 爲去聲 爲入聲 故國俗言語 平聲無點 上聲二點 去國('聲'의 오자─인용자)入聲一點 今之反譯漢字下在左諺音 並依國語高低 而加點焉 但通攷內漢音字旁之點 雖與此

---

8 東國正韻式 漢字音에서 끝부분이 'ᄝ'으로 되어 있는 요소를 한자음의 終聲이 아니라고 하는 견해가 있다. 예컨대 '要'의 음 'ᄋᆜᇢ'의 'ᄝ'이 종성이 아니라는 것이다. 그러나 여기서 우리는 'ᄝ, ᄫ'을 종성이라 표현한 최세진의 견해를 경청할 필요가 있을 것이다. 물론 최세진은 한자음 표기에서 'ᄋᆜᇢ'식의 표기를 하지 말고 '얘'식의 표기를 행해야 함을 주장하고서 실제로 그렇게 표기하였다.
9 '爲上聲'이 빠져 있다.

同 而其聲之高低 則鄉漢有不同焉 詳見旁點條.] (崔世珍,『四聲通解』「飜譯
老乞大朴通事凡例」)

　여기만 해도 매우 중요한 개념어들이 많이 포함되어 있다. '國音'은
한국 한자음, '漢音'은 중국 한자음, '諺音'은 諺文(한글)으로 표기해 놓
은 음[10]을 의미한다. '本國語音', '國俗言語', '鄉語', '國語'는 다 한국어
와 관련된 것들이다. 이미 15세기 문헌에도 '國語'라는 용어가 사용되
었었는데, 여기서도 그것을 살필 수 있다. 최세진은 '國語'는 조선의 고
유어를,[11] '鄉語'는 고유어와 한자어를 다 포함한, 총체적인 조선어를
가리키는 것으로 사용하였다. '鄉漢'이라는 대립항(조선어와 중국어)의
제시도 매우 흥미롭다.
　참조삼아, 최세진의 『訓蒙字會』(1527)에도 '國語'가 5회 사용되었는
데 그것들을 아래에 들기로 한다.

　　⑤ [艸+婆] 박핫 파 國語又呼영싱 (상 15ㄱ)
　　姑 아ᄌᆞ미 고 父之姉妹曰 又 娘又夫之母曰 國語할미 고 (상 31ㄴ)
　　寢 몸채 침 正寢又臥也國語잘 침 (중 5ㄱ)
　　門 문 문 俗呼 子在外爲門國語오래 문 (중 7ㄱ)
　　舵 밋 타 國語又呼치亦作柁 (중 12ㄴ)

10　한자 아래에 언문(한글)으로 표기해 둔 음인데, 그것은 한국 한자음일 수도 있고, 중
　　국 한자음일 수도 있다. 이 범례에서는 '反譯(=飜譯)'이라는 용어로써 "음을 표기함",
　　즉 音注를 의미하였다. '飜譯老乞大朴通事凡例'의 '飜譯'도 동일한 의미를 가진다. 이
　　런 점에서 우리 학계에서 16세기 초에 최세진이 관여한 '老乞大', '朴通事' 언해본의
　　書名을 '飜譯老乞大'와 '飜譯朴通事'로 불러 온 점은 반성되어야 할 것이다.
11　실학시대에 朴趾源 등이 사용한 '國語'도 조선의 고유어를 의미하는 데 쓰였다.

이곳의 '國語'도 조선의 고유어를 뜻한다.[12] 위의 예 두 번째에 나열된 "姑"의 "아즈미"도 고유어이지만, 그것이 "夫之母曰姑"일 경우에는 "아즈미"에 해당하는 것이 아니라 고유어 "할미"에 해당한다는 것이다. "寢"은 명사로서는 "正寢"의 의미를 가지는 고유어 "몸채"의 의미를 가지지만, 동사로서는 "臥也"의 의미를 가지는데 고유어로는 "자다"에 해당한다는 것이다.

2) 중세 한국어 시기의 문자관

이제 중세 한국어 시기의 문자관에 대하여 살펴보기로 한다. 역시 『訓民正音』해례의 「鄭麟趾序」의 일부를 먼저 살펴보기로 한다.

⑥ 우리 동방은 예악과 문물이 거의 중국에 버금되나, 단지 말은 그와 같지 않아 글을 배우는 사람은 그 뜻이 통하기 어려움을 근심하고, 옥을 다스리는 사람은 그 곡절이 통하기 어려움을 병되게 여겼다. 옛날 신라의 설총이 비로소 이두를 만들어 관부와 백성 사이에서 지금까지 행해 온다. 그러나 한자를 빌려 쓰니 혹은 꺽꺽하고 혹은 막혀서 비루하고 근거 없을뿐더러 말의 사이에 이르러서도 1/10,000도 도달할 수 없었다. [吾東方禮樂文章侔擬華夏 但方言俚語 不與之同 學書者患其旨趣(去)之難曉 治(平)獄者病其曲折之難通 昔新羅薛聰 始作吏讀(去) 官府民間 至今行之 然皆假字而用 或澁或窒 非但鄙陋無稽而已 至於言語之間 則不能達其萬一焉.] (『訓民正音』해례 「鄭麟趾序」)

---

12 '國語'와 관련하여, 『훈몽자회』에서 "國 나라 국 大曰_小曰邦"(중1ㄱ)이라고 한 기록도 참조할 만하다.

조선이 문화적으로는 중국과 대등하나, 언어는 달라 學問・刑政面에서 어려움이 있다는 것이다. 吏讀를 통하여 그 어려움을 풀 수도 있으나 비루하고 꺽꺽하여 意思의 1/10,000도 제대로 전달할 수 없다고 하여 새 문자의 필요성을 강조하고 있다.[13]

그에 비하여 崔萬理 등의 갑자상소문에서는 이두의 효용성을 강조하고 있어 큰 차이를 보인다. 다음은 그 상소문의 세 번째와 네 번째 조목들이다. 장황하지만 그 전문을 다 들기로 한다.

⑦ 一. 신라 薛聰의 吏讀는 비록 야비한 俚言이오나, 모두 중국에서 통행하는 글자를 빌려 語助에 사용하였기에, 원래 문자(=한자)와 서로 분리된 것이 아니므로, 비록 胥吏나 僕隷의 무리에 이르기까지라도 반드시 익히려 하면, 먼저 몇 가지 글을 읽어서 대강 문자(한자)를 알게 된 연후라야 이두를 쓰게 되옵는데, 이두를 쓰는 자는 모름지기 문자(한자)에 의거하여야 능히 의사를 통하게 되기 때문에, 이두로 인하여 문자(한자)를 알게 되는 자가 자못 많사오니, 또한 학문을 흥기시키는 데에 한 도움이 되었습니다. 만약 우리나라가 원래부터 문자를 알지 못하여 結繩하는 세대라면 우선 諺文을 빌려서 한때의 사용에 이바지하는 것은 오히려 가할 것입니다. 그래도 바른 의논을 고집하는 자는 반드시 말하기를, '언문을 시행하여 임시방편을 하는 것보다는 차라리 더디고 느릴지라도 중국에서 통용하는 문자를 습득하여 길고 오랜 계책을 삼는 것만 같지 못하다'고 할 것입니다. 하물며 이두는 시행한 지 수천 년이나 되어 簿書나 期會 등의 일에 防礙됨이 없사온데, 어찌 예로부터 시행하던 폐단 없는 글을 고쳐서 따로 야비하고 상스

---

13 그러나 한자・한문의 불필요성에 대한 언급은 전혀 없다는 점을 새삼스레 강조해
둘 필요가 있을 것이다.

러운 무익한 글자를 창조하시나이까. 만약에 언문을 시행하오면 구실아치 된 자가 오로지 언문만을 습득하고 학문하는 문자를 돌보지 않아서 吏員이 둘로 나뉘어질 것이옵니다. 진실로 구실아치 된 자가 언문을 배워 통달한다면, 後進이 모두 이러한 것을 보고 생각하기를, 27자의 언문으로도 족히 세상에 立身할 수 있다고 할 것이오니, 무엇 때문에 苦心勞思하여 性理의 학문을 궁리하려 하겠습니까. 이렇게 되오면 수십 년 후에는 문자(한자)를 아는 자가 반드시 적어져서, 비록 언문으로써 능히 吏事를 집행한다 할지라도, 성현의 문자(문헌)를 알지 못하고 배우지 않아서 담을 대하는 것처럼 사리의 옳고 그름에 어두울 것이오니, 언문에만 능숙한들 장차 무엇에 쓸 것이옵니까. 우리나라에서 오래 쌓아 내려온 右文의 교화가 점차로 땅을 쓸어버린 듯이 없어질까 두렵습니다. 전에는 이두가 비록 문자(한자) 밖의 것이 아닐지라도 유식한 사람은 오히려 야비하게 여겨 吏文으로써 바꾸려고 생각하였는데, 더욱이 언문은 문자(한자)와 조금도 관련됨이 없고 오로지 시골의 상말을 쓴 것입니다. 가령 언문이 前朝 때부터 있었다 하여도 오늘의 문명한 정치에 變魯至道하려는 뜻으로서 오히려 그대로 물려받을 수 있겠습니까. 반드시 고쳐 새롭게 하자고 의논하는 자가 있을 것으로서 이는 환하게 알 수 있는 이치이옵니다. 옛 것을 싫어하고 새 것을 좋아하는 것은 고금에 통한 우환이온데, 이번의 언문은 새롭고 기이한 한 가지 技藝에 지나지 못한 것으로서, 학문에 방해됨이 있고 정치에 유익함이 없으므로, 아무리 되풀이하여 생각하여도 그 옳은 것을 볼 수 없사옵니다. [一 新羅薛聰吏讀 雖爲鄙俚 然皆借中國通行之字 施於語助 與文字元不相離 故雖至胥吏僕隸之徒 必欲習之 先讀數書 粗知文字 然後乃用吏讀 用吏讀者 須憑文字 乃能達意 故因吏讀而知文字者頗多 亦興學之一助也 若我國 元不知文字 如結繩之世 則姑借諺文 以資一時之用猶可 而執正議者必曰: "與其行

諺文以姑息 不若寧遲緩而習中國通行之文字 以爲久長之計也" 而況吏讀行
之數千年 而簿書期會等事 無有防礙者 何用改舊行無弊之文 別創鄙諺無益
之字乎 若行諺文 則爲吏者專習諺文 不顧學問文字 吏員岐而爲二 苟爲吏者
以諺文而宦達 則後進皆見其如此也 以爲: "二十七字諺文 足以立身於世 何
須苦心勞思 窮性理之學哉" 如此則數十年之後 知文字者必少 雖能以諺文而
施於吏事 不知聖賢之文字 則不學墻面 昧於事理之是非 徒工於諺文 將何用
哉 我國家積累右文之化 恐漸至掃地矣 前此吏讀 雖不外於文字 有識者尙且
鄙之 思欲以吏文易之 而況諺文與文字 暫不干涉 專用委巷俚語者乎借使諺
文自前朝有之 以今日文明之治 變魯至道之意 尙肯因循而襲之乎 必有更張
之議者 此灼然可知之理也 厭舊喜新 古今通患 今此諺文不過新奇一藝耳 於
學有損 於治無益 反覆籌之 未見其可也]

⑧一. 만일에 말하기를, '刑殺에 대한 獄辭 같은 것을 吏讀文字(이두로 작
성한 문서)로 쓴다면, 文理를 알지 못하는 어리석은 백성이 한 글자의 착오
로 혹 원통함을 당할 수도 있겠으나, 이제 언문으로 그 말을 있는 그대로 써
서 읽어 듣게 하면, 비록 지극히 어리석은 사람일지라도 모두 다 쉽게 알아
들어서 억울함을 품을 자가 없을 것이라' 하오나, 예로부터 중국은 말과 글
이 같아도 獄訟 사이에 冤枉한 것이 심히 많습니다. 가령 우리나라로 말하
더라도 옥에 갇혀 있는 죄수로서 이두를 해득하는 자가 친히 招辭를 읽고서
허위인 줄을 알면서도 매를 견디지 못하여 그릇 항복하는 자가 많사오니, 이
는 초사의 글 뜻을 알지 못하여 원통함을 당하는 것이 아님이 명백합니다.
만일 그러하오면 비록 언문을 쓴다 할지라도 무엇이 이와 다르겠습니까. 이
것은 刑獄의 공평하고 공평하지 못함이 獄吏의 어떠하냐에 있고, 말과 글자
의 같고 같지 않음에 있지 않은 것을 알 수 있으니, 언문으로써 옥사를 공평

하게 한다는 것은 신 등은 그 옳은 줄을 알 수 없사옵니다. [一 若曰如刑殺獄
辭 以吏讀文字書之 則不知文理之愚民 一字之差 容或致冤 今以諺文直書其
言 讀使聽之 則雖至愚之人 悉皆易曉而無抱屈者 然自古中國言與文同 獄訟
之間 冤枉甚多 借以我國言之 獄囚之解吏讀者 親讀招辭 知其誣而不勝棰楚
多有枉服者 是非不知招辭之文意而被冤也明矣 若然則雖用諺文 何異於此
是知刑獄之平不平 在於獄吏之如何 而不在於言與文之同不同也 欲以諺文
而平獄辭 臣等未見其可也] (『世宗實錄』卷103, 26년(1444) 2월 20일)

이 상소문의 세 번째 조목인 ⑦에서는 새 문자인 언문이 불필요할
뿐만 아니라 吏讀가 興學에 도움이 됨을 강조하고 있다. 여기서 이두
에 의한 문자생활이 '官'(벼슬아치, 品官)에 의해서가 아니라 '吏'(구실아치,
吏屬)에 의해 이루어짐을 언급하고 있다는 점에 주목할 필요가 있다.
이 상소문의 네 번째 조목에서는 '吏'에 의해 작성되는 이두문 대신 諺
文으로 招辭를 써서 '民'(百姓) 등을 포함한 죄수가 그 뜻을 알 수 있다
하더라도 그것은 부차적인 것일 뿐이고 刑獄의 공평함은 獄吏가 어떠
하냐에 달려 있다고 하여 언문에 대한 부정적 견해를 보이고 있다. 그
런데 이 네 번째 조목인 ⑧에서는 언문의 성격을 "말과 글자가 같음(言
與文之同)"에 관련짓고 있음이 주목된다. 즉, 諺文이 言文一致를 실현할
수 있는 문자임을, 다시 말하자면 '直書其言'할 수 있는 문자임[14]을 언

---

14 "이제 언문으로 그 말을 있는 그대로 써서 읽어 듣게 하면(今以諺文直書其言)"의 '있
    는 그대로 쓰-(直書)'라는 표현에 주목할 필요가 있다는 것이다. 이것은 일상의 口
    語를 있는 그대로 쓴다는 것을 의미한다. 여기서 우리는 한국어학계에서 난해한 용
    어 가운데 하나로 꼽고 있는 '直解'를 떠올리게 된다. 이미 拙稿(2013)에서 언급된 바
    있듯이, '直解'는 神聖語이자 眞理語(sacred language; truth language)인 한문을 通俗
    語(vernacular language; vulgar language)인 백화문이나 이두문으로 번역한다는 의
    미로 귀납될 수 있다.

문창제반대론자들인 崔萬理, 辛碩祖 등도 1444년 2월 시점에서 다 잘 알고 있었음을 말하는 것이다.

여기서 우리는 중세 한국어 시기에서의 문자생활을 다음과 같이 정리해 볼 수 있을 것이다. 훈민정음 창제 이전에는 언문일치가 되지 않는 한문과 이두문이 일상의 문자생활에서 雅·俗의 이원적인 대립체계를 보이고 있었다.[15] 훈민정음이 창제된 이후에는 한문과 언문이 雅·俗의 대립을 보였는데, 관점에 따라서 吏讀文은 박쥐같은 존재가 되어 한편으로는 諺文쪽에 속하기도 하고 다른 한편으로는 漢文쪽에 편입되기도 하였다.[16] 특히 근대 한국어 시기에는 이두문이 '眞文' 또는 '眞書'에 속하기도 하여 이른바 傳令의 전달 체계에서 輪示 및 榜示를 위해 보이던 '眞諺翻謄'의 '眞(書)'에 한문 외에 이두문이 암묵적으로 포함되기도 하였다.[17] 그런가 하면, 草梁의 倭館을 중심으로 하여 조선의

---

15 그 외에, 事大文書에 사용되던 吏文(주로 承文院에서 작성)과 譯語(외국어, 특히 중국어) 및 漢語文, 즉 白話文(주로 司譯院에서 작성) 등도 있었으나 그것들은 매우 특수한 상황에서 사용되던 것들이었다. 물론, 倭語·女眞語·蒙古語 등과 그것을 적은 글들도 특수한 상황에서 사용되던 것들이었다. 새 문자인 훈민정음(언문)의 제작목적이 이두문을 대체하기 위한 것이라는 견해는 南豊鉉(1978, 1980)에서 이미 펼쳐진 바 있다. 그러나 그 외에 '便民', 즉 "백성을 편안하게 하"기 위함도 그 제작목적에 포함되어야 할 것이다. 즉, 吏와 民의 문자생활이 다 대상 속에 들어가야 한다는 것이다. 세종 임금이 최만리 등의 상소문을 보고서 한 말, "너희들이 이르기를, '음을 사용하고 글자를 합한 것이 모두 옛 글에 위반된다' 하였는데, 薛聰의 吏讀도 역시 음이 다르지 않으냐. 또 이두를 제작한 본뜻이 백성을 편안하게 하려 함이 아니하겠느냐. 만일 그것이 백성을 편안하게 한 것이라면 이제의 언문은 백성을 편안하게 하려 한 것이다. 너희들이 설총은 옳다 하면서 君上의 하는 일은 그르다 하는 것은 무엇이냐.(汝等云: 用音合字 盡反於古 薛聰吏讀, 亦非異音乎 且吏讀制作之本意 無乃爲其便民乎 如其便民也 則今之諺文 亦不爲便民乎 汝等以薛聰爲是, 而非其君上之事, 何哉)"(『세종실록』권103, 26년(1444) 2월 20일)도 이에 참조될 것이다.
16 조선 중기 이후의 '官-吏-民'으로 된 신분질서를 연상시킨다(물론, 官보다 상위인 신분과 民보다 하위인 신분도 존재하였다). '吏'는 지배계층인 '官吏'에 묶여 들어가기도 하고, 피지배계층인 '吏民'에 묶여 들어가기도 하여, 신분상 박쥐같은 존재였다고 할 것이다.
17 구체적인 예는 다음 節에서 다루어진다.

譯官과 對馬島의 通詞 사이에 주고받던 실무문서 속에는 원래적 의미의 언문[18]과 이두문이 포함되어 있기도 하였다. 이때 그들 사이에서 '諺文'이라 칭해지던 대상은 원래적 의미의 언문(한글문장·문서)[19] 외에 이두문도 포함되어 있었는데 그러한 예가 『分類紀事大綱』 속에 남아 있다고 한다(이훈 2011: 168~170; 허지은 2012: 50). 말하자면, 그들 사이에 언급되던 '諺文'은 "한문이 아닌 문장들, 즉 원래적 의미의 언문이나 이두문"을 의미하였다는 것이다.[20] 鄕札은 이미 사용되지 않고 있으니 말할 필요가 없지만, 口訣은 한문 해석상 보조적으로 들어가는 附屬文字[21]로서 大文인 한문에 종속적·부속적인 존재이므로 그것에 이두문의 이두처럼 독립성을 주기는 어려울 것이다. 그러므로 조선시대 차자표기의 대표적인 존재는 이두가 된다. 요컨대, 한문과 언문이 대립적이었고, 그 중간 위치의 것이 이두문으로 대표되는 차자표기 문장이었다고 할 것이다.

이제 우리는 朝鮮王朝實錄의 "是月, 上親制諺文二十八字. 其字倣古篆, 分爲初中終聲, 合之然後, 乃成字, 凡于[22]文字及本國俚語, 皆可得而

---

18 '諺文'이 "한글이라는 문자체계"를 가리키기도 하고, "그것으로써 작성한 문장이나 문서"를 가리키기도 하는 重義性을 보였다는 사실은 잘 알려져 있다. 물론 '國文'도 그와 꼭같이 중의성을 보였다.

19 뒷 節에서 살펴보겠지만, 주로 이른바 國漢文體로 되어 있다는 점이 특이하다. 엄밀히는 純國文體와 國漢文體를 구분하여야 하겠지만, 관례에 따라 국한문체로 된 문장도 한글문장에 포함시켰다. 이런 점에서도 국한문을 '諺文'이라 칭한 점이 이해되는 국면이 없지 않다.

20 임형택(2002: 435~436)에서는 洪大容의 북경 경험담을 통하여 諺文·諺字의 의미가 분명해졌다고 하면서, "중국문자=한자에 대해 다른 여러 글자들을 지칭하여 언문 혹은 언자라 한 것이다. 서양인도 스스로 자기네 글자를 언자라 일컫고 있다."고 하였다. 상황은 다소간 다르지만, '언문·언자'가 반드시 한국의 고유문자만을 일컫는 것이 아님을 언급한 바 있어 그 맥락이 어느 정도 통한다고 할 것이다.

21 '附屬文字'의 '文字'는 [문째가 아니라 [문재의 음상을 가진다. [문째가 "글자"의 의미를 가짐에 비해, [문재는 "단어 이상의 단위, 즉 成語, 문장, 텍스트" 등의 의미를 가진다.

書, 字雖簡而要, 轉換無窮, 是謂訓民正音."(『세종실록』 권102, 25년(1443) 12월)이라는 記事에서, 맨 처음으로 훈민정음 창제를 언급하는데도 불구하고 "上親制諺文二十八字 (…중략…) 是謂訓民正音"[23]에서처럼 먼저 언문을 내세우고 나중에 '훈민정음'을 언급하여 "임금이 친히 언문 28자를 만드셨다. (…중략…) 이를 일러 훈민정음이라 한다"고 한 까닭을 한번 더 되새김질해 볼 수 있다. 즉, 글자인 '諺文'은 "한자가 아닌 글자"를 의미하고, 문장인 '諺文'은 "한문이 아닌 문장"을 의미하였기 때문에(물론, 여기서의 '諺文'은 문자체계를 가리킨다), "임금이 漢字가 아닌 글자 28자를 만드셨다. (…중략…) 이를 일러 훈민정음이라 한다"고 한 것은 아닐지 되새겨 볼 필요가 있다는 것이다.

보편문자인 漢字는 보통 '文字' 또는 '字'로만 표현되어도 전혀 문제될 것이 없었다. 그 원래의 所屬을 강조하기 위해서 '漢字'라고 적기도 하였다.[24] 文·字·詩 등 문자생활과 관련된 것들은 그 앞에 원래의 소속을 표시하는 '漢'을 붙이지 않아도 그 대상이 무엇인지 쉽게 이해되었다. 보편적·세계적 요소들이었기 때문이다. 그러나 漢人·漢語·漢音 등은 절대로 '漢'을 떼어서는 성립될 수 없었다. 보편적·세계적 요소들이 아니었기 때문이다.

---

22 인터넷으로 서비스되는 조선왕조실록에는 '干'이라 잘못 되어 있다. 당연히 語助辭 '于'라 하여야 한다. 이 구절이 매우 빈번히 여러 논저들에서 인용되고 있는데 한결같이 '干'이라 하고 있으니 안타깝기 짝이 없다.

23 임홍빈(2013: 15~16, 19)에서는 '是謂正音'이라 옮겨 적어(鄭麟趾 서문의 '名曰訓民正音'도 '名曰正音'이라 옮겨 적으면서) 이 두 곳의 '正音'이 문자의 이름이나 책자의 이름인 것이 아니라 世宗의 '例義'를 가리키는 것으로 파악하였는데, 그 지시대상의 파악도 재고의 여지가 있거니와 '正音'이라 한 것은 대단히 큰 착오라 할 것이다.

24 '漢字'는 이미 조선 초기에도 꽤 많이 사용되었다. "漢字로 몬져 그를 밍굴오 그를 곧 因ᄒᆞ야 正音으로 밍굴쎠 곧 因ᄒᆞ다 ᄒᆞ니라"(『月印釋譜』 卷1 「釋譜詳節序(6)」)라는 夾註文이 그 쓰임새의 한 예를 보인다.

여기서 '漢文'이라는 용어에 대하여 一言해 두고자 한다. 한자로 적힌 문장(文言, 古代漢語)을 가리키는 말로서 '漢文'은 한국에서 19세기 이전에 거의 사용되지 않았다. 필자는 1876년 「丙子修護條規」 이전에 '漢文'이라는 단어가 사용된 예로는 『成宗實錄』의 다음 기록 둘만 찾을 수 있었다.

⑨㉠ 吏曹·禮曹·承文院에 전교하기를, "나이가 젊고 총명한 文臣을 골라서 吏文을 전업으로 삼게 하여, 『至正條格』 가운데 글의 뜻이 분명치 못한 것은 뽑아서 기록해 두었다가 북경에 가는 행차 때마다 습독관으로 하여금 따라가서 질문하여 漢文으로 번역해 오도록 하라" 하였다. [傳于吏曹 禮曹 承文院曰 "揀擇年少聰敏文臣 使之專業吏文 如『至正條格』內文義未曉處抄錄 每赴京之行 令習讀官從行質正 譯以漢文而來".] (『성종실록』 권97, 9년(1478) 1월 3일)

㉡ 一. 지금 간택된 인원은 北京에 갈 때마다 읽은 吏文 중에서 文義가 통하지 않는 곳에 대해서는, 중국 조정에 아뢰는 啓本, 榜文과 관부에서 서로 통용하는 文字(문서)의 體格 가운데 무엇이든 도움이 될 수 있는 문서를 널리 읽고 보아서 닥치는 대로 익히며 그 이해하기 어려운 곳은 구절마다 질정하여 익숙하게 통할 수 있도록 기할 것이며, 漢文으로 번역하여 하나하나 써서 아뢰고, 다음 번에 吏文을 고강할 때 위의 항목의 吏文도 아울러 강론하고, 즉시 등사하여 습독하게 하소서. [一 今揀擇人員 每赴京時 所讀吏文內文義未曉處 中朝奏啓本·榜文·官府相通文字體格 一應可倣 文書廣行聞見 隨得隨習 其難解處 逐節質正 期於通慣 飜以漢文 一一開寫 以啓 後次吏文考講時竝講論 上項吏文 須卽謄寫 亦令習讀.] (『성종실록』 권98, 9년(1478) 11월 13일)

여기서 우리는 이 '漢文'(漢나라, 즉 중국의 古典文語)이 외교문서인 吏文과 대비되어 있음에 주목할 필요가 있다. '漢文'이 하나의 用語로서가 아니라, 冠形構造를 가지는 명사구로서 사용되었다고나 할 것이다. 위 인용문들은 일종의 通俗語에 해당하는 吏文 가운데 분명하지 못하거나 어려운 곳을 神聖語인 '漢文'으로 번역하는, 이른바 漢譯을 행할 필요성이 있음을 강조하고 있는 대목인 것이다.[25]

그러다가 1876년의 「丙子修護條規」에서는 "이후에 양국 사이에 오가는 공문은, 일본은 자기 나라 글을 쓰되 지금부터 10년 동안은 漢文으로 번역한 것 1본을 별도로 구비한다. 조선은 眞文을 쓴다.(第三款. 嗣後兩國往來公文, 日本用其國文, 自今十年間, 別具譯漢文一本, 朝鮮用眞文)"고 規정하였다. 여기서 "the classical Chinese"나 "the literary Sinitic"의 의미를 가지는 동일한 대상이 일본과 관련하여서는 '漢文'이라 칭해지고 조선과 관련하여서는 '眞文'이라 칭해져 있어 묘한 대조를 보이는 것이다.[26] 대체로 '眞文'보다 '眞書'라는 표현이 더 널리 사용되었다.

---

25 그런데 '漢文'이 '漢語와 吏文'의 복합개념으로 사용된 예도 있다. "司譯院 提調 偰長壽 등이 글월을 올려서 말하였다. (…중략…) 一. 교수의 정원은 3인으로 하되, 그 가운데 한어와 이문(漢文)을 2명으로 하고, 몽고어를 1명으로 하여 후하게 봉급을 줄 것입니다. 생도의 정수는 (한어 및 이문과 몽고어로) 나누어서 공부하게 하고 그 성적을 考査하여 상과 벌을 주게 하되, 상벌은 교수들에게도 미치게 해야 할 것입니다.[司譯院提調偰長壽等上書言: 一. 額設敎授三員內, 漢文二員 蒙古一員, 優給祿俸 生徒額數, 分肄習業, 考其勤慢, 以憑賞罰, 并及敎授之官]"(『태조실록』 권6, 3年(1394) 11月 19日)의 '漢文'이 그것이다.

26 池內(2011: 57)에서는 1763~1764년 通信使行(癸未使行) 당시에 일본측에서도 都首譯이었던 崔鶴齡의 일본어 실력에 懷疑를 품고 구두로 전달하는 동시에 상당 부분을 문서화하거나 심지어 漢文으로 작성하여 전달하는 일을 병행하였음을 밝히고 있다["右御口上, 御応對之趣事長ク, 上々官言語拙候故, 若申違・申落等有之候而ハ如何ニ付, 眞文ニ而爲認候由ニ而, 監物より來候付, 左ニ記置.(밑줄─인용자)"(慶應義塾大學 所藏 對馬藩政史料,『宝暦信使記録 下向大坂ニ而中官崔天宗を通詞鈴木伝藏 殺害一件 御供方記録』). 거기서도 '한문'에 해당하는 말로 '眞文'이 사용되어 있다. 조선의 역관과 일본의 通詞들 사이에는 일본에서는 전혀 사용되지 않는 '眞書' 내지

1894년 甲午更張이 이루어진 후 勅令 제1호로 나온 「公文式」은 조선에서의 문체를 크게 변화시키는 데 일정한 역할을 하였다. 제14조에 "法律勅令, 總以國文爲本. 漢文附譯, 或混用國漢文"[27]이라 하여 國文·漢文·國漢文이라는 용어가 공식적으로 새로이 사용되었다.[28] 1894년 12월 12일에는 이른바 「洪範 14條」가 「大君主 展謁 宗廟誓告文」(한문), 「대군주게셔 종묘에 젼알ᄒ시고 밍셔ᄒ야 고ᄒ신 글월」(국문), 「大君主게셔 宗廟에 展謁ᄒ시고 誓告ᄒ신 文」(국한문)의 세 문체로 작성되어 宗廟에 告해졌다.

이 무렵의 사정은 黃玹(1855~1910)의 다음 기록이 잘 알려 준다.

⑩ 이때 서울의 관보 및 각도의 移文을 국한문으로 섞어 문장을 만들었다. 그것은 일본의 文法(글 쓰는 법)을 본받은 것이다. 우리나라 말[方言]에 옛날부터 華文(=한문)을 眞書라고 하고 訓民正音을 諺文이라고 하였으므로 이를 통칭하여 眞諺이라고 하였는데, 갑오경장 이후로 신시대의 업무

'眞文'이라는 표현('假名' 또는 '假字'에 대비되는 '眞名'이나 '眞字'는 사용되었다.)이 '漢文'에 해당하는 것으로 묶계되어 있었음을 말한다. 이에 대하여는 李賢熙·福井玲(2013)에서도 부분적으로 언급된 바 있다.

27 그런데 1894년 11월 21일에 공포된 칙령 제1호는 한문으로 작성되었지만, 이듬해 5월 8일에 공포된 칙령 제86호에 가서는 국한문으로 작성되었다. 「公文式 第一章 頒布式」 제9조는 "法律命令은 다 國文으로뻐 本을 삼꼬 漢譯을 附ᄒ며 혹 國漢文을 混用홈"으로 되어 있는 것이다. 이것은 칙령 제1호에서 국문을 본위로 한다 하였으나 실제 문자생활에서는 국한문이 대세를 이루었음을 말한다.

28 이 칙령 제1조에 사용된 '國文·漢文·國漢文'은 작성된 문장을 의미함에 유의할 필요가 있다. 즉, '國文'이 그 뒷 시기에서처럼 문자 자체의 명칭으로 사용된 것이 아니라 작성된 문장이나 텍스트의 의미로 사용된 것이다. 여기서 주의해야 할 점은 이들 세 용어가 새로이 출현한 점을 과도하게 해석하여 국한문체가 이 시기에 새롭게 등장하였다고 해석하는 일(권영민 1999: 43)이 있어서는 안 된다는 것이다. 조선시대의 수많은 언해문들이 국한문체로 쓰여 있음을 보거니와 우리는 제3절에서 조선의 譯官과 일본의 通詞들 사이에서 국한문체로 된 편지의 受發이 있었음을 살피게 될 것이다.

에 종사한 사람들은 언문을 國文이라 칭하고, 진서는 외국 것으로 생각하여 漢文이라 칭하였다. 이에 '國漢文'이라는 세 글자가 우리나라 말을 이루면서 '眞諺'이라는 명칭은 사라지고 말았다. 이때 경솔한 사람들은 한문을 폐지하여야 한다는 여론을 일으켰으나 그들의 세력이 저지되어 그 여론은 중지되었다. [是時 京中官報及外道文移 皆眞諺相錯 以綴字句 盖效日本文法也 我國方言 古稱華文曰眞書 稱訓民正音曰諺文 故統稱眞諺 及甲午(高宗三十一年)後 趨時務者 盛推諺文曰國文 別眞書以外之曰漢文 於是國漢文三字 遂成方言 而眞諺之稱泯焉 其狂佻者 倡漢文當廢之論 然勢格而止.] (黃玹,『梅泉野錄』卷2「高宗三十一年甲午」「七. 國漢文混用」)

'眞書'는 보편문어였기 때문에 문제가 없었으나, 그를 대체한 '漢文'은 外國인 중국의 문장이라고 인식되어 붙여진 명칭이기 때문에 보편성을 잃고 지역성을 띠고 말았다는 것이다. '眞諺'이라는 명칭은 사라지고 '國漢文'이라는 세 글자가 그것을 대신하게 되었다는 말도 그와 관련이 있다.

2. 근대 한국어 시기의 어문관

이 節에서는 근대 한국어 시기의 語文觀을 일별하고, 뒤이어 한문·언문·이두문의 세 문체 사용과 관련된 사항을 언급하기로 한다. 먼저, 西浦 金萬重(1637~1692)의 문법의식을 잠시 살펴보기로 한다.

⑪「圓覺經疏」에 '波羅密多'는 중국어로는 '度彼岸'이라 한다. '波羅'는 '彼岸'이라 번역되고 '密多'는 '度'라 번역하는데, '도피안'이라 한 것이 아니라 '피안도'라 한 것이다. 西竺의 語勢는 먼저 체언을 쓰고 뒤에 용언을 쓰기 때문에, 예를 들면 '讀經打鐘'이라는 것도 '經讀鐘打'라고 한다 하였다. 이를 살펴보면 마치 우리나라의 어세와 서로 비슷하다. [圓覺經疏曰 波羅密多 華言度彼岸 波羅譯彼岸 密多譯度 不曰度彼岸 而曰彼岸度者 西竺語勢 先體而後用 故如讀經打鐘謂之經讀鐘打 按此正與我國語勢相類.] (金萬重, 『西浦漫筆』下)

梵語와 중국어 사이의 語順(←語勢) 차이에 주목을 하고 있다. 그런데 天竺에서는 "先體而後用"하여 조선과 비슷하다는 것이다. '體'와 '用'으로써 각각 "體言"의 의미와 "用言"의 의미를 담고 있음이 매우 흥미롭다. 오늘날의 '체언'과 '용언'이라는 문법단위의 명칭이 가지는 정당성이 잘 느껴진다.

이제 조선 후기의 文字觀을 단적으로 엿볼 수 있는 기록 몇 가지를 소개하기로 한다. 다음 기록은 매우 흥미로운 일면을 보여 준다.

⑫ 홍순목이 아뢰기를, "이 詩는 마음속의 은미한 병을 잘 표현했다고 할 수 있습니다. 악을 부끄러워하고 미워하는 마음이 없기 때문에 알면서도 그만두지 못하는 것이니, 낭패스러운 지경에 이르더라도 어찌 잘못을 고칠 가망이 있겠습니까" 하니, 임금이 이르기를, "말로는 표현할 수 없는 것일지라도 글로 쓰면 다 표현할 수가 있다. 그러고 보면 문자가 말보다 낫다고 하겠다" 하였다. 홍순목이 아뢰기를, "말은 일시적인 의론에 불과하므로 다시는 그 형적을 찾아볼 수 없지만, 문자의 경우에는 책에 적어 두는

것이므로 백세가 흘러가도 선과 악이 그대로 있어서 후인의 권면과 경계가 됩니다" 하고, 김세균이 아뢰기를, "말은 그 의미를 충분히 전달하도록 힘쓰는 데 불과하지만, 문자의 경우는 표현하기 어려운 말도 표현할 수 있고 사람의 감정도 감발시킬 수 있습니다."(淳穆曰 此詩其於心術隱微之病 可謂善形容 而以其無羞惡之心 故知而不已 雖至顚倒 烏能有望於改過乎 上曰 言而不能形容者 惟書可以盡之 然則文字勝於言矣 淳穆曰 言者不過一時 指論 更無形迹之可尋 至於文字 筆之於書 雖百世 善惡固自在 爲後人勸戒矣 世均曰 言辭不過務盡其意 至於文字 可道其難形之言 亦可以感發人意也)(『승정원일기』, 고종 9년(1872) 6월 5일)

고종 임금과 신하인 홍순목·김세균이 經筵에서 문자와 말 사이의 관계를 매우 흥미로운 시각으로 언급하고 있음을 볼 수 있다. 고종 임금이 "말로 표현할 수 없는 것도 글로 다 표현할 수 있으니, 문자가 말보다 낫다"고 생각하여 이른바 文字中心主義를 표명하니, 홍순목은 '기록의 영원성'을 들어 문자중심주의를 거들었고, 김세균은 "문자는 말로 표현할 수 없는 것을 표현할 뿐 아니라 사람의 감정을 격발시키는 시의 효능도 가지고 있음"을 들어 문자중심주의를 심화시키고 있다. 청년인 고종 임금을 잘 교육시키려는 매우 충정어린 경연 자리였다고 할 것이다.

그러나 이러한 문자중심주의는 이미 낡은 생각이었다. 音聲中心主義의 극명한 발로를 李鈺(1760~1815), 魏伯珪(1727~1798), 丁若鏞(1762~1836) 등의 다음 글들에서 잘 살필 수 있다. 먼저 李鈺의 견해를 살펴본다.[29]

⑬ 아아! 가령 그 물건을 이름하는 경우 모두 席·燈檠·筆·紙라고 한 것처럼 반드시 그 물건에 합당하다면 나 또한 내 의견을 버리고 남의 의견을 따를 것이며, 반드시 鄕名을 억지로 전하여 힘써 이기고자 하지 않을 것이다. 그런데 푸른 깃을 가리켜 翡翠라 하고, 슬픈 울음소리를 듣고 두견새라 하는 것과 같은 데 이르러서는 내가 비록 솜씨가 둔하고 혀가 어눌하여 諺文詩를 짓는다손치더라도 결코 法油를 사고 靑泡를 먹고자 하지는 않을 것이다. 그러니 내가 어찌하여 鄕名을 쓰지 않을 수 있겠는가? 탄식할 만한 것은 蒼頡이나 朱皇이 이미 일찍이 우리를 위하여 따로 문자를 만들지 않았고, 단군과 기자도 또한 일찍이 글자로써 말을 가르친 적이 없었다. 그러한 이유로 많은 여러 가지 鄕音 가운데 혹 문자(한자)로서 이름하지 않은 것들이 있었는데, 문자(한자)로 이름할 수 있을 만한 것을 내가 무엇이 두려워 이를 하지 않겠는가? 이것이 내가 반드시 鄕名을 쓰게 된 이유이다. 내 어찌 鄕闇스러워서이겠는가? 내 어찌 괴팍해서이겠는가? 또한 내가 어찌 참람되어서이겠는가? 그대가 이미 나를 참람되다고 했다면 청컨대 나는 참람함을 피하지 않고 큰 소리로 말하겠다. [噫 使其所以名物者 皆如席也燈檠也筆也紙也 之必當其物 則吾亦當舍己而從人 不必强傳鄕名苦務勝者然 而至若指碧羽而爲翠聽哀鳴而爲鵑 則吾雖手鈍舌訥 至作諺文之詩 必不肯買法油而喫靑泡矣 吾如之何其不爲鄕名耶 所可歎者 蒼帝朱皇 旣不曾爲我而別造書焉 檀仙箕王 亦未嘗以書而早敎語焉 則刺刺鄕音 或有文字之所未名者 而如其可以名者 則吾何畏而不爲是哉 此吾之所以必以鄕名也 吾豈鄕闇也哉 吾豈詭也哉 吾豈僭也哉 子旣謂我以僭焉 則吾請不避僭 而大談之.] (李鈺, 『藝林雜佩』, 「俚諺引」「三難」)

---

29 李鈺과 관련한 서술은 李鉉祐(1999)의 해석에 힘입은 바 큼을 밝혀 謝意를 표하고자 한다.

李鈺은 고유어 物名(鄕名)을 '賦詩'(筆), '照意'(紙), '阿哥氏', '角岐衫', '加里麻', '似羅海', '淑香傳', '界面調歌唱' 등에서처럼 일상생활어(俚諺 및 俚語)로써 取音表記하여 한시에 집어넣었다. 일상생활어와 괴리되는 중국식 물명 '法油', '靑泡' 등을 사용하지 않고 일상생활어 '燈油'(등기름)와 '默'(묵)을 사용하겠다는 것이다. 이처럼 고유어식 표현이 詩語로 들어가게 되는 일이 조선 후기에는 빈번히 등장하게 되었다. 예컨대, 趙秀三(1762~1849)은 그의 連作詩「北行百絶」 가운데 「其七 麥灘」에서,

⑭ 舂白[30]趁墟市   익은 보리는 저자에 내다가 팔고,
殺靑充夜餐   풋보리는 막 빻아 저녁거리로 삼는다.
麥嶺斯難過   보릿고개도 넘기 어려운데,
如何又麥灘   보리여울은 또 어찌 건널까.

'殺靑'("풋바심해 빻다"의 의미)[31]과 '麥嶺'("보릿고개"의 의미)[32] 같은 고유어의 漢譯語를 사용하고 있는 것이다. 그들의 삶은 몰라도 그 意識은 脫中國化를 통하여 진정한 近現代化에 가까이 가게 되었다고나 할 것이다.

다음은 魏伯珪의 언급이다.

---

30 '臼'로 된 판본도 있다. 그러면 '舂臼'는 "절구에 찧은 보리는"의 의미가 된다. 詩想과 對句上으로는 '舂白'이 더 잘 어울리는 듯하다.
31 注가 붙어 있는데, "熟者舂而賣之市 未熟者擣而炊之 謂之殺靑"("익은 보리는 찧어서 저자에 가져다 팔고, 책 익지 않은 보리는 그대로 막 빻아서 밥을 짓는데 이를 殺靑이라 한다")라 되어 있다.
32 그 注에 "每歲麥熟之時, 民食甚艱, 故謂之麥嶺, 言其難過也."("매년 보리 익을 때면 백성들의 식량이 몹시 간고하므로 보릿고개라 하는데, 넘어가기 힘겨움을 말한다")라 하였다.

⑮ 語音(고유어음)과 字音(한자음)은 동일한 음이다. 대개 初聲 14, 中聲 12,[33] 終聲8은 천하의 음이 모두 동일하니 단지 人聲뿐 아니라 바람·우레·물·흙·금석·초목·짐승·벌레 등 모든 소리를 가진 것은 이 수를 벗어나지 않는다. 하지만 淸濁과 七音으로 분류한다면 절대로 같은 것이 없다. 지금 이른바 漢音이란 곧 中原의 音이다. 중원인 까닭에 귀하게 된 것이니 天地의 안으로부터 總論한다면 바로 莊周가 말한 '무엇이 진실한 것인지 알지 못하겠다.'는 것이다. 이로써 中原 九州의 音은 大同하고 각각 다르다. 西戎·北狄·南蠻은 각각 그 가운데 여러 나라들과 대동하고 각각 다르다. 우리나라 八道 또한 대동하고 각각 다르다. 대개 音은 聲에서 나오고 聲은 質에서 나온다. 각기 土性·風氣가 같지 않으니 人力으로 하나로 통하게 할 수 없다. 이로써 徐市이 童男女를 倭國에 살게 했지만 그 언어가 변하여 倭音이 되었다. 이는 그렇게 될 수밖에 없는 것이다. 지금 京語는 곧 한양의 본음이니 반드시 京師라고 하여 正音을 얻었다고 할 수 없다. 옛날 신라 때에는 영남음이 京音이었고 백제는 호남음이 경음이었고 고구려는 관서음이 경음이었다. 단군 때에는 해서음이 경음이었고 예맥에는 관동음이 경음이었고 옥저에는 관북음이 경음이었다. 그러니 어찌 京으로써 그 土俗을 변화시킬 수 있겠는가? 지금 京音으로 鄕音을 비웃고 鄕人이 서울에 유람하면서 京音을 본받으려고 하는 것은 모두 고루한 일이다. [語音與字音同一音也 盖初聲十四中聲十二終聲八 天下之音皆同 非特人聲 風雷水土金石草木禽虫凡有聲者 都不外於此數 而類分以淸濁七音 遂有萬不同 今所謂漢音 卽中原音也 以其中原故爲貴 而自天地之內總論 則正莊周輩所謂孰知其眞是者也 是以中原九州之音 大同而各異也 西戎北狄

---

[33] '中聲 11'이 아니라 '中聲 12'로 표현되어 있는 점이 주목된다.ᆞ"도 포함하기 때문일지 한 번 살펴볼 필요가 있다.

南蠻 各於其中諸國 大同而各異 我東八道 亦大同而各異 盖音生於聲 聲生
於質 各其土性風氣而千萬不同 不可以人力一而通之者也 是以徐市以童男
女止倭國 而其語變爲倭音 是不得不然者也 今京語卽漢陽本音 未必是京師
而得正音也 舊時新羅則嶺南音爲京音 百濟則湖南爲京音 高句麗則關西爲
京音 檀君則海西爲京音 獩貊則關東爲京音 沃沮則關北爲京音 何嘗以京而
變其土俗哉 今以京音而譏笑鄕音 鄕人遊京者必欲效京音 皆固陋者也.] (魏
伯珪, 『存齋集』卷13, 雜著, 「格物説」)

　魏伯珪는 음성중심주의를 펴기는 하였으나 풍토설과 결부시켜 만
국의 음과 각 나라의 음을 대비하고 조선 내의 서울말과 각 方言[34]을
대조하여, 상대주의적인 비교론을 펼쳐 주목된다. '京語' 및 '京音'과
'鄕音', 즉 서울말의 음과 각 지역어의 음을 대립시켜 제시한 내용이 매
우 흥미롭다.
　丁若鏞의 다음 글도 음성중심주의와 관련하여 음미해 볼 만하다.

　⑯ 위의 『竹欄物名攷』한 권은 내가 편집한 것이다. 중국은 말과 글이 일
치하므로 한 사물을 입으로 발음하면 그것이 바로 글이고, 사물을 글로 쓰
면 그것이 바로 말이다. 그러므로 名實이 서로 어긋나지 않고 雅俗이 서로
다르지 않다. 그러나 우리나라는 그렇지 않다. '麻油' 한 가지만 시험삼아
논하더라도, 方言(고유어)으로는 '참기름'(參吉音)이라 하고, 文字(한자어)
로는 '眞油'라 하는데, 사람들은 오직 '眞油'라 하는 것만 雅言인 줄 알고, '香
油·胡麻油·苣蕂油' 등의 본래 명칭 있는 줄을 모른다. 또 어려운 것은,

---

34 조선시대의 '方言'이라는 용어는 重義的이었다. ① 해당 나라말, ② 사투리(dialect)
　　의 두 가지 의미를 가지고 있었던 것이다. 여기서는 ②의 의미로 사용되었다.

'萊菖'은 우리말로 '蕪尤菜'라 하는데 이것이 '武侯菜'의 와전임을 모르고, '菘菜'는 우리말로 '拜艸'라 하는데, 이것이 '白菜'의 와전임을 모른다는 것이다. 이런 예로 말하자면, 중국에서는 한 가지만 배워도 충분하지만, 우리나라에서는 세 가지를 배워도 부족하다. 내가 물명을 편찬함에 있어서는 본래의 명칭(本名)을 위주로 하고 우리말로 해석하여, 유별로 나누고 같은 종류끼리 모은 것이 모두 30張인데, 누락된 것이 태반이다. 그러나 규모는 이제 정해졌으니, 아마 아이들이 이를 이어서 완성할 수 있을 것이다. 竹欄靜者는 쓴다. [右竹欄物名攷一卷 余所輯也 中國言與文爲一 呼一物便是文書一物便是言 故名實無舛 雅俗無別 東國則不然 試論麻油一種 方言曰參吉音 文字曰眞油 人唯知眞油之爲雅 而不知有香油胡麻油苣蕂油等本名也 又有難者 萊菖方言曰蕪尤菜 不知是武侯菜之訛也 菘菜方言曰拜艸 不知是白菜之訛也 由是言之 中國學其一已足 東國學其三猶不足也 余爲輯物名 主之以本名 釋之以方言 類分彙輯 共三十葉 其漏者過半 然規橅旣立 庶兒曹繼而成之 竹欄靜者書] (丁若鏞, 『與猶堂全書』「跋竹欄物名攷」)

정약용은 박지원을 위시한 그 선배 지식인들과 마찬가지로 중국은 언문일치가 되고 있다(中國言與文爲一)고 파악하면서 한자어와 고유어를 雅·俗의 이원적인 대립을 보이는 것으로 간주하였다.

중국이 當代에 언문일치가 되어 있었다고 하는 이런 견해가 한 걸음 더 나아가면, 중국에서는 말하는 것이 바로 文字에 해당하니 편한데 조선에서는 번역이나 통역이라는 중간단계를 거쳐야 하는 어려움이 있으므로 조선어를 버리고 한어를 사용하자는 논의로 발전하게 된다. 대표적으로 尹行恁(1762~1801)이 正祖 임금에게 올린 對策文, 이른바 「文字策」 가운데 일부의 내용을 아래에 들기로 한다.

⑰ 중국의 음은 곧 하나의 문자에 해당되어서, 말은 간결하면서도 뜻은 상세하여 쉽게 이해할 수 있으며 배우기가 어렵지 않습니다. 지금 성스러운 지혜를 움직이시어 운서를 새로 간행하시어, 중국과 우리나라의 음을 변별하시되 권점을 더하고 언문으로 주를 달아, 비록 지극히 어리석은 사람이라도 한 눈에 이해할 수 있습니다. 무릇 <u>鄕語</u>를 금지함을 선포하고 <u>漢音</u>의 학문을 드날리시어 경서의 音釋을 고치고, 치우치고 어그러진 陋俗을 변화시키는 것은 다만 전하의 한 마디 호령으로 이루어질 것입니다. [<u>若中國之音 便一文字</u> 而言簡而意詳 自可易解而不難學者耶 方今聖智默運 韻書新刊 辨別華東之音 而加之以圈 注之以諺 則雖使至愚至蠢之人 一寓目而可以瞭如矣 <u>夫申明鄕語之禁 闡揚漢音之學</u> 改經書之音釋 而變偏壤之俚俗者 特殿下一號令間事耳] (尹行恁,『碩齋應製錄』)

　　중국어에서의 언문일치를 본받기 위해, 조선어(鄕語)를 금지시키고 중국어(漢音之學)를 常用하게 하라는 "한 마디 호령(一號令)"을 내려 주시기를 정조 임금에게 청하고 있는 것이다.
　　사실 이러한 생각은 이미 16세기에서부터 나타나고 있었던 것이었다. 대표적으로 柳夢寅(1559~1623)의 시「方言歎」을 들기로 한다.

⑱ 窓前何喧喧	창문 앞이 어찌 그리 시끄러운가?
觀狀四隣集	정황을 보니 사방 이웃 운집하였네.
或闥我巾箱	어떤 이는 내 상자를 열어 보고,
或指我簑笠	어떤 이는 내 삿갓을 가리키네.
坦腹而頹胸	배는 꺼지고 가슴은 야윈 채,
排門環堵立	문을 밀치며 빙둘러 서 있네.

群言競啁啾	뭇 말은 새소리처럼 시끄러운데,
諧笑互酬答	웃음소리로 서로 화답하네.
五音疾如飆	오음은 회오리바람처럼 빨라서,
欲辨吾不及	알려고 해도 미칠 수가 없네.
皆從文字來	모두 한자로부터 온 것이지만,
淸濁紛噓歃	청탁이 어지러이 들락날락 하네.
兒女鸎囀巧	아녀자는 꾀꼬리 울음소리처럼 공교롭고,
丈夫蛙沸急	장부는 개구리처럼 촉급하네.
老語暮鴉聒	늙은이 말은 저녁 까마귀처럼 시끄럽고,
穉語新燕澁	어린이 말은 제비 새끼처럼 껵껵하네.
雍容中律呂	온화하게 율려에 합치되지만,
鬪怒相嚊誻	노하여 싸우는 듯 이야기하네.
而我解譯翻	내 번역하여 알 수 있어서,
不勞象胥業	역관을 힘들게 하고 싶지 않네.
猶如瑱在耳	마치 소리가 귀에 꽉 찬 듯하지만,
百不能曉十	백 가운데 열도 알지 못하겠네.
欲學秋露蟬	가을매미 소리 배우려 하지만,
逢人口常合	사람 만나면 입이 열리지 않네.
角端八方語	각단은 팔방의 말을 이해하고,
秦吉亦喋喋	진길도 또한 재잘거리네.
我獨假舌人	나만 역관을 빌려,
百事聽捭闔	온갖 일을 마음대로 듣고 싶네.
如聆神鬼語	만약 귀신의 말을 듣는다면,
巫覡憑相接	무당들도 의지하여 오겠지.

天地自性情	하늘과 땅은 스스로 성정이 있는 법이니,
邇遐殊氣習	원근의 기질과 습속이 다르구나.
鶴鳧各自悲	학과 오리가 각자 슬퍼하고,
牛馬不相涉	소와 말은 넘어설 수 없는 법이라네.
五帝不襲治	오제도 다스리지 못하였고,
三王不同法	삼왕도 법을 같게 하지 못하였네.
陋哉可奈何	비루하구나! 어찌하여
禮義吾不乏	나는 예의가 모자른가?

(『於于集』卷2「詩 : 朝天錄」, 4b~5a)

유몽인은 선조 25년(1592) 修撰으로서 명나라에 質正官으로 다녀오
다가 임진왜란이 일어나 선조를 평양까지 호종하였고 왜란 중에는 問
安使 등 對明實務外交를 담당하였으며, 광해군 1년(1609)에 聖節使 겸
謝恩使로서 중국을 다녀온 바 있다. 말하자면, 그는 당대의 中國通이
었다고 할 수 있다. "天地自性情 / 邇遐殊氣習"[하늘과 땅은 스스로 성정이
있는 법이니, 원근의 기질과 습속이 다르구나]이라 하여 風土說을 펼치면서
도, 通語의 수준을 넘어 同語의 수준까지 나아가지 못함을 한탄하고
있는 것이다. 이 시 제목이 '方言歎'임도 시사하는 바가 크다. 이곳의
'方言'은 물론 조선어를 가리키는 것으로 사용되었다.

3. 근대 한국어 시기의 문자생활

1) 한문·언문·이두문의 위상

이곳에서는 근대 한국어 시기의 문자생활을 한문·언문·이두문의 세 문체와 관련하여 살펴보되, 지금까지 한 자리에 모아 거론된 적이 없는 특별한 사항 몇몇 가지를 여기에 끄집어냄으로써 그 시기 어문생활의 일면을 엿보기로 한다.

여기서는 먼저 편지글을 살펴보기로 한다. 일상생활에서 양반계층은 주로 한문을 사용하였다. 그러나 조선 후기라 해도 아직 한문 사용이 쉽게, 그리고 자유롭게 이루어지지 못하였다. 古文을 중시하는 文體反正을 꾀하기도 하였던 正祖 임금마저도 簡札에서는 잘 생각나지 않는 표현일 경우 한글로 쓴 일이 있었다. 老論 辟派의 지도자이자 政敵이었던 沈煥之(1730~1802)에게 준 御札에서 정조는 두 군데에서 한글을 사용하고 있다(安大會 2009: 168~169).

⑲ ㉠ 近日僻類爲뒤죽박죽之時, 有時有此無限之曉曉, 也是不妨, 可以領會耶? (1797년 4월 11일자)

㉡ 以人也之만조爲言, 計不得已, 以錦伯言之矣. 豈不過矣矣乎? (1799년 11월 15일자)[35]

---

[35] 이 문장들은 "지금처럼 벽파 무리들이 '뒤죽박죽'되었을 때는 종종 이처럼 근거 없는 소문이 있다 해도 무방하다. 이해할 수 있겠는가?", "그런데 그 사람이 '만조'하다고 말하므로 부득이 충청도 관찰사(李泰永)로 하라고 말했다. 어찌 지나치지 않은가?"의 의미를 가진다(安大會 2009: 168).

정조 임금이 '뒤죽박죽'과 '만조'[36]에 해당하는 한자어가 생각나지 않아 한글로 쓴 것이다.[37] 의도치 않게 결국은 국한문체 간찰이 된 셈이다. 편지글은 주로 한문간찰(=간찰)이거나 언문간찰(=언간)이거나 하였다. 그 받는 대상이 누구인가에 따라 문체가 결정된 것이다. 한문간찰과 언문간찰은 널리 잘 알려져 있기 때문에 여기에 구태여 그 예를 들지 않는다.[38] 단지 여기서 우리는 학계에 잘 알려져 있지 않은 國漢文體 簡札과 吏讀文簡札을 더 살펴보기로 한다.

國漢文體의 간찰이 對日本外交實務先에서 작성된 일들이 있음이 이미 보고된 바 있다. 長正統(1978)에서 1798년 11월에 있었던 이른바 易地通信의 協定과 관련하여, 對馬島 通詞 小田幾五郞(1754~1831)[39]에게 조선의 譯官들이 보내었던 비밀서한 8통이 보고된 바 있고, 이훈(2011: 187~188)에서 『分類紀事大綱』에 들어 있는 국한문체의 서한 내지 실무문서 2통이 언급된 바 있는 것이다.

⑳ 公의 편지의도 ㅎ온 말씀이어니와 大抵 이 公幹이 우리 三人 中 訓導로 이서야 ㅎ오니 그리 되오면 兩 國 大事가 어너 지경 될 줄 모르고 우리 三人이 狼貝(狽)之境을 당ㅎ올 거시니 엇지ㅎ면 좃스올지 伯玉公의 말씀 듯즈오니 쟝리 근심을 싱각ㅎ셔 깁히 議論ㅎ신 말씀이 잇는가 시부오니 부더 私情를 보지 말고 伯玉公의 편지ㅅ연을 施行ㅎ오쇼셔 (…중략…) 申 十月 二十四日 華彦 崔僉知 (長正統 1978: 97)

---

36 '만조'는 "얼굴이나 모습이 초라하고 잔망함"의 의미를 가진다.
37 정조는 어찰에서 俗談의 漢譯表現이나 吏讀를 사용하기도 하였다(安大會 2009: 163~171).
38 한문간찰의 현황 및 연구사는 박대현(2010)과 배미정(2012)가 특히 참조되고, 언간의 현황 및 연구사는 황문환(2010)이 특히 참조된다.
39 그의 행적에 대하여는 허지은(2010)이 특히 참조된다.

㉑ 覺

一. 我國 前後에 업난 凶逆이 亡命逃走 冒入館中ᄒ여 狂言凶說이 無數ᄒ
오니 驚駭치얀 업ᄉ오며 昨日 京奇 왓ᄉ기로 함ᄭᅴ 書로ᄒ오니 보옵시면 아
오시련이와 아마도 그 餘黨인가 보오니 恕諒ᄒ오시믈 千萬 伏望ᄒ나이다

　丙申 十一月 十五日 訓導 聖五 李同知 印

　　　　　別差 子述 玄僉知 印

　館司 尊公 (『分類紀事大綱』18, 「南必善一件」, 丙申(1836) 11월 15일) (이
훈 2011: 187～188)

　이 편지들은 다 국한문체의 편지들이다.

　최근에 岸田(2011, 2012)에 의해 발굴·보고되고, 鄭丞惠(2012a, b)에서
정밀하게 그 역사적 연원이 탐색된 근 100여 통의 편지들이 있다. 이것
들도 조선의 역관들이 小田幾五郎에게 보낸 편지들이 대부분인바, 역
시 국한문체로 되어 있다. 다음 편지는 戊午年(1798) 11월 19일에 朴士
正이 小田幾五郎에게 보낸 편지이다.

㉒ 小田幾五郎 公前 入納

　相別已經累月ᄒ오니 셥ᄌᄒ온 ᄆᆞ옴은 一般이오며 此時 至寒의 公候 連
爲 平安ᄒ신 일 아옵고져 젹ᄉ오며 僕은 上來 後 連ᄒ여 汨ᄌ 無暇히 지니
옵다가 요시 독감으로 알코 지니더니 數日부터 젹이 낫ᄉ오니 多幸ᄒ오
며 므숨 긔별이나 즉시 아니ᄒ리잇가마는 아직 丁寧ᄒ온 分付을 아니ᄒ시
기로 못ᄒ여습거니와 大抵는 죠곰도 넘녀 업ᄉ오니 그리 아오시며 쇼게이
보고 도와 쾌ᄒ긔 이를 아옵고 ᄒ려 ᄒ옵기로 훈도 公이 다 알고 가오니 드
러 보시면 아오시려니와 今月 內로는 迷子을 專委ᄒ여 보ᄂᆡ올 거시니 이

스샹을 默會ᄒ시고 잠간 기ᄃ리게 ᄒ쇼셔 如許 事狀을 館守게와 使者게 홀새 萬無一慮ᄒᄋᆸ고 終歸於順成ᄒᆞ올 거시니 그리 아오쇼셔 事係重大ᄒ ᄋᆸ기로 公議가 循同치 못ᄒ오와 아직 천연ᄒᄋᆸᄂᆞᆫ 일이오니 次次 周旋도 ᄒᄋᆸ고 시방은 거의 順便이 되오니 그리 아오쇼셔 此外多少ᄂᆞᆫ 都在於訓導 面患如此 不多及

　　戊午 十一月 十九日 士正 朴僉知 [印]

　　그런데 岸田(2012)에 의하면, 이 편지에 대한 일본어 번역문이 현재 한국의 國史編纂委員會에 소장되어 있는 「對馬宗家文書」에 들어 있다고 한다.

　　㉓ 小田幾五郎方へ遺候
　　書狀の和解

　　戊午 十一月 十九日 士正 朴僉知 印
　　相別已經累月 御殘多き心は双方 御同然に御座候 此時至寒 公候 連爲平安の儀 承度 致書載候 僕 上來後 連て 泪々無暇に相暮罷有候處 近比 瘧病 數々相煩候處 漸く數日前より 少々宛 快方に御坐候間 御氣遣被下間敷候 都度ゝゝ 御左右申遣度存 候得共 未た丁寧の分付無之候故 細々不申遣候 得共 大抵御用向少も 氣遣 無御坐候間 左樣御心得可被下候 書契の事も す つは*りと濟切候(上?) 手筋の通　送り下しに相成可申候 委細は訓導 能々 存居 此度下來に付 御聞可被成下候 今月中にも相極り候に付迷子をも差 下し 委舗可申述候間 暫時 御待可被成候 如許事狀を館守樣 御使者の方々 へも話申可被下候 萬無一慮して 終歸於順成候間 左樣思召可被下候 事係

重大候故 公議 循同不致所より 及延引候得共　追々致周旋 漸昨今順便に

相成候故 左樣思召可被下候 此外多少の事は 都在於訓導面患 如此不多及

　　右の通に御座候　以上

　　十二月三日　　小田幾五郎
　　　　　　　　　吉松右介

　맨 앞의 "小田幾五郎方へ遣候 書狀の和解"는 오다 이쿠고로에게 보낸 書狀의 일본어역이라는 의미를 가진다. 조선의 譯官들이 對馬島 通詞들에게 국한문체의 편지를 보냈다는 점이 놀라울 뿐 아니라, 국한문체가 일상의 문자생활에서도 사용되었음이 오래되었음을 알 수 있게 한다.[40]

　岸田(2012)에 따르면, 이미 安田(1963)에서 지적한 바 있듯이 京都大學 文學部 所藏의 『韓牘集要』는 薩摩의 苗代川에 전래해 온 朝鮮語學書로서 한글 편지를 모아 두고 있는데 그것들도 다 국한문체의 편지들이라고 한다. ㉔의 { } 속의 것은 한자어에 附記된 한글이다.

　㉔ 凡百 物貨가 兩國事 相違{샹의} ᄒ오니 홀 일 업ᄉ거니와 天下 凡事가 利하기도 미양 되는 일 아니오 不利ᄒ기도 미양 되는 일 아니라 互相 循環 {슌환}ᄒ읍거든 엇지 一時 不利ᄒ다 ᄒ고 買賣 全體을 ᄇ려 念廬치 아니ᄒ

40　개화기의 국문·한문·국한문 문제를 다룬 많은 논저들이 국한문체가 개화기에 새로이 등장한 문체라는 서술을 하고 있다. 국한문체의 역사적 연원을 너무 짧게 잡은 것이라 생각된다.

시니 此時을 當하여 我國衆人이 倚恃{의시} ㅎ옵기을 公一人쑨이오니 아모
려나 凡事를 便宜{편의}로 ㅎ셔 人心을 鎭定{진정}ㅎ고 買賣롤 扶支{부지}
ㅎ게 ㅎ시믈 千萬 ㅂ라옵ᄂᆡ (『韓牘集要』20b〜21a)

『韓牘集要』에 들어 있는 이 편지들은『隣語大方』의 내용과 들어맞
는 편지들이라서 매우 흥미로운 양상을 드러낸다고 한다.

    ㉕㉠惣ての物貨の価が以前と比ますれば 相違致まして 氣の毒な事で
は御座れども 天下の事が都て利する事が不斷有もので御座りませぬ 互
に相循環致すもので御座れば 何しに一時に不利なとて 買賣の全体を捨
て御心をよせられませぬか 我々中賴まするは 其元斗で御座るにより 何
卒萬事を便誼になされまして 人の心の定まする様になされて 買賣の取續
ますする様になさる儀を 御賴申まする
      ㉡凡百 物貨 갑시 曾前과 비겨 보오면 相違ㅎ오니 ᄀ이 업ᄉᆞ거니와
天下 凡事가 利도 ᄆᆡ양 되ᄂᆞᆫ 일 아니라 互相循環ㅎ여 가옵거든 엇지 一時
不利타 ㅎ고 買賣 全體롤 ㅂ려 念慮치 아니ㅎ시리읻가 우리 大都 | 倚恃
ㅎ기ᄂᆞᆫ 公쑨이오니 아모려나 凡事롤 便宜로 ㅎ셔 人心을 鎭定케 ㅎ고 買賣
롤 부지ㅎ게 ㅎ심을 ㅂ라옵ᄂᆡ (『隣語大方』朝鮮刊本 4 : 15a)

아무튼 이러한 사례들을 통하여 우리는 국한문체 편지의 연원이 매
우 뿌리깊음을 알 수 있는 것이다.
吏讀文簡札은 극히 드물게 보인다. 密陽 朴氏가 세조 14년(1468) 10
월 26일에 아들 佔畢齋 金宗直(1431〜1492)에게 보낸 간찰과 夏山 曺氏
가 같은 해 11월 17일에 남편 김종직에게 보낸 간찰 등이 그것이다. 김

종직의 모친과 부인이 다 이두문 간찰을 썼음이 흥미롭다. 이것은 한글의 보급과 관련하여 생각해 봄직하다. 이 이두문 간찰들은 역설적으로 15세기 중반기에는 지방에까지(여기서는 경상도에까지) 한글의 보급이 활발하게 이루어지지 않았음을 말하는 것이다. 여기서는 朴盛鍾(2006: 821~826)과 전경목(2010: 89~91)에 기대어「金宗直母朴氏簡札」을 간략하게 살펴본다.

㉖ 校理寄 平書   『印』謹封
　此間未審
安否分別次記官仲倫持來書內乃知
安否遙喜ヽヽ此處因
念時無恙爲在果今月十一日鍾伊鞋四足甫ㅅ天益
　波池綿紬二疋乙逢賊玆故波池天益未及准備月
　村卄三日新官迎逢從馬付送爲如乎[41]推尋捧上爲可未前
　如祝安樂從仕只此

戊子十月二十六日母朴 氏『圖署』
　千同氏孫鳳山木棉已還本

---

[41] 이 이두문간찰은 嶺南大學校 民族文化硏究所 編,『嶺南古文書集成(I)』(영남대 출판부, 1992)의 142면에 영인되어 있다(부인의 이두문간찰은 144면에 영인되어 있다). 그런데 이 부분은 먼저 썼던 것이 지워지고 새로운 내용이 덧씌워져 있다. 필자는 '新官'이 아니라 '新良'으로 판독하여 '새라', 즉 "새로, 새로이"의 의미를 가지는 부사로 파악하고자 한다. 이 부분은 '新官迎逢從馬付送爲如乎'가 아니라 '迎逢從新良付送爲如乎'로 정리해야 할 것으로 판단된다. '從馬'의 '從'도 다른 글자로 판독해야 할 가능성이 있어 보이나, 필자는 다른 代案을 찾지 못하였다.

매우 자연스러운 이두문으로 되어 있다. 朴盛鍾(2006: 822~825)은 현대어로,

㉗ 校理에게 부치는 平書 삼가 봉함

　요즈음 (너의) 安否를 살피지 못해 걱정하던 때에, 記官인 仲倫이가 가져온 글월의 내용으로써 이에 (너의) 安否를 알게 되니 매우 기쁘고 기쁘다. 이곳은 (너의) 念慮로 말미암아 그간 걱정이 없었는데, 이 달 11일 종이로 만든 신 네 켤레, 가을用 철릭과 바지, 명주 두 필을 도둑을 맞았다. 이런 까닭에 바지와 철릭은 준비하지 못했다. 月村에서 23일에 新官을 맞이한 逢從馬로 부쳐 보낸다 하니, 찾아서 받을 수 있을 것이다. 전에 없이, 편하고 즐겁게 벼슬살이하기를 기원하며 이만 줄인다.

　戊子年 10월 26일 어미 朴氏

　(追伸) 千同氏의 孫子인 鳳山이 무명을 이미 본래대로 돌려주었다.

라고 번역하였다. 전경목(2010: 91)에서는 "月村廿三日 新官迎逢從馬付送爲如乎 推尋捧上爲可"를 "월촌에서 23일에 (새로 부임하는) 신관 사또를 맞이하기 위해 (출발하는 인편에) 따라가는 말에 (실어) 보내니 추심하여 받아볼 수 있을 것이다"로 수정하여 번역하고, "千同氏孫鳳山 木棉已還本"의 "鳳山"을 인명이 아니라 '봉산의 수령'을 지칭한 것일 가능성이 매우 높을 것으로 파악하였다. 그렇다면 필자는 "孫"도 손자가 아니라 鳳山員의 姓이라고 파악하여야 할 것으로 생각한다. 그 외에, "鍾伊"는 '종이'[紙][42]가 아니라 人名으로 파악하여 "鍾伊鞋"는 "종이의 신

---

[42] "紙"를 의미하는 15세기의 명사는 '죠히'였다.

발”로 해석해야 할 것이며, “甫羅”는 ‘가을용’이 아니라 “보라색”의 의미로 해석해야 할 것이다. 물론 이 “甫羅”는 몽고어 차용어[43]이다.

이제 편지글에서 벗어나 다른 장르의 글을 더 살펴보기로 한다. 조선에서 임금에게 보고되던 문서 양식인 狀啓는 이두문으로 작성되는 것이 원칙이었다. 그런데 諺文狀啓·諺書狀啓 내지 諺啓라고 부를 수 있는 장계가 최근에 발굴되어 학계에 소개된 바 있다. 黃文煥(2013)에서 『太上皇傳位文蹟』 卷1(1~3면)에 실려 있는 李亨元의 언문장계가 보고되었다.

㉘ ㉠ 동지부ᄉᆞ 니형원이 샹고 인편을 사 어더 언문으로ᄡᅧ 의쥬부윤의게 브친 편지 등본

봄 치위 졸연이 긴ᄒᆞ니 ᄐᆡ의 졍휘 만승ᄒᆞ냐 뎨는 지월 념팔일의 황셩의 득달ᄒᆞ야 표ᄌᆞ롤 졍납ᄒᆞᆫ즉 녜뷔 젼의 비겨 일죽 온 연고롤 믓거놀 ᄃᆡ답ᄒᆞᄃᆡ 임의 병진의 졍ᄉᆞ 도라보내ᄂᆞᆫ 일을 아라시매 미리 드러와 ᄡᅧ 국왕의 년결ᄒᆞ오신 졍셩을 표ᄒᆞ노라 ᄒᆞ온즉 녜부시랑 쳘뵈 ᄃᆡ답ᄒᆞ여 ᄀᆞᆯ오ᄃᆡ 올흐니 맛당이 일노ᄡᅧ 황샹ᄭᅴ 엿ᄌᆞ오리라 ᄒᆞᄋᆞᆸ더니 납월 초칠일 동가ᄒᆞᆯ ᄣᅢ의 ᄉᆞ신이 지영ᄒᆞ온즉 황샹이 국왕이 평안ᄒᆞ시믈 뭇ᄌᆞ온 후 ᄌᆞ로 ᄌᆞ로 ᄉᆞ찬ᄒᆞ고 납월 념팔일의 진ᄒᆞ사 일힝이 무ᄉᆞ히 셔울니ᄅᆞ러 표ᄌᆞ롤 드리온즉 념구일의 명ᄒᆞ야 진하 삼ᄉᆞ신을 후원 별뎐의 입시ᄒᆞ여 ᄒᆞ여곰 희ᄌᆞ 노롬을 보고 ᄉᆞ찬ᄒᆞ고 ᄯᅩ 산호 사긴 구슬과 슈줌치와 금과 은으로 ᄃᆡ어 ᄆᆡᆫᄃᆞᆫ 복녹ᄌᆞ 원보롤 ᄂᆞ리워 ᄒᆞ여곰 국왕ᄭᅴ 드리라 ᄒᆞ고 동지 진하 냥 ᄉᆞ신을 명ᄒᆞ여 연좡 잔치롤 진참ᄒᆞ게 ᄒᆞ고 원됴의 슈슈(주고 밧닷 말)대례 슌히 일워 일긔 쳥명ᄒᆞ

43 몽고어 ‘boro’에서 鷹名의 하나인 ‘보라’가 고려어에 차용되어 들어왔고, 그 가슴털의 색깔을 의미하기 위해 鷹名 ‘보라’가 色名으로 전용되어 고려어에 쓰이게 되었다.

고 초亽일 쳔수연홀 때의 두 亽힝 졍부亽로 ᄒ여곰 년한을 거리끼디 말고
진참ᄒ라 ᄒ고 금단과 긔완을 샹亽ᄒ미 심히 만코 ᄯ 어졔시 각각 ᄒᆫ 쟝을
주는디라 태샹황이 긔휘 강건ᄒ야 됴곰도 권근ᄒᆫ 의亽 업고 신황뎨는 올히
나히 삼십뉵 셴디 뇽안이 화평쇄락ᄒ야 태샹황과 혹쵸ᄒ고 쳔수연의 시좌
홀 때와 ᄌ광각 셰쵸연과 원명원 거동홀 때의 태샹황 황옥 뒤히 비힝홀 졔
텬ᄌ 위의롤 ᄀ초디 아니ᄒ여 비죵관 모양 ᄀᆺ고 대쇼 졍亽롤 다 태샹황 쳐
분을 드러 인효ᄒᆫ 셩문이 심히 쟈〃ᄒ니 만힝ᄒᆫ디라 틱亽즉 내여 보내디
아니ᄒ고 亽힝 회편의 슌히 브칠 일쟌 문셔가 초뉵일의 임의 녜부의 ᄂᆞ렷
다 ᄒ디 아직 어더 보디 못ᄒ엿는디라 져ᄌ관 뎡수현이 삼디졀을 합ᄒ여
아오롤 일과 셩졀 표 규식 일을 ᄌᆞ시 안 후 가히 나갈고로 졍문홀 디경의 니
ᄅ러시디 금일 명일의 오히려 결단이 업고 동지亽 션님즉 틱亽 슌히 브치
는 문젹을 본 후 아모됴록 쥬션ᄒ여 몬져 내여 보낼 계규롤 ᄒ디 아직 문젹
을 보디 못ᄒ여 듀야의 민울ᄒ나 틱셔 슌히 브치기는 과연 분명타 ᄒ고 황
후 칙봉은 초亽일 쳔수연 파ᄒᆫ 후의 즉시 힝녜ᄒᆫ디라 뎡수현과 밋 동지亽
션님는 보야흐로 금명간의 나가기로 계교ᄒ나 아직 진젹히 모ᄅ고 쇼식을
셔ᄅ 통티 못ᄒ미 심히 답〃ᄒ더니 ᄆᆞ춤 칙문 사롬이 이셔 딤수리롤 언약
ᄒ야 황셩의 니ᄅ러 온 재 잇는고로 <u>의쥐 쟝亽로 ᄒ여곰 졔 亽〃편디 모양</u>
<u>으로 졍치롤 주어 글을 브치디 오히려 부침홀가 념녀ᄒ야 언문으로뻐 편디</u>
<u>ᄒ니 만일 즉시 득달ᄒ거든 즉시 번역ᄒ여 뻐 젼달홈이 다힝ᄒᆫ디라</u> 보야흐
로 니일 아춤 잔치 참예ᄒ기롤 위ᄒ여 와 원명원의 잇는고로 아직 대략을
보ᄒ니 회환인족 념후의 이실 ᄃᆺᄒ다 병진 원월 초구일 뎨 형원 비

　　ⓛ 의쥐 쟝亽 亽〃편디의 ᄀᆯ오디 경월 초일〃의 신황샹이 등극ᄒ고
초亽일의 일품으로브터 셔인ᄭ지 니ᄅ히 칠십 이샹은 쳔수연의 진참ᄒ고
미양 ᄒᆫ 사롬의게 지평이 ᄒ나와 은픠 ᄒ나홀 샹亽ᄒ니 픠등이 은이 삼십

냥이오 더 샹 주는 비단을 느리오고 신황샹이 됴션을 권우ᄒᆞ미 도르혀 젼
일의셔 더ᄒᆞ니 극히 희힝ᄒᆞᆫ다라 져ᄌᆞ관은 십이일 간의 맛당히 발힝홀 거
시오 동지 ᄉᆞᆼ은 이십이삼일 간의 가히 발힝홀 거시오 진하ᄉᆞ는 이십뉵
칠일 간의 가히 발힝홀 ᄃᆞᆺᄒᆞ고 등극 반틱인즉 진하ᄉᆞ 드러온 나라흔 다 슌
히 브치고 그 나마 모든 나라힌즉 맛당이 틱ᄉᆞ를 보낸다 ᄒᆞᄂᆞᆫ다라

ⓒ 의ᄶᅱ부윤이 정원의 브친 편디

복유 일ᄂᆡ의 지공이 만승가복위챠소라 즉금 구련셩 슌검ᄒᆞᆫᄂᆞᆫ 사름이 와
북경 머므는 의ᄶᅱ 쟝ᄉᆞ의 ᄉᆞ셔를 젼ᄒᆞ거늘 ᄶᅥ혀 본즉 동지부ᄉᆞ의 데의게
브친 언문 편디라 일힝이 무ᄉᆞᄒᆞ고 틱힝도 ᄯᅩ 슌히 브치기로 졍ᄒᆞ다 ᄒᆞ니
만힝ᄒᆞᆫ다라 션늬를 고디홀 ᄲᅢ를 당ᄒᆞ여 이 쇼식을 어드니 구을려 들리미
급ᄒᆞ야 별노 몰 잘 ᄐᆞ는 비지를 뎡ᄒᆞ여 ᄒᆞ여곰 셩화로 올나가라 ᄒᆞ니 <u>다힝
이 번등ᄒᆞᆫ 쟈로ᄡᅥ 입계ᄒᆞ고</u> 언문 편딘즉 인ᄒᆞ야 부ᄉᆞ의 본집의 뎐ᄒᆞ미 엇
더ᄒᆞ뇨 의ᄶᅱ 쟝ᄉᆞ의 ᄉᆞᄉᆞ 편디가 ᄯᅩ 왓ᄂᆞᆫ디 가히 드럼즉ᄒᆞᆫ 셜홰 잇ᄂᆞᆫ고로
ᄯᅩᄒᆞᆫ 벗겨 올리노라 져ᄌᆞ관이 ᄯᅩᄒᆞᆫ 맛당이 명지명의 도강홀 ᄃᆞᆺᄒᆞ매 ᄇᆞ야
흐로 이리 기드리노라 병진 원월 입오일 야 오경 뎨 진현 비

앞의 글에 의하면, 機密維持를 위해[44] 순국문으로 작성하여 보내었

---

44 이 언문장계 내에는 '기밀유지'와 관련된 언급이 없고 단지 "의ᄶᅱ 쟝ᄉᆞ로 ᄒᆞ여곰 제
ᄉᆞ; 편디 모양으로 졍치를 주어 글을 브치디 <u>오히려 부침홀가 넘녀ᄒᆞ야</u> 언문으로ᄡᅥ
편디ᄒᆞ니 만일 즉시 득달ᄒᆞ거든 즉시 번역ᄒᆞ여 ᄡᅥ 견달홈이 다힝ᄒᆞ다라"라(『일셩록』
에는 "使灣商周旋以渠私書樣給情債付書而猶慮浮沈書以諺字卽爲翻謄以爲轉達"이라)
하여 '부침이 염려되어' 언문으로 쓴다고 하고 있다. 이곳의 '부침(浮沈)'은 "편지가
받아 볼 사람에게 이르지 못하고 도중에서 없어짐"의 의미를 가진다. 뒤에서 살펴볼
박지원의 글에서도 '가장 염려되는 일은 이 따위 문서가 불행히 유실된 채 저들에게
남겨진다면 그 피해가 과연 어떠하겠는가.(所可慮者 此等文書不幸闖失遺落彼中 其
爲患害 當復如何)'라 하여 유사한 생각을 담고 있다. 물론 '부침'에 대한 염려는 결국
기밀유지를 위한 것이 될 것이다.

는데 조선에 들어온 후 義州府尹 沈晉賢에 의해 이두문으로 번역되어 중앙정부에 보고되었다고 한다. 이것이 嚆矢가 되어 그 이후에도 언문 장계가 고종 연간에 이르기까지 여러 차례 씌어졌다. 그것은 『承政院日記』·『日省錄』·『備邊司謄錄』 등의 역사기록에서 확인된다. 물론 언문장계가 있었다는 기록만 있고 그 내용은 남아 있지 않다.

위 冬至副使 李亨元의 순국문체 글과 관련이 있는 記事는 『日省錄』의 정조 20년(1796) 1월 27일자에 실려 있다.

㉙ 綱: 冬至副使 李亨元以嘉慶皇帝授受禮成登極皇勅順付謝恩使回還事諺書馳報于義州府尹該府尹翻謄以聞

目: 亨元書曰冬至使一行至月念八日達皇城納表咨則禮部問比前早來之由答以聞丙辰歸政之報預爲入來云則禮部侍郎鐵保曰是矣當奏皇上云臘月初七日動駕時使臣衹迎則皇上問國王平安臘月念八日進賀使一行無事到京進表咨念九日命進賀三使臣入侍後苑別殿看戲賜饌下珊瑚朝珠繡囊金銀鑄成福祿字元寶使之納于國王命冬至進賀兩使臣進參年終宴元朝授受禮成日氣淸朗初八日千叟宴時兩使行正副使勿拘年限使之進參錦緞奇玩賞賜甚多又賜御製詩文各一張太上皇康健無倦勤之意新皇帝今年三十六歲龍顔和平洒落酷肖太上皇千叟宴及紫光閣歲初宴圓明園動駕時陪太上皇黃屋後而不備天子威儀有若陪從官貌樣大小政令皆聽太上皇處分仁孝之聲聞藉甚勅使則不爲出送使行回還便順付事文書初六日已下禮部云而姑未得見齋咨官鄭思賢以三大節合竝事及聖節表規式事詳知後可以出去故呈文禮部姑未得決冬至使先來見勅使順付文跡發送計料今明間鄭思賢及冬至使先來似可出去而雖未見文跡順付則分明云皇后冊封初四日千叟宴罷後卽爲行禮適有柵門人爲約車卜來到皇城者故使灣商周旋以渠私書樣給情償付書而猶慮浮沈書以

諺字即爲翻謄以爲轉達方爲參宴在圓明園姑報大略回還則似在念後云云灣
商私書曰正月初一日新皇上登極初四日自一品至庶人七十以上進參千叟宴
每一人賞賜掛杖一枝銀牌一箇而牌重銀三十兩加下賞緞新皇上之眷遇朝鮮
有倍於前日齎咨官十一二日間當發行冬至使行二十三日間可以發行進賀使
二十六七日間可以發行登極頒勅則進賀使入來之國皆順付其餘諸國則當送
勅使云云o灣尹抵政院書伏惟日來僉在公萬勝伏慰且溯卽者九連城巡檢人
來傳留燕灣商私書拆見則乃冬至副使抵弟諺札也一行無事勅行亦以順付爲
定萬幸當此若企先來之時得此信息轉聞爲急別定善騎陪持使之星火上去幸
以翻謄者入啓諺書則仍傳副使本第如何灣商私書又來到而亦有可聞說話亦
謄上耳齎咨官當於明再明渡江方此企待元月廿五夜

두 문체의 글을 比較·對照하여 분석하는 작업은 다음 기회로 넘기
고자 한다. 단지, 이미 燕巖 朴趾源(1737~1805)이 諺書狀啓의 필요성을
역설한 바 있음을 지적해 두고자 한다.

　　㉚ 北京 사람 下流 중에 글자를 아는 자가 매우 드물었다. 소위 筆帖式 序
班에는 남방의 가난한 집 아들이 많았는데, 얼굴이 초라하고 야위어서 하
나도 풍후한 자가 없었으며, 비록 봉급을 받기는 하나 극히 적어서 만리 객
지에서 생계가 쓸쓸하고, 가난하고 군색한 기색이 얼굴에 나타났다. 우
리 사행이 갈 때면 서책이나 필묵의 매매는 모두 서반패가 이를 주장하여
그 사이에서 장쾌(駔儈)의 노릇을 하여 그 남은 이문을 먹었다. 그리고 역
관들이 그 사이의 비밀을 알려고 들면, 반드시 서반을 통해야 하므로 이들
이 크게 거짓말을 퍼뜨리되, 일부러 신기하게 꾸며서 모두 괴괴망측하여
역관들의 남은 돈을 골려 먹는다. 時政을 물으면 아름다운 업적은 숨기고

나쁜 것들만을 꾸며서 天災와 時變과 人妖와 物怪 따위에도 역대에 없던 일을 모았으며, 심지어 변새의 침략과 백성들의 원망에 이르기까지 한때 소란한 형상의 표현이 극도에 달하여, 마치 나라 망하는 재화가 조석에 박두한 듯이 장황하게 과장 기록하여 역관에게 주면, 역관은 이것을 사신에게 바친다. 서장관이 이를 정리하여, 듣고 본 중에 가장 믿을 만한 사실이라 하여 別單에 써서 임금께 아뢴다. 그 거짓이 이러하였으며 임금께 아뢰는 말씀이 얼마나 근엄한 일이기에, 어찌 함부로 돈만 허비하여 허황하고 맹랑한 말들을 사서 反命의 자료를 삼으랴. 사신이 자주 드나든 지 백 년이 되도록 겨우 이러하였을 뿐이었다. 가장 염려되는 일은 이 따위 문서가 불행히 유실된 채 저들에게 남겨진다면 그 피해가 과연 어떠하겠는가. 이번 熱河에 오가는 일로 말한다면 모두 目擊한 일이어서 가장 사실적인 기록이었지만, 그렇다 해서 먼저 보내 드린 狀啓 끝에 붙여 아뢴 한두 가지의 事件에는 時諱에 저촉될 만한 것이 없지 않은즉, 압록강을 건너기 전에는 줄곧 걱정으로 날을 보내곤 하였다. 내 생각에는 저들의 정세에 대해서 虛實을 논할 것 없이, 장계 끝에 붙여 아뢰는 글은 모두 諺書로 써서 장계가 도착되는 대로 政院에서 다시 번역하여 올림이 좋을 듯싶다. [北京卑流 解字者甚鮮 所謂筆帖式序班 多是南方㒵人子 顔貌憔悴尖削 無一厖厚者 雖有廩食 極爲凉薄 萬里羈旅 生理蕭條 艱難貧窘之色 達於面目 使行時書冊筆墨賣買 皆序班輩主張 居間爲駔儈 以食剩利 且譯輩欲得此中秘事 則因序班求知 故此輩大爲謊說 其言務爲新奇 皆怪怪罔測 以賺譯輩賸銀 時政則隱沒善績 粧撰粃政 天災時變 人妖物怪 集歷代所無之事 至於荒徼侵叛 百姓愁怨 極一時騷擾之狀 有若危亡之禍 迫在朝夕 張皇列錄 以授譯輩 譯輩以呈使臣 則書狀揀擇去就 作爲聞見事件 別單書啓 其不誠若此 告君之辭 何等謹嚴 而豈可浪費銀貨 買得虛荒孟浪之說 以爲反命之資耶 使价頻繁 百年如此 所可慮者 此等文書

不幸闕失遺落彼中 其爲患害 當復如何 雖以今番熱河往來言之 事皆目擊 雖

最爲實錄 然先來狀啓附奏一二事件 不無忌諱 則渡江之前 無非飮氷之日也

愚意彼中消息 無論虛實 附奏先來者 皆以諺書狀啓 到政院 翻謄上達爲妙耳

(朴趾源,『燕巖集』卷14『熱河日記』(別集)「口外異聞」「別單」)

앞의 『일성록』 기사와 위 인용문에 쓰인 "翻謄"은 다 "번역하여 베끼다"의 의미를 가진다.[45] 외국에 나간 使臣團들은 부침에 대한 우려와 기밀유지의 필요성 때문에 이와 같이 언문장계로 임금께 보고해야겠다는 생각을 많이 가지고 있었던 듯하다. 그런데 李賢熙・福井玲(2013)에서도 이미 살핀 바 있지만, 제11차 通信使行이었던 癸未・甲申使行(1763~1764년)의 二房書記[46] 元重擧(1719~1790)가 기록하였던 『乘槎錄』에는 狀啓를 眞書로 써서 보내어야 한다는 독특한 견해가 들어 있다.

㉛ 狀啓를 密封하여 보내니 이는 傳命을 한 다음에 있는 儀禮였다. 서울에 편지를 보내는데 예로부터 중간에 저들이 열어 볼 것을 염려하여 使相이 일행에게 諺文으로 편지를 써서 보내도록 했었다. 그러나 저들이 우리의 諺文을 익혔다면 우리가 우리말을 아는 사람으로 하여금 보도록 하는 것과 다르지 않다. 그러므로 諺文도 또한 저들의 눈을 가릴 수 있는 방법은 아닌 것이다. 오직 편지는 그 말을 쓸 때 眞書로 써서 보내는 것이 마땅할 것 같다. (『乘槎錄』, 1764년 2월 28일)

---

45 '翻謄'은 重義性을 가져서 ①"번역하고 베낌"의 의미와 ②"베낌"의 두 가지 의미를 가진다. ①은 두 가지 행위를, ②는 한 가지 행위를 뜻한다는 점이 특이하다.

46 二房書記는 副使를 보좌하는 서기이다.

일반적으로 이두문으로 보내던 것을 언문으로도 하지 말고 한문으로 대신 보내자는 제안인데 기밀유지를 위해서라면, 편지를 언문으로 쓰지 않고 眞書(=漢文)로 쓰기보다는 차라리 吏讀文으로 쓰는 편이 훨씬 더 나을 것이다.

조선시대에 文書受發 과정에서 널리 행해졌던 '眞諺翻謄'이나 '兩書翻謄'을 여기서 다시 한 번 거론하고자 한다. 이 용어들은 아래의 인용문에서처럼 한문과 언문의 두 가지 문체로 기록하여 유포함을 뜻한다.

㉜ ㉠ 열 줄 륜음을 우헤 쓰옵고 아래로 아홉 가지 졀목을 <u>진셔와 언문으로 쓰옵고 번역ㅎ야</u> 오부와 팔도에 두루 베프와[凡九條眞諺翻謄 以丁酉字印 頒于五部八道] (『자휼전칙』 5)

㉡ 이 젼령 뜻을 <u>진언으로 번등ㅎ야</u> 동사벽과 통훈 거리의 부쳐 우부 우부로 ㅎ야곰 다음을 알고 허물을 멸이 ㅎ게 ㅎ며 거힝형지을 □져 치보 ㅎ야라 (미도민속관 소장, 젼영)

여기서의 '진언'(眞諺)은 진서(=한문)와 언문인바, 진서가 主가 되고 언문은 從이 된다. 그런데 언문은 진서를 압축하여 拔萃譯한 모습을 취한다. "진셔와 언문으로 쓰옵고 번역ㅎ야"와 "진언으로 번등ㅎ야"는 "한문과 언문으로 (쓰고) 베껴"의 의미를 가진다. 조선시대의 '翻譯 또는 '번역', '翻', '譯' 등은 ①우리가 잘 알고 있는 "translation"의 의미, ②"音注(annotation of sounds)"의 의미, ③"謄寫(copy)"의 의미 등의 용법을 가지는 重義性을 보이고 있었다(李賢熙 2013). 말하자면, 위 인용문에서의 '번역ㅎ-'는 ③의 의미를 가지는 것이다. '翻謄'도 중의적임은 이미 앞에서 언급한 바 있다.

그런데 '眞諺翻謄'이라고는 하지만 '眞'에 해당하는 것이 한문이 아니라 이두문으로 된 것들이 많다. 엄밀히는 '吏諺翻謄'이라고 할 만한 예들도 존재하는 것이다.

③ 傳令串左方憲執綱各洞大小民人

卽到 巡甘內 官屬之蠹橫 民瘼之蝟興 莫近日若 而最爲甚者吏逋也 邸債也 奸吏亂類欠逋公錢殆同常事出用邸債 看作技倆 侵徵族戚 遊離踵至 從今以往吏逋與京營邸債之稱 以族戚侵徵民間者 切勿擧論亦爲有 故玆以眞諺翻謄 令飭本坊大小民人處 一一知委後 揭付通衢壁上 常時警目 宜當向事

辛卯五月二十九日 刑吏朴始恒

二十里

未時

官 (押)

슈감 니에 관쇽과 난류가 공젼을 흠포ᄒ며 져치을 쓰고 족척을 침증ᄒ난 폐 업게 ᄒ라[官印 (서울대 규장각 편, 『古文書』六 「傳令(295)」)

下端에 위치해 있는, '翻謄된 諺文'은 그 위에 위치해 있는 이두문을 압축하여 번역해 놓은 것이다. 이미 앞 절에서 언급한 바 있거니와, 한글 창제 이후의 이두문은 '眞書'의 영역 속에 포함되기도 하고 '諺文'의 영역 속에 포함되기도 하는, 박쥐같은 존재라고 언급한 바 있음을 상기해 볼 수 있을 것이다.

다음은 동학란 때의 榜文이다.

㉞ 榜

挽近匪徒恣橫以後 或有被勒隨從者 又有脅從奔走者 可謂無處不然 而況 此江景之素稱大處乎 本陣亦 有入聞者 所以路由而擬其安堵也 無罪者少勿 疑懼 各里中 若有聽使於匪輩 有所作梗亂悖者 各自該里 摘發捉納 以懲後 戒是矣 如或拘於顏私 掩護□過是如可 有所別岐入廉 則並只該頭洞任 當施 一體之律 這這無諱爲旀 兵丁輩如或有作挐於村閭民家者 亦自本洞 結縛捉 納 以爲懲一勵百之地宜當事

그니 비류비가 곳곳지 ᄌᆞ횡ᄒᆞ여 억지로 줍핀 ᄉᆞ람도 잇스며 혹 조와 단 니는 놈도 잇스니 강경이는 더쳐라 더진이 드른 말도 잇고 안도도 시기며 죄도 샬키기로 드러왓스니 죄 업는 ᄉᆞ롬들은 조곰도 의심ᄒᆞ고 두려워 말 며 동니즁 비류놈들의 식이여 단니며 작경ᄒᆞᆫ 놈 잇거든 동니로셔 안ᄉᆞ 두 지 말고 져져히 잡아 밧치되 엄익ᄒᆞ면 두동임거지 그 률을 쓸 거시니 조심 ᄒᆞ여 소기지 말며 병정이 동니 민가의 드러가 죽패ᄒᆞᄂᆞᆫ 놈 잇거든 곳 결박 ᄒᆞ여 드리면 별반 엄치ᄒᆞ리라 (國史編纂委員會(1959), 『東學亂記錄』下 「宣諭榜文」)

역시 '眞諺翻謄'이 이두문-언문의 짝으로 되어 있다. 지금까지 학계 에서 이 '眞諺翻謄'에 한문-언문의 짝 외에 이두문-언문의 짝도 있었 음을 간과해 왔다는 점을 여기에 지적해 두고자 한다. 앞으로 '眞諺翻 謄'된 傳令에 대하여는 한층 더 깊이 탐구해 볼 필요가 있을 것이다.[47]

---

47 淸나라 때의 詔勅은 隣近諸國에 보내어질 때, 그 지역어의 번역문을 뒤에 달고 있었 다. 이에 대한 언급은 이상규(2011: 788)에 행해져 있다. 청나라 때 증보되어 간행된 『華夷譯語』의 뒷부분은 그러한 사례들로 가득 채워져 있다. 이상규(2011: 788)에서 암시되었듯이, 조선에서 '眞諺翻謄'된 傳令이 그와 유사한 형식을 취함은 우연의 소

왕왕 '吏文'이 두 종류가 있었음을 잊고서 외교문서인 事大文書에 쓰인 문체의 글만을 지칭하는 것을 보게 된다. 그러한 중요한 문체 외에도, '吏文'이 일반 행정문서에 쓰인 吏讀文을 가리키기도 하였음을 잊어서는 안 된다. 正祖 임금의 다음 글은 두 종류의 '吏文'에 대한 명확한 언급을 하고 있어 큰 참조가 된다.

㉟사대부들이 律文을 읽지 않아 실로 識者들의 비웃음거리가 되고 있을 뿐만 아니라, 吏文으로 말하자면 그 관부의 공사 문서에 관계되어 긴요하기가 經傳의 諺解나 句讀와 다름이 없다. 그런데 근래의 습속이 모두들 제대로 이를 살피지 않기 때문에 심지어는 암행어사 장계의 句語에 이르기까지 이렇게 말이 되지 않는 吏讀가 있어서 原書를 두루 살펴보니 아예 비슷하지도 않았다. 대체로 이문은 弘儒侯 薛聰으로부터 비롯되어 그 뒤로 勘定을 하여 金石처럼 바꾸지 못할 법으로 삼았는데, 이와 같이 서투르다니 어찌 말이 되는가. 유사당상 가운데 이조판서가 잘 알아서 『吏文』 1책을 전부 謄寫하되 讀音과 解釋을 갖추어 印出하여 서울 各司의 송사를 다루는 아문 및 제도의 감영에 나누어 주도록 하라. 이에 대해 또 말해 둘 것이 있다. 事大文書에 쓰는 吏文은 비록 나라 안에서 쓰는 이문과는 다르지만, 제정한 법의 뜻이 과연 어떠한가. 그 程選한 책자는 승문원 參下官의 九處講과 6월과 12월 都目政事의 政府講에 쓸 뿐만 아니라, 臨殿하여 試題할 때에 頭辭와 結語는 거기에서 각기 외워 쓰도록 하였고, 또 문신 가운데 새로 出身한 자에 대해서는 30세 이전의 科는 의당 漢學殿講을 주도록 되어 있으며, 그 외는 모두 吏文製述을 주되 한결같이 專經殿講과 봄가을에

치가 아닐 것으로 판단된다.

제술하는 규정과 같게 하였는데, 십수 년 이래로 전부 팽개쳐 출신한 문신마저 한학과 이문이 어떻게 생긴 것인지조차 알지 못하니, 예를 아끼는 뜻이 진실로 이와 같단 말인가. 승문원과 사역원으로 하여금 전례를 살펴 草記하되 규식대로 抄啓함으로써 舊典을 밝히는 일을 알게 하라. ㅇ '欽惟'와 '伏遇'라는 말의 소중함과 頭辭와 結辭에서 호칭하는 말의 막중함은 모두 과연 얼마나 지극히 존경해야 할 문구인가. 그러므로 결코 의자에 앉아 글제를 부르거나 땅에 앉아서 試券을 써서는 안 될 것이다. 대체로 吏文製述의 처음 규식은 오로지 程式의 規度를 위한 것이었는데, 지금 만약 존경해야 할 부분을 쓰지 말라고 하면, 과거 시험의 변려문으로 심상히 試取하는 것과 무엇이 다르겠는가. 좌상의 논의에 따라 시행을 하되, 시관은 이미 講試官을 겸하였으니 마땅히 그대로 머무르고 단지 제술에 응시하는 사람들로 하여금 빈청에 나가 기다렸다가 글제를 받은 뒤에 각기 궐내의 公廨에서 지어 바치도록 하라. 이후로는 이것을 전례로 삼고 이어 예조 판서로 하여금 이러한 뜻을 알고서 즉시 儀注에서 옳게 바로잡도록 하라. [士大夫之不讀律文 實爲識者之譏笑 姑除良 至於吏文 其爲關緊於官府公私文書 無異於經傳之諺讀 而近俗皆不致察乙仍于 甚至繡啓句語 有此不成話頭之吏讀 遍考原書 初不近似 大抵吏文 昉自弘儒侯薛聰 伊後勘定 作爲金石不易之典 則如是魯莽 豈成說乎 有司堂上中吏判知悉 全謄吏文一冊 具音釋印出 分給京各司聽訟衙門及諸道營閫 因此而又有提飭者 事大之吏文 雖異於國中之吏文 制置法意 果何如 其程選冊子 不但用於承文參下之九處講 六朥貶坐之政府講而已 臨殿試題也 頭辭結語 渠各誦書 而又於文臣之新出身者 三十以前科 應付漢學殿講 其外幷付吏文製述 一如專經殿講春秋製述之規 而十數年來 全然抛置 出身之文臣 不知漢學與吏文之爲何許物事 愛禮之義 固如是乎 令槐院譯院 考例草記 如式抄啓 以爲修明舊典之地事 使之知悉爲良如敎

o欽惟與伏遇句語之所重 頭辭及結辭 稱號之莫重 俱果何等至尊敬處 則決
不可坐椅而呼題 席地而書券 大抵吏文製述之刱式 專爲程式規度 今若勿書
尊敬處 則與功令儷文之尋常試取何異乎 依左相議施行 而試官則旣兼講試
官 當仍留只令應製人出待賓廳受題後 各於闕內公廨 使之製進 此後以爲例
仍令禮判知此意 卽爲釐正於儀注] (『弘齋全書』卷47,「判」「判湖南暗行御
史李義甲書啓(附註 吏文製述定式敎)」, 乙卯(1795년))

정조 임금 자신이 두 종류 '吏文'의 중요성을 언급하면서 "實爲識者
之譏笑<u>叱除良</u>", "而近俗皆不致察<u>乙仍于</u>", "使之知悉爲良如敎" 등과
같이 군데군데 이두를 섞은 문장을 전개하고 있음을 볼 수 있다. 원래
이두문이라는 것이 한문에 語助 부분을 이두로 보충해 넣은 문장, 즉
일종의 기형적 한문(變格漢文)이기 때문에 위 문장은 기본적으로 이두
문의 성격을 띤다고 할 것이다.[48] 임금이 事大文書인 吏文과 行政文書
인 吏(讀)文의 중요성을 다 강조하면서 스스로 그 글을 이두문으로 작
성하였음이 매우 흥미롭다. 우리는 앞에서 정조 임금이 기본적으로 한
문으로 된 御札에서 간혹 한글, 吏讀, 俗談·俗語의 漢譯表現을 끼워
넣기도 하였음을 살펴본 바 있다.

이제 여기서 이두문이 행정문서 등의 실용문에만 사용되었다는 기
존의 통설을 한 번 더 음미해 보기로 한다. 韓國古典詩歌 연구에서는
이두로 지은 시가로서 「歷代轉理歌」와 「僧元歌」를 거론하기도 한다.
이것들은 歌辭가 고려 말에 발생하였다는 설을 입증해 주는 자료로 언
급되기도 한다. 그러나 이것들은 조선 후기에 작성되었다는 설이 우세

---

48 이런 식으로 이해할 때, 白話文과 외교문서 吏文도 기본적으로는 漢文인데 군데군
   데 口語 내지 俗語가 끼어 들어간 기형적 한문(變格漢文)이라고 할 수 있을 것이다.

하다고 한다. 그것은 어쨌건 간에 정말로 이두가 문학작품에도 사용되었는지 여기서 한 번 살펴보기로 한다.

「歷代轉理歌」는 고려 말 공민왕 때(1371년)에 申得淸(? ~1392)이 지은 작품이라 한다. 그 일부를 들어 본다.

㊱ 創興治平 安社稷도

前世興王 同轍이오

敗亂家國 亡社稷도

前世不君 同轍<u>일셰</u>

烈士忠直 眞儒賢이

亂世<u>르고</u> 읍실손가

蠧小奸諛 凶賊臣이

平時<u>르고</u> 읍실손가

(…중략…)

致身行志 홀여다マ

百諫一謨 無用ᄒ야

退終巖穴 홀야ᄒ면

林水之藥 豈窮홀야

'-일셰', '-ㄹ손가' 등 16세기 이후에 형태변화를 경험하여 나온 새로운 語尾構造體가 사용되어 있음을 볼 수 있다. 音數律을 맞춘 이 歌辭에서 '-이로셰라', '-리로손가'에서 줄어들어 형성된 이 어미구조체들은 고려시대라면 존재하지 않았기 때문에 음수율을 맞출 수 없었다. 조선 후기의 작품이라 할 수밖에 없다. 거기에다가 인용조사 '-고'의 사용('亂世ᄅᆞ고' 및 '平時ᄅᆞ고')과 'ᄒᆞ려 ᄒᆞ다가'에서 상하위문의 융합·응축현상으로 인해 'ᄒᆞ려다가'가 된 어형('홀여다ᄀᆞ')은 19세기 이후의 작품임을 단적으로 말해 준다.

「僧元歌」는 고려시대 懶翁和尙(1320~1370)이 지은 것으로서 최초의 가사작품이라고 흔히 언급되어 오던 것이다. 임의로 여섯 구절만 작품 여기저기서 무작위로 여기에 가져오기로 한다.

㊲ 天子羅道 無殘難而 (천자라도 업잖나니)
以一身乙 具之未陁 (이 일신을 구지 미다)
前生厓 造隱大奴 (전생애 조은 대로)
冷水朴其 未食介多 (냉수박기 못 먹게다)
其安耳 長割孫也 (그 안이 장할손야)
速耳速耳 受耳可自 (속히 속히 수이 가자)

역시 16세기 이후의 語法으로써만 겨우겨우 이해할 수 있다. 도저히 고려 말 작품이라고 할 수 없다. 장형부정문 '-디 아니ᄒᆞ-'의 補文子 '-디'에 구개음화가 적용되는 것은 17세기 이후의 일이요, 그 상·하위문의 융합·응축현상이 일어나는 것은 19세기 가까운 시기의 일이었다. '구지'에 해당하는 어형도 파생부사 '구디'가 t 구개음화를 경험하여야 나올 수 있는 것이다. 형식명사 '대로'가 형성된 것도 16세기 이후의 일이며, '-녀, -려, -져' 등의 어말어미가 陽性化하여 '-냐, -랴, -쟈' 등으로 변화한 것도 17세기 이후의 일이고, 형식명사와 조사의 통합체 '밧긔' 또는 '밧게'가 문법형태화한 것도 18세기 이후의 일이며 선어말어미 '-겟-'의 형성도 조선 후기에 이뤄진 일이었다. 이런 몇 가지 문법

사적인 사항만 감안하더라도 이 작품은 조선 후기에 지어졌다고 할 수 밖에 없을 것이다. '耳' 등의 한자음과 관련지어서도 이와 유사한 언급이 이루어질 수 있을 것이다. '耳'의 東音(조선한자음) 'ᅀᅵ'가 '이'로 변화한 것은 16세기 이후의 일이었다.

흥미롭게도 이두문으로 작성된 吏讀散文도 존재하였다. 박성종 (2008)은 고려 때 李兆年(1269~1343)의 『鷹鶻方』 뒤에 기록되어 있는 吏讀文 作品에 대하여 분석을 행한 바 있다. 작품의 앞과 뒤 일부를 여기에 들어 본다. 해독과 해석은 박성종(2008)에 전적으로 의지하였다.

㊳ ❶ 沔川韓進仕狀 (沔川에 사는 韓進士가 올리는 글)

❷ 右謹言所志矣段隴西接前翰林李太白亦其 (이에 삼가 말씀드리는 所志는 저의 경우인즉, 隴西의 管內에 사는 前 翰林學士 李太白이 자기)

❸ 矣祖上傳來使用爲如乎婢詩今及一所生婢墨 (의 祖上 대대로 전해오며 使用하던 계집종 詩今, 그리고 (그 詩今의) 첫 所生인 계집종 墨)

❹ 德二所生婢筆今三所生奴紙筒等四口乙彼謫多 (德, 둘째 所生인 계집종 筆今, 셋째 所生인 사내종 紙筒 等 네 녀석을, 귀양살이 여러)

❺ 年愁火焦肝分叱不喩華陰縣逢辱以後漸增 (해라서 시름의 불길이 肝을 태울 뿐 아니라 華陰縣에서 辱을 본 以後 날로 늘어나는)

❻ 恨五臟枯旱爲沙乙餘良謫所窮困年老益甚 (恨이 五臟을 시들고 마르게 하고도 남는데다가 귀양사는 곳이 궁핍하고 곤란하며 늙어 감이 더욱 깊어지고)

❼ 釀酒難繼乙仍于放賣計料是如浣花溪居工部侍 (술 빚는 일마저 잇기 어렵기에 (네 녀석을) 내어다가 팔까 생각하다가, 浣花溪에 사는 工部侍)

❽ 郎杜子美敎是槐安國睡鄕北面邯鄲路中適縫 (郎 杜子美께서 槐安)

國 睡鄕 北面 邯鄲 길에서 마침 만나)

⑨ 說道爲良在乙天寶十三年秋八月下相約二夜至 (말씀해 주거늘, 天寶 13년(754) 가을 8월에 서로 약정하여 두 밤에 이르도록)

⑩ 相對論議矣家藏五花馬千金裘等物以論價 (맞대어 논의하되, 우리 집에서 가지고 있는 다섯 꽃무늬의 말과 값비싼 갖옷 등등의 물건으로 값을 따져) (…중략…)

㉜ 行下云〻兵使李大信前呈狀題只音內上項奴婢乙 (처분하여 주시기를 云云하였는데, 兵使 李大信 앞으로 올린 狀 안에 적힌 (兵使 李大信의) 題辭 내용인즉, 위에 든 奴婢들을)

㉝ 謫仙良中實爲買得夜郎官射出則採石江 (謫仙인 李太白으로부터 실제로 買得하여 夜郎國의 官에서 증명을 해 준 문서인즉, (이 문서의 내용에 대해서는) 採石江)

㉞ 月以立證不冬爲沙乙餘良高適杜甫本無同歸 (달로써 立證이 되지 않고 더욱이 高適과 杜甫는 본래 같이 돌아가지 않았다는 것이)

㉟ 夜郎之語叱分不喩杜甫長懷李太白曰不見李生 (夜郎國 관리의 말일 뿐 아니라 杜甫가 오래도록 李太白을 그리워하며 말하기를, '李生을 못 본 지)

㊱ 久伴狂眞可愛云則明知無於是去乙亦夜郎 (오래인데 거짓 미친 체하는 것이 안쓰럽다.'고 했은즉, 이보다 더 명백한 것이 없는 것이 확실하니 夜郎國의)

㊲ 官僞造判然取實不得是沙乙餘良營段懸筆今 (관리의 위조임이 判然하나 실상을 얻지 못한 나머지 監營으로서는 예의 筆今과)

㊳ 墨德雲孫亦戈只背主逃亡已有多年追捕不得方 (墨德의 자손들이 주인을 배반하고 도망한 지가 아마 여러 해이라서 좇아가 잡지 못하

여 바야흐로)

㊴ 懷憫慮爲在果同詩今押來次以奴壯紙雲孫等先可 (민망함을 품거
니와 위 詩今을 불러 오기 위하여 사내종 壯紙의 자손들을 먼저)

㊵ 起送爲去乎相考施行 (보내는 바이니 살펴서 施行하라.)

충청도 면천에 사는 韓進士가 兵使 李大信에게 올린 呈狀[49] 형식을
취하고 있다. 그 내용은 면천의 한진사가 농서의 이태백으로부터 사
들인 노비들 가운데 도망간 놈들을 推尋해 달라는 것인바, 그에 대한
兵使의 題辭[50]는 한진사가 사들인 詩今을 불러오기 위하여 奴 壯紙의
자손들을 먼저 보낸다는 내용이다. 이 작품은 실제로 이조년(작품에서
는 한진사)이 詩作(작품에서는 婢인 詩今)에 필요한 먹(작품에서는 의인화한 婢
墨德)·붓(작품에서는 婢인 筆今)·종이(작품에서는 奴인 紙筒)를 보내 달라
는 내용을 이두문 呈狀 형식을 빌려 해학적으로 표현하면서 요청하니,
兵使 李大信이 우선은 좀 질이 떨어지는 종이(작품에서는 壯紙의 雲孫)를
보내 준다는 題辭로써 표현하였다.

조금은 다른 문제일는지 모르나, 樂章에 조선어 語助辭[51]가 붙은 것
을 口訣이라고 한 사례가 있어 특기해 둔다.

㊴ ㉠ 知製敎 曺繼衡이 鳳凰吟體[52]를 본떠 樂章을 지어서 바치니, 도로

---

49 "관청에 제출한 訴狀"의 의미를 가진다.

50 "관부에 올린 민원서의 여백에 쓰는 관부의 판결문 또는 처결문"의 의미를 가진다.

51 동아시아의 한자문명권에서는 일찍부터 '詞'를 어휘형태소에 해당하는 것으로, '辭'
를 문법형태소에 해당하는 것으로 사용하였다. 『三國遺事』권3「厭髑滅身」條의 '粤
有內養者, 姓朴, 字厭髑(或作異次, 或云伊處, 方言之別也, 譯云厭也. 髑, 頓, 道, 覩, 獨
等, 皆隨書者之便, 乃助辭也. 今譯上不譯下, 故云厭髑, 又厭覩等也.) 其父未詳.'에 들
어 있는 '助辭'라는 용어는 고려시대 一然 스님이 문법의식이 확고하였음을 잘 보인다.

승정원에 내리며 이르기를, "조계형으로 하여금 口訣을 써서 들이게 하라" 하고, 또 大提學 金勘, 戶曹參判 朴說에게도 지어 바치게 하였다. [知製教曺繼衡效鳳凰吟體 製樂章以進 還下承政院曰: "令繼衡書口訣以入 又令大提學金勘 戶曹參判朴說製進"] (『연산군일기』 卷57, 11년(1505) 2월 8일)

ⓛ 전교하기를, "새로 지은 樂章으로 敬淸曲·赫盤曲·泰和吟을 與民樂·步虛子·洛陽春 등의 가사에 의하여, 아울러 眞書와 諺文으로 인출하되, 그 高低를 점으로 찍어서 흥청·운평 등으로 하여금 각자 가지고 학습하여 音韻의 고저를 분명히 하도록 힘쓰게 해야 한다. 試唱할 때에 한 자라도 틀리면 그 틀린 자 수의 다소로써 벌의 경중을 정하리라. 그리고 御前에서 주악할 때는 가곡을 더욱 분명히 하고, 크게 불러도 안 되며 羯鼓등의 악기와 混奏해야 한다. 이 뜻으로 깨우쳐 주라" 하였다. [傳曰: "新製樂章如敬淸曲 赫盤曲 泰和吟 依與民樂 步虛子 洛陽春等歌詞 竝以眞書及諺文點其高低印出 令興清 運平等 自持學習 音韻高低 務令分明 試歌時誤錯一字者 以其字數多小 定罰輕重 且御前奏樂時 歌曲尤當分明 高唱不可 與羯鼓等樂混奏 其諭此意"] (『연산군일기』 卷60, 11년(1505) 11월 18일)

ⓒ 御製樂章을 승정원에 내리기를, '徽功偉德爲舍音道 / 于里慈闈舍

52 악장 〈鳳凰吟〉의 가사는 '山河千里國에 佳氣鬱蔥蔥ᄒᆞ샷다 / 金殿九重에 明日月ᄒᆞ시니 / 群臣千載예 會雲龍이샷다 / 熙熙庶俗ᄋᆞᆫ 春臺上이어늘 / 濟濟群生ᄋᆞᆫ 壽域中이샷다 / 濟濟群生ᄋᆞᆫ 壽域中이샷다 / 高厚無私ᄒᆞ샤 美貺臻ᄒᆞ시니 / 祝堯皆是 太平人이샷다 / 祝堯皆是 太平人이샷다 / 熾而昌ᄒᆞ시니 禮樂光華ㅣ 邁漢唐이샷다 / 金枝秀出 千年聖ᄒᆞ시니 / 緜瓞增隆 萬歲基샷다 / 邦家累慶이 超前古ᄒᆞ시니 / 天地同和ㅣ 卽此時샷다 / 天地同和ㅣ 卽此時샷다 / 豫遊淸曉애 玉輿來ᄒᆞ시니 / 人頌南山ᄒᆞ야 薦壽杯이샷다 / 配于京ᄒᆞ시니 十二瓊樓ㅣ 帶五城이샷다 / 道與乾坤合 恩隨雨露新이샷다 / 千箱登黍도 庶彙荷陶鈞이샷다 / 帝錫元符ᄒᆞ샤 揚瑞命ᄒᆞ시니 滄溟重潤ᄒᆞ고 月重輪이샷다 / 滄溟重潤ᄒᆞ고 月重輪이샷다 / 滄溟重潤ᄒᆞ고 月重輪이샷다 / 風流楊柳에 舞輕盈ᄒᆞ니 / 自是豊年에 有笑聲이샷다 / 自是豊年에 有笑聲이샷다 / 克配天ᄒᆞ시니 聖子神孫이 億萬年이쇼셔'(『樂學軌範』 卷5)로 되어 있다. 여기에 들어 있는 諺文吐는 이두가 아니라 구결이라고 불러야 할 것이다.

叱多 / 隆眷深仁爲舍音道 / 于里慈圍舍叱多 / 履福長綏爲舍 / 享億春是小西' 하였으니, '爲舍音道·于里·舍叱多·是小西'는 모두가 우리말 허사(語助方言)이다. 그리고 전교하기를, "이것은 거친 말이다. 그러나 옛말에 이르기를 '시는 뜻을 말하는 것이요, 노래는 말을 길게 하는 것이요, 소리는 깊에 의지하는 것이요, 율은 소리를 화하는 것이니, 八音이 잘 調和되어 서로 질서를 잃지 않아야 귀신과 사람이 화하리라' 하였으니, 지금 이 악장을 연방원에 가르쳐 진연할 때에 부르게 하라" 하니, 승지 등이 아뢰기를, "이것은 誠孝에서 나온 것이므로 管絃에 올릴 만합니다" 하였다. [下御製樂章于承政院曰 徽功偉德爲舍音道 于里慈圍舍叱多 隆眷深仁爲舍音道 于里慈圍舍叱多 履福長綏爲舍 享億春是小西 爲舍音道 于里 舍叱多 是小西 皆語助方言 仍傳曰: "此荒辭也 然古云: '詩言志 歌永言 聲依永 律和聲 八音克諧 無相奪倫 神人以和' 今此樂章 使敎于聯芳院 於進宴唱之" 承旨等啓 "此出於誠孝 可以被之管絃"] (『연산군일기』 卷60, 11년(1505) 11월 24일)

악장 가운데 하나로 懸吐體 악장이 있었음을 말하는바,[53] 앞에서 '이두로 된 시가'라 했던 것도 사실은 이러한 '뒤죽박죽의 범주'에 든다고 할 것이다. 연산군이 직접 지었다고 하는 악장 "徽功偉德爲舍音道, 慈圍舍叱多 隆眷深仁爲舍音道, 于里慈圍舍叱多 履福長綏爲舍, 享億春是小西"에 들어 있는 '爲舍音道·于里·舍叱多·是小西'가 다 '語助方言'(=虛辭)이라고 史官이 기록하였는바, 이 '語助方言' 역시 문법의식이 잘 드러나 있는 표현이다. 그러나 엄밀히 말하자면 이 '어조방언'은 '于里' 같은 吏讀語와 '爲舍音道, 舍叱多, 爲舍, 是小西' 같은 吏讀吐를 망

---

53 악장은 순한문체·국한문체·현토체 등이 존재하였다.

라하여 다 가리키는 것이기 때문에 그것을 구결이라고 부를 수는 없을 것이다.[54]

2) 한문·언문·이두문의 상호간 번역양상

조선시대에는 이두문이 언문으로 번역되어 나오는 일이 없지 않았다.[55] 이미 16세기에 大文인 한문 원문이 附屬文字인 이두문과 언문으로 번역되어 主-從의 모습을 보인 일이 있거니와, 조선 후기에 들어서는 한문 텍스트 속에 들어 있는 公文書의 이두문들이 언문으로 번역되어 들어가 있기도 하였다.

다음은 『牛馬羊猪染疫病治療方』(1541)의 앞부분이다.

⑩ 本草

治牛馬時疫病 獺肉及屎 煮汁 停冷灌之

　　牛果 馬矣 交相傳染病乙 治療爲乎矣 獺肉(汝古里古其 너고릐 고기)是
乃 獺糞(汝古里 叱同 너고릐 똥)是乃 煎煮待冷爲良 牛馬口良中 灌注爲乎事

　　　쇠며 무리며 서르 뎐염ᄒ얏ᄂᆞᆫ 병을 고툐ᄃᆡ 너고릐 고기나 너고릐 똥
이나 므레 글혀 그 즙을 머믈워 ᄎᆞ거든 이베 브으라 (1)

54　조선시대의 차자표기 문장에서 어휘형태소인 이두어와 문법형태소인 이두토(어미
통합의 지지대가 되는 'ᄒᆞ-'나 계사 '이-'는 형식요소이므로 계산에서 무시된다)가
다 쓰인 것은 吏讀文으로, 이두토만 쓰인 것은 口訣文으로 처리하는 것이 무난할 것
이다. 이런 점에서 이두토는 구결과 다름이 없다고 할 수 있으나 결단코 이두어는
구결이라고 할 수 없는 것이다. 말하자면, '于里'는 '어조방언'에서 제외되어야 한다
는 것이다.
55　이런 사실은 최근 들어 박성종(2011), 이화숙(2009) 등에서 자세하게 언급된 바 있다.

『證類本草』에서 베풀어진, 마소의 전염병 치료방을 서술해 놓은 것이다. 한문 문장 "治牛馬時疫病 獺肉及屎 煮汁 停冷灌之"는 大文에 해당한다. 구결이 달려 있지 않음이 주목된다. 구결의 매개 없이도 한문의 번역이 가능하였음을 잘 보인다. 한 글자를 낮추어 기록한 "牛果 馬矣 交相傳染病乙 治療爲乎矣 獺肉(汝古里古其 너고릐 고기)是乃 獺糞(汝古里 叱同 너고릐 쏭)是乃 煎煮待冷爲良 牛馬口良中 灌注爲乎事"는 이두문으로서 앞 한문에 대한 번역문에 해당하는바, 大文인 한문에 대비하여서는 번역문이자 주석문의 성격을 띤다. "쇠며 무리며 서ᄅ 뎐염ᄒ얏는 병을 고툐디 너고릐 고기나 너고릐 쏭이나 므레 글혀 그 즙을 머믈워 추거든 이베 브으라"는 한문에 대한 언해문의 성격을 띠며 역시 대문인 한문에 대한 주석문의 성격을 띤다. 즉, 이두 번역문과 언해문은 한문 원문에 대한 附屬文字에 해당하는 것이다. 하나의 원문에 대한 두 가지 문체의 번역문이 나란히 실려 있는 특이한 예이다.[56] 여기서의 이두 번역문은 한글 창제 이전의 『大明律直解』[57](1395)나 『養蠶經驗撮要』(1415)의 이두 번역문을 연상시킨다.

---

56 그러나 이 문헌의 서문은 이두문으로만 되어 있다. 16세기의 『農書撮要』도 원래는 『大明律直解』처럼 [한문-[이두문-언해문]]의 구조를 가졌을 것이지만, 지금은 金安國의 언해문이 삭제된 채 전해지고 있다고 한다(박성종 2011).

57 『直解小學』, 『直解童子習』, 『孝經直解』, 『大學直解』 등에 들어 있는 '直解'는 文語인 한문을 口語인 백화문으로 번역하거나 해설한다는 의미를 가진다(梁伍鎭 2010: 357~375). 그에 비하여, 『大明律直解』의 '直解'는 한문을 이두문으로 번역한다는 의미를 가진다. 결국, 이 '直解'는 神聖語(sacred language; truth language)인 한문을 通俗語(vernacular language; vulgar language)인 백화문이나 이두문으로 번역한다는 의미로 귀납될 수 있을 것이다(이토 히데토[伊藤英人] 2011: 22~23; 拙稿 2013). 우리가 흔히 『大明律直解』라 부르는 문헌의 서명은 '大明律'이지만 후대에 '대명률직해'라 불린 것이다. 이 문헌의 「金祗識語」에 '逐字直解'라는 표현이 나오기 때문에 한문과 그 이두 번역문이 主-從의 구조를 이루는 이 문헌을 한문으로만 되어 있는 원래의 『大明律』과 구분하기 위하여 '대명률직해' 또는 '직해대명률'이라 불러도 큰 흠은 되지 않으리라 생각된다.

다음은 이두문이 언문으로 번역되어 있는 사례를 살펴본다. 이화숙 (2009)에 기대어 다음 예들을 가져오기로 한다. 각각의 앞의 것은 『慈慶殿進爵整禮儀軌』(1827)에 실린 이두문이고, 각각의 뒤의 것은 『ᄌᆞ경뎐진쟉졍례의궤』에 실린 언문 번역문이다.

⑪ ㉠ 令曰依爲之事 下敎是置 令旨內辭意 奉審 (『慈慶殿進爵整禮儀軌』, 卷二「移文(5)」) ― 령왈 의위지ᄉᆞ 령하니시두 령지닉ᄉᆞ의롤 봉심 (『ᄌᆞ경 뎐진쟉졍례의궤』 2: 36)

㉡ 一儀軌時 所用印信一顆 以禮曹所在 取用爲白齊 (『慈慶殿進爵整禮 儀軌』 卷二「達辭(2)」) ― 일은 의궤홀 째의 쓰ᄂᆞᆫ 바 인신 일과을 례조의 잇 ᄂᆞᆫ 바로 취용ᄒᆞ슬졔 (『ᄌᆞ경뎐진쟉졍례의궤』 2: 36)

㉢ 令曰初九日 爲之事 令下爲有置 相考施行事 (『慈慶殿進爵整禮儀 軌』 卷二「來關(6)」) ― 령왈 초구일 위지ᄉᆞ 령하ᄒᆞ윳두 샹고시힝ᄉᆞ라 (『ᄌᆞ경뎐진쟉졍례의궤』 2: 36)

차자표기로 된 이두문과 짝지워지지 않고 독립되어 존재하는 언문 표기 이두문은 그 사례가 이미 많이 보고된 바 있다(이상규 2011 등). 徐文重(1634~1709)의 한문본 『朝野記聞』 속에 들어 있는 차자표기의 이두문도 필사번역본 『됴야긔문』에는 언문으로 번역되어 있다고 한다 (이화숙 2009: 160).

여기서 우리는 한문·이두문·언문 상호간의 번역 과정을 생각해 보기로 한다. 한문을 언문으로 번역하는 과정을 표현하는 용어로는 諺解[58]가 가장 널리 쓰였다. 한문을 이두문으로 번역하는 과정은 '吏釋'이라 하였다. 그 사례를 박성종(2011: 36)에서 살필 수 있다. 16세기에

편찬된 『農書撮要』의 「新刊農書撮要序」에,

⑫是書 舊有吏釋 監司金公安國 深體國家務農桑之意 幷蠶書皆益以諺譯
命吾府 鋟梓以廣

이라 한 기록이 나온다는 것이다. '吏釋'과 '諺譯'이 대비되어 있다. 우
리가 흔히 漢譯[59]이라 불러 오는 행위를 표현한 용어로는 '眞翻'이라 한
기록이 있어 특기해 둔다.

⑬右我外王考妣遺事略也 歲己巳 先妣年七十有一矣 自二月寢疾 跨夏漸

---

58 그 외, 諺釋·諺譯·諺繹·諺飜 등이 사용되었다. 물론, 백화문을 언문으로 번역
하는 일도 언해라 불렸음은 잘 알려져 있는 바와 같다. 이 가운데 諺釋과 諺解는 조
선시대에 널리 쓰이던 것이었다. 그런데 諺釋은 諺文이라는 문자로써 번역한다는
의미뿐 아니라 조선어 口語로써 번역한다는 의미['每讀好文辭 輒諺釋而聞之'](洪直
弼, 『梅山先生文集』권40 「衍齋李公墓誌銘」); '每歲四季 會昆弟及家衆 獻壽兩親 長幼
貴賤 咸以序列 倣柳仲塗朔望訓讀 諺釋以聽之'(洪直弼, 『梅山先生文集』권41 「存齋
魏公墓誌銘」)도 있음을 잊어서는 안 될 것이다. '諺釋한 것을 듣는다'는 것은 이 경우
의 언석이 말로 소리내어 번역한다는 것을 의미하는 것이라 생각되기 때문이다.

59 조선시대에는 '漢譯'이 주로 蒙譯·倭譯·淸譯에 대비되는 "중국어 역관"의 의미로
사용되었다. 그러다가 갑오경장이 되면서 "한문이나 중국어로 번역함"의 의미로도
사용되기에 이르렀다. '第九條, 法律命令은 다 國文으로써 本을 삼쏘 漢譯을 附ᄒ며
或國漢文을 混用홈'(『고종실록』권33, 32년(1895) 5월 8일)의 '漢譯'이 대표적이다.
『세종실록』에 '漢譯'이 "중국어 역관"의 의미가 아닌 용법으로 쓰인 예가 있으나 "언
문을 한문이나 중국어로 번역함"의 의미로 사용된 것이 아니라 그 역의 의미로 사용
된 것인 듯하다['又令鑄字所印漢譯諸書 使摠制元閔生 判承文院事曺崇德進讀 一聽便
記 謂近臣曰: "予學漢譯 無他, 與朝廷使臣相接之時 預知其言 則其對辭庶幾早圖耳"']
(『세종실록』권22, 5년(1423) 12월 23일). 고전번역원의 번역문은 '또 鑄字所로 하여
금 漢語를 번역한 여러 서적을 인쇄하게 하고, 총제 원민생과 판승문원사 조숭덕으
로 하여금 읽어 올리도록 하여, 한 번 들으시면 문득 기억하고는 근신에게 이르기를,
"내가 한어의 譯書를 배우는 것은 다른 것이 아니다. 명나라의 사신과 서로 접할 때
에, 미리 그 말을 알면 그 대답할 말을 빨리 생각하여 준비할 수 있기 때문이다."로
되어 있어 명확하지 않은 구석이 엿보인다. 그래서 이 글에서는 조선시대에 행해진
한역에 대하여는 '眞翻'이라는 말을 사용하기로 한다.

飯 <u>以諺書草此</u> 托于不肖爲<u>眞翻</u> 是年九月 竟見背 嗚呼痛矣 庚午 辛未兩歲

行先祖考妣 先考妣 伯兄伯嫂三世六位緬禮 仍又蒐撫三世遺事 間又立伯兄

後 事故多端 未能<u>翻謄</u> 去月晦 披閱文字 得先妣遺墨 迄今六年 手澤如新 垂

淚罔極 遺命之遷延未行 不孝大矣 謹以<u>眞翻</u>如右 甲戌九月十二日 不肖子某

泣血謹書 (姜至德, 『靜一堂遺稿』「題跋」「書外王考妣遺事後(代夫子作)」)

에서 찾아볼 수 있으나 널리 쓰인 것은 아니었다. 위 인용문은 어머님
이 71세에 언문으로 草한 것을 강지덕에게 '眞翻'해 달라고 부탁하였는
데, 집안에 연속적으로 불행한 일이 생겨 어머님 생전에 '翻謄'하지 못
하다가 6년이 지나서야 겨우 '眞翻'할 수 있었다는 내용을 담고 있다.

이제 우리는 諺解・吏釋[60]・眞飜이라는 용어를 사용하여, 조선어가
관여하는 번역의 과정을,

　　① 한문→이두문 (吏釋)
　　② 한문→언문 (諺解)
　　③ 이두문→언문 (언문화 과정[61])

의 셋을 雅에서 俗으로 가는 과정이었다고 정리하고,

　　④ 언문→이두문 (吏文化 과정[62])

60　물론, '吏釋' 대신에 '直解'를 사용할 수도 있을 것이다.
61　이화숙(2009)에서는 '언해'라 하였으나 그것은 적당하지 않은 명칭이다. 앞으로 적
　　절한 용어를 마련할 필요가 있어 보인다.
62　앞서 살펴본 바 있듯이 李亨元의 諺文狀啓가 의주부윤에 의해 吏(讀)文狀啓로 번역된
　　사례를 들 수 있을 것이다. 역시 앞으로 적절한 용어를 마련할 필요가 있을 것이다.

⑤ 언문 → 한문 (眞翻)

⑥ 이두문 → 한문 (變格漢文의 正格漢文化 과정[63])

의 셋을 俗에서 雅로 가는 과정이었다고 정리해 볼 수 있을 것이다. 여기에 백화문과 외교문서 吏文까지 넣어서 살피면 경우의 수는 훨씬 더 많아지게 될 것이다.[64] 이에 대한 구체적인 고찰은 다음 기회를 기다리기로 한다.

조선의 소설류는 한문소설·백화소설·언문소설 등이 공존하였는데, 이들 상호간에는 번역의 과정이 끼어들기도 하였다. 우리는 洪義福(1794~1859)의 「第一奇諺序」를 통하여 그 일단을 짐작해 볼 수 있을 것이다.

⑭ 그 중 쇼셜이란 명식이 잇셔 처음은 스긔에 샌진 말과 초야의 젼ㅎ는 길을 거두어 모화 닐니 혹 닐으되 야시라 ㅎ더니 그 후 문쟝ㅎ고 닐 업는 션비 필묵을 희롱ㅎ고 문쓰롤 허비ㅎ야 헛말을 늘여 니고 거즛 닐을 실다히 ㅎ야 보는 사롬으로 ㅎ야곰 쳔연이 미드며 진졍으로 맛드려 보기롤 요구ㅎ니 일노죠ᄎ 쇼셜이 셩ᄒᆡㅎ야 근일에 우심ㅎ니 즁국 션비는 글 닑어

---

63 이두문으로 된 장계가 당대에 실록에 수록되거나 후대에 문집에 수록될 경우 正格漢文으로 손질되기도 하였다. 구체적인 사례는 심경호(2012: 권1: 217~220)을 참조하기 바란다.

64 백화소설을 언문소설로 언해하는 과정과 백화소설을 한문소설로 眞翻하는 과정, 한문소설을 백화문으로 直解하는 과정 등은 이미 학계에 보고되어 있다. 최만리등의 갑자상소문에는 행정문서 이두문을 외교문서 이문의 문체로 번역해야 할 필요성이 언급되어 있다('전에는 이두가 비록 문자(한자) 밖의 것이 아닐지라도 유식한 사람은 오히려 야비하게 여겨 吏文으로써 바꾸려고 생각하였는데[前此吏讀, 雖不外於文字, 有識者尙且鄙之, 思欲以吏文易之.]'『세종실록』권103, 26년(1444), 2월 20일). 이러한 사실에 대하여는 다음 기회에 더 구체적으로 살피기로 한다.

과거를 닐우지 못호면 일노써 뜻을 부쳐 문학을 즈랑호고 가계 빈궁호면 일노써 싱이호야 져즈의 미ᇰ호니 이러므로 쳔방빅기와 긔담괴셜이 아니미츤 비 업ᄂᆞ지라. (…즁략…) 너 일즉 실학호야 과업을 닐우지 못호고 훤당을 뫼셔 한가호 ᄱᅥ 만흐므로 셰간의 젼파ᄒᆞᄂᆞ 바 언문쇼셜을 거의 다 열남호니 대져 삼국지 셔유긔 슈호지 녈국지 셔쥬연의로부터 녁대연의에 뉴<u>ᄂᆞ 임의 진셔로 번역호 비니 말슴을 고쳐 보기의 쉽기를 취홀 ᄲᅮ이요 그 ᄉᆞ</u>실은 호ᄀᆞ지여니와 그 밧 뉴시삼대록 미소명ᄒᆡᆼ 조시삼대록 츙효명감녹 옥원지합 님화졍연 구릐공튱녈긔 곽쟝양문록 화산션계록 명ᄒᆡᆼ졍의록 옥닌몽 벽허담 완월회ᄆᆡᆼ 명쥬보월빙 모든 쇼셜이 슈삼십 죵의 권질이 호대호야 혹 빅 권이 넘으며 쇼불하 슈십 권에 니르고 그 남아 십여 권 슈삼 권식 되ᄂᆞ 뉴 ᄯᅩ ᄉᆞ오십 죵의 지ᄂᆞ니 심지어 슉향젼 풍운젼의 뉴 가항의 쳔호 말과 하류의 ᄂᆞ즌 글시로 판본에 긔간호야 시상에 미미호니 이로 긔록지 못호거니와 대쳬 그 지은 뜻과 베푼 말을 볼진디 대동쇼이호야 사롬의 셩명을 고쳐시나 ᄉᆞ실은 흡ᄉᆞ호고 션악이 니도ᄒᆞᄂᆞ 계교ᄂᆞ 호ᄀᆞ지라 (…즁략…) 우연이 근셰 즁국 션비 지은 바 쇼셜을 보더니 그 말이 죡히 사롬의게 유익호고 그 뜻이 부디 셰샹을 ᄭᅢ닷과져 호야 시쇽쇼셜의 투를 버셔 ᄂᆞ고 별노히 의ᄉᆞ를 베퍼 경셔와 ᄉᆞ긔를 인증호고 긔문벽셔를 샹고호야 신션의 허무호 바를 말호되 곳ᄀᆞ이 빙게 잇고 외국에 긔괴호 바를 말호되 낫ᄀᆞ치 니역리 이셔 경셔를 의논호면 의리를 분셕호고 ᄉᆞ긔를 문답호면 시비를 질졍호야 쳔문지리와 의약복셔로 잡긔방슐에 니르히 각ᄀᆞ 그 묘를 말호고 법을 붉히니 이 진짓 쇼셜에 대방가요 박남호긔의 웃듬이라. 그 지은 사롬의 뜻인즉 평싱에 비호고 아는 비 이ᄀᆞ치 너르고 깁것마는 마춤너 뜻을 닐우지 못호야 쓰일 곳이 업ᄂᆞ지라. 이에 홀 일 업셔 부인녀즈의 일홈을 빌고 뜻을 부쳐 필경은 쓸 디 업스믈 붉히미라 이에 그 번거호 바를 덜

고 간략흔 곳을 보틱며 풍쇽에 갓지 아닌 곳과 언어의 다른 곳을 곤치고 윤식ᄒ야 언문으로 번역ᄒ야 제일기언 第一奇諺이라 ᄒ니 사름이 그 뜻을 뭇거늘 딕답ᄒ야 왈, 진셔쇼셜 중 삼국지룰 니르러 제일긔셔라 ᄒ미 나는 일노써 언문쇼셜 중 제일긔담인 고로 특별이 졔일긔언이라 ᄒ노라.

　　『第一奇諺』은 1835년에 번역이 이루어졌는데. 부제가 '鏡花新翻'으로 되어 있다. 중국에서 1828년경에 간행된 백화소설 『鏡花緣』을 조선에서 새로 옮긴 번역물이라는 뜻을 담고 있다. 홍희복 자신이 백화소설이나 한문소설들을 諺稗(언문소설)로 번역하였을 뿐 아니라, "대져 삼국지 셔유긔 슈호지 녈국지 셔쥬연의로부터 녁대연의에 뉴는 임의 진셔로 번역흔 비니"라 하여 이미 백화소설들을 한문소설로도 번역하였음을 말하고 있어 주목된다. 그 실물이 전해지지 않음이 아쉽기만 하다.[65] 또한, 홍희복은 "그 밧 뉴시삼대록 미쇼명ᄒ힝 조시삼대록 츙효명감녹 옥원지합 님화졍연 구리공츙녈긔 곽쟝양문록 화산선계록 명ᄒ힝졍의록 옥닌몽 벽허담 완월회ᄆᆼ 명쥬보월빙 모든 쇼셜이 슈샴십 죵의 권질이 호대ᄒ야 혹 빅 권이 넘으며 쇼불하 슈십 권에 니르고 그 남아 십여 권 슈삼 권식 되는 뉘 ᄯᅩ 스오십 죵의 지ᄂᆞ니 심지어 슉향전 풍운젼의 뉘 가항의 쳔흔 말과 하류의 ᄂᆞᆫ즌 글시로 판본에 긔간ᄒ야 시샹에 미미ᄒ니 이로 긔록지 못ᄒ거니와"라 하여, 이른바 '錄冊'과 '傳冊'을 구분하여 전자가 상대적으로 雅쪽에 속하고 후자가 상대적으로 俗쪽에 속하는 것으로 파악하고 있는 듯하여 흥미롭다.

　　愼獨齋 金集(1574~1655)이 남긴 『愼獨齋手澤本傳奇集』에 한문소설

65　언패인 『第一奇諺』도 정규복 교수에 의해 발굴되기까지에는 많은 세월이 흘러야만 하였다.

「王慶龍傳」이 轉寫되어 있다고 하는데, 이 작품은 중국의 백화소설 『警世通言』에 들어 있는 「玉堂春落難逢夫」를 번안한 작품이라고 한다. 원작인 백화소설이 傳奇體 한문소설로 재구성되었고, 이 한문 텍스트에서 다시 17세기의 언문소설 「왕경룡전」이 파생되어 나왔다는 점이 매우 특이하다면 특이하다고 할 수 있다(權赫來 2004: 7). 金萬重(1637~1692)의 「사씨남정기」는 원래 언문소설이었는데 그 從孫子 金春澤(1670~1717)에 의해 한문소설 「翻諺南征記」로 번역되고 그것이 다시 여항에서 별개의 언문소설로 재번역되어 통용되었다고 한다. 그런가 하면, 명나라 瞿佑(1347~1433)의 傳奇體 한문소설 『剪燈新話』[66]는 조선에 들어와 明宗代에 垂胡子 林芑(生沒年 未詳[67])에 의해 集釋이 덧붙여져 『剪燈新話句解』로 재탄생하여 조선 말기까지 내내 大人氣作으로 수많은 판본이 간행되어 나왔을 뿐더러 20세기 초에는 懸吐까지 된 새로운 판본이 나올 정도였다(김영진 2012 참조). 그런데 『전등신화구해』가 科學準備用 및 吏文學習用으로 吏胥들 간에 칭송이 드높았다는 사실[68]은 구절마다 주석이 달린 句解가 '吏文'이었기 때문에 그러하였다는 말이

---

66 '傳奇'는 唐의 裴鉶이 지은 『傳奇』에서 기인하는바, '전등신화'는 "등불의 심지를 잘라 가며 밤새 읽을 정도로 새로운 이야기"라는 의미를 가진다.

67 혹은 生年은 未詳하나 沒年은 1592년이라 한다.

68 '임기가 『전등신화』에 주석을 달자 이서들이 모두 그것을 학습하였다.(林芑註剪燈餘話, 而吏胥皆學之.)'(成大中, 『青城雜記』권4 「醒言」), '그 문사가 다 속되고 가벼워 알기 쉽고 본받기 쉬워 우리나라 이서들은 그것을 반드시 읽었다. [其文詞皆鄙俚淺弱, 易知而易效, 故我東吏胥必讀之]'(李鈺, 『藫庭叢書』권28 「鳳城文餘」), '여항에서 『전등신화』를 가장 사랑하였는데, 이문에 도움이 되었기 때문이다.(閭巷最愛, 『剪燈新話』, 以其有助於吏文也.)'(柳得恭, 『京都雜誌』권1 「詩文」), '지금 여항의 이서들이 오로지 익히는 것은 『전등신화』한 책인데 이를 읽으면 이문에 능숙하여지기 때문이다. 이는 刀筆吏(문서를 다루는 하급관리)의 숙습으로 志氣가 이미 그 속에 얽매였으니 굳이 책할 필요가 뭐 있겠는가.[今閭巷里胥輩所專習者 有『剪燈新話』一書 以爲讀此 則嫻於吏文云 斯爲刀筆之熟習 志氣已梏於其中 則何必苟責也]'(李圭景, 『五洲衍文長箋散稿』권47 「剪燈新話辨證說」) 등의 기록이 참조된다.

된다.[69] 知樞 林芑는 서얼로서 漢吏學官·吏文學官을 거치면서 중국을 6번이나 다녀올 정도로 吏文에 능하였다고 한다.『전등신화구해』에서 吏胥들의 관심대상이 된 吏文은 행정문서인 이두문이 아니라 외교문서인 이문이었을 것으로 판단된다. 이에 대하여는 앞으로 실제로 句解에 대한 구체적인 검토를 통하여 밝혀내어야 할 것이다.

맺음말

이 글에서는 중세 한국어 시기의 언어·문자관을 일별하고, 근대 한국어 시기의 어문관과 문자생활을 점검하였다. 1894년 갑오개혁이 이루어진 시점이 되어서야 비로소 조선은 그 이전까지의 중세적인 중국중심의 세계관(Pax Sinitica; Sino-centralism)으로부터 近現代的인 지구중심적·세계중심적 세계관(Geocentric world-view)으로 이행할 수 있게 되었

---

69 趙秀三은『剪燈新話句解』가 아니라『剪燈新話』가, 조선이 아니라 중국에서 吏文에 도움이 되었다고 하면서 재미있는 이야기를 지어 전하고 있다. '세상에 전하기로, 원말에 瞿佑와 曾先之가 서로 10년을 약속하여, 각자 책 한 권을 지어 후세에 이름을 남기자고 약속했다고 한다. 기한이 되어 구우가『剪燈新話』수백 권을 배에 싣고 증선지를 찾아가 자랑하려는데, 증선지는 가만히『十八史略』여덟 권을 가지고 나타났다. 구우가 살펴보고는 탄식하기를, "당신 책은 장차 온 나라에 전해져 사람들이 모두 읽겠지만, 내 책은 패관소설이라 시골 아이들이 등불 아래에서 하는 농담짓거리에 불과하다"고 하면서 다 강물에 던져 버렸다. 증선지가 급히 움켜쥔 두 권만을 보고는, "百體가 구비되어 있으니 吏文에 도움이 되겠다"고 했다. 그래서 吏胥層에서 많이 읽었다.' [世傳 元末瞿宗吉與曾先之 善約十年 別各著一書垂名後世 及期宗吉載 剪燈新話數百卷于船 將訪先之誇 先之獨懷史略八卷而往 宗吉先索見之歎曰 子書將天下萬世人讀之 我書乃稗官小說 不過村兒燈下弄談 盡投之江 先之急攫只二卷云 百體具備利於吏文 故吏胥家多讀之.]'(趙秀三,『松南雜識』권7「稽古類」「剪燈新話」).

다. 무엇보다도 한자와 한문 중심의 어문관에서 한자가 아닌 문자, 특히 한글이 국문으로 격상되어 중심적인 위치에 자리하는 어문관으로 이행하는 큰 변화를 겪었다. 通語와 通文이 이제 다양한 관점에서 한층 더 문제시되는 時點이 되기도 하였다.

『皇城新聞』은 창간호 사설(1898년 9월 5일자)에서 '文法'[70]으로서 국한문체('國漢文交用')를 선택한 이유를, "箕聖(=箕子)이 遺傳하신 문자"(즉, 한자)와 "先王(=世宗)이 창제하신 문자"(즉, 한글)를 竝行하기 위해서라고 천명한 바 있다. 한자를 箕子가 우리에게 남겨 놓은 문자로 받아들인 이러한 견해는 그 이전의 실학시대는 말할 것 없고 그 뒤에도 오랜 동안 유지된다. 정신적으로건, 실질적으로건 한자와 箕子 사이의 관계망을 의식과 정신세계 속에서 단절시키지 않은 한, 한국의 문자생활은 中華에 의존적이었던 양상을 결코 불식시킬 수 없었고 문자생활에서의 독립적인 상황을 맞이할 수 없었다.

근대 한국어 시기의 어문관에 대하여는 최근에 다양한 각도에서 매우 의미 있는 논의가 많이 진행되어 왔다. 여기서의 이 작업도 그에 약간만이라도 의미를 첨가하는 의의가 있기를 바라 마지않는다.

---

70 여기서의 '文法'은 문장조직법 등의 학문분야를 의미하는 것이 아니라, "글 쓰는 법"을 의미한다. 전자의 의미를 가지는 것은 제2음절이 된소리로 발음되지만, 후자의 의미를 가지는 것은 제2음절이 평음으로 발음된다는 차이를 보인다.

| 참고문헌 |

권영민(1999), 『서사양식과 담론의 근대성』(서울대 인문학연구총서 5), 서울대 출판부.

권혁래(2004), 「조선조 한문소설 국역본의 존재 양상과 번역문학의 성격에 대한 시론」, 『동양학』 36, 단국대 동양학연구원.

김봉좌(2013), 「조선후기 傳令의 한글 번역과 대민 유포」, 『한국문화』 61, 서울대 규장각한국학연구소.

김영진(2012), 「朝鮮刊 剪燈新話句解 諸本研究 (1)－異本對比 및 系列化를 중심으로」, 『어문논집』 65, 민족어문학회.

김하라(2012), 「통원(通園) 유만주(兪晩柱)의 한글 사용에 대한 일고(一考)」, 『국문학연구』 26, 국문학회.

남풍현(1978), 「訓民正音과 借字表記法과의 關係」, 『국문학론집』 9, 단국대학교.

_____(1980), 「訓民正音의 當初目的과 그 意義」, 『동양학』 10, 단국대 동양학연구원.

박대현(2010), 「漢文書札의 格式과 用語 研究」, 영남대 박사논문.

박성종(2006), 『朝鮮初期 古文書 吏讀文 譯註』, 서울대 출판부.

_____(2008), 「李兆年의 鷹鶻方에 나타난 吏讀文 作品에 대하여」, 『국어국문학』 148, 국어국문학회.

박성종(2011), 「조선 전기 이두 번역문의 문체와 어휘」, 『한국어학』 53, 한국어학회.

배미정(2012), 「한문서간 연구의 현황과 과제－조선시대 한문서간 연구사를 중심으로」, 『대동한문학』 36, 대동한문학회.

성균관대 동아시아학술원(2009), 『정조어찰첩(正祖御札帖)』, 성균관대 출판부.

송호근(2011), 『인민의 태생－공론장의 구조 변동』, 민음사.

심경호(2012), 『한국 한문기초학사』 1·2·3, 태학사.

안대회(2009), 「御札帖으로 본 正祖의 인간적 면모」, 『대동문화연구』 66, 성균관대 대동문화연구원.

양오진(2010), 『漢學書 研究』, 박문사.

이상규(2011), 『한글 고문서 연구』, 도서출판 경진.

이현우(1993), 「李鈺『俚諺』의 研究」, 성균관대 석사논문.

이현희(2012), 「단어 '한글' 및 '문자'와 음운론적인 정보」, 『2012년 훈민정음학회 국내학술대회 발표논문집 - 훈민정음과 오늘』, 사단법인 훈민정음학회.

_____(2013), 「현대 이전의 '飜譯'과 '諺解'에 대한 몇 고찰」, 『한국어문학과 번역』, 서울대 한국어문학연구소 제2회 국제학술대회 발표논문집.

_____ · 복정령(2013), 「『海槎日記』 속의 소로분과 그 飜譯文에 대한 한 研究」, 『近世東アジアの外國語教育とその背景(근세 동아시아의 외국어 교육과 그 배경)』, 譯學書學會 第5回 國際學術會議 발표문.

이화숙(2009), 「조선시대 한글 의궤의 국어학적 연구 - 『즈경뎐진쟉졍례의궤』와 『뎡니의궤』를 중심으로」, 대구가톨릭대 박사논문.

이 훈(2011), 『외교문서로 본 조선과 일본의 의사소통』, 景仁文化社.

임형택(2002), 『한국문학사의 논리와 체계』, 창작과비평사.

_____ · 한기형 · 류준필 · 이혜령(2008), 『흔들리는 언어들 - 언어의 근대와 국민국가』, 성균관대 출판부.

임홍빈(2013), 「正音 創制와 관련된 몇 가지 問題」, 『2013년 훈민정음학회 제2회 전국학술대회 발표논문집』, 사단법인 훈민정음학회.

전경목(2010), 「이두가 포함되어 있는 고문서 번역상의 몇 가지 문제점」, 『고전번역연구』 1, 한국고전번역학회.

정승혜(2012a), 「朝鮮通事가 남긴 對馬島의 한글편지에 대하여〉, 『어문논집』 65, 민족어문학회.

_____(2012b), 「한글 簡札을 통해 본 近世 譯官의 對日外交에 대하여」, 『대동한문학』 37, 대동한문학회.

정용수 譯註(2003), 『剪燈新話句解』, 푸른사상.

정학성(2000), 『역주 17세기 한문소설집』, 삼경문화사.

조동일(1999), 『하나이면서 여럿인 동아시아문학』, 지식산업사.

_____(2010), 『동아시아문명론』, 지식산업사.

조성산(2009), 「18세기 후반~19세기 전반 조선 지식인의 語文 인식 경향」, 『한국문화』 47, 서울대 규장각한국학연구소.

허지은(2010), 「쓰시마 朝鮮語通詞 오다 이쿠고로[小田幾五郎]의 생애와 대외
　　　　인식－『通譯酬酢』을 중심으로」, 『동북아역사논총』 30, 동북아역사재단.
＿＿＿＿(2012), 『왜관의 조선어통사와 정보유통』, 경인문화사.
황문환(2010), 「조선시대 언간 자료의 현황과 특성」, 『국어사연구』 10, 국어사
　　　　학회.
＿＿＿＿(2013), 「(韓中間) 對外機密 維持를 위한 諺簡 實用의 한 事例 : 冬至副
　　　　使 李亨元이 義州府尹 沈晉賢에게 부친 諺簡」, (譯學書學會 第5回 國際
　　　　學術會議 발표문), 『近世東アジアの外國語教育とその背景(근세 동아
　　　　시아의 외국어 교육과 그 배경)』, 역학서학회.

池內敏(2011), 「癸未信使の通譯たち・ノート」, 『동아시아문화연구』 49, 한양대
　　　　동아시아문화연구소.
이토 히데토[伊藤英人](2011), 「조선시대 近世中國語 '飜譯'에 대한 고찰 및 그
　　　　전망」, 『동아시아 시대의 한국어・한국문화 연구의 동향과 전망』, 제2회
　　　　한국 언어・문화 국제학술대회, 연세대 국어국문학과 BK사업단・동경외
　　　　국어대학.
長正統(1978), 「倭學譯官書簡よりみた易地行聘交渉」, 『史淵』 115, 九州大學
　　　　文學部.
岸田文隆(2011), 〈對馬島宗家文庫ハングル書簡類〉について〉, ユーラシア言語
　　　　研究コンソーシアム年次總會(6科研合同研究會) 發表資料, 大阪大學.
岸田文隆(2012), 「對馬宗家文庫のハングル書簡について」, 『近世日本と倭館
　　　　・朝鮮: 研究の現在と展望』 發表資料, 大阪大學 大學教育實踐センター.
安田章(1963), 「隣語大方解題」, 京都大學 文學部 國語學國文學研究室編,
　　　　『隣語大方』, 京都大學 國文學會.
山內民博(2007), 「朝鮮後期鄕村社會と文字・文書: 傳令と所志類をてがかり
　　　　に」, 『韓國朝鮮の文化社會』 6, 東京大學 大學院 韓國朝鮮文化研究室.

Anderson, Benedict(1983), *Imagined Communities: Reflections on the origin and Spread
　　　　of Nationalism*, London: Verso(윤형숙 역(1991), 『민족주의의 기원과 전파』,
　　　　나남출판).

제2장 언어관

김한결 · 김민지

  조선 후기의 언어관을 논의하는 데에는 대체로 다음의 세 가지 사항을 고려하지 않을 수 없을 것이다. 첫째, 조선 후기의 언어관에 대한 주체 및 대상은 누구이며 그들이 지니는 특징은 무엇인가? 둘째, '조선 후기'라는 시대적 배경이 지니는 특징은 무엇인가? 셋째, 언어관을 바라보는 입장은 어떠한 것인가?

  먼저 언어관의 주체 및 대상에 대하여 생각해 본다. '언어관'이라는 것을 '해당 언어에 대한 가치관'이라고 정의한다면, 해당 언어를 사용하는 언중들이 언어관의 대상이자 주체가 될 것이다. 우리가 조선 후기 언어관의 대상 및 주체로 삼는 것은 '당시 조선의 지식인'이다. 이것은 조선의 지식인들의 언어생활과 밀접한 관련을 지닌다. 조선 후기의 지식인들은 다이글로시아(diglosia)[1] 속에서 언어를 이해하려고 노력하였다. 당시 많은 조선의 지식인들은 이른바 중화주의의 영향으로 한국어보다는 중국어의 우월성을 강조하였다. 그러나 중국어와 한국어를 대비하는 과정은 역설적이게도 당시의 지식인들이 한국어를 새롭게 인식하게 되는 계기가 되었다. 그 결과 소론계 학자들을 중심으로 자국어에 대한 의미 있는 논의들이 다양하게 나타나게 되는바, 우리는 조선 후기 언어관의 주체를 '당대의 지식인'으로 설정해야 할 것이다.

　다음으로 조선 후기라는 시대적 배경에 대하여 생각해 본다. 조선 후기는 '음성 언어에 대한 관심의 증대'라고 표현할 수 있다. 특히 소론계 학자들은 한자음과 관련하여 한국의 한자음에 대하여 상당한 자부심을 가지고 있었는데, 이것은 중국의 한자음과 대비하여 자국의 한자음을 보다 객관적으로 이해하게 되는 계기가 되었다(이상 조성산 2009 ㄴ). 이러한 현상들은 자국어에 대한 인식의 전환을 마련하게 되었고, 나아가 '중국적인 것'을 탈피하려는 데에까지 이르게 된다. 대한제국 시기부터는 본격적으로 언어·사상적 측면에서 중국으로부터 벗어나게 되는바, 조선 후기는 그러한 현상을 가능하게 하는 일종의 연결 고리가 되었던 셈이다.[2] 특히 조선 후기에 이르러서는 당시의 중국어와 한국어를 대비하고 거기에 나름의 가치를 부여하려는 시도도 상당수

1　'다이글로시아(diglosia)'의 개념에 대한 것은 4장에서 다룰 예정이므로, 여기에서는 이 용어에 대한 설명이나 해석을 시도하지는 않을 것이다.

2　중국어와 한국어의 차이를 인지하고, '중국적인 것'보다 '한국적인 것'에 조금 더 관심을 가지고 천착하는 것이 언어관에 대한 연구라고 한다면, 굳이 시대적 배경을 '조선 후기'로 한정할 필요는 없을 것이다. 여러 차자 표기 관련 연구나 한문학 연구에서 언급된 바와 같이, 한반도에 한자 및 한문이 들어오기 시작한 직후부터 중국어와 한국어에 대한 고민이 시작되었다고 보는 것이 타당하기 때문이다. 그렇지만 대체로 조선 후기를 시대적 배경으로 삼아서 언어관을 논의하였던 여러 연구들은 조선 후기에 이르러서야 이러한 인식이 본격적으로 드러난 것으로 파악하는 듯하다. 여러 연구들에서는 이러한 상황에 대한 직접적인 이유를 드러내지는 않았으나, 이것은 문헌상의 한계로 풀이된다.

발견되는바, 우리는 이러한 시대적 배경이 언어관을 논의하는 데에 상당히 유의미하다고 생각한다.

끝으로 우리가 취해야 할 언어관에 대하여 생각해 본다. 조선 후기 지식인들의 언어관을 다루기 위해서는 '언어관' 그 자체에 대한 관점도 아울러야 할 것이다. 언어관을 다루기 위한 우리들의 기준이 무엇이냐는 고민이 바로 그것이다. 특정한 계층의, 그리고 특정한 시대의 언어관을 대상으로 할 때, 우리가 취해야 할 기준은 한두 가지로만 일관할 수는 없을 듯하다.

언어관에 대하여 나름의 기준을 내세웠던 몇몇 논의를 살펴보면 다음과 같이 정리할 수 있다.

> ① ㉠ 고대에는 언어가 주술성을 띠고 있었기에 종교적인 위력을 가지고 있었다. 따라서 이 시기의 언어와 문자는 신성시되었다. 중세 전기에 오면서 한문이 절대적인 위세를 떨치며 동아시아 여러 국가들에서 쓰였다. 따라서 이 시기의 문자는 절대적으로 인식되었다. 중세 후기에 오면서 주자의 성리학이 조선에 수용되었고『동국정운』과 같은 한자음 교정 서적들이 간행되었다. 따라서 이 시기의 언어는 도구적이었다. (김민수 2003)
>
> ㉡ 역(易)철학은 조선의 국어학의 근간이다. 조선 시대의 국어학자들이 언어 연구를 할 수 있었던 것은 역철학이 가지고 있던 우주론적 합리적인 법칙 때문이었다. (김석득 2009)
>
> (위 인용문은 필자가 각 논의의 해당 부분을 요약한 것임.)

①-㉠은 김민수(2003)에서 제안하였던 언어관을 시대적으로 분류·정리한 것으로서, 여기에 따르면 한국의 언어관은 '언어신성관(고대)

→ 언어권위관(중세 전기) → 언어도구관(중세 후기)' 정도로 변화한 것으로 이해된다. 그렇지만 언어관의 변천 과정은 위와 같은 계기적인 현상으로 해석하기에는 무리가 따른다. "한문이 절대적인 우세를 지닌다."라는 언어권위관은 적어도 조선 후기까지 유효하다는 점, 여러 문헌들 중에서 『동국정운』 하나를 통하여 '언어도구관'을 논하는 태도는 쉽게 받아들이기 어렵다는 점 등이 그러하다. 특히 언어도구관이란 한자음 교정에 국한되는 것이 아니라 훈민정음 창제 전체를 아우르는 것으로 이해해야 할 것이다. 그러한 의미에서 ①-㉠이 '시대적 변화'라는 기준 외에 언어관을 구분할 만한 뚜렷한 기준이 없다는 비판(김남돈 2005)은 적절하다 하겠다. ①-㉡은 언어관에 사상이나 철학의 절대적인 역할을 부여한 입장이다. 물론 태극 음양오행설이 훈민정음을 비롯하여 조선 시대의 각종 국학서에 지대한 영향을 미쳤던 것은 잘 알려진 사실이다. 그렇지만 역(易)철학이 조선시대 국어학의 중요한 사상적 배경라고 하여 그 자체를 언어관과 동일한 것이라고 볼 수만은 없을 것이다. 그러한 의미에서 '시대적 변화'라는 단일한 기준만을 세웠던 ①-㉠처럼, ①-㉡은 '역철학'이라는 단일한 기준만을 통하여 언어관을 일관하였다는 비판을 받을 수 있다.

우리는 ①을 통하여, 특정한 시기의 언어관을 논의할 때에는 ①의 시각처럼 '통시적이거나 특정한 영역만'을 기준으로 삼는 행위는 다소 무리가 있다는 것을 깨닫게 된다. ①과 같은 태도는 '특정 지역에 대한 개괄적인 언어관'을 되짚어 보는 데에 유리할 수는 있겠으나, '특정한 시기의 언어관'에 대하여 자칫 오해를 하게 만들 수도 있다. 일찍이 소쉬르가 언어 현상을 공시적인 것과 통시적인 것으로 구별한 것처럼, 우리가 다루고자 하는 언어관도 그러한 구별 속에서 논의해야 할 필요가 있

다. 언어관이란 통시적 관점만을 잣대로 삼아서는 안 될 것이다. 우리
는 ①에서 나타난 입장처럼 특정한 언어관만을 염두에 두는 태도는 취
하지 않을 것이다. 대신에 공시적인 입장에서 해당 자료들을 분석하고
해석하여 조선 후기 지식인들의 언어관을 설명하고자 한다. 당시 지식
인들의 언급을 통하여 역으로 언어관을 재구할 경우 보다 다양한 시각
에서 언어관을 다룰 수 있다는 의의를 얻게 될 것이다.

이러한 관점에 따라 조선 후기의 언어관을 살피다보면, 인간의 '음
성'과 사물의 '의미' 및 '문자' 사이의 관계에 대하여 언급하지 않을 수
없다. 당시의 많은 지식인들은 음성과 의미는 밀접한 관계에 있었으
며, 그것은 문자 그 자체와 직결된다고 믿었다. 물론 여기서 언급된 음
성이란 당시의 중국어를 뜻하고 문자란 한자를 뜻하는바, 당대 대부분
의 지식인들은 중국어가 곧 문자이자 그것이 곧 의미라고 생각하였던
것이다. 그렇지만 당시의 지식인들은 한국어에는 '음성=의미=문자'와
같은 필연적인 관계가 없다고 인식한 듯하다. 조선 후기의 대다수 지
식인들은 한자가 중국어의 근본이며, 동시에 사물의 의미 그 자체라고
생각하였기 때문이다. 물론 오늘날의 입장에서 볼 때 특정한 한자음만
을 기준으로 하여 언어와 문자, 음성과 의미 사이의 관계를 논의하는
것은 비판의 대상이 될 것이다. 그렇지만 조선 시대를 아우르는 중화
주의라는 사상을 충분히 이해한다면, 이러한 언어관은 사실상 당시의
절대적 가치를 지니는 명제였을 것이다.

"인간의 음성과 사물의 의미 사이에는 필연적인 관계가 없다."라는
명제는 오늘날에 와서 너무도 당연한 것이다. 그렇지만 조선 후기 대
다수의 지식인들에게는 오히려 음성과 의미 사이의 필연성이 당연한
것이었다. 그것은 그 당시의 조선이 한자 및 한문 문화권이기 때문에

겪을 수밖에 없는 결과였다. 조선 후기의 지식인들은 특정 음성과 의미 사이에 필연적인 관계가 있다고 믿었으며, 그것이 다름아닌 '한자'라는 문자 체계를 통하여 실현되는 것으로 믿었던 것이다. 따라서 이러한 지식인들의 입장에서는 '한자가 음성이며 그것이 의미 그 자체'라는 인식이 너무나 자연스러웠다.

반면 이러한 입장과는 반대의 입장을 보이는 지식인들도 있었는데, 해당 지식인들의 논의는 언어학사 측면에서 매우 중요하므로 아래에서 그 해당되는 내용을 살피도록 한다.

②㉠書契造字(한자)는 音과 意를 다 갖추고 있으나, 한글은 字音만으로 이루어지고 있다. 그러나 한자도 '천'이라는 음만 듣고도 '하늘'이라는 뜻을 알듯이 한글도 '하늘'이라는 음만 듣고 뜻을 알 수 있다. (李思質, 『訓音宗編』「聲音總論問答」)

㉡나는 모르겠거니와, 저들이 이름하는 것이 과연 그 물건의 이름이라 할 수 있으며, 우리가 이름하는 것은 과연 그 물건의 이름이라 할 수 있겠는가? 저 사람들이 '席'이라 하고 '燈檠'이라 한 것은 이미 반고씨가 즉위한 처음에 칙명으로 내린 이름이 아닐진대, 또한 그 본래의 이름이 아니다. 우리가 '붓'이라 하고 '종이'라 한 것도 또한 닥나무와 털의 嫡親 부모가 손수 만든 그 당시에 바로 명명한 것이 아니라면, 또한 그 본래의 이름이 아니다. 그것이 그 본래의 이름이 아님은 동일한 것이다. 저들은 마땅히 저들의 이름하는 바로 이름하고, 우리는 마땅히 우리의 이름하는 바로 이름하는 것이다. 우리가 어찌하여 반드시 우리의 이름하는 것을 버리고, 저들의 이름하는 것을 따라야 하겠는가? 저들은 어찌하여 그 이름하는 것을 버리고 우리의 이름하는 것을 따르지 않는단 말인가? [吾未知彼之所名者 果

其名耶 我之所名者 果其名耶 彼之曰席曰燈檠者 旣非盤古氏卽位初年欽差
賜名者 則亦非其名也. 我之曰賦詩曰照意者 又非楮與毛嫡親爺孃之所唾手
命名者 則亦非其名也 其爲其非名也 則均矣 彼當以彼之所名者名之 我當以
我之所名者名之 我何必棄我之所名者 而從彼之所名者乎 彼則何不棄其之
所名者 而從我之所名者乎 (李鈺, 『藝林雜佩』「俚諺引」「三難」)

이사질은 조선 후기의 대다수 지식인들과 마찬가지로 문자가 음성
과 의미를 모두 포함할 수 있다고 주장한다. 다만 우리의 문자인 한글
도 한자와 마찬가지로 음성과 의미를 포함한다고 주장하는 것이 여타
의 지식인들과 다른 결정적인 차이다. 조선 후기의 지식인 상당수는
한자만이 음성과 의미와의 필연적인 관계가 있다고 주장하였지만, 이
사질은 한글도 그러한 관계가 있다고 주장한 것이다. 전자와 후자는
모두 중국어와 한국어, 한자와 한글을 대비하고 있으나, 그 결과에서
는 사뭇 다른 양상을 띤다. 전자는 한자(=중국어)의 우수성을 입증하기
위하여 한글(=한국어)를 상대적으로 낮은 것으로 파악하였으나, 후자는
두 가지를 거의 대등한 것으로 파악하였던 것이다.

이옥은 여기서 한 발짝 더 나아가 우리나라의 독자적인 명칭을 쓸
것을 주장한다. 예컨대 'paper'라는 개념에 대하여 중국에서는 '紙'를
쓰지만, 그렇다고 한국에서까지 '紙'를 쓸 필요는 없다는 것이다. 이미
한국에는 '종이'라는 명칭이 있기 때문이다. 이러한 주장은 동일한 의
미에 대하여 여러 가지의 표기 수단이 사용될 수 있다는 것을 뜻하는
바, 이것은 '언어의 자의성'과 일맥상통한 것이다(성화민 2007: 19~21).

이처럼 조선 후기의 언어관은 당시의 중국어와 한국어의 대비를 통
하여 자국의 언어 및 문자의 가치 및 특징을 파악하려는 노력에서 비

롯된다. 중국어와 한국어를 대비하는 목적은 명백하다. 중국의 언어 및 문자의 우수성을 주장하거나, 혹은 한국의 언어 및 문자의 우수성을 주장하는 것이 그것이다.[3] 어느 것이 목적이건 간에, 당시의 학자들은 중국어와 한국어의 대비를 통하여 언어에 대한 깊이 있는 연구를 하게 된 셈이다. 물론 당시의 대다수 지식인들처럼 특정 문자에 절대적이고 필연적인 가치를 부여하는 것은 비판의 여지가 있다. 그렇지만 조선 유학자들에게 중화주의 사상이란 하나의 절대적인 믿음이자 가치관이었기 때문에, 중화주의를 무시하고서 당시의 언어관을 논의할 수는 없을 것이다. 조선 시대의 이러한 사상적 배경을 도외시한 채 당시의 언어관을 판단하는 행위는, 지나치게 현대 언어학에 이끌린 편견의 소치라고 할 수 있다.

오늘날의 입장에서 살펴보더라도 조선 후기의 언어학의 수준은 상당히 높은 경지에 있었다는 것이 여러 연구자들의 주장이다. 조선 후기에 이미 현대 음운론에서 다루어지는 음소와 음성, 분포와 환경 등의 개념들이 나타나는바, 우리는 이러한 현상이 우연한 것이 아니라고 생각한다. 신경준의 『훈민정음운해』나 정동유의 『주영편』을 보면, 당시의 지식인들은 음소와 음성의 관계를 잘 이해하고 있었다는 사실을 알게 된다. 유희는 「언문지」를 통하여 음소와 음성의 구별을 더욱 확실하게 천명하였는데, 이것은 『주영편』을 비판적으로 수용·검토하였기에 가능한 일이었다. 특히 「언문지」에는 한글의 자모에 대한 조음 음성학적 기술도 상당히 풍부한데, 이것은 음성학에 대한 당시의 인식이 상당히

---

3 중국어와 한국어, 한자와 한글의 관계에 대하여 당시의 학자들은 다양하게 생각하였다. 여기에 대해서는 3장에서 자세하게 다루어질 예정이기에 여기서는 더 이상의 언급을 하지 않겠다.

높았다는 사실을 뜻한다(이상 김석득, 2003). 홍희준은 『전구』의 「방언설」에서 인간의 언어와 동물의 소리를 구분하는 입장을 취하는데, 이러한 인식 역시 언어에 대한 깊이 있는 고찰 없이는 불가능하였을 것이다.

언어에 대한 수준 높은 인식과 논의들이 있었는데도 이러한 논의들이 근대 이후에 지속적인 발전을 이룩하지 못하였던 것은 음운학과 성운학에 집중하였던 당시 지식인들의 특성 때문일 것이다. 여기에는 중화주의가 영향을 미친 바 크다. 조선 후기의 지식인들은 조선 초기와 마찬가지로 한자음에 대하여 민감하게 생각하고 있었다. 이것은 한자음에 대한 중국과의 괴리감에서 비롯된 것이다. 당시의 지식인들은 한국의 한자음이 중국과 다르다는 점을 충분히 인식하고 있었고, 그러한 인식 속에서 자국의 음운이나 음성에 더욱 관심을 가지게 되었다는 것이 우리의 생각이다. 우리가 바로 뒤에서 살펴볼 조선 후기의 언어관은 이처럼 당시 중국과의 관계에서 비롯된 것이다. 이러한 맥락에서 볼 때, '조선 후기 지식인들의 언어관'을 분석하고 해석한다는 것은 곧 아래의 질문에 대하여 해답을 제시하는 것이라 하겠다.

③ ㉠ 조선 후기의 지식인들은 자국어에 대해서 어떠한 생각을 가지고 있었는가?
　　㉡ 음성 언어와 문자 언어의 관계에 대해서 어떠한 생각을 가지고 있었는가?

이후의 논의에서는 조선 후기의 언어관을 살피되, 국어학사적인 측면에서 몇몇 중요한 점들을 중심으로 논의를 진행할 것이다. 여기서 '몇몇 중요한 점'이라고 언급한 까닭은 우리가 당시 학자들이 지니고 있던 언어관이 어떠한지를 구체적으로 확인할 만한 방법이 없다는 데에 있다. ③의 첫 번째 질문이나 두 번째 질문은 모두 쉽게 대답할 수 있는 성질의 것이 아니다. 기계적인 대답일 수밖에 없지만, 그것은 조선 후기에는 오늘날의 '언어학' 자체에 대응할 만한 분야가 없었다는 점에서 뒷받침된다. '언어학'이라는 분야 자체가 지극히 현대적 개념이라는 것은 주지의 사실이지만, 조선 시대 대부분의 언어학 관련 분야가 한자음 연구와 직·간접적으로 연결되어 있다는 사실 또한 부인할 수가 없다. 다음으로 국어학사적인 측면에서 조선 후기의 언어관에 직접 접근할 만한 자료가 부족하다는 점을 들 수 있다. 당시 '언어학'이라는 분야 자체가 존재하지 않았던 만큼, 당시의 한국어 그 자체를 다루는 문헌은 극히 드물다. 그러므로 언어학 관련 서적이 아닌, 기타 관련 서적 등에 기대어 '당시 학자들의 자국어에 대한 인식'을 살필 수밖에 없다.

따라서 조선 후기 지식인들의 언어관을 논의하기 위해서는 1차적인 방법과 2차적인 방법을 취해야 한다. 1차적인 방법이란 '언어' 그 자체를 지칭하는 용어들을 분석하여, 그것이 함의하는 바를 밝히는 것이다. 당시의 여러 문헌에는 '조선어' 내지는 '한국어'로 볼 수 있는 몇 가지 용어들이 문증된다. 우리는 그러한 용어들을 점검함으로써 당시 학자들이 자국어를 어떻게 이해하였는지 확인하게 될 것이다. 2차적인 방법이란 '언어'에 대한 인식이 직접적으로 언급된 내용들을 분석하는 것이다. 비록 앞서 언급한 것처럼, 이른바 '언어학 서적'이라는 것은 존재하지 않지만, 백과사전류, 어휘집, 한자음 관련 서적 등에서는 자국어에 대한 적지 않은 언급이 나타난다. 여기에는 한자음에 대한 논의를 비롯하여 자국어와 타국어를 대비를 통하여 이루어진, 상당히 높은 수준의 논의도 존재한다. 이상의 1차적 방법과 2차적 방법은 따로 이루어지는 것이 아니고 서로 유기적인 연관을 맺는 것으로 이해해야 할 것이다. 이러한 방법들을 통하여 우리는 ③에 대한 질문을 해결하기로 한다.

1. 한국어에 대한 인식과 중국어에 대한 인식

조선 후기의 여러 문헌 자료에서는 자국의 언어를 지칭하는 다양한 용어들이 발견된다. 대표적으로 方言, 方音, 鄕音, 鄕訓, 國語, 國文[4] 등이 있다. 각 용어들은 대등한 층위를 이루는 것으로 볼 수는 없고, 몇 가지 부류로 나누어 살펴야 한다. 어떠한 용어는 높은 빈도로 쓰이면서 다양한 의미를 함의하는 반면, 또 어떠한 용어는 적은 빈도로 쓰이거나 다른 용어의 특정한 의미만을 대신하는, 부가적인 용도로만 쓰이기 때문이다. 여기서 우리가 가장 주목하는 것은 '方言'과 '國語'이다. 먼저 '방언'의 구체적인 쓰임 및 의미에 대하여 알아보고 뒤이어 '국어'에 대하여 살펴보도록 하겠다.

'방언'의 역사적 의미 및 함의에 대해서는 기존 몇몇 연구에서 이미 논의된 바 있다. 백두현(2004ㄱ), 강민구(2007), 이군선(2007), 김영환(2009), 조성산(2009ㄱ), 정승철(2012), 장윤희(2013) 등이 대표적이다. '방언'에 대한 기존의 연구들은 대체로 '방언'의 지역적인 특성에 주목한다. 여기서

---

4 자국어 혹은 자국어 문자를 지칭하는 용어는 이보다 훨씬 많이 존재한다. 자국어 및 자국어 문자를 지칭하는 용어에 대한 것은 백두현(2004ㄱ), 백두현(2004ㄴ), 정승철(2012) 등을 참고한다.

말하는 '지역적 특성'이란 오늘날의 방언과 같은 '지역어'(지방어)[5] 혹은 '사투리'를 뜻하는 것이 아니라, '중국어와 대비되는 한국어'라는 의미를 뜻한다.

다만 최근에는 '방언'의 명칭에 대한 가치중립성 여부가 논란이 되는 듯하다. 기존의 여러 연구에서는 '방언'을 '중국 외의 지역에서 쓰이는 언어'로 이해하고 그것을 '중국 중심주의'에서 비롯된 것으로 해석하는 경향이 강하였다. '방언'과 관련된 대다수의 연구들이 그러한데, 이러한 논의들은 '방언'이 중화주의 사상과 밀접한 연관을 맺고 있으며, 그것이 필요에 따라 다른 지역이나 문헌에 사용되면서 의미가 변화하였다고 주장하였다.

그렇지만 '방언'에 굳이 그러한 '중국 중심'의 가치를 부여할 필요가 없다는 주장도 존재하는바, 대표적으로 장윤희(2013)을 들 수 있다. 장윤희(2013: 57~59)에서는 다음과 같은 두 가지 점을 들어서 '방언'의 가치중립성을 주장하였다.

④ ㉠ 상당히 이른 시기에 쓰여진, 양웅의 『방언』에서 '방언'이라는 용어
가 가치중립적으로 쓰였다.

　　㉡ 기타 다른 문헌에서 쓰여진 '방언'이라는 용어에서 '중국 중심'이라

5　오늘날의 방언학에서는 '방언', '지역어', '사투리' 등의 개념을 분리하여 다루고 있다 (방언연구회 2001). 사실 조선 후기에 등장하는 '방언'과, 현대 방언학에서 등장하는 '방언'이 등가의 가치를 가지는지 여부에 대해서는 많은 연구가 이루어지지 않았던 것 같다. 본문에서 언급된 바와 같이, '방언'에 '지역어'라는 개념이 나타나기 시작하는 것은 사실이나, 현대적인 관점에서 '방언'과 '지역어'라는 개념은 완전히 동질한 개념의 것이 아니기 때문이다. 다만, '방언'이나 '지역어' 모두 '특정한 지역'을 염두에 두고 쓰이는 용어이므로, 이 글에서는 그러한 점을 가장 중요하게 생각하였다. 즉, 이 글에서는 현대적 관점의 '방언'과, 조선 후기 유학자들이 사용한 '방언'의 차이를 적극적으로 분리하지 않은 셈인데, 이것은 편의상의 조처임을 밝힌다.

는 가치를 걸어 내더라도 해석에 큰 무리가 없다.

④는 '방언'의 가치중립성을 뒷받침하는 근거들로서, ④의 주장에 정반대로 배치되는 것처럼 생각할 수도 있다. 그렇지만 '방언'에 '중국 중심주의'의 가치를 부여하는 입장이나, 그것을 반대하는 입장이나 궁극적으로 주장하는 바는 거의 하나로 일치하는 것 같다. 바로 '방언'이라는 용어가 '해당 지역의 언어'로 쓰이다가 '지역어 / 지방어'라는 의미로 정착하였다는 점이 그것이다. 우리는 이 '방언'이라는 용어의 여러 의미들을 설명하는 데, 이러한 '중국 중심주의'라는 가치가 어느 정도 필요한 개념이라고 믿는다.

뒤에서 살펴보겠지만, '방언'에는 여러 하위 의미들이 존재하는데, 이러한 의미들은 일정한 연관성을 지니고 있다. 그것은 바로 '지역'이나 '지방'이라는 의미와 밀접하다는 것이다. 이처럼 '방언'의 의미에 '지역'이나 '지방'과 관련되었다는 사실은 곧 한자 '方'의 의미에서 비롯된 것으로 보인다. 중국의 『漢語大詞典』에서 언급된 '方'의 의미는 다음과 같다.

⑤ 方1 fāng[6]

❶ 相幷的兩船; 竹木編成的筏. 亦指以舟, 筏渡水. [나란히 놓여진 두 척의 배; 대로 엮어 만든 뗏목. 또는 배나 뗏목으로 강을 건너다.]

❷ 幷列, 幷排. [병렬하다. 나란히 배열하다.]

❸ 等同; 相當. [같다; 상당하다.]

---

6 표제어 이하의 사전 뜻풀이는 『漢語大詞典』의 해당 부분을 그대로 가져온 것이다. 다만 '[ ]' 속의 해석은 필자들이 제시한 것인바, 이것은 편의상의 조처임을 밝혀 둔다.

④ 比擬; 比喩. [견주다; 비유하다.]

⑤ 比較; 對比. [비교하다; 대비하다.]

⑥ 品類; 類別. [품종, 분류]

⑦ 方形. 與"圓"相對. [모지다, '둥글다'의 상관어(반의어)]

⑧ 指大地. [대지]

⑨ 方向; 方位. [방향; 방위.]

⑩ 方面. [방면]

⑪ 旁邊; 一側. [한 쪽; 한 방면]

⑫ 四周圍繞. 亦指界限或界線. [사방 둘레. 또는 한계나 경계선]

⑬ 地方; 地區. [지방, 구역]

⑭ 古代計量面積用語. 後加表示長度的數字或數量詞, 表示縱橫若干 長度的意思. 多用于計量土地. [고대에 면적을 재는 용어. 뒤에 길이를 나타내는 숫자와 수사를 덧붙여, 약간의 가로 세로 길이를 표시하였 다. 주로 토지를 잴 때 쓰였다.]

⑮ <u>上古指邦國. 亦指古行政區的州. [상고 시대에 나라[邦], 국가[國]를 가리킨다. 또는 옛 행정구역인 주를 가리킨다.]</u>

『詩・大雅・常武』: "如雷如霆, 徐方震驚." 高亨注: "徐方, 徐邦."

『後漢書・陶謙傳』: "[謙]爲徐州牧 (…중략…) 是時徐方百姓殷盛, 穀實 甚豊, 流民多歸之."

『資治通鑑・漢獻帝初平四年』引此文, 胡三省注曰: "古語多謂州爲方, 故 八州八伯謂之方伯. 『書』曰 '惟彼陶唐, 有此冀方', 『詩』曰 '徐方不庭, 是也." 『文選・曹植「責躬詩」』: "祭祭僕夫, 于彼冀方." 李善注: "植雖封安鄉 侯, 猶住冀州也. 時魏都鄴, 冀州之境也." 參閱楊樹達『積微居小學述 林・釋「尙書」"多方"』

(…중략…)

㊱ 姓. [성]

　‘方’자에 대한 다양한 의미들을 확인할 수 있으나, 우리가 주목하는 것은 ⑮의 ‘국가’라는 개념으로서의 ‘方’자이다. ‘속담’이라는 의미를 제외한, ‘방언’의 대부분의 뜻은 사실상 이 ‘국가’라는 개념과 밀접한 관련을 가진다.

　고대 중국의 ‘방언’은 ‘국가’라는 개념과 밀접하게 연결시켜 해석할 수도 있다. 예를 들어, 춘추전국시대 이전의 ‘方’자를 ‘邦’자와 동일한 것으로 인식하여, ‘방언’을 ‘당시 제후들의 말’로써 설명하는 태도가 그것이다. 그렇지만 여기에는 ‘중앙 : 지방 = 지배 : 복종’이라는 일련의 정치적인 논리가 끼어들게 되는데, 이 ‘방언’이라는 용어를 그러한 정치적인 개념으로서만 해석할 수 있는지는 의문이다. ‘중앙’과 ‘지방’의 대립은 결국 ‘중국적인 것’과 ‘중국적이지 않은 것’의 대립으로도 이해할 수 있다. 이것이 바로 ‘중국 중심주의’의 기본적인 생각이라 할 수 있을 것이다.

　그렇지만 이 ‘방언’이라는 용어가 우리나라의 여러 문헌에 쓰이기 시작하였을 때는, 이미 이러한 ‘중국 중심주의’ 의식이 상당히 완화된 이후였다. ‘방언’이라는 것이 본래 제후국의 언어로 쓰였을지 몰라도 그것의 의미가 점차 확대되어, 중국 주변국의 언어까지를 아우르는 용어로 쓰인 것이 옳을 듯하다(이상 김영환 2009).

　이것은 일본의 경우에서도 거의 동일하게 적용된다. 『大漢和辭典』에서 언급된 ‘方’자의 의미는 다음과 같다.

⑥ 方

一 . ハウ [集韻]分房切

❶ ならべる. [줄지어 놓다]

❷ もやひ舟. ならんだ舟. 舫に同じ. [서로 붙들어 매놓은 배]

❸ いかだ. いかだする. [뗏목, 뗏목을 짓다.]

❹ くらべる [비교하다]   ❺ わける [나누다]

❻ たぐひ [동류(同類)]   ❼ たぐへる [견주다]

❽ ひとしい [같다]   ❾ かく. 匚に通ず. [틀?]

❿ 地 [땅]   ⓫ 正しい. 直い. [바르다, 곧다]

⓬ いた [판자, 널빤지]   ⓭ かど [모서리]

⓮ 四方 [사방]   ⓯ かたはら. わき. [한쪽 배, 옆구리]

⓰ かた [쪽, 방향]   ⓱ ところ [어떠한 장소]

⓲ くに. 邦國. [나라, 국가]

⓳ 祭の名 [제사 이름]   ⓴ のり. つね. みち. [법규. 관례. 도리.]

㉑ てだて [방법]

(…중략…)

㊾ 姓 [성]

일본에서도 '方'에 '국가'의 개념이 있다는 것을 확인하게 되는바, 우리는 이러한 사전의 뜻풀이가 우연한 것이 아니라고 생각한다. 여기서 우리는 한자·한문 문화권의 일부로서, 중국에 대한 한국과 일본의 뿌리깊은 중화주의 사상을 다시 한 번 확인하게 된 셈이다.

그러한 의미에서 우리는 이 '방언'에 중국 중심주의라는 가치를 완전히 배제하지 않고자 한다. 분명 '방언'은 중국의 황제국과 제후국의 관계에서 비롯된 용어였을 것이나, 그것이 중국을 제외한 다른 나라의 언어까지 아우르는 용어로서 사용되었던 것이다. 그 결과 '방언'은 몇 가지 다른 의미를 가지게 되는데, 그것이 '해당 국가의 언어'이니 '한국의 고유어'이니, '지역어'이니 하는 것들이다. 이것은 궁극적으로 의미의 변화 중 의미 축소에 해당하는바, '방언'이라는 용어에서 중국 중심주의라는 가치가 점차 사라지는 것으로 해석할 수 있다. 의미의 축소라는 것을 고려한다면, 우리는 처음부터 '방언'에 중국 중심주의라는 것이 있었다고 주장하게 되는 셈이다. 이 경우 '방언'이라는 용어의 외연 뿐만 아니라 내포까지 축소되는 것이라는, 의미의 변화 과정을 보다 편리하게 설명할 수 있게 된다.

1) '방언'의 의미

'방언'은 해당 용어를 사용한 당시의 지식인이나 그것이 기록된 문헌에 따라서 '해당 국가의 언어', '한국의 고유어', '지역어', '속담'[7] 등의 의

---

7 '방언'을 '속담'의 의미로 사용한 경우도 있다. 해당 용례 자체가 상대적으로 적게 나타나는데다가, '속담'이라는 의미가 우리의 논의와는 직접적으로 연관되는 것이 아니기에 이 글에서는 '속담'으로서의 '방언'에 대해서는 더 이상 언급하지 않을 것이다. 아래에 '방언'이 '속담'의 예로 쓰인 예문만 몇 가지 제시한다.

㉠ <u>방언</u>은 속담이다. 날마다 사용하면서도 알지 못하는 것이 있고 또 잘못 기억하여 오용하는 경우도 있다. 예를 들면 다음과 같다. 目不識丁. [<u>方言者 俗談也</u> 有日用而 不知者 又有臆記而誤用者 如目不識丁 (李衡祥, 『字學』)

㉡ 대체로 <u>俗談</u>의 유래를 보면 먼 옛날로부터 시작되었다. 『曾氏傳』에 보면 "사람들은 자기자식의 잘못은 알지 못하고, 자기 곡식이 큰 것을 알지 못한다" 하였다. (…중략…) 이와 같은 말들은 모두 옛날의 <u>속담</u>에서 나온 말로서, 이것은 성현도 취해서 이용하고 변사들도 빌려서 비유하는 데 이용했다. 그것은 왜 그런가 하면 이런 말들은 비록 옛사람들이 비유한 데서 나왔지만 그 뜻만은 통하기 때문이다. (…중략…) 그 나머지 여항 간에 매일 쓰고 있는 <u>방언</u>이 무려 기백인데 부인들이나 어린애들도 잘 알고 있으니 말이 비록 천하고 속되나 또한 사정에 합당한 것이 많다. [<u>夫俗言之</u>

미로 사용되었다. 조선 후기의 문헌에는 이러한 의미를 가진 '방언'이 모두 문증된다는 점에서 해석에 주의를 요한다. 그렇지만 조선 후기에 '방언'에 대한 여러 의미들이 모두 나타난다고 하여, 이러한 의미들이 특정 시기에 동시 다발적으로 생겼다고 해석해서는 안 될 것이다. 앞서 언급한 바와 같이, '방언'의 여러 의미들은 기원적으로 중화주의 사상에서 비롯된 용어이다. 따라서 '방언'의 여러 의미들은 용어 그 자체로서 독자성을 띠는 것이 아니라, 한자·한문 문화권에 대한 이해와 함께 해석하는 것이 좋을 듯하다. 편의상 이 글에서는 '방언'의 여러 의미들을 나열하여 보고, 그에 따른 몇 가지 해석을 시도하고자 한다.

'방언'의 첫 번째 의미는 '해당 국가의 언어'인바, 이러한 의미는 대체로 국가와 국가 사이의 관계에서 주로 부각된다.

⑦ ㉠ 세종은, 각 나라가 각기 문자를 만들어 그 나라의 方言을 기록하는데 우리나라에만 없다고 여기고, 마침내 자음과 모음 28자를 만들어 '諺文'이라 이름하고 禁中에 局을 열어 鄭麟趾, 申叔舟, 成三問, 崔恒 등에게 명하여 撰定하도록 하였다. 대개 古篆을 본떠서 초성, 중성, 종성으로 나누었다. 글자가 간단하고 쉬운데도 이리저리 쓰는 것이 무궁하여 모든 말과 소리 가운데 문자로 기록하지 못하던 것이 모두 통하여 막힘이 없었다. 중국의 翰林學士 黃瓚이 이때 遼東에 유배되어 있었는데, 성삼문 등에게 명하여 황찬을 만나 音韻을 질문하도록 하였다. 그리하여 요동에 13회나 왕래하고서 완성되었다. [世宗已爲 諸國各製文字 以記其國之方言 獨我國無之

來古矣 曾氏傳曰 人莫知其子之惡 莫知其苗之碩 (…중략…) 此等語 皆出於古之鄙諺 而聖賢取而用之 辯士借而爲喩 豈不以 言雖鄙而義則通也 (…중략…) 其餘閭巷間日用方言無慮幾百課雖婦人小子皆能知之 言雖賤俚亦多合於事情] (洪萬宗, 『旬五志』)

逐製子母二十八字 名曰諺文 開局禁中 命鄭麟趾申叔舟成三問崔恒等撰定
盖倣古篆 分爲初中終聲 字雖簡易 轉換無窮 諸語音 文字所不能記者 悉通
無碍 中朝翰林學士黃瓚 時謫遼東 命三問等見瓚 質問音韻 凡往來遼東十三
度 乃成[8] (李裕元,『林下筆記』卷18「文獻指掌編」「訓民正音」)

ⓒ 가야금은 신라 옛 기록에 이르기를, "伽倻國 嘉寶王이 당나라의 악
기를 보고 제조하였다. 왕이 이르기를, '여러 나라의 方言이 각각 다른데,
聲音이 어찌 같을 수 있느냐.'라고 하고, 곧 樂師 于勒에게 명하여 12곡을 짓
게 하였다. 그러나 나라가 장차 어지럽게 될 것을 미리 알고 악기를 가지고
신라 진흥왕에게 투항하였더니, 왕이 크게 기뻐하였다. 諫臣들이 아뢰기
를, '가야국의 나라를 망친 음악은 취할 것이 못 됩니다.'라고 하니, 왕이 이
르기를, '가야국의 왕이 음란하여 자멸한 것인데, 음악이 무슨 죄냐.'라고
하였다" 한다. [伽倻琴 新羅古記云 伽倻國嘉寶王 見唐之樂器而造之 王以謂
諸國方言各異 聲音豈可一哉 乃命樂師于勒 造十二曲 于勒 以其國將亂 携樂
器投新羅眞興王 王大悅 諫臣言 伽倻亡國之音 不足取也 王曰 伽倻王汪亂自
滅 樂何罪乎] (李肯翊,『燃藜室記述』(別集) 卷12「政敎典故」「音樂」)

ⓒ 그럭저럭 저들과 한 해가 지나도록 함께 살면서 方言을 조금 알게 되
었으므로 國名을 물으니 琉球라고 하였으며 王城의 원근을 물으니 10리 쯤
된다고 하였습니다. 이는 저희들이 목격하지는 못했으나 종소리가 은은하
게 귀에 들린 것을 미루어 보면 10리 쯤 된다는 말은 헛된 말이 아닌 듯하였
습니다. 그곳 넓이의 대소를 물으니 동쪽에서 서쪽까지는 4일 程에 불과하

---

8   해당하는 번역문과 한문 원문은 대부분 한국역사정보통합시스템(http://www.kore
    anhistory.or.kr/)을 통하여 찾은 것들이다. 다만 번역문에서 이 글의 취지와 맞지 않
    는 용어를 사용하기도 하였는데, 그러한 용어들은 필자가 원문의 표현대로 수정을
    하였음을 미리 밝힌다(예: 나랏말→國語, 사투리→方言). 이것은 뒤따르는 다른 예
    문에서도 마찬가지로 적용된다.

며 남쪽에서 북쪽까지는 동서의 길이보다 짧다고 대답하였습니다. [乎旀 旣
與彼人 經年同處 粗解方言 故問其國名云何 則曰琉球 問其王城遠近 則曰十
里許云 矣徒等 雖未目覩 以其鍾聲之隱隱在耳者推之 則十里 之說 似不虛罔
是白乎旀 問其幅圓之大小 則以 爲自東至西不過四日程 自南至北不如東西
之遠是如爲白乎旀] (『국역비변사등록』69책, 숙종 42년(1716년) 12월 23일)

　　⑦-㉠은 세종의 훈민정음 창제 과정을 서술한 부분이다. '각 나라'(各
國)에서 '그 나라의 방언'(其國之方言)을 기록하기 위하여 문자를 만들었
다는 것이니, 여기에서의 '방언'이란 '문자를 만들어서 자국의 언어를
표현하는, 해당 국가의 언어'라는 뜻으로 해석된다. 이 부분의 '방언'은
음성 언어를 지칭하는 말인데, 선행하는 '문자'와 좋은 대비를 이룬다.
⑦-㉡은 가야의 가실왕이 당나라와는 다른, 자국만의 음악을 만들라
고 명하는 내용이다. 자국의 음악이 필요하다는 것을 역설하기 위하여
각 나라의 언어가 다르다는 점을 근거로 세우고 있는데, 여기서 '각 나
라의 언어'를 '諸國方言'이라고 표현하고 있다는 점이 흥미롭다. 오늘
날이라면 '諸國言語' 정도로 표현되었을 법한데 여기서는 '言語' 대신
'方言'이라는 용어를 사용하여 '중국 이외의 다른 나라의 언어'라는 의
미를 되새긴 셈이다. ⑦-㉢은 조선의 몇몇 사람들이 표류하여 '유구국'
이라는 나라에 머무르다가 중국 북경을 거쳐 되돌아 온 경위를 보고하
는 내용이다. ⑦-㉢에서 보고하는 사람은 표류하였던 조선인들로서,
해당 표류인들은 유구국의 언어를 '방언'이라고 지칭하였다. 여기서의
'방언'도 '해당 국가의 언어'로 해석해야 한다.

　　⑦에서 나타나는 '해당 국가의 언어'라는 의미를 보자면, 굳이 중국
중심주의라는 가치를 부여할 필요가 있는가 하는 의문이 생긴다. ⑦의

'방언'은 중국어와 대비되는 측면에서 <u>중국 이외의</u> 다른 나라에서 쓰이는 언어'로 이해되는 듯한데, 여기서는 '중국 이외의'라고 하는 단서가 굳이 붙지 않아도 되기 때문이다. 그렇지만 이러한 '중국 중심주의'라는 가치는 바로 방언의 두 번째 의미에 잘 드러난다.

방언의 두 번째 의미는 첫 번째 의미가 보다 구체화된 것이다. '해당 국가의 언어'에서 '해당 국가'가 조선을 지칭할 경우에는 '한국의 고유어' 내지 '조선의 고유어'라는 의미로 해석된다. 그렇지만 이러한 의미의 '방언'은 대체로 한국의 한자어와 대비되는 측면에서 쓰이는 것 같다.

⑧ㄱ 생각건대, 頰下는 甫乙下이고, 阿吾는 阿吾地이며, 葛坡는 加乙坡知이고, 瓜田은 外叱怪이고, 楸曲은 楸仇非이며, 小吉은 小吉號里이고, 大吉은 大吉號里인데 이와 같은 유는 그 <u>方言</u>대로 하면 속되고 괴이하므로 이제 모두 아담한 명칭을 주었다. 옛적에 우리나라 군현의 명칭이 모두 이와 같았으며, 신라 景德王이 아담한 명칭을 주어서 지금까지 그대로 사용하여 靑史를 빛냈는데 진·보의 명칭은 어찌 그렇게 하지 않겠는가? 이것은 바로잡지 않으면 안 된다. [臣謹案 頰下者 甫乙下也 阿吾者 阿吾地也 葛坡者 加乙坡知也 瓜田者 外叱怪也 楸曲者 楸仇非也 小吉者 小吉號里也 大吉者 大吉號里也 若此之類 因其<u>方言</u> 鄙俚可怪 故今皆錫之以雅名也 昔我邦郡縣之名 亦皆如此 新羅敬德王 錫之以雅名 至今遵用 有光靑史 鎭堡之名 奚獨不然 斯不可以不正也] (丁若鏞, 『經世遺表』卷15「夏官修制」)

ㄴ 우리나라에서는 天文·地理·身體·服用·宮室·草木·鳥獸·蟲魚 등 일체의 이름들을 모두 方言으로 부른다. 그러므로 글을 대하면 어리둥절하여 하나로 통일되지 못해 실로 '글은 글대로 말은 말대로이다'라는 탄식이 있으니, 이를테면 '天' 자를 '河涅'이라고 주를 내는 따위가 바로 그것이

다. 酉山 丁學淵이 『物名攷』를 편찬하였는데, 그 예는 당나라의 房融이 佛書를 번역한 것과 같으니, 장님이 피리를 만져 보거나 쟁반을 두드려 보고서 해[太陽]라고 말하는 병통은 면하였다. 내가 연경에 들어갔을 때 청나라 사람들은 우리나라의 韻書의 아래에 諺註가 달린 것을 보고 우리나라의 음으로 불렀다. 우리나라 사람의 경우는 華音이 달린 것을 보게 되는데, 운서에 중국의 음과 우리나라의 음 두 가지를 다는 것은 별 의미가 없다는 것을 알지 못한다. [我國於一切天文地理身體服用宮室草木鳥獸虫魚之名 皆以方言呼之 故臨文惝怳 奠之歸一 實有書自書 言自言之歎 如天字 注河涅之類是也 丁酉山學淵 纂物名考 其例如佛書之房融筆受 免有捫籥叩槃之病 余入燕 彼人見我國韻書 下懸諺註 以東國音呼之 我人則見華音之懸 而不知韻書懸華東兩音 無義也] (李裕元, 『林下筆記』卷33「華東玉糝編」,「方言」)

⑧-㉠은 몇 가지 명칭에서 한자어와 고유어의 대비를 보인 것으로서, 아예 구체적인 예를 들어주고 있다. 예를 들어 한자어의 '頰下'는 고유어의 '볼 아래'에 해당하는 것인데, 정약용은 이러한 고유 명칭들이 속되고 괴이한 것으로 인식하였다. 결국 정약용은 당시의 조선어의 명사들을 한자어 표현과 대비를 하여 자국의 언어를 평가한 셈이 되는데, 이러한 입장에서 '방언'이라는 용어는 '한국의 고유어'라는 의미로 쓰인 것이다. ⑧-㉡는 조선에서 특정한 용어들을 '방언'으로 읽는 현상을 경계하는 내용의 글인데, 이 역시 한자어와의 대비를 통하여 이루어졌다는 점이 주목할 만하다. 이유원은 조선의 고유어가 한자어와 같지 않기 때문에, 해당하는 명칭에 일일이 각주를 달아야 하는 번거로움을 지적한다. ⑧의 예들은 모두 '자국어'라는 의미를 가지고 있지만, 그것은 '한자어와 대비되는' 고유어로서 인식된다. 그리고 이렇게 한

자어와 대비를 이루는 '방언'은, 대체로 경계하거나 수정해야 하는 대상으로 인식되는 듯하다.

이러한 '방언'의 의미에는 '한국의 한자음'이라는 의미도 포함되어 있다.

⑨ "이번 冬至副使 洪檢은 이번 행차에 역관과 저쪽 사람이 응대하는 말이 『洪武正音』에 상반되는 것이 많고 이제 舊本을 버리고 新刊을 취함은 특히 말이 되지 않는다고 해서 하순하여 바른 길로 돌아오는 길을 진달하여 묘당이 품처하라는 명이 내렸습니다. 소위 구본은 正音이며 신음은 곧 方言입니다. 남북의 語音이 각자 같지 아니하여 한번 그 쪽 경내에 들어가 본 뒤에 마땅히 新舊를 병행하여 한쪽만 폐할 수 없습니다. 이제 이미 간행한 신본을 버리고 이미 폐한 舊板을 복구하면 이 뒤에 또 구본을 버리고 신간을 취하자는 의논이 있을 것이니 장차 어떻게 대처하겠습니까? 이 일로 사역원의 물정을 탐문하니 과거시험·취재 등의 책자는 예전대로 신본으로 행하고 院中의 달마다의 장어시재는 오로지 舊音을 주로 하여 두 가지로 병행하여 완비하는 방도가 될 것 같다고 말하였습니다. 이로서 거행하는 뜻으로 분부하는 것이 어떻겠습니까?"[今番冬至副使洪檢 以今行譯舌與彼 人酬酢之語 相反於洪武正韻者居多 今此捨舊本 而取新刊 殊不成說 下詢歸正事陳達 有下廟堂 稟處之命矣 所謂舊本 卽正音也 新音 卽方言也 南北語音 各自不同 一入彼境之後 固當新舊並行 不可偏廢 今若祛已刊之新本 復已廢之舊板 而此 後又有捨舊取新之論 則將何處之乎 以此事採問 譯院物情 則如科試取才等冊子 依前以新本行焉 院中逐月長語試才 專主舊音 以爲兩行並擧之地 似爲完備之道云 以此擧行之意 分付何如](『국역비변사등록』161책, 정조 4년(1780년) 4월 30일)

⑨의 '방언'은 『홍무정운』의 '신음'에 해당하는 것으로서, '한국의 한자음'이라고 해석해야 할 것이다. ⑨의 '정음 : 방언'의 관계는 결국 '정음 : 속음'의 관계인바, 이 '방언'은 당시 언중들이 사용하였던 한국 한자음이다. 넓은 의미에서 ⑨의 '방언'도 '한국의 고유어'에 속할 것이지만, 구체적으로 지칭하는 바가 언어 그 자체가 아니라는 점에서 해석에 주의를 요한다.

한편, 상대적으로 낮은 빈도이기는 하지만 '方音'이라는 용어도 문헌에 등장한다. 이 방음이라는 용어는 바로 위에서 설명하였던, '한국 한자음'이라는 의미와 비슷한 것으로 풀이된다.

⑩ ㉠『杜詩諺解』는 성종조의 유신 曺偉 등이 지은 것이고, 『訓蒙字會』는 중종조의 崔世珍이 만든 것이다. <u>그런데 方音이 벌써 지금 세대와 다른 것이 많으니 俗音이 쉽게 변하는 것임을 알겠다.</u> (『芝峰類說』) [杜詩諺解 卽成宗朝儒臣曺偉等所撰 訓蒙字會 中宗朝崔世珍所爲 而方言以與今世不諧者多 可知俗音之易變矣] (李肯翊, 『燃藜室記述』(別集) 卷14 「諺解」)

㉡ <u>우리 동방의 鄕音으로는 上聲과 去聲 두 개의 소리를 전혀 분간해 낼 수가 없다.</u> 그래서 문학에 아무리 조예가 깊은 사람이라 하더라도 운책을 뒤적여 봐야만 하고, 그렇게 하지 않으면 도저히 구별해 낼 수가 없기 때문에, 내가 늘 이 점을 병통으로 여겨 왔다. (…중략…) 또 柳子厚의 閔生賦를 보면 靜과 騁, 隕과 隱 등을 通韻하였고, 陳后山의 示三子라는 시를 보면 忍·省과 哂·穩 등을 통운하였으며, 李空同의 石將軍戰場歌를 보면 戰과 店을 통운하였다. <u>이것들은 그 音韻이 현격하게 달라 上聲과 去聲의 차이 정도일 뿐만이 아닌데, 모두 方音이 서로 어울리기 때문에 피하지 않고 섞어서 쓴 것이다.</u>[我東鄕音 上去二聲 絶不可辨 雖深於文學者 必須檢

韻 不爾則不能別也 余常病此 (…중략…) 柳子厚閔生賦 靜騎與隍隱等通押
陳后山示三子詩 忍省哂穩通押 李空同石將軍戰場歌 戰店通押 此其音韻迥
異 不啻上去之別 皆以方音相叶故不避也 以此推之 凡著雜文用韻 雖時混上
去聲 不至大錯 唯詩什則當謹守正法耳] (張維,『谿谷集』卷1「漫筆」,「我東
鄕音上去二聲難辨」)

ⓒ 조선은 본디 동방의 오랑캐[夷]이다. 風氣가 좁고 얕으며 方音도
분명치 못해서 알아듣기가 어렵다. 그러므로 詩律의 공교함이 중화에 비
교하면 동떨어지게 미치지 못했으니, 詞藻로 된 體裁는 더욱 들을 것이 없
다. 그 소위 노래란 것은 모두 항간에 퍼져 있는 상말로 엮었는데, 간혹 문
자가 섞여 있다. 옛 것을 좋아하는 사대부로서는 가끔 짓기를 좋아하지 않
았고 어리석은 사람의 손에서 많이 이루어졌던 것이다. 이러므로 그 말이
얕고 속되다 하여 군자는 모두 취하지 않는다. 그러나 시경에 이른 풍이란
것도 본디 풍속을 노래한 보통 말이었다. 그렇다면 그 당시에 듣던 자도 지
금 사람이 지금 사람의 노래를 듣는 것처럼 아니하였으리라는 것을 어찌
알겠는가. [朝鮮固東方之夷也 風氣褊淺 方音侏 詩律之工 固已遠不及中華
而詞操之體 益無聞焉 其所謂歌者 皆綴以俚諺而間雜文字 士大夫好古者 往
往不屑爲之 而多成於愚夫愚婦之手 則乃以其言之淺俗而君子皆無取焉 雖
然 詩之所謂風者 固是謠俗之恒談 則當時之聽之者 安知不如以今人而聽今
人之歌耶 (洪大容,『湛軒書』「內集」卷3, 序「大東風謠」)

⑩-ⓐ은『두시언해』나『훈몽자회』가 나오던 15~16세기의 한자음
과, 이수광이 활동하던 16세기 말~17세기 중엽의 한자음이 차이를 보
이고 있다는 사실을 지적한 내용이다. '방음'을 '속음'이라고 하여 이것
이 '한국 한자음'의 의미를 가지고 있다는 것을 확인시켜 준다. ⑩-ⓑ,

ⓒ도 모두 한국 한자음으로 해석되는 '방음'의 예들이다. ⑩-ⓛ은 중국과 한국의 한자음을 대비하고 있다. 장유는 중국에서는 상성과 거성이 잘 구별되지만 한국에서는 그러한 구별이 어렵다는 점을 토로하고 있다. 이러한 점에서 '방음'이라는 용어는 '한국 한자음'에 해당하는 것이라 하겠다. ⑩-ⓛ은 '방음' 외에도 '鄕音'이라는 용어를 사용하고 있는데, 이 역시 방음과 동일한 의미를 가지는 것이다. ⑩-ⓒ도 시율을 기준으로 중국과 한국의 대비를 보이고 있다. 중국의 시율이 공교하지만 한국의 시율은 그렇지 못하다는 점을 지적하고 있는데, 이러한 비교도 한자음에 대한 것으로 간주해야 할 것이다.

'방음'이라는 용어 이외에도 당시의 한국 한자음을 지칭하는 용어가 존재하는데, 그것은 역시 중국과의 관계 속에서 이해되었다. 당시에도 중국 한자음을 지칭하는 표현이 존재하였는데, '漢音', '華音', '漢訓'과 같은 단어나 '中國之音'과 같은 직접적인 표현이 바로 그것이다.[9] 여기에 대응하는 우리나라의 한자음을 지칭하는 표현에는 '我音', '東音', '鄕訓', '諺音', '本國之音' 등과 같은 것들이 있다.

이상의 표현들은 각기 지칭하는 바가 명확하므로 여기서 해당 표현

---

9   1장에서 언급된 것처럼 '雅 / 俗'의 이항적 대립을 염두에 둔다면, 당시의 중국 한자음을 지칭하는 표현은 '音'만으로 쓰였어야 할 것이다. 그렇지만 당시의 지식인들은 해당 한자음이 중국의 것임을 표시하기 위하여, '音'자 앞에다가 '漢'이니 '華'이니 하는 글자를 필수적으로 덧붙였다. 당시에 '文', '字', '詩' 등은 단독으로 쓰여도 본래의 소속이 어디였는지를 잘 알 수 있었던 것에 비해, '音'은 굳이 소속을 표시하였다는 점은 특기할 만한 사실이다. 이것은 '語'에도 마찬가지로 적용된다. 이것은 당시의 지식인들이 음성 언어와 문자 언어를 구분하였으며, 그것에 따른 언어적 차이까지를 인지하였다는 사실을 간접적으로 증명하는 것이라 하겠다. '文', '字', '詩' 등은 모두 문자 언어 층위의 것들로서, 지식인들의 공용어였던 한자 / 한문 그 주체였다. 반면에 '音'이나 '語'라는 것은 음성 언어 층위의 것들인바, 여기에는 중국어와 한국어의 차이가 드러날 수밖에 없었다. 그러한 의미에서 '音'이나 '語' 앞에 원 소속을 표시하는 현상은 오히려 자연스러운 일일 것이다.

들의 의미에 대하여 재론할 필요는 없을 것이다. 다만 한 가지 고민해야 할 표현이 있는데, 그것이 바로 '語'와 '音'이 합쳐진 '語音'이다. 조금 뒤에 '國語'를 통해서 언급되겠지만, 이 '語'는 대체로 언어를 지칭하는 용어이다.

⑪ ㉠『通文館誌』는, 세종조에 성삼문·신숙주 등이 명을 받들어 요동에 가서 華語를 배울 때 1년 동안에 세 차례나 왕래하였고, 또 뱃길로 일본과 통하여 드디어 이 책을 만들었는데, 신숙주가 사대와 교린을 자기의 임무로 삼아서 늘 사역원 제조의 직함을 띠고, 漢學과를 개설하여 讀員으로 하여금 번역·연습케 하였다. 『조야첨재』에서는 4년조에 들어 있다. [通文館誌 世宗朝 成三問申叔舟 承命學華語于遼東 一年三往返 又通日本于海道遂成 此誌叔舟以事大交隣爲己任 常帶司譯院提調 設漢學使讀員譯習之 朝野僉載 入四年] (李肯翊,『燃藜室記述』卷5「世祖朝故事本末」)

㉡ 또 아뢰기를, "저들 아문의 역관들은 병자·정축년에 포로된 사람은 대부분이 죽고, 지금의 통관은 모두가 그 자손으로서 학습한 자들입니다. 그러므로 언어가 매끄럽지 못하여 의사소통이 되지 못하는 경우가 많습니다. 우리나라 역관으로서 말을 잘 하는 자가 매우 적고, 모두 매매에 마음을 두어서 언어에는 뜻을 두지 않았습니다. 또 淸語와 華語가 섞이고 宜話와 鄕話가 각각 달라 언어의 소통이 점점 어려우니 각별히 권장하지 않는다면 앞날의 말을 전달하는 길이 매우 염려됩니다. 이번 행차에서 淸學역관 李碩材가 구입한 신간 '滿漢切要'란 것을 본원에 바치려 하므로, 신이 그 책을 가져다 보니 저들도 두 말이 섞이는 것을 우려하여 한어로 청어를 풀이하고 청어로 한어를 번역하니, 매우 분명하였습니다. 당해 院으로 하여금 우리나라 諺文으로 번역하게 하여 역관 시험에 사용하면 유익할 것입니다.

또 이석재가 마음을 두어 책을 샀으니 가상한 일입니다. 당해 원으로 하여
금 그 책을 가지고 역관의 시험에 사용하도록 하고, 책을 산 사람에게 우등
으로 시상을 하여 격려와 권장이 되게 하는 것이 어떻겠습니까?"라고 하니,
임금이 아뢴대로 하라고 하였다.[又所啓 彼中衙譯輩 丙丁被虜人 皆死卽 令
通官 皆是其子孫之學習者 言語生澁 多未通情 我國譯官能言者絶少 皆以買
賣爲心 不復留意於言語 且淸語華語相雜 官話鄕話各異 通語漸難 若不各別
勸獎 前頭傳語之路 殊甚可慮 今行淸學譯官李碩材 買得新刊滿漢切要者 將
欲納于本院 臣取看其書 則彼國 亦慮兩語相雜 以漢語 解淸語 以淸語 飜漢
語 極爲分曉 若令該院 飜以我國諺文 用之於譯試 則誠爲有益 且李碩材之留
心買書 亦可尙 令該院 取其書用於譯試 買書人 優等等第施賞 以爲激勸之地
何如 上曰 依爲之](『국역비변사등록』 56책, 숙종 31년(1705년) 4월 7일)

⑪-㉠은 『통문관지』의 저작 과정을 서술하는 것인바, 성삼문과 신
숙주가 중국에 건너가서 중국어를 익혔다는 내용이 언급되어 있다. 여
기서 '화어'란 당시의 중국어를 뜻한다. ⑪-㉡은 당시의 역관들이 외국
어를 제대로 익히지 않아 의사소통에 문제가 적지 않음을 보고하는 내
용이다. '청어'란 만주어이고 '화어'란 중국어를 뜻하는 것으로서, 여기
서도 역시 '화어'가 중국어를 의미하는 것임을 확인하게 된다.

'漢音', '華音', '中國之音', '我音', '東音', '諺音', '本國之音' 등의 표현을
염두에 둔다면, '音'은 '한자음'이라는 개념으로 이해하는 것이 편할 것
이다. 경우에 따라서 '語'와 '音'이 합하여 이루어진 '語音'을 '방음'의 경
우와 마찬가지로 '한국의 한자음'으로 해석하는 것도 가능하다.

⑫ ㉠ 문자의 음에 이르러는 마땅히 華音과 서로 합함직하건만 (…중

략…) 저절로 語音에 끌리게 되니 이는 곧 字音이 또한 따라서 변한 바이다. [至於文字之音 則宜若與華音相合矣 然 (…중략…) 自牽於語音者 此其字音之所以亦隨而變也.] 『東國正韻』

ⓛ 丁吏는 丁壯한 사람을 처음으로 서리에 둔 자들이다. 옛 설에 의하면 전하여 '頂禮'라 하였다는데, 대개 이것은 語音이 잘못된 것이다. 이로부터 뽑아 올려 서리로 삼고, 이 서리를 거친 뒤에 관직을 준다. 높은 관으로부터는 각각 정리를 주어 심부름을 시키는데, 관품에 따라 많고 적은 차이를 두었다. 그들이 보통 일을 볼 때는 文羅의 두건을 쓰되, 중국 사신이 오면 여기에 幘을 보태어 쓴다. 높은 신하마다 따르는 자가 한두 명이니, 다만 伴官이나 屈使에 시중드는 자나 正使나 副使에 내리는 자나 같은 복색을 하고 있다. [丁吏 蓋丁壯之人 初置吏者也 舊說轉爲頂禮 蓋是語音訛謬 自此升補爲吏 由吏而後授官 自令官而下 各給丁吏 以備使令 視官品 而爲多寡之差 其常執事 則文羅頭巾 人使至 則加幘 每貴臣 從者一二人 唯伴官屈使從者 與使副所給 一等服飾耳] (徐兢, 『宣和奉使高麗圖經』 卷21 「皁隷」 「丁吏」)

⑫-ⓘ은 한자음의 변화에 대하여 언급한 것이다. 이 부분에서 언급된 '字音'이란 한자음을 뜻하는바, 바로 앞에서 언급된 '華音'이 '語音'으로 바뀌었다는 것을 뜻한다. 주지하다시피 '화음'은 중국 한자음으로서, 여기서의 어음이란 당시 조선의 한자음을 지칭하는 것이다. ⑫-ⓛ은 '정리'라고 읽어야 할 단어를 '정례'라고 잘못 읽는다는 점을 지적한 것으로서, 여기서의 '어음' 역시 잘못 읽혀진 당시의 '조선 한자음'이다.

그렇지만 '어음'에는 한자음이라는 개념만 존재하였던 것은 아니었다.

⑬ ⓘ 의서의 병을 집증하는 것도 역시 측인이다. 타고난 기질의 강약과

행동의 귀천으로 그 대략을 관찰하고, 寢食·動靜·語音·氣色으로 그 자세한 것을 살핀다. 산 사람의 장부는 정확히 볼 수 없지만, 겉에 나타나는 형태에는 정상에서 어긋나는 연유가 있으니, 지난날의 경험을 좇아서 증세를 지적하여 구별할 수 있다. 병에 차도가 있느냐 없느냐 하는 것은 집증에 달렸고, 術을 아느냐 모르느냐 하는 것도 집증에서 볼 수 있다. 溫涼·補瀉는 집증한 이후의 약을 쓰는 것이고, 기색을 살피고 음성을 듣는 것은 집증하기 이전의 일이다. 의서의 집증을 인하여 측인의 도리를 깨닫고, 측인의 도리에 의거하여 의서의 집증을 밝히면, 자연 互發해 주는 보탬이 있어서 천하의 醫道를 깨달을 수 있을 것이다. 그러나 만약 오행의 생극을 장부와 약재에 적용하고, 干支의 순환으로 壽夭와 질병을 결정한다면, 이는 집증의 득실이 아무 관계없는 것이 될 뿐 아니라, 그 醫者의 附會가 허무하다는 것을 헤아릴 수 있을 뿐이다. 『身氣踐驗』에 자세히 보인다. [醫書執證 亦是測人也 稟氣強弱 習行貴賤 觀其大畧 寢食動靜 語音氣色 察其詳細 生者臟腑 旣不可以的觀 發外形態 有違常之緣由 從已往之經驗 有疒勢之指別 病之差不差 在於執證術之知不知 見於執證 溫涼補瀉 執證以後之藥 望問聞切 執證以前之事 因醫書執證 覺測人道理 據測人道理 明醫書執證 自有互發之益 可悟天下之醫 若夫五行生克 附于臟腑藥材 干支循環 定其壽夭疾病 非特無關於執證得失 可測醫者之附會虛無 詳現身機踐驗] (崔漢綺, 『人政』 卷1 「測人門一」 「總論」)

ⓛ 할멈의 나이 장차 팔십이 되어가건만 / 老嫗行年將八十

　　청량한 語音이 처음이나 똑같네 그려 / 語音淸亮似當初

　　조부모 자손 사대가 문호를 부지하는데 / 祖孫四世扶門戶

　　정력이 지금 아직도 여유가 작작하네 / 精力如今尙有餘

　　　　　　　　　　　(李穡, 『牧隱集』, 「牧隱詩藁」 卷19 「詩」)

⑬-㉠의 첫 부분은 의술을 행하는 자가 병자를 보살필 때 확인해야할 것을 알려주는 내용이다. 의원이 환자를 살필 때는 寢食·動靜·語音·氣色 등을 살펴야 하는데, 여기서 '語音'을 한자음이라고 간주하면그 해석이 매우 어색해진다. 이 부분의 '어음'은 '말소리' 정도로 해석하는 것이 좋을 듯하다. ⑬-㉡의 밑줄 친 '語音淸亮'은 한자음이 청량하다는 뜻이 아니다. 할머니의 말소리가 예나 지금이나 변함없이 정정하다는 것을 나타낸 표현으로서, 이 부분 역시 '어음'을 '말소리' 정도로해석해야 할 것이다. 우리는 '어음'이라는 표현에 '한국 한자음'이라는의미와 '말소리'라는 두 가지 의미가 모두 존재하는 것임을 확인할 수있었다.

반면에, '方音'이 문자 언어의 개념으로 쓰인 용례도 나타난다.

⑭ 進御後命承旨 以方音書警民絲綸 上曰 噫 酒禁之若是罔效, 寔由否德(…중략…) 先論此意 以方音書下 噫 予此心爲民苦心 令芸閣活字 印布中外(『승정원일기』, 영조 38년(1762년) 9월 12일)

⑭는 『경민음』을 만들게 된 경위를 나타낸 것으로서, 『경민음』을'방음'으로 쓰고 '방음'으로 쓰여진 『경민음』을 백성들에게 반포하라는내용이다. 이때의 방음을 한자음으로 해석한다거나 고유어를 나타내는 음성 언어로서 해석할 수는 없을 것이다. 이 방음은 곧 한글을 의미하는데(이영경 2013: 270), 이러한 사실은 "음이 곧 문자요, 문자가 곧 음."이라는 인식을 보여준다. 그렇다면 여기서 '音'이 '문자'라는 개념으로쓰일 수 있었는지에 대한 의문이 제기될 수 있다. 이것과 비슷한 예로'훈민정음'이 있다. '훈민정음'은 '백성을 가르치는 바른 소리'라는 의미

를 지니지만, 그것은 결코 음성 그 자체만을 뜻하는 것이 아니다. 훈민정음은 문자의 이름이라는 지위도 가지고 있는바, 여기서의 '음'이란 '문자'인 것이다. '훈민정음'이 '훈민정자'나 '훈민정문'으로 표기될 수도 있었으나, 굳이 '훈민정음'이라고 한 것은 "음이 곧 문자요, 문자가 곧 음."이라는 인식이 있었기에 가능한 것이었다(장윤희 2013: 55~57).

'방언'이 현대적 개념의 방언(dialect)으로서 쓰인 경우도 있다. 용례가 많지는 않으나 해당하는 예문이 조선 후기부터 문증된다는 사실에 주목할 필요가 있다.

⑮ ㉠ 지방의 관장이 方言을 알면 그 지방의 俗情을 알 수 있다. 내가 처음 사근역에 부임했을 때, 아전이나 하인들의 말을 얼핏 듣고는 알 수가 없었다. 이는 대개 그들이 신라의 방언을 사용했기 때문이었다. 그들 또한 나의 말을 잘 알아듣지 못해서 착오를 일으키는 일이 많았다. 얼마 지나서는 나도 자못 방언을 익혔으므로 드디어 백성을 대하는 데 방언을 사용하게 되었다. 한번은 환곡을 거두어 창고에 들일 때 시험삼아 下隸들에게 방언으로 분부하기를, "居稗가 온전치 않으면 羅洛에 물이 새게 된다. 請伊로 까분 뒤에 沙暢歸로 단단히 묶어서 丁支間에 들여 놓으라."라고 하였다. 마침 서울에서 온 손님이 옆에 앉아 있다가 입을 가리고 킥킥 웃으면서 무슨 말이냐고 하기에 내가 다음과 같이 일일이 풀이해 주었다. "거치는 섬(苫)을 말하고, 나락은 벼를 가리키며, 청이는 키[箕]를, 사창귀는 새끼를, 정지간은 창고를 가리킨다." [爲官長 能習方言 可通俗情 余初到沙郵 吏隸之言 驟聽不可解 蓋新羅方言也 余之言 吏隸亦不能曉 事多謬錯 居無何 余頗習方言 遂以方言臨民 嘗收糴納倉 余試分付官隸曰 居不完 則羅洛必漏 以請伊簸颺 然後堅縛沙暢歸 納于丁支間 適有京客在坐 掩口而笑曰 此是何

語 余一一釋訓曰 居者苦也 羅洛者 稻也 請伊者 箕也 沙暢歸者 藁索也 丁支間者 庫也] (李德懋,『靑莊館全書』卷69「寒竹堂涉筆」下)

ⓒ 우연히 적다(偶書)

기성에 객지살이 어언 삼 년이라 / 客箕已三載

본래 기성 사람인가 스스로 의아하네 / 自訝本箕人

<u>방언</u>도 배워 익숙하고 / 學得<u>方言</u>慣

항상 농군네들과 어울려 친하다오 / 常從田父親

창자를 채우는 덴 새우와 채소 넉넉하고 / 充腸足蝦菜

산발한 채 의관을 차리기에 게으르다오 / 散髮懶衣巾

나그네 신세를 굳이 한탄할 것 없나니 / 不必歎羈旅

광달한 노래 부르며 묻혀 삶을 감수하리 / 狂歌甘隱淪

(李山海,『鵝溪遺稿』卷2「箕城錄」「詩」「偶書」)

ⓒ 븍도 말들이 아라 듯지 못홀 <u>스토리</u> 만흐나 경성 이븍은 도로혀 경성 이남들이어셔 나으니 경성 이븍 아홉 고을은 녜젹의 남둥 인민을 올마와기의 고향 언어를 주손이 면흐야기의 죠곰 나은 듯 흐다 흐나 처엄으로 드르니 알기 어렵더라 여긔 <u>스토리</u>롤 후의 보게 약간 긔록흐노라 (柳義養,『北關路程錄』)

⑮-ⓒ은 이덕무의 『청장관전서』의 예로서, 이것은 경상도 방언이 언급된 매우 중요한 자료 중의 하나이다. 이덕무는 '거치, 나락, 청이, 사창귀, 정지간' 등의 단어가 각각 '섬, 벼, 키, 새끼, 창고' 등에 대한 방언이라는 점을 설명하고 있는바, 여기서의 '방언'이란 바로 '한국어 내에서 분화한 지역어 / 지방어'를 뜻한다. ⑮-ⓒ은 이산해가 경성을 벗어나 타 지역에 가 있었을 때 지었던 작품으로서, 여기서의 '방언'은 역

시 '한국어 내에서 분화한 지역어 / 지방어'를 뜻하는 것이다. ⑮-ⓒ은
『북관노정록』의 예인데, 이 문헌에서는 '스토리'라는 용어가 제시되어
있다는 점이 눈길을 끈다. 이 '스토리'는 ⑮-ⓙ의 '방언'과 동궤의 것으
로 해석해야 하는바, 역시 지역어 / 지방어로서 이해해야 할 것이다.
이처럼 '방언'이나 '스토리'라는 용어를 사용하여 '지역어' 혹은 '지방어'
라는 인식을 보여주는 경우가 있는가 하면, 해당 지역어를 수집하거나
채록하여 기록에 남긴 경우도 적지 않았다. 이익한의 『탐라지』(제주도
방언), 홍양호의 『북새기략』(함경도 방언), 윤정기의 『동환록』(전라도 방
언) 등이 그러한데, 이러한 문헌들은 당시의 지식인들이 자국어에 대한
높은 관심을 단적으로 표현한다(김완진 외 1997: 196).

2) '국어'와 '방언'의 의미 변화

다음으로 '國語'[10]에 대해서 살펴보도록 한다. 조선 후기를 전후하여
문증되는 '국어'의 가장 큰 특징은 '방언'에 비하여 문증되는 용례의 전
체 숫자가 매우 적다는 점이다. 따라서 앞서 언급되었던 '방언'은 다양
한 문헌에서 많은 용례가 발견되었기에 세부적인 의미들을 몇 갈래로

---

10 다음과 같은 예는 '국어'에 대한 용례라고 보기 어렵기 때문에 해석에 주의를 요한
다. 밑줄 친 '我國語'는 '우리 국어'로 해석하기보다, '我國(之)語音'으로 보아 '우리나
라의 어음'으로 해석하는 것이 자연스러워 보인다.
書講에 나아갔다. 講하기를 마치자, 侍讀官 李昌臣이 아뢰기를, "중국 사신[天使]을
접견한 일기를 <u>우리나라 語音</u>으로써 기록하기 때문에, 사람들이 漢文의 訓을 알지
못합니다. 지금 어록으로 기록하여 승문원에 보내면, 사람들이 읽어 보기가 쉬울 것
이고, 배우는 데에도 어렵지 않을 것입니다."하니, 임금이 말하기를, "그렇게 하라."
하였다.[御晝講 講訖 侍讀官李昌臣啓曰 天使接見日記 以我國語音記之 故人不知漢訓
今以語錄記之 下承文院 則人之觀覽易 而學之不難矣 上曰 然](『성종실록』 권128, 12
년(1481) 4월 7일)

나누거나 의미의 변화 양상을 쉽게 분별할 수 있었다. 그렇지만 '국어'에서는 그러한 갈래를 나누거나 의미의 변화 양상을 살피는 것이 쉽지 않다고 예상할 수 있겠다.

조선 시대의 문헌에서 나타나는 '국어'는, 대체로 '한국의 고유어' 및 '해당 국가의 언어'로서 해석된다는 점에서 '방언'과 비슷하다. 그렇지만 '국어'에는 '지역어 / 지방어'로서의 의미는 나타나지 않는데, 이 점에서는 '방언'과 차이를 보인다.

'한국의 고유어'로서의 '국어'는 조선 초기부터 문헌에서부터 나타난다.

⑯ ㉠ 반설음에는 輕・重의 두 음이 있다. 그러나 운서의 자모는 오직 하나이며, 國語에서는 비록 輕・重으로 나누지 않더라도 다 소리를 이룰 수는 있다. [半舌有輕重二音 然韻書字母唯一 且國語雖不分輕重 皆得成音] (『訓民正音 解例本』「合字解」)

㉡ ・, ㅡ가 ㅣ에서 일어나는 것은 國語에서 쓰이지 않는다. 아동들의 말이나 방언에 간혹 있으니 마땅히 두 자를 합하여 쓰되, 'ㄱㅣ, ㄱㅣ' 따위와 같다. [・ㅡ 起ㅣ 聲 於國語無用 兒童之言 邊野之語 或有之 當合二字而用 如 ㄱㅣ ㄱㅣ 之類] (『訓民正音 解例本』「合字解」)

㉢ 이제 우리 성상께서 (…중략…) 친히 구결을 정하시고 유신 한계희에게 명하시어 國語로 번역하게 하시고[今我聖上이 (…중략…) 親定口訣ᄒ시고 命儒臣韓繼禧ᄒ샤 譯以國語ᄒ시고] (『金剛經諺解』「효령대군 발문」)

㉣ 오른쪽에 있는 글자의 방점은 글자가 우리가 속되게 만든 문자여서 방점도 國語의 평측에 따라 붙인다. [在右字旁之點 則字從國俗編纂之法而作字 故點亦從國語平仄之呼而加之.] (『四聲通解』「飜譯老乞大朴通事凡例」)

ⓜ 태조 이름은 철목진이며 성은 기악온씨인데, <u>國語</u>로는 성길사이다. 재위 22년. [太祖 鐵木眞 姓奇渥溫氏 <u>國語</u>曰成吉思 立二十二年] (鄭道傳,『三峰集』「經濟文鑑」「別集(下)」)

⑯-㉠은 한국과 중국의 반설음을 대비하고 있다. 한국에서는 반설음이 두 가지 음으로 분류되지만, 중국에서는 하나로 쓰인다는 점이 그러하다. 따라서 여기서의 '國語'는 중국어와 대비되는 '한국의 고유어'로 해석된다. ⑯-㉡은 '兒童之言'이나 '邊野之語'를 제외한 당시 한국의 고유어를 뜻한다. 그러한 의미에서 ⑯-㉡의 '국어'는 사회 방언이나 지역 방언을 제외한, '중앙어'나 '표준어', 혹은 '규범어'로서의 한국어를 뜻하는 것이다(이상 이병근 2003: 3). ⑯-㉢에서 "구결을 달고 국어로 번역하게 하였다."라는 구절은 결국 당시의 한국어로서 번역하게 하였다는 뜻이다. ⑯-㉣도 ⑯-㉠처럼 중국어와 대비한 한국어를 뜻하는바, 여기서의 '국어'란 당시의 한국어를 뜻한다. ⑯-㉤은 원나라 태조의 이름을 언급한 부분인데, 여기서의 '국어'는 곧 당시의 조선어인 '한국어'를 지칭하는 표현이다. ⑯의 예들은 모두 '국어'를 자국어로서 인식하고 그것을 자국어 화자가 스스로 지칭할 때 사용하는 표현이라고 해야 할 것이다.

반면, '해당 국가의 언어'로서 이해해야 하는 '국어'의 용례도 있다.

⑰ 고구려의 옛 <u>方言</u>에 큰 새를 '安市'라 하니, 지금도 우리 <u>鄙語</u>에 鳳凰을 '황새'라 하고 蛇를 '白巖'이라 함을 보아서, "수·당 때에 이 <u>國語</u>를 좇아 봉황성을 안시성으로, 蛇城을 백암성으로 고쳤다."라는 전설이 자못 그럴싸하기도 하다. [高句麗方言 稱大鳥曰安市 今<u>鄙語</u> 往往有訓鳳凰曰安市 稱

蛇曰白巖 隋唐時 就國語以鳳凰城爲安市城 以蛇城爲白巖城 其說頗似有理]
(朴趾源,『熱河日記』「渡江錄」)

⑰은 박지원의 『열하일기』의 일부인데, 이 부분에는 '방언'과 '국어'가 모두 등장한다는 점에서 흥미롭다. 박지원은 '안시'나 '백암'이 '鳳凰'이나 '蛇'에 대응하는 고유어로 이해하고 있다. 따라서 ⑰의 '방언'은 '당시의 고구려어'로, '비어'는 조선의 고유어로 이해해야 할 것이다. 후행하는 '국어'도 앞에서 언급된 '방언'과 같은 맥락에서 쓰인 것이므로 역시 '고구려 시대의 언어'로 해석해야 한다. ⑰의 '국어'는 '한국의 고유어'를 일컫는다는 점에서 ⑰의 '국어'와 의미 차이가 없는 것처럼 보이지만, 그렇다고 이 두 가지 '국어'를 완전한 동의어로 보기도 어려울 것 같다. 이와 관련하여 백두현(2004ㄱ: 126~131)에서는 이 '국어'의 두 가지 의미를 다음과 같은 두 가지로 정리하고 있다.

⑱ ㉠ 자기 민족, 혹은 자국에서 사용하는 언어를 스스로 지칭하는 말
ㄴ 제3자의 입장에서 어떤 민족, 혹은 국가가 사용하는 특정 언어를 객관적으로 지칭하는 말.

⑱의 두 가지 의미는 각각 '한국의 고유어'와 '해당 국가의 언어'라는 개념과 연결된다. ⑱-ㄴ에 쓰인 '국어'는 '자국어 화자'가 '자국어로서의 국어'를 '직접 언급하'는 개념이라기보다, '타인의 입장'에서 '특정한 언어'를 '객관적으로 언급하'는 개념이다. 그러므로 ⑱-ㄴ의 '국어'는 '해당 국가의 언어'라는 개념으로 접근하는 것이 더 합당하여 보인다.
그렇다고 하더라도 이 '국어'라는 용어가 '해당 국가의 언어'라는 지

위를 보다 확고하게 가지게 된 것은 근대 이후의 일이라고 생각된다. 앞서 언급하였던 바와 같이, 조선 시대에 발견되는 '국어'의 용례의 절대적인 수치가 매우 낮다는 점이 가장 큰 원인일 듯하다.[11] '국어'가 '해당 국가의 언어'라는 의미로서 적극적으로 쓰이게 된 것은 대한제국 이후부터인데, 이것은 근대적 개념의 국가나 국민과 관계가 되었기 때문이다(이병근 2003: 8).

지금까지의 내용을 살펴다 보면 우리는 다음과 같은 의문을 품게 된다.

⑲ ㉠ 근대 이후로 '국어'가 '방언'을 대신하여 '한국어', '해당 국가의 언어'라는 두 가지 의미를 지니게 된 까닭은 무엇인가?

  ㉡ '국어'에는 '지역어 / 지방어'의 의미가 생기지 않았던 까닭은 무엇인가?

⑲-㉠은 '방언'과 '국어'의 외연과 내포와 관련되는 질문이라 하겠다. 적어도 우리나라의 문헌에 기록된 바에 따르면, 근대 직전까지는 '방언'이 '국어'보다 훨씬 많이 사용되었으며, 그것이 가지고 있던 의미도 다양하였다. 그렇지만 근대를 기점으로 하여 '방언'은 '지역어 / 지방어'의 의미만을 담당하는 용어로 축소되고, 대부분의 의미와 기능은 '국어'에 넘겨주게 된다.

⑲-㉡은 '국어'의 의미 변화에 대한 질문이다. '방언'이나 '국어'의 의미는 중국의 역사나 중국과의 관계 속에서 이해되어야 하며, 그것은

---

11 조선 시대에 나타나는 '國語'의 상당수 예들은, 左丘明이 지은 『國語』라는 책을 지칭하는 것이다. 이것은 실록을 비롯한 역사 기록물은 물론, 개인의 문집 등에서도 마찬가지이다. '한국의 고유어'이니, '해당 국가의 언어'이니 하는 의미로 사용된 '국어'는 매우 적은 비율로 발견된다.

상당히 유사한 의미를 지니고 있다는 점은 주지의 사실이다. 물론 현대 언어학에서의 '방언'이나 '국어'는 서로 다른 층위의 개념을 지칭하는 용어로 사용되지만, 국어학사적인 관점에서의 '방언'과 '국어'는 상당히 유사한 개념으로 이해해야 한다. '국어'의 '국'은 중국의 제후국을 일컫는 말인바, '국어'는 곧 황제국의 언어에 대비되는 제후국의 언어였다(백두현 2004ㄱ: 126~127).

아직 우리는 여기에 대한 명쾌한 대답을 내릴 수가 없다. 다만 결과론적인 접근으로서, 대한제국 시대 이후에 줄곧 쓰였던 '국문'과의 관계에 기대어 나름의 해석을 시도해 보고자 한다. 대한제국 시대에는 '국어'라는 용어보다는 '국문'이라는 용어가 널리 쓰였는데, 이 과정에서 '국문'과 '국어'에 기존과는 다른 의미가 부여되지 않았는가 하는 점이 그것이다. 대한제국 시대에는 '국문'을 '국어'와 동일한 것으로 간주하였는데(이병근 2003: 13~15), 이 '국문'에는 전통적인 개념으로서의 '국'의 의미를 찾아볼 수가 없었다. 즉 이 시기의 '국문'에는 '제후국'이니 '중화주의'니 하는 등의 개념이 사라졌는바, '국문'과 동일한 의미로 사용된 '국어'도 그렇게 이해되었던 것이다. 그러한 점에서 볼 때 이 '국어'의 '국'자는 '방언'의 '방'자와는 다르게, 의미의 변화가 훨씬 느리게 이루어졌던 것 같다.

2. 한국 한자음에 대한 인식과 중국 한자음에 대한 인식[12]

조선 후기의 학자들은 당시 어그러진 한자음을 바로잡고자 노력하였다. 하지만 어느 한자음을 기준으로 교정할 것인지에 대해서는 학자에 따라 견해가 달랐다. 크게는 둘로 나누어 볼 수 있는데, 하나는 조선의 한자음을 기준으로 하자는 견해이고, 다른 하나는 중국의 한자음을 기준으로 하자는 견해이다. 이 절에서는 각각의 견해에 대해서 하나씩 살펴보고자 한다.

1) 조선 한자음을 기준으로 하려는 견해

먼저 조선의 한자음을 기준으로 삼은 주장에 대해서 살펴보도록 하자. 이 주장은 조선 한자음, 곧 東音이 고대 중국의 한자음을 잘 보존하고 있다는 인식에서 비롯된 것이다. 명청 교체 이후 조선의 지식인들은 조선의 한자음 속에 夏·殷·周 三代의 古音이 남아있고, 이는 오랑캐의 잦은 침탈로 오염된 현재의 중국보다 오히려 더욱 중화의 음을 잘 보존하고 있다는 주장을 하였다(조성산 2009ㄴ: 88). 이러한 인식은 주로 少論 계통의 학자들에게서 보인다. 국어학사에서 정음 연구를 소론 계통의 학자들과 관련지어 조명하려는 시도는 김완진 외(1997)에서 처음 이루어졌다.[13] 조선 중기 이후 실학사상으로 인해 발달한 조선학이

---

12 이 부분은 김동준(2007), 조성산(2009ㄴ)의 견해를 다수 받아들여 글을 작성하였다.
13 이는 정인보(1955)의 『舊園國學散藁』의 견해를 참고하여 발전시킨 것이다. 정인보

南人 系統(李瀷, 柳馨遠, 丁若鏞, 安鼎福, 鄭尙驥 등), 老論 系統(李頤命, 金萬重, 洪大容, 金堉, 朴趾源, 申景濬 등), 少論 系統(崔鳴吉, 張維, 崔錫鼎, 鄭東愈, 李肯翊, 柳僖 등)의 세 유파에 의해 전개되었다고 언급하였다.[14] 김양진(2008, 2009)에서는 '최석정-홍양호 / 신경준-홍희준'으로 이어지는 국어학적 계보를 추적하는 과정에서 국어학 분야에서의 소론 학파의 성립을 주장하였다. 소론은 양명학적 심학의 전통으로 인해 주관주의적 상대성에 더 많은 관심을 보이게 되면서 '자국주의'의 경향을 띠게 되었고, 이러한 입장에서 중국 한자음[華音]과 한국 한자음[東音]을 구별하여 인식하려 하였으며 동음의 표기 체계인 '훈민정음'에 대한 연구가 다수 진행되었다고 보았다. 한문학, 사학에서도 소론계 학자들의 정음 연구에 대한 논의가 이루어졌다. 김영주(2004)에서는 소론계 학자들의 정음 관련 기록을 통해 정음의 명칭 및 그 문자 기원, 조선한자음에 대한 인식을 고찰하여 그들의 언어의식을 파악하고자 하였다. 김동준(2007)에서는 소론계 학자들의 어문연구 활동의 양상을 전반적으로 살펴보았는데, 조선 후기 소론계에서 훈민정음의 음운, 문자 관련 논저가 집중적으로 저술된 사실을 지적하였다. 조성산(2009ㄴ)에서는 소론계의 훈민정음 연구를 그들의 동음 인식에 담긴 중화주의와 결부시켜서 다루었다. 18세기 이후 소론·남인 지식인들을 중심으로 기자는 조선의 중화

(1955)에서는 조선 후기 유학자들에 대해 세 가지 계열의 계보로 나누었는데, 이 중 노론 眊派 계열의 학자들(송시열, 김창집, 김창협, 김창흡, 김상로, 홍계희, 심환지)이 대거 누락되어 있다. 유창균(1983)에서는 조선 후기 훈민정음 연구와 관련한 학문적 경향을 크게 양명학 계열의 연구와 실학 계열의 연구 결과로 설명하였고 양명학 계열의 연구자들의 논의에 주목하였으나 그에 대해 언급한 내용이 『詹園國學散藁』의 논의를 크게 벗어나지 못하였다(김양진 2009: 259~261).

14 하지만 신경준을 노론 계통으로 분류한 것에 대해서는 비판의 여지가 있다. 김양진 (2009: 261 17번 각주)에서 지적한 바와 같이 신경준은 엄밀히 말하면 소북 계열의 학자였고 학문적 경향 역시 소론 쪽에 가까웠다.

적 정체성을 부각하는 데 중요한 매개로서 활용되었다.[15] 조선 후기 소론계 학자들이 하·은·주 三代의 上古音을 조선이 간직하고 있다는 동음 인식에는 기자를 중심으로 조선과 중화를 동일시하고자 한 중화주의가 깊이 게재되어 있었다고 주장하였다.

위에서 언급된 논의들을 통해 주로 소론계를 중심으로 하여 정음 연구가 다수 이루어졌으며, 조선의 한자음을 중심으로 중국의 한자음을 교정하려는 움직임이 있었음을 확인할 수 있었다. 이러한 인식은 다양한 글에서 확인된다. 구체적으로 柳夢寅, 南九萬, 李匡師, 洪良浩, 李鍾徽, 柳得恭, 洪吉周 등을 들 수 있다. 먼저 柳夢寅(1559~1623)의 『於于集』을 살펴보도록 하자.

⑳ 우리나라 文字는 箕子에게 받았으니 殷나라와 周나라로부터 전해져 신라와 고려를 거쳐 우리나라[朝鮮]에 이르기까지 변하지 않았다. 또한 漢나라, 唐나라, 宋나라로부터 水路로 중국 江南과 통하였다. 강남은 合口聲[入聲]을 사용하는데 지금에 이르러서도 東音과 그리 멀지 않다. 그렇다면 우리나라의 음은 곧 三代의 遺音이니 漢나라, 唐나라, 宋나라의 음에 질정할 수 있는 것이다. (그러나) 중국의 경우에는 晉나라·六朝·五季, 원나라[胡元] 삼사백 년간을 출입하는 동안 때로 夷狄이 그것을 혼란스럽게 하였으니 禮樂風俗도 외려 보전하기 어려웠는데, 하물며 구구한 音韻에 있어서 어찌 三代의 옛 것을 보전할 수 있었겠는가? [我國文字 受之箕子 傳自殷周 過羅麗至我國不變 又自漢唐宋 由水路通中國江南 江南用合口聲 至于今 與東音不相遠 然則我國之音 卽三代遺音 而質之漢唐宋者也 若中國則出

---

15   당시 기자 인식에 대해서는 박광용(1980), 김문식(1997, 2000, 2008), 조성산(2009ㄷ) 참조.

入晉六朝五季胡元三四百年間 或戎狄以亂之 禮樂風俗尙難保 矧區區音韻
豈獨全三代之舊乎 (柳夢寅, 『於于集』 卷6 「十三山辨」)[16]

위의 글은 조성산(2009ㄴ: 91)에서도 언급되었다시피 이후 이와 비슷
한 논조를 펴는 사람들의 전형을 보여준다고 할 수 있다 유몽인은 조
선의 한자음이 중국의 당시 한자음보다 古音에 가깝다고 생각하였다.
우리나라는 기자 이래로 지금에 이르기까지 삼대의 한자음을 잘 보전
하고 있음에 비해, 중국은 오랑캐들의 출입으로 혼란스럽게 하여 고음
을 제대로 보전하지 못하였다고 본 것이다.
다음으로 南九萬(1629~1711)의 『藥泉集』에 실린 글을 살펴보자.

㉑ 우리나라 사람들은 三韓 이전에는 글자의 음을 중국에서 배웠는데,
삼한 이후에는 오직 책자를 통해 글자의 음을 전습하여 일상 생활할 때 쓰
는 어음과 서로 상관이 없기 때문에 연대가 바뀌어 方言이 변해도 문자는
그대로 옛 음이 남아 있는 것이다. 그런데 중국은 五胡 이후로 오랑캐와 중
국 사람이 뒤섞여 살아서 어음이 날로 뒤섞이고 글자의 음 또한 따라서 잘
못되니, 이는 필연적인 형세이다. 이제 蕭, 肴, 高 및 尤의 운에 한 글자의
음을 모두 두 글자의 음으로 읽고 있으며, 侵 운과 眞 운을 혼동하여 같이
읽고 입성을 거성으로 읽고 있으니, 이는 반드시 모두 중국의 본음이 아닐
것이다. 歌와 麻 두 운의 경우는 옛날에 통용하였다. 그러므로 『시경』에
"동문의 못이여, 삼을 마전할 수 있네. 저 아름다운 숙희여, 함께 만나 노래
할 수 있네."라고 한 것이다. 그런데 지금 중국식 음은 歌 운이 麻 운과 매

---

16 이 예문의 번역은 김홍백 선생의 도움을 받았다.

우 다르다. 그리하여 我자를 우리나라 吾자 음과 똑같이 읽고 있으니, <u>이제 마땅히 우리나라 음을 바른 것으로 삼아야 할 것이다.</u> 그런데 계곡 장유는 이것을 살피지 못하고, 마침내 "우리나라 사람들이 중국의 歌 운과 麻 운의 음이 다른 줄을 알지 못하여 압운할 때에 통용한다"고 비난하였으니, 이는 남을 따라 슬퍼하고 기뻐하는 자에 가깝지 않겠는가. [我國人三韓以前 學字音於中國 後來只從冊子上傳習 與日用語音 不相交涉 故年代遷易 方言雖變 而文字則尙存舊音 中國自五胡以來 夷夏相雜 語音日淆 字音亦隨而訛誤 此必然之勢也 今蕭肴高及尤韻 一字音皆作二字音讀 侵韻與眞韻混讀 入聲作去聲讀 皆必非中國本音 至於歌麻二韻 古通用 故詩曰東門之池 可以漚麻 彼美淑姬 可與晤歌 今漢音則歌韻與麻韻大異 讀我字與我國吾字音同 讀河字與我國湖字音同 <u>今當以我國音爲正</u> 而谿谷張公不察於此 乃以我國人不知中國歌麻之異音通用於押韻爲譏 不幾近於隨人悲喜者耶 (南九萬, 『藥泉集』卷29「丙寅燕行雜錄」)

위의 남구만의 주장 역시 기본적으로는 유몽인과 동일하다. 우리나라는 삼한 이전에 중국에서 한자음을 배운 이래로 고음을 그대로 간직하고 있지만, 중국은 오랑캐와 뒤섞여 살면서 한자음이 잘못되었다고 본 것이다. 지금 중국 한자음에서 蕭, 肴, 高, 尤 운을 잘못 읽고, 侵 운과 眞 운을 혼동하며, 이전에는 통용하였던 歌 운과 麻 운을 다르게 읽는 등의 예를 들어서 현재 중국 한자음이 오류가 많음을 지적하였다. 남구만은 이에 그치지 않고 우리나라의 한자음으로 正音을 삼아야 한다는 주장을 하였는데, 이는 당시 시대적 상황을 고려해보았을 때 다소 급진적인 견해라 할 수 있다.

다음으로 李匡師(1705~1777)의 글인 「五音正序」를 살펴보자.

㉒ 사람의 소리는 속에서 생겨 목구멍, 혀, 이, 입술, 어금니에서 나오니, 이것이 五音이며 절로 五行과 어울린다. 이를 통해 문자가 생기고 시 짓고 노래 부름에 음률에 조화되어 음악을 이루니, 이래서 신과 인간이 화합하고 정치와 교화가 통창케 되는 터이다. 옛날, 같은 문자를 씀으로써 천하에 왕노릇하는 세 가지 중요한 것으로 여기었으니, 이러므로 나라를 지닌 자가 마땅히 급무로 삼아야 할 것은 이보다 앞설 것이 거의 없다. 그러나 우리나라는 말과 글자가 달라, 문자의 음은 중국에서 배워야만 하는데, 중국 역시 古樂이 전해지지 않은 지가 이미 오래며, 五方의 소리가 같지가 않아서 저마다 이를 배우는데 어수선하기가 여러 가지 송사가 엉킨 것 같아서 알맞게 따를 수가 없다. 게다가 북방인(연나라와 조나라) 이래로 본래 입성이 없으니 이는 변방의 비루함으로 정음에서 벗어나기 더욱 심한 것이건만 4백 년 동안 서울이 되었으므로 천하의 높이는 바가 되었다. 그러므로 중국학자도 대부분 그 음을 주로 하나 엮은 바『中原雅音』따위는 어긋남이 심하다. 만력 황제가「鄕黨篇」을 읽을 때 北音을 따라 "色背如也"라 하자 張江陵이 소리를 높여 "色勃如也" 하였다. 이를 근거로 하면 입성이 없는 큰 잘못을 알 만하다. 북방은 게다가 侵·覃·咸·鹽韻을 眞·刪·寒·先韻과 합쳐 詩律에 通協하여서 마침내 合口의 종성이 없으니, 과연 당송 이래로 시율에서 이를 한 번이라도 범하지 않은 자가 어찌 없겠는가? 南文忠公(南九萬)이 이른바 이민족과 한족이 뒤섞여 범벅되어 그릇 변하였다고 한 것이 정곡을 얻은 말인데, 崔世珍이 그 본말은 전혀 모르고, 다만 이 말만 믿고『四聲通解』를 지으니, 이미 입성이 없은 즉 다만 삼성뿐인데 어째서『사성통해』라고 한다는 말인가? 이미 입성은 없고 다만 평성의 兒字를 입성으로 만들어 읽으니 어찌 크게 괴이하지 않겠는가? 4성의 구분은 沈休文(심약)에게서 비롯되었고, 반절을 만든 것은 神珙法師에게서 비

롯되었다. 君實(司馬光)은 큰 선비로서 두 사람의 법을 따르되 이를 부연하여 淸濁과 五音을 나누고 36母를 합쳐 23母로 만들되 각각 그 소속이 있게 하니, 通攝으로부터 咸攝에 이르기까지 모두 16攝이며 소속 字母는 3,797자이다. 대개 세상 문자의 出切, 行韻, 取字는 모두가 이 자모 중에서 나오는데 24幅圖를 줄 지어 만들고서 『切韻指掌圖』라 이름 붙이니, 이것은 학문하는 근본으로 변할 수 없는 것이다. 『사성통해』는 다만 16母만 있고 7母가 없으니 이는 천하 고금에 없던 것이며, 오직 燕趙에서 나온 것일 따름이니 이것으로 가히 가르칠 수가 있겠는가? 세종대왕은 하늘이 내신 성인으로, 字音(漢字音)을 정하시고 한글을 만드셨다. 때마침 중국의 黃瓚 學士는 글 잘하는 큰 선비로 瀋陽에 귀양와 있었는데, 成三問 學士를 보내어 배우게 하니 무릇 13번을 왕래하여 이룬 것이었다. 그때 엮은 全書는 임진란에 없어졌는데, 世祖朝에 편찬된 불경언해(『금강경』·『능엄경』·『법화경』·『원각경』·『선종영가집』)는 한결같이 이 음을 따랐는데 사찰에 두루 남아 있다. 이제 취하여 상고하여 보니 『切韻』과 중국인의 운서 중 바른 것과 맞지 않음이 없으니, 어찌 우리 聖祖의 성률의 가르침이 가히 동방만세의 법이 되지 않겠는가? 우리나라 경서언해는 모두 世宗朝의 正音을 몰랐기 때문에 그르친 것이 반이 넘으나, 舌音과 齒音만은 서로 뒤섞이지 않고 오히려 舊音의 一斑을 전하고 있다. 사마온공이 자모를 지을 적에 이미 知徹澄孃을 端透定泥母에 짝지었고, 照穿狀審禪을 精淸從心邪母에 짝지었으니, 그 字母를 배열한 순서와 聲을 나눈 뜻은 바꿀 수 없는 불변의 원칙이다. 지금 북방에는 舌音이 극히 적은데, 이 때문에 근세에 운서를 만드는 사람은 북방음의 변화된 것을 가지고서 字母에 견강부회하여, 마침내 知徹澄 3母와 照穿狀 3母를 합쳐 한 聲母를 만들고 말았다. 그러므로 齒音의 精淸從 3母는 유독 모두 3자로 짝을 짓고 孃母는 齒音에 남겨 두어 도

리어 짝이 없게 되었다 人之聲音 生於中而發於喉舌齒唇牙 是爲五音 而自
然合於五行 此文字之所由生 而爲詩爲歌 協於律以成樂 所以和神人而通政
敎者也 古之以書同文 爲王天下之三重者以此 有國之當務 鮮有進於是者 然
我東 言與文異 文之音 祗當學之中國 中國亦古樂之不傳已久 五方之聲音不
同 各是其學 棼如聚訟 莫可適從 而北方則自燕趙來 本無入聲 是邊鄙之陋
失正音之尤甚者 四百年來 因爲帝都 爲天下所宗 故中國之學者 亦多主其音
所纂中原雅音之類 乖戾極矣 萬曆皇帝讀鄕薰篇 循北音爲色背如也 張江陵
屬聲曰色勃如也 據此可知無入聲之大謬也 北方又以侵覃咸鹽的 合於眞刪
寒先 通協於詩律 而遂無合口之終聲 果然自唐宋以來詩律 何無一犯此者也
南文忠公所謂夷夏相雜 汩淆訛僞者得之 崔世珍全不知源委 只憑此語 作四
聲通解 旣無入聲 則只三聲何以謂四聲通解也 旣無入聲而只以平聲之兒字
作入聲讀 豈不大怪乎 四聲之分 始於沈休文 反切之作 始於神珙法師 君實
大儒 遵二人之法而衍之 分淸濁五音 以三十六母 合爲二十三母 而各有所屬
自通攝至咸攝並十六攝 所屬字母爲三千七百九十七字 凡世間文字之出切
行的取字 皆從此字母中出 列作二十四幅圖 名曰切的指掌 此當爲學之宗而
不可變也 通解只有十六母而無七母 此天下古今之所無 而但出燕趙者 此可
足以爲訓乎 我朝莊憲大王以天縱之聖 定字音而製諺書 時皇朝黃瓚學士以
文章碩儒 謫居瀋陽 遣成學士三問而學焉 凡十三往還而成 其時所譔全書 失
於壬辰之亂 惠莊朝所作佛經諺解 (金剛經, 楞嚴經, 法華經, 圓覺經, 禪
宗永嘉集) 一遵是音 遍在寺刹 今取考之 與切的及華人的書之正者 無所不
合 是豈非我聖祖聲音之敎 可爲東方萬歲法乎 東方經書諺解 皆不知莊憲朝
正音 故註舛者過半 而獨舌音齒音不相溷 猶傳舊音之一斑也 盖溫公之作字
母 已以知徹澄孃 配於端透定泥 以照穿狀審禪 配於精淸從心邪 其排母之序
分聲之義 乃大經之不可易也 今北方舌音甚少 故近世爲的書者 因地音之訛

而附會於字母 遂以知徹澄與照穿狀 合爲一聲 故齒音之精淸從三母 獨皆以

三字爲配 孃母居齒音 以反無所配(李匡師, 『圓嶠集』 卷8 「五音正序」).

이광사는 훈민정음이 창제된 시기의 조선의 한자음을 중심으로 중
국의 한자음을 교정하고자 하였다. 중국의 현재 한자음이 정음에서 멀
어져 따를 만한 것이 되지 못한다는 점에서는 위의 견해들과 동일하
다. 그런데 이광사는 세종이 훈민정음을 창제하고 세조가 불경언해를
간행했던 시기에는 중국의 운서와 비교하여도 손색이 없었으나, 후대
의 경서언해는 설음과 치음이 서로 섞이지 않은 점을 제외하면 오류가
많다고 지적하였다.[17] ㉒에서 볼 수 있듯이 훈민정음을 창제할 시기의
東音은 고대의 한자음에 가까우나 당시의 東音은 변화하여 古音과 달
라졌다고 본 것이다. 이러한 주장은 위의 유몽인이나 남구만보다 현실
적으로 다듬어진 견해라 할 수 있다. 언어는 태생적으로 아무리 이전

---

17 당시 경서언해가 오류가 많다는 점은 洪義俊의 『傳舊』 「經書古音序」에서도 언급된
바 있다. 홍희준은 당시 조선의 경서언해가 중국 운서의 고음을 참고하고 당시의 속
음만 따라 써서 경서의 음이 운서와 어그러진 것이 많으며 오류가 많다고 파악하고
당시 어그러진 경서의 한자음을 정확하고 바르게 고치고자 하였다. 그 원문을 들면
다음과 같다.
"조선의 경서언해의 음이 운서와 다른 원인은 이 책이 중고시대에 만들어져서 (이
책을 쓴 사람들이) 운서를 참고하지 않고 단지 속음에 따라서 써서 오류가 많이 생
겼기 때문이다. 그래서 조선 학자들이 글자의 음을 잘못 읽는 것이다. 마치 삼대의
고음이 금운이 되었으나 금운이 벌써 고음에 일치하지 않는 것처럼, 조선의 음은 또
다시 금운에 일치하지 않으니, 그럼 문자의 원래의 음을 회복할 수 있는 날이 있겠는
가? 나는 경서언해를 금운에 맞추고 나서 300여 자의 본음과 속음을 구별해서 적었
다. (그 300여 자의 음을) 『집석』 다음에 덧붙였다. 이후에 언해를 똑바로 고칠 수 있
는 사람을 기다린다." [余因惟我東 『經書諺解』之音多與韻書不同 盖此書作於中古 不
考韻書而只從俗音 乖戾至此 故我東學者未免誤讀字音 正如三代古音之變爲今韻者也
今韻猶失古音 而我東之音又失今韻 則文字本音豈有可復之日乎 余乃取經書諺解考證
於今韻 得三百餘字而以本音俗音區而別之 以附於輯釋之下 以俟後之釐正諺解者也.]
(洪義俊, 『傳舊』 「經書古音序」)

의 음을 따른다고 하더라도 시간이 경과됨에 따라 정도의 차이가 있을 뿐 변화될 수밖에 없기 때문이다.

다음으로 李鍾徽(1731~1797)의 글을 살펴보도록 하자.

㉓ 지금 중국은 그 곡조가 오랑캐와 같고 그 생각은 음탕하며 그 소리는 애처롭고 그 곡조는 미미하며 그 음은 잡되고 그 높고 낮음과 빠르고 늦음이 옛날의 중국 음과 크게 다르니 五胡와 金·元을 거친 결과이다. 그러므로 李夢陽이 "지금의 풍속은 이미 오랑캐를 거쳤으니 그 곡조가 어찌 오랑캐를 거쳤으니 그 곡조가 어찌 오랑캐가 되지 않을 수 없겠는가."라고 하였던 것이다. 동방에 이르러서는 漢水 북쪽은 殷나라 사람이 있고 한수 남쪽은 周나라 사람이 있다. 『詩經』에 이른바 韓侯의 遺民이 와서 三韓이 되니 馬韓은 또한 다시 箕氏의 백성들이며 먼저 살던 土人들은 또한 유순하고 곧고 바라서 三裔와 달랐다. 또한 오랑캐가 그 사이에 개입하지 않았던 까닭에 그 자음은 한 번 정해져 잡되게 되지 않았다. 선배들이 東晋이 홀로 秦·漢의 正音을 보존하고 있다고 말한 것은 비록 혹 지나친 감이 있기도 하지만 지금 이른바 華音 한 글자가 서너 번 변화한 것과 비교해 본다면 크게 차이가 있다고 할 것이다. [然今之中國 其曲胡 其思淫 其聲哀 其調靡靡 其音雜然 而高下疾徐 大異於古之漢音 則經五胡金元之餘也 故李夢陽云 今之俗旣歷胡 乃其曲烏得而不胡也 至於東方 則漢北有殷人 漢南有周人 詩所謂韓侯遺民 來爲三韓 馬韓又復箕氏餘氓 而其先土人 亦自柔順貞信 異於三裔者也 又無胡人之來介其間 故其字音一定而不雜 先輩至謂之東音 獨保秦, 漢正音者 雖或太過 而譬諸今所謂華音一字三四轉 則大有間矣] (李鍾徽,『修山集』卷2「選東詩序」)

이종휘도 중국의 현재 한자음이 五胡와 금·원을 거치면서 오랑캐와 같아지고 옛날의 음에서 멀어졌지만, 조선은 기자의 후손으로 중국에 비해 오랑캐의 개입이 없었기에 조선의 한자음이 더 잡되게 되지 않았다고 보았다. 이러한 기자 조선에 대한 인식은 동음이 정음에 가깝다는 주장을 뒷받침하는 것이라 볼 수 있다. 이종휘는 또한 東音만이 진·한의 정음을 보존하고 있다고 한 것은 선학들의 과한 언급이라 하였으나, 중국음이 여러 번 변화한 것에 비해서는 동음이 더 고음에 가깝다고 생각하였다.

다음으로 柳得恭(1748~1807)의 글을 살펴보자.

㉔ 字音에는 우리나라가 바르고 중국이 틀린 것이 있다. 지금 우리나라 사람들이 읽는 음은 어디에서 기인한 것인가? 처음에 우리나라 사람이 중국에 가지 않았다면 중국 사람들이 와서 가르친 것이다. 배우고 가르치니 마땅히 漢나라 이상의 上世인 것이다. 우리나라 사람들은 僻處와 산과 바다 사이에서도 이미 그 字音을 익히고 지켜서 지금에 이르도록 잃지 않았다. 중국은 六朝 五季 이래 오랑캐와 중국이 서로 섞였으니 字音이 어찌 변하지 않을 수 있었겠는가. 이는 증명할 만한 것이 있다. 『公羊傳』에 "공이 무엇 때문에 멀리까지 가서 물고기를 구경하였는가? 구하여 얻은 것이다."라고 한 부분에 대해서 각주에서 齊나라 사람은 '구하여 얻는 것[求得]'을 得來라고 하니, 졜來라고 표기한 것은 그 말이 커서 급히 입으로부터 나온 것이라고 했다. 또한 『管子』에 "東郭郵가 桓公에게 대하여 이르기를, 지난날에 신은 두 君께서 높은 臺 위에 있는 것을 보았습니다. 이때 입은 열려서 다물지 않았으니 이는 莒를 말한 것입니다."라고 하였다. 지금 東音으로 졜과 得을 읽으면 서로 가깝지만 華音으로 읽으면 서로 가깝지 않다. 東音으

로 莒를 읽으면 입을 열어야 하지만 華音으로 읽으면 입을 열지 않아도 되니 동방에 오히려 古音이 있음을 알 수 있다. 중화는 점차 변하여 점차 바름을 잃어버렸으니 顧寧(顧炎武) 같은 好古者에게 질문할 수 없음을 한하노라. [字音有東正而華譌者 今東人所讀之音何從而起乎 厥初非東人去學于華 則華人來教于東也 學之教之要當在漢以上世也 東人僻處山海間 旣得其字 与其音沿 而守之至于今不失 華則六朝五季以來蕃漢相雜 字音安得無變耶 此有可以證明者公羊傳 公曷爲遠而觀魚登來之也 注齊人名求得爲得來 作登來者其言大而急由口授也 又管子東郭郵對桓公曰 日者臣視二君之在臺上也 口開而不闔是言莒也 今以東音讀登得 則相近以華音讀之 不相近以東音讀莒 則口開以華音讀之 口不開可知東方 尙有古音 華則漸變而漸失 恨不能擧而質之於好古如顧寧人者] (柳得恭, 『古芸堂筆記』卷4 「東方有古音」)

유득공은 우리나라 한자음이 바르고 중국 한자음이 틀린 것이 있다고 주장하며, 『公羊傳』[18]과 『管子』의 두 예를 들었다. 먼저 『公羊傳』에서 '登來'에 대한 주석에 제나라 사람들은 '구하여 얻는 것[求得]'을 '得來'라고 하는데 '登來'라고 한 것은 그 말이 커서 급히 입으로부터 나온 것이라는 내용이 있다. 이를 통해 『公羊傳』이 기록된 시기에는 '得來'가 구어로는 '登來'로 발음되기도 하였다는 사실을 알 수 있다. 즉, '得'과 '登'의 발음이 유사했으리라는 것을 추측해볼 수 있다. 하지만 지금의 중국음에서는 '得'과 '登'이 가깝지 않음에 비해 동음에서는 '得'과 '登'의 음이 가깝다는 사실을 들어 조선의 한자음이 더 바르다는 점을 증명하였다. 『管子』의 예문에서는 '莒'를 입을 열고 발음했다는 사실을 알 수 있는데,

---

18 『公羊傳』은 『춘추』를 풀이한 책으로 유가의 13경 중 하나이다.

지금의 중국음은 입을 열지 않고도 발음할 수 있기 때문에 고음에서 멀어졌다고 보았다. 그런데 동음에서는 '莒'를 읽을 때 입을 열고 발음한다. 이러한 예들은 모두 조선의 한자음이 중국의 한자음보다 고음에 가깝다는 사실을 보여주고 있다. 유득공의 다른 글에서도 "東音에는 入聲과 合口聲이 있어 오히려 華音보다 더 낫다"[19]는 인식이 나타난다.

다음으로 洪良浩(1724~1802)의 글을 검토해보자.

㉕ 여섯째는, 華語를 익혀야 하는 일을 말하겠습니다. 대저 중국 사람의 말은 곧 中華의 正音입니다. 晉나라 이후 五胡들이 번갈아 중국을 어지럽힌 이후부터는 方言이 자주 변하고 한자음도 또한 僞作이게 되었지만 그래도 그 유사한 것에 따라 진짜 음을 찾아낼 수 있습니다. 우리나라의 음은 가장 중국의 것에 가까웠었는데, 신라와 고려 이래로 이미 翻解하는 방안이 없어 매양 익히기 어렵다는 근심이 있었습니다. 오직 우리 세종대왕께서 하늘이 낸 睿智로 혼자서 神機를 運用하여 창조하신 훈민정음은 중국 사람들에게 물어 미묘한 것까지 곡진히 하였습니다. 무릇 사방의 言語와 갖가지 구멍에 나오는 소리들을 모두 붓끝으로 그려낼 수 있어 비록 길거리의 아이들이나 항간의 아낙네들이라 하더라도 환히 알 수가 있으니, 開物成務의 공로는 前代의 성인들도 밝혀 내지 못한 것을 밝혀내어 천지의 조화에 참여하였다고 하겠습니다. 이를 가지고 漢音을 翻解해 나가면 칼을 만나 가늘게 쪼개지듯이 글자의 韻도 맞고 聲律도 들어맞았습니다. 이 때문에 당시의 사대부들은 대부분 華語를 통달하게 되어, 奉使하러 나가거나 迎詔하게 될 적에 역관의 혀를 빌리지 않고도 메아리치듯 주고받게

---

19 "東人有入聲又有合口聲 反勝於中國矣" (柳得恭, 『古芸堂筆記』 卷6 「東音勝華音」)

되었던 것입니다. 따라서 임진년과 계사년 무렵에 이르러서는 乞靈하기도 하고 辨誣하기도 하는 국가의 큰 일들에 있어서 그 힘을 입게 되는 수가 많았으니, 화어를 읽히지 않을 수 없음이 이러합니다. [六曰肄華語 夫漢人之語 卽中華之正音也 一自晉代以後 五胡交亂 方言屢變 字音亦譌 而猶可因其似而求其眞矣 我國之音 最近於中國 而羅麗以來 旣無翻解之方 每患通習之難矣 惟我世宗大王睿智出天 獨運神機 刱造訓民正音 質諸華人 曲盡微妙 凡四方之言語萬竅之聲籟 皆可形容於筆端 雖街童巷婦 亦能通曉 開物成務之功 可謂發前聖之未發 而參天地之造化矣 以此翻出漢音 迎刃縷解 於以諧字韻 於以叶聲律 故當時士大夫多通華語 奉使迎詔之時 不假譯舌 酬答如響及至壬癸之際 如乞靈卜誣 國之大事 多賴其力 華語之不可不習也如此 (洪良浩『耳溪集』卷19「陳六條疏」癸卯(1783))

홍양호 역시 우리나라의 한자음이 중국의 고음과 가깝다고 생각하였으며, 중국의 한자음은 오랑캐에 의해 어지러워졌다고 보았다. 또한 훈민정음이 창제되기 이전에는 翻解하는 방안이 없어 익히기 어려웠으나, 훈민정음이 창제된 이후에는 음을 잘 표기할 수 있게 되었다고 하였다. 이는 훈민정음의 창제가 이상적인 고음을 회복하는 데에 고무적인 역할을 했다고 본 것이다. 東音이 고음과 가깝다고 보았기 때문에 우리의 음을 잘 표기할 수 있게 된 것은 곧 중국의 고음을 잘 표현할 수 있게 된 것이다. 이러한 훈민정음의 순기능은 이 시기 일부 학자들이 훈민정음 연구에 매진한 까닭 중에 하나라 할 수 있다.

다음으로 洪吉周(1786~1841)의 글을 살펴보도록 하자.

㉖ 일찍이 이르기를, '동쪽 사람의 한자음이 중국과 비교하여 정통에서

어긋난다'고 했다. 중국의 書契가 있기 전에는, 오직 言語만 있었다. 그래서 글자를 만든 처음에는, 그 세속 말을 따라서 한자음을 삼았다. 동쪽이 개척되던 처음에도 方言이 있었고, 따로 글자를 만들지 않았다. 箕子가 동쪽으로 나와서 중국의 글자[文字]로써 가르쳤는데, 그 이미 쓰이던 지역말을 바꿀 수 없었으므로, 두 가지로 있는 것을 따랐다. 동쪽의 말과 글자는 두 가지로 판별되며 서로 들어맞지 않으니, 대개 이러한 까닭이다. 그렇게 기자는 글자로써 동쪽 사람을 가르쳤다. 분명히 은, 주나라의 소리로 가르쳤으니 동쪽은 원래 따로 쓰이는 세계가 없었고, 중국의 글자를 가져다 썼으니, 그 소리 또한 그저 중국이 읽는 바를 따랐을 뿐이다. 또 어찌 다른 소리를 따로 만들어 스스로 중국과 달라졌겠는가? 이런 까닭으로 주나라 때의 한자음은 중국과 동쪽이 분명히 같았다. 그 후 중국은 수천 년을 지나며 오랑캐의 난리를 여러 번 겪었고, 동쪽 또한 수천 년을 지나며 풍속이 바뀌고 문물이 자취를 감추어, 한자음이 잘못된 것으로 어그러져 이어졌다. 각각 그 땅 안에서 바뀐 것을 따르면서부터 서로 마땅한 것을 꾀하지 않았으니, 지금의 한자음은 결코 서로 비슷하지 않다. 그래도 중국과 동쪽의 음은 지금도 같은 것이 많으니, 더욱 그 처음이 똑같았음을 알 만하다. 운서로 시험하여 중국에서 운이 안 맞는 것을 살펴보면, '兒. 二' 두 종류가 있다. 동쪽에서 운이 안 맞는 것은 '筍, 緇' 두 종류이다. 중국 사람이라면 '侵韻, 覃韻'의 여러 소리를 발음하지 못해서, '眞韻, 先韻'과 온통 섞였으나, 동쪽 사람은 그것을 분별할 수 있다. 중국 사람은 입성의 마지막 음을 내지 못해서 '支韻, 微韻, 歌韻, 麻韻'과 온통 섞였다. 동쪽 사람은 그것을 판별할 수 있다. 대개 중국은 말과 글자가 일치하므로, 말이 바뀌면 글자도 따라 바뀐다. 동쪽은 말과 글자가 달라서 비록 말이 바뀌어도 글자가 꼭 같이 바뀌지는 않는다. 중국은 오랑캐에게서 여러 번 변란을 당했고, 동쪽은 자기 땅

안에서 스스로 바뀌는 것을 겪지 않았으니, 당연히 동쪽의 음이 도리어 잘 못이 적다. 그래서 옛말에 "삼대(하, 은, 주 시대)의 옛 음을 구하려거든, 동쪽이 중국보다 가깝다"고 한다[嘗謂 東人字音比中華差正 中國書契之前 只有言語 故造字之初 因其俗稱而爲字音 東方開荒之始 亦有方言 而不別造字 箕子東出 始以中國文字敎之 而不能(革)其已行之方言 遂兩存之 東方之言語文字判爲兩件 而不能相入 蓋由是也 然箕子之以文字敎東人也 必以殷周之音訓之 東方本無別行之書契 取用中國之文字 則其音亦姑從中國之所讀而已 又何可別作他音 故自異於中國耶 是故 周之時字音華東必同 其後中國歷幾千年 屢経胡夷之變亂 東方亦歷幾千年 風俗貿貿 文物(湮)晦 字音之以訛承舛 各自沿變於其方內 而不相謀宜 今之字音絶不相近似也 然而華東之音 今亦多同者 益可知厥初之無不同也 試以韻書攷之 華音不協韻者 兒二之類也 東音之不協韻者 箇縊之類也 而華人則不能作侵覃諸音 皆混於眞先 東人則能別之 華人則不能作入聲之終音 皆混於支微歌麻 東人則能辨之 蓋華則言語文字合 故語變而字隨以變 東則言語文字別 故語雖變而字未必俱變 華則屢變於夷狄 東不遇自訛於邦內 宜東音之尙爲寡過也 故曰 欲求三代古音 東比華爲近](洪吉周,『孰遂念』,「東諺小鈔」).

홍길주는 당시 東音이 고대의 한자음을 잘 보존하고 있다고 생각하였다. 당대의 중국 한자음은 변란을 많이 겪으면서 와전되었으나 동쪽에서는 스스로 바뀌는 것을 겪지 않았다는 점을 근거로 하여 중국보다 한국 한자음이 더 고대의 중국음을 보존하고 있다고 본 것이다. 이러한 주장은 앞서 살펴본 글의 견해와 기본적으로 일치함을 알 수 있다.

지금까지 위에서 살펴본 글들은 東音이 당시의 중국음보다 고대의 중국음을 잘 반영하고 있다는 점에서는 동일한 생각을 가지고 있었다.

하지만 어느 시기의 東音이 고대 중국의 한자음을 잘 보존하고 있는가에 대해서는 견해에 따라 약간의 차이가 있다. 학자에 따라 유몽인, 남구만, 홍길주 등과 같이 당시의 동음도 고음을 잘 반영하고 있다고 보기도 하였고, 이광사와 같이 훈민정음이 창제된 시기의 동음이 가장 고음에 가깝다고 보기도 하였다.

2) 중국 한자음을 기준으로 하려는 견해

다음으로 중국의 한자음을 기준으로 삼은 주장에 대해서 살펴보도록 하자. 이 주장은 華音을 기준으로 하여 조선의 한자음을 수정해야 한다고 본 견해이다. 이러한 주장은 주로 老論 계열의 학자들에서 보인다. 노론 인물 중심으로 만들어진, 혹은 국가적으로 널리 쓰인 韻書들은 운서의 특징 때문이기도 하지만 대부분 조선의 한자음을 華音에 맞추어서 조정하고 교정하고자 하는 의식이 강했다(조성산 2009ㄴ: 95). 그들은 주자학의 구현을 통하여 고대 중화문화에 도달할 수 있다고 하는 입장으로서 그들의 관심은 주자학 그 자체에 있었다. 그러므로 소론계처럼 동음이 기자의 정음을 간직하고 있다는 인식은 나오기 힘들었다. 오히려 그들은 고대 문화가 가지고 있는 夷狄의 흔적들을 은폐하고 싶어 했다. 또한 이들이 현재의 중국음을 존중하고자 한 것은 실용적인 목적도 있었던 것으로 보인다. 당시 북경음은 중국의 공용어로 인식되고 있었는데, 외교적인 목적에서도 집권층은 중국의 현실음을 존중할 필요가 있었다(조성산 2009ㄴ: 98). 이러한 견해는 朴性源(1697~1767), 金在魯(1682~1759), 洪啓禧(1703~1771) 등을 통하여 살펴볼 수 있다.

먼저 『華東正音通釋韻考』[20]에 실린 朴性源의 서문을 살펴보도록 하자.[21]

㉗ 무릇 글자라는 것은 사물의 이름을 밝히고 한 소리의 같고 다름을 말하는 것이다. 이것이 주나라 때 外史가 기록을 맡아서 사방의 이름을 지은 까닭이며, 한·당나라 이래로 자서가 만들어진 까닭이다. 세상사람들이 혹 말하기를 元나라가 중국을 지배한 이후로 정음이 와전되게 되었다고 하나, 여러 자서들을 살펴보면 그 와전되었다고 하는 것은 혹시 중성이 조금 변한 것이 있고 오히려 초성(성모)의 5음은 조음위치가 바뀐 것이 없다. 우리나라에 이르러서는 애당초 아설순치후 등 성모의 조음위치와 합벽 등 운모의 성격 같은 발음의 묘미 등에 밝지 못하여 5음의 조음위치가 서로 섞이었다. 그래서 궁음이 혹 우음이 되고 상음이 혹 치음이 되어 아직도 일정한 음운이 없으니, 이것은 실로 우리나라에서 말과 이를 나타내는 글자가 일치하지 않고, 또 뜻에만 중점을 두고 음을 소홀히 한 데서 나온 결과다. 아! 음이 있은 다음에야 이를 나타내는 글자가 있는 것이니 글자란 다만 소리를 싣는 그릇에 지나지 않는 것이다. 그 그릇인 글자를 알고자 하면서 그 소리를 분별하지 않아서야 되겠는가. 만일에 소시를 분별하지 않는다면 그 뜻을 말하고 그 말을 길이 남기려 해도 성률이 맞지가 않고, 어떤 사물을 말하고 어떤 사물의 이름을 지으려 해도 말과 음이 같지 않으면 곧 막히어서 서로 통하지 않을 것이니, (잘못된) 음에서 일이 생겨 사물에 해롭게 되는 일이 매우 심하다고 하겠구나. 옛날에 우리 세종대왕께서 諺書를 만드시니 음률과 맞고 중국 반절의 의미를 알게 되었다. 만일에 중성의 차이가 있다면 실로 方言이 같지 않은 까닭이며, 초성과 종성은 중국의 음과 우리나

---

20 1747년 박성원이 역관 이언용의 도움을 받아 저술한 2권1책의 운서.
21 정조는『화동정운』이『삼운통고』원본을 대본으로 하여 글자마다 주석을 달면서도 그 순서만은 바꾸지 않은 것을 옳게 보았다. 그리고『화동정운』이 글자음의 음에 특별히 주목한 점을 높이 평가하여, 내각에 명하여 박성원의 운서를 간행하게 하였다 (심경호 2012: 117).

라의 음이 같아서 反切上字로 표시되는 초성이나 反切下字로 표시되는 운(종성)과 부합되지 않는 것이 없었다. 세월이 흘러 학문이 쇠퇴하여 다시 초성과 종성의 의미를 알지 못하고 또한 자모칠음법을 밝히지 않아서 각각 자기 견해로 자서에 反切로 표시하니, 현실음에 부합되지 않고 이에 따라 읽으면 곧 도리어 方言의 같지 않음을 따라가게 되는 것이다. 혹자가 말하기를 발음의 청탁은 다만 악률 안의 문제일 뿐인데, 무엇 때문에 반드시 자운에서 구해야 되느냐고 할 것이다. 잘못된 것이 잘못된 대로 이어지면, 이로 인하여 소홀히 하게 되니, 생각하건대 평소에 문명국이라고 일컫는 나라로서 천지자연의 소리에 어둡다면 어찌 부끄러운 일이 아니겠는가. 내가 일찍이 이를 개탄하여 역관인 李彦容과 함께 삼운통고를 가지고 글자 아래에 漢音을 달되 오로지 우리나라 최세진이 편찬한 사성통해의 음을 따르고, 널리 자서를 모아서 바로잡는 데 참고로 하였다. 漢音의 초성으로 우리나라 한자음을 정하니 우리나라의 5음 청탁이 거의 바로잡히어 이로 인하여 화동정음통석운고라 이름을 붙이어 목판에 새겨서 출판하고 사성·칠음을 나누어 가로 세로로 배열하는 순서 같은 것에 이르러서는 비록 옛날 운서에 따르고 싶어도 이 책(삼운통고)이 우리나라에서 이미 300여 년 동안 쓰이어 왔으므로 내 좁은 소견으로 갑자기 고치기 어려워서 옛모습대로 출판하고 훗날에 음을 이해하는 군자가 나타나기를 기다리겠다. [凡字者 明事物之名 言一聲音之異同 此周官外史 所以掌達書 名於四方 而漢唐以來字書之所以作也 世或稱 蒙元亂華之後正音訛舛 而考諸字書 則其所訛舛者 或有中聲之少變 而猶不失正音所屬之宮也 至於我東 則初不明其牙舌齒脣喉闓闢出聲之妙 故五音相混 宮或爲羽 商或爲徵 尙無一定之音韻 此實我東言文爲二 務於義而忽於音之致也 噫 有音而後有字焉 則字者不過載聲之器也 欲識其器而不辨其聲 可乎 若此不已則言其志 永其言 而聲律不叶

言其事名其物 而語音不同 乃扞然不相通 出於音 害於事者 其孰甚焉 昔我
世宗大王作爲諺書 以叶音律 解中華反切之義 若其中聲之異 固因方言之不
同 而初聲之聲 華與我同 故以反以切無不脗合 世遠敎衰 不復知初終有聲之
義 亦不究字母七音之法 而各以己見 反切於字書 不合於時俗 從傍之讀則乃
反諉之於方言之不同 或曰 聲音淸濁 只是樂律中事耳 何必求之於字韻乎 僞
而承僞 因仍苟且 顧以素稱文明之邦 昧昧乎天地自然之音 豈非可羞者乎 余
嘗慨然於斯 與舌士李君彦容 取三韻通考 懸華音於字下 一依本國崔世珍所
撰四聲通解之音 而廣集字書 以訂參考 依華音初聲 以定我音 我音之五音淸
濁 庶有歸正 因命名華東正音通釋韻考 以付剞劂 而至若四聲七音分配經緯
之次 雖欲依古韻 以定 此書之行于東方 已是三百年數則 以余管見 難以遽
改 因舊刊出 以의後之解音君子云爾 (朴性源,『華東正音通釋韻考』「序」)

　　박성원은 『화동정음통석운고』의 서문에서 元나라 이후 정음이 와
전되었다고 하나, 여러 자서를 살펴보면 중성만 약간 변하였을 뿐 나
머지는 그대로라고 하였다. 이러한 인식은 금·원을 거치면서 중국 한
자음이 정음에서 크게 변하였다고 본 소론계 학자들과는 차이를 보인
다. 또한 박성원은 조선의 한자음이 어지럽게 된 원인을 말과 글이 일
치하지 않아[22] 뜻에만 신경을 쓰고 음에는 소홀히 한 것으로 보았다.
그는 중국 한자음을 정할 때 최세진의 『사성통해』를 참고하고 또 이
화음에 근거하여 우리나라 한자음을 정하고자 하였으며,[23] 책 본문에
서는 당시 중국 현실음인 속음을 欄外에 적어 참고할 수 있도록 해두

22　당시 지식인들의 語文不一致에 대한 구체적인 인식은 3장 2절에서 다룰 것이다.
23　강신항(1973)에서 지적되었다시피 『화동정음통석운고』의 화음 초성체계가 『사성
　　통해』의 것을 의거하였다고 하면서도 실제에 있어서는 『노걸대 박통사』의 초성체
　　계와 일치한다. 이는 함께 작업한 역관 이언용의 영향으로 보인다.

었다. 위 글을 통해 박성원은 중국 한자음을 토대로 하여 우리나라의 한자음을 고치고자 했음을 알 수 있다. 그런데 『화동정음통석운고』를 보면 각 한자에 대해 중국 한자음[華音]과 조선 한자음[東音]을 병기하였기 때문에, 실제로 중국 한자음 위주의 운서는 아니었다.

다음은 金在魯(1682~1759)가 쓴 『三韻聲彙』[24]의 서문이다.

　⑱ 天下의 字音은 만 가지로 같지 않은데 마땅히 中華를 正音으로 해야 한다. 우리나라 漢字音은 가장 중화에 가깝다. 비록 혹 서로 같지 않은 것이 있지만 例로써 추론하면 모두 범위의 안에서 벗어나지 않는다. 하지만 우리나라 사람들이 字學에 심히 어두워 한자의 획이나 변에 사로잡히고 혹은 習俗으로 인해서 잘못 읽어 마침내 중화의 음과 판이하게 달라진 것이 많으니 한탄스럽다. 내가 일찍이 사역원의 제조가 되어, 三韻通考를 가지고 글자마다 漢音과 우리나라 음을 기록하여 읽는 사람으로 하여금 그 같고 다름을 훤히 알게 하려고 하였으나, 설문, 고문운회거요, 자휘 등의 자음과 반절이 서로 어긋나는 것이 많아서 어떤 글자가 어떤 反切로 표시된 小韻代表者의 字音과 맞지 않으니, 이미 우리나라 한자음의 잘못된 것에 영향을 받은 것이다. 하나의 음을 바로잡고자 하면 여러 글자를 두루 살펴야 되므로 몇 시간씩 시간을 허비하는 일이 많아서, 그 어려움이 이와 같다. 그래서 직무가 바빠서 그대로 내버려 두었더니 이제 병조판서 홍순보(홍계희)가 젊은 시절부터 자학에 힘을 기울이고 漢語에도 능통하여 한자음을 바로잡겠다고 분개하여 뜻을 세우니 내가 기뻐서 이를 부탁하였다. 홍순보가 여러 해에 걸쳐서 공을 들여서 일을 마치었는데, 그 기준은 다음과 같이 하였다. 漢

24　1751년 洪啓禧가 상하 2권의 목판본으로 간행한 운서.

音은 홍무정운 자모를 주로 하되 오로지 사성통해에서 한글로 주음한 음을 따르고, 우리나라 음은 일반적으로 널리 쓰이고 있는 한자음대로 하되, 한글 字母 순으로 하고, 七音(牙·舌·脣·齒·喉·半舌·半齒)과 어긋나는 것은 이를 바로잡고, 비록 자모가 다르더라도 七音에 어긋나지 않는 것은 이를 그대로 두었다. 자모 가운데에서 순경음, 정치음, 반치음, 후음의 전청음, 아음의 불청불탁음은 우리나라에서 발음하기가 어려운 자음들이어서, 각각 한 음 안에서 발음이 가까운 것끼리는 이를 합하고, 중성이 어긋난 것은 모두 이를 漢音을 표준으로 해서 서로 미루어 이를 바로잡았으며, 혹은 관습을 따르고 혹은 고쳐서 모두 적절하게 되도록 힘썼다. 이래서 漢音의 한 音이 우리나라에서 두서너 음으로 나누인 것이 있고, 漢音의 두서너 음이 우리나라에서 하나의 음으로 합쳐진 것이 있으니, 진실로 형세가 이렇게 된 것이다. 하나하나의 字音은 우리 음을 반드시 먼저 크게 쓰고, 漢音을 나누어 썼으니, 대개 역사를 기술할 때 자기 것을 먼저 쓰고 宗主國 것을 나중에 쓰는 紀年體法을 따른 것인가. 한 글자의 음과 뜻이 다른 것과 일반적으로 쓰고 있는 점과 획의 잘못에 이르기까지 바로잡지 않은 것이 없으니, 바쁘게 일을 처리하는 과정에서도 처음부터 끝까지 일을 게을리하지 않고 잘 깨우쳐서 이루어내었으니, 재주가 있는 학자의 마음쓰임이 가히 부지런하다고 이를 만하고, 남달리 총명함도 역시 가히 당하지 못하겠다고 하겠으니 뒷사람들이 힘들이지 않고 그 결과를 앉아서 누릴 것이니 어찌 다행스러운 일이 아니겠는가. 이제부터 지금부터 이전의 잘못을 깨닫고 버릴 것은 버리고 새로운 것을 따른다면 비록 한 번에 중화의 바름에 귀의하지는 못한다고 하더라도 또한 齊나라를 魯나라로 변하게 하는 효과는 얻을 수 있을 것이니, 각각 이를 힘쓰라. [天下之字音有萬不同 而當以中華爲正 我國字音最近中華 雖或有不相同者 以例推之 皆不出於範圍之內 而第緣我國

人於字學甚鹵莽 或泥於偏傍 或因於習俗而謬讀 遂與華音判異者多 可勝歎哉 不佞嘗提舉譯院 欲就三韻通考 逐字而竝註華我音 俾覽者曉然知同異 而說文韻會字彙諸書 字音與反切 率多牴牾 而不合其所謂某音某反之本字 已被我音之譌謬 欲正一字之音 轉攷諸字 輒費數時 其難如是 故職事無暇 仍成抛置矣 今大司馬洪君純甫 自少精於字學 兼通華語 慨然有意於修整 不佞 竊喜而屬託之 純甫積年用功 發凡起例 華音則以洪武正韻字母爲主 而一從四聲通解諺翻之音 我音則就行用俗音而律之以字母 其有剌於七音者正之 雖異母而不悖於七音者存之 若字母中 輕脣正齒半齒音及喉音之全淸 牙音之不淸不濁 我國所難成音者 各從一音內 聲相近者而合之 中聲之舛者 亦皆準的於華音 推類以鑿之 而或沿或革 務歸適宜 是故華之一音而分爲我國二三音者有之 華之二三音而合於我國一音者有之 固其勢然也 每音必先大書我音 而分書華音 蓋亦取則於魯史紀年之義歟 至於一字音義之互殊 俗書點畵之差謬 無不該括而是正焉 軼掌繁亂之中 終始無怠 以底于成 良工之用心 可謂勤矣 而聰明强力 其亦不可當也已 後生輩 不勞而坐享其功 豈非幸乎 從今以往覺前之謬去而從新 則雖未能一反中華之正 而亦可以變齊至魯矣 其各勉㫋 (金在魯,『三韻聲彙』「序」)

㉘을 통해 김재로가 우리나라 한자음이 중화의 음과 판이하게 달라져 바로잡으려 하였는데 직무가 바빠서 하지 못하다가, 홍계희가 한자음을 바로잡겠다는 뜻을 세워 그에게 부탁하게 되었음을 알 수 있다. 이 글에서 김재로는 중화의 한자음을 정음으로 삼아 잘못된 음을 바로잡아야 한다고 주장하였다. 그는 우리나라 한자음이 습속으로 인해 중화의 음과 판이하게 달라졌음을 지적하고, 이제라도 새로운 것(중화의 음)을 따라야 한다고 본 것이다. 이 주장은 앞서 살펴보았던 "우리나라

의 한자음으로 正音을 삼아야 한다"는 남구만의 견해와 상반된다. 조성산(2009ㄴ: 97)에서 지적되었듯이 『삼운성휘』를 편찬한 洪啓禧도 중국의 음 자체의 문제점 지적보다는 조선의 음[方音]을 중화의 음으로 조정하고 바로 잡아야 한다는 의식을 가졌다.[25] 그런데 『삼운성휘』도 『화동정음통석운고』와 같이 조선 한자음[東音]과 중국 한자음[華音]을 병기하였는데, 해당 한자의 조선 한자음을 大圈[○] 속에 큰 글자로 표기하고 아래에 중국 한자음을 작은 글자로 표기하였다.

위에서 살펴 본 박성원, 홍계희 등은 당시 중국의 한자음을 기준으로 삼긴 하였으나 실제 그들이 편찬한 운서에는 東音과 華音을 함께 병기하여 나타냈다. 그런데 이와 달리 한자음을 아예 중국음으로 삼고자 한 주장도 있었다. 다음은 『승정원일기』에 보이는 徐命膺(1716~1787)의 간언이다.

㉙ 전승해 오는 우리나라 한자음이 중국과 달라서 중국 한자음이 되도록 하기 위하여 그렇게 된 것입니다. 세종조 때 우리말을 고치고자 하여 대개 開座에서 반드시 먼저 우리말 사용을 금하였으므로 민간에서 어느 정도 중국 한자음과 같게 되었는데, 그 뒤 그만 두게 되어 지금에 이르기까지 (중국 한자음으로) 변하지 않았으니 가히 통탄할 만합니다![命膺曰 俗傳邦

---

25 我國之音 固與中華不甚相遠 而豪釐之差 轉成燕越 字母旣混 淸濁莫別 以至宮商之易
其位 惟我世宗大王 親製訓民正音以導谷 於是乎崔世珍之四聲通解 作正音 雖明然是
書只詳於正音 而不及乎方音 則正音未行之前 僅爲象鞮所習 而方音之譌自如也 經書
諺解卽音讀之所本 而亦襲其謬 莫能是正 識者恨之 不佞嘗取三韻通考 逐韻彙聲 正其
譌而補其闕 經方音而緯正音 雖未遵字母 而要令不遠於五聲 間或委曲從俗 而必期
無至於大錯 未知不佞本意者 必以雅俗相半訾之 然倘聖朝上體英廟遺志 一反中華正
音 則無所用乎是書 而在今之音義互錯 名形貿亂 則亦不害爲一變至魯之幾矣 (洪啓禧,
『三韻聲彙』 跋)

音 異於中國 故欲爲中國而然矣 世宗朝欲變方言 凡於開座 必先禁方言 以
此民間 幾爲華音矣 厥後廢却 故至今不變 可勝歎哉](『승정원일기』 영조 46
년(1770) 윤5월 22일)

　　위 글은 세종대에 관원들이 정무를 볼 때 우리말 사용을 금하여서 우
리나라 한자음이 중국 한자음과 같게 되었는데, 그 뒤에는 그러한 정책
을 없애서 우리나라 한자음이 중국 한자음처럼 변하지 않았음을 통탄
하는 내용이다. 그런데 세종대에 우리말 사용을 금하였다는 언급은 사
실과 다르다. 서론에서 언급되었다시피 세종 24년(1442)에 역관들의 중
국어 실력을 높이기 위해 사역원 내에서 우리말 사용이 금지되고 중국
말만 사용된 적이 있었을 뿐이었다. 이러한 사실을 차치하더라도, 북학
파인 徐命膺은 우리말을 되도록 쓰지 않게 하면서까지 한자음을 중국
음으로 해야 한다는 생각을 가지고 있었다. 이밖에 柳馨遠(1622~1673)
도 "모든 문자는 중국음을 따르며 선비 자제들이 학습하는 경서의 언해
는 洪武譯音으로써 암송하게 할 것이다. [凡諸文字 皆從華音 士子所習經書
諺解 一以洪武譯音 使之講誦] (柳馨遠, 『磻溪隨錄』 卷25「續篇上」「言語」)라 언급
하여, 중국음으로 한자음을 삼고자 하였다.

3. 문법 및 어휘에 대한 인식

1) 문법에 대한 인식

조선 후기에는 아직 한국어 문법에 대한 본격적인 논의가 이루어지지 않았다. 하지만 이 시기 학자들의 口訣과 句讀에 대한 인식을 통해 간접적으로 살펴볼 수 있다. 당시 구결과 구두는 주로 경서의 한문 원문을 이해하기 위한 수단으로서 사용되었다. 구결과 구두를 어떻게 하느냐에 따라 경전의 의미 해석이 달라질 수 있었기 때문에, 경전의 구결과 구두를 정하는 일은 중요하게 다루어졌다. 여기에서는 우선 조선시대의 학자들이 구두와 구결의 개념을 어떻게 설명하였는지 검토하고, 구결의 목록과 그 의미를 제시한 논의를 살펴볼 것이다. 다음으로 조선시대의 구결의 방식과 내용에 대해서 구체적으로 살피고자 한다. 이를 위해 학자들이 구두와 구결에 대해 직접적으로 거론한 문헌들을 중심으로 하여 논의를 펼 것이다.

(1) 구두, 구결의 개념에 대한 논의

조선시대의 학자들이 구두, 구결의 개념에 대해서 어떻게 설명하였는지 살펴보도록 하자. 먼저 柳雲龍(1539~1601)의 『謙庵集』에 실린 「分句讀法」[26]에 구두의 내용과 표기법이 설명되어 있다.

　㉚ 『대학』은 공자가 남긴 글로서(讀) 초학자가 덕으로 들어가는 문이다.

26　규장각 소장(청구기호 : '奎 4513')

(句) 讀는 문장이 끊어진 듯하나 뜻이 끊어지지 않아 연이어 아래 문장을 읽는 것으로 문장이 끊어진 듯한 곳 그 중앙에 圓圈을 直點하는 것이 이것이다. 句는 문장의 뜻도 아울러 끊어진 곳 오른편 가장자리에 圓圈을 橫點하는 것이 이것이다. 지금 사람들이 중앙에 직점하고 오른편 가장자리에 횡점하는 것을 분별하지 않고 모두 句라 일컫는 것은 옳은 것이 아니다. [孔氏之遺書(讀) 而初學入德之門也(句) 讀者 文似斷而意未斷 連讀下文者 於文似斷處 正當其中直點圓圈者是也 句者 於文義배絶斷處 橫點圓圈於右邊者是也 今人不分直中橫邊 渾謂之句者 非是] (柳雲龍, 『謙庵集』 卷4 「分句讀法」

㉚에서 보는 바와 같이, '讀'는 문장이 끊어진 듯하나 뜻이 끊어지지 않아 연이어 아래 문장을 읽는 것이며, '句'는 문장의 뜻이 끊어진 곳이다. 讀와 句는 표기하는 방식도 각각 다르다. 讀는 그 중앙에 圓圈을 直點하며, 句는 오른편 가장자리에 圓圈을 橫點한다. ㉚에서 『大學』의 문장을 예로 들어 설명하면, '孔氏之遺書' 뒤의 '讀'에는 중앙에 권점을 찍고, '而初學入德之門也' 뒤의 '句'에는 우측 가장자리에 권점을 찍어야 한다.

다음은 南克寬(1689~1714)의 『夢囈集』에 실린 「謝施子」의 내용이다.

㉛ 우리나라에서 이른바 토는 중국의 助辭이다. '之'는 '의'라 하고, '乎'는 '오' 혹은 '고'라 한다. '耶'는 '아' 혹은 '가'라 한다. '也'는 '다'라 하며, '兮'는 '여'라 한다. 音은 모두 대체로 비슷하다. 尙書에는 助詞가 극히 적으나 左國에는 약간 늘어나며 그 이후에는 많아졌다. 近世에 이르러 속어 한 구절에 (助辭가) 거의 반을 넘는다. 한국어도 삼분의 이에 그치지 않는다. 우리말의 先後는 중국과 다르다. 예를 들어 '看花折柳'에서 '꽃[花]'과 '버들[柳]'

을 먼저 말하고 '보다[看]'와 '꺾다[折]'는 나중에 말한다. 아플 때 아고아(阿苦阿) 혹은 야(爺)라 소리 치는데 중국도 우리와 같다. [我國所謂吐 中國之助辭也 之於曰의 乎曰오 或稱고 耶曰아 或稱가 也曰다 今曰여 音皆略同 尚書 助辭甚稀 左國 稍衍 後益多 至近世 俗語一句 幾過半矣 東語又不啻三之二也 東語能所先後 與中國異 如看花折柳 先言花柳 後言看折是也 疾痛 呼阿苦阿也(或是爺) 中國與我同] (南克寬, 『夢囈集』卷2(坤)「謝施子」)

㉛에서는 우리말의 吐를 중국어의 助辭와 같은 것으로 보았다. 여기에서 사용된 助辭는 虛辭에 해당하는 개념이다. 우리말의 토를 중국어의 허사의 몇 예를 비교하면서, 音도 비슷하다고 하였으나 이는 과도한 해석이다. 중국어는 예전에는 허사가 거의 쓰이지 않았는데 이후 허사의 쓰임이 점점 많아지고 있으며, 우리말의 토는 그 역할이 크다고 언급하였다. 그 외에도 한국어와 중국어의 어순이 다름을 지적하였다. 아플 때 소리 지르는 방식 또한 중국과 우리나라가 같다고 하였다. 우리말과 중국어에 대한 단편적인 언급이지만 각 언어를 비교하여 설명한 점이 주목할 만하다.

다음은 李匡師의 『斗南集』[27]「論東國諺解吐」의 기술이다.

㉜ 우리나라 사람들이 우리말[方言]로 문서의 구절에 단 것을 일컬어 吐라 한다. 토는 마땅히 구가 끊어지는 곳에 달아야 하는데도, 우리나라 언해 토는 반 이상이 구가 끊어지는 곳에 달지 않는다. 이런 일은 諸家書와 경연 기록의 토에서도 모두 그러하며 수백년 동안 한 사람도 바로잡지 않았다.

---

27 『斗南集』은 함경도 부령 유배기(1755~1762)의 이광사의 시문을 모은 책이다. 규장각 소장 불분권 4책[古 3428-347-v.1-4]

가히 개탄스럽다. 句라는 것은 일찍이 시를 짓는 사람이 오언칠언으로 한 구를 만들고 長短을 묻지 않고 스스로 하나의 義을 이룬 것이 곧 句가 된다. 언해와 경연의 토는 모두 하나의 義를 이루지 못하였기 때문에 句가 되지 못한다. 속히 바로잡지 않으면 안 된다. (…중략…) 중국은 예로부터 句가 있으나 토는 없다. 모두 漢唐의 대유학자를 거쳐 이어 전하고 程朱[28] 등의 여러 유학자에 의해 결국 바르게 하니 마땅히 높이 받들어 잃으면 안 된다. 우리나라 문장은 穆陵[29] 때에 가장 성하였다. 목릉 때 崔立을 추천하여 걸출한 인재[巨手]라 하였으나, 최립이 편찬한『漢史列傳』에서 句를 표시하고 토를 기록한 것은 비루하고 속되며 궁벽한 시골 벽지의 부류이다. 견문이나 깊은 연구 없이 억지로 理를 꿰뚫으려 하는 것은 모두 體段을 알지 못하는 것이니 심히 기괴하고 우습다. 國初에 정인지가 편찬한『고려사』에는 자못 史體가 있는데, 錢謙益[30]이 기쁨으로 남을 들추어내니 또한 극히 뽐낼 만하다.『용비어천가』를 보면 句를 찍은 것이 모두 體段을 알며, 사성(平上去入)을 네모 안에 표시한 것이 한 자도 틀림이 없고 法이 있으며, 음석과 훈의가 모두 옛 법식에 어긋남이 없다. (…중략…) 고로 언해를 그르치고 토를 잘 못 단 이들은 언해한 문장의 취지를 헤아리지 못하였는데, 토의 잘못이야 말하여 무엇하겠는가? [東人以方言 足文書句絶 名曰吐 吐當足於句絶 東國諺解吐 强半足於無句絶處 至諸家書 經筵記吐 皆然 數

百年無一人正之 可慨 句者 始詩家以五言七言爲一句 不問長短 自成一義
乃爲句 諺解及經筵吐 皆不成一義 故不成句 不可不急正 (…중략…) 中國自
古有句無吐 皆經漢唐大儒手 相傳 終正於程朱諸儒者 當尊奉勿失 我東文章
之盛 以穆陵時爲最 穆陵時文章 推崔岦之爲巨手 岦之編漢史列傳 所點句記
吐 野陋鄙俚 類闇鄉僻陬 無聞見學究 强自穿理者 都不識體段 甚可怪笑 國
初鄭河東麟趾 纂高麗史 頗有史體 以錢謙益之喜詆人 亦亟詆之 觀所誤龍飛
御天歌 其點句 皆知體段 無一差字四旁圈平上去入 皆有法 音釋訓義 皆不
違古式 (…중략…) 故誤諺解 誤記吐而亦無正之者 諺解文旨之失 不可筭 吐
之誤 亦何足道 (李匡師,『斗南集』卷3「論東國諺解吐」)

㉜는 이광사가 우리나라의 諺解 吐의 誤用을 지적한 글이다. 글의
句節에 우리말[方言]로 다리를 붙이는 것은 '吐'라고 하는데, 여러 전적
들과 經筵記에 이르기까지 끊어 읽을 수 없는 곳에다 현토하는 잘못이
흔히 보이는 만큼 서둘러 바로잡아야 된다는 의견을 펴고 있다. 이 글
에서 중국은 句만 있고 吐는 없다는 점을 지적하였다. 또한 穆陵盛世
의 대표적인 문장가 崔岦이 편찬한『漢史列傳』에서 행한 句讀와 諺解
吐를 졸렬한 것이라 비난하고 鮮初 정인지가 작업한『龍飛御天歌』의
句讀와 四聲點을 극찬하고 있다.
　다음으로 李圭景(1788~1856)의『五洲衍文長箋散稿』에서는 경서의
구결을 변증한 부분이 보인다.

　㉝ 경서의 구절을 句讀라고 한다. 중국에는 方言이 없고 일상 언어가 이
미 文字를 갖추고 있기 때문에 구절이 떨어진 곳에 句讀를 찍어 읽는다. 그
러므로 우리나라처럼 원문 이외에 구두를 方言으로 만들어 읽는 懸讀라는

것이 없다. 속칭 懸吐라 하는데 이 懸讀(懸吐)가 없으면 글 뜻을 이해하기
가 어렵다. 때문에 口訣이라고도 한다. 신라 弘儒侯 薛聰이 方言으로 九經
을 풀이하여 후학들을 가르쳤다. 우리나라 유학자에서 가장 순수한 이로
는 홍유후를 벗어나는 이가 없기 때문에 고려조에서 文廟에 從祀한 것이
다. 그가 方言으로 九經을 풀이한 것을 口訣이라고 하는데 전해지지 않고
지금은 다만 吏讀가 있을 뿐이다. 즉, 文簿와 書牒 등 구절이 떨어진 곳에
방언으로 토를 달아 문장을 이루어서 아전들이 관청에 보고하는 데에 편
케 하였으니, 그 이른바 九經을 풀이한 것도 이러한 것일 것이다. 홍유후의
시대는 곧 唐나라 때였으므로 그 경을 해석한 것이 반드시 唐朝에서 전해
온 句讀일 것이며, 경의 뜻도 중국 선현들이 서로 전수하던 것을 그대로 받
아들였을 것인데 마침내 전해지지 못하였으니 서로 전수하던 것을 그대로
받아들였을 것인데 마침내 전해지지 못하였으니 우리 儒家의 불행이다.
우리나라 世祖 3년(1458)에, 上이 우리나라 학자들이 語音이 바르지 못하
고 句讀가 분명치 못하여, 비록 권근, 정몽주의 口訣이 있지만 와전되고 어
긋난 것이 많음을 걱정하였다. 이에 정인지, 신숙주, 구종직, 김예몽, 최항,
서거정 등에게 오경과 사서를 나누어 주고 고금의 것을 고증하여 구결을
정하여 바치게 하였으니, 이것이 오늘날의 경서에 대한 句讀를 떼고 口訣
을 단 것이며 諺解 역시 口訣로써 해석한 것이다. 경서의 구두나 구결은 한
번 그릇되면 글 뜻이 잘못되어 본래의 뜻을 잃게 되니 두렵지 않겠는가?經
書句節曰句讀 中國則無方言 而尋常言語 已具文字 故於句節處 點句讀讀之
故無如我東之原文外 句讀作方言以讀之 曰懸讀也 俗稱懸吐 無此懸讀 則文
義難解 故更名曰口訣 新羅弘儒侯薛聰 以方言解九經 教授後學 東儒之最醇
無出其右 故麗朝從祀文廟 其方言解經者 必爲口訣而無傳焉 今只有吏讀
(或稱吏道) 卽簿牒句節處 以方言懸讀 衍成文字 便於吏隸之告官 其所謂解

九經者 恐如是也 弘儒之世 卽唐時也 其解經必取唐朝流來之句讀 經義亦不
失中原先賢之相傳授 而竟無所遺傳 則吾儒之不幸也 我世祖三年戊寅 上患
東方學者 語音不正 句讀不明 雖有權近鄭夢周口訣 訛謬尙多 遂命鄭麟趾申
叔舟丘從直金禮蒙崔恒徐居正等 分授五經四書 考古證今 定口訣以進 此今
之經書句讀懸口訣 而諺解亦口訣之所解釋者也 經書句讀口訣 苟或一誤 文
義從以舛錯 遂失本旨 可不懼哉(李圭景『五洲衍文長箋散稿』經史篇, 經傳
類, 經傳雜説, 「經書口訣本國正韻辨證説」)

㉝에서 이규경은 중국과 우리나라를 비교하면서 句讀와 懸讀(懸吐,
口訣)에 대한 개념을 설명하였다. 이광사와 마찬가지로 중국은 우리나
라와 달리 토가 없음을 지적하였다. 그는 중국은 일상 언어가 이미 문
자를 갖추었기 때문에 句讀를 찍어 표현할 뿐, 懸吐가 없다고 언급하
였다. '句讀'는 경서의 구절로 구절이 떨어진 곳에 구두를 찍어 읽는다
고 하였으며, '懸讀(속칭 懸吐)'는 원문 이외에 句讀를 한국의 고유어[方
言]로 읽는 것인데, 口訣이라고도 한다고 하였다. 우리나라는 중국과
달리 글 뜻을 쉽게 이해하기 위해 경서를 한국어로 풀어 해석하여야
했기 때문에 懸吐가 필요하였다. 世祖 3년에 집현전 학자들에게 명하
여 오경과 사서의 口訣을 꼼꼼히 검토하여 새로 확정하게 한 것도 경
전을 바르게 해석하기 위한 노력이라 할 수 있다.

(2) 口訣의 目錄 및 그 의미에 대한 논의
口訣의 目錄과 그 의미를 제시한 논의로 먼저 李森煥(1729~1813)의
『百家衣』「句讀指南」[31]을 살펴보도록 하자.

---

31 李森煥의 「句讀指南」은 최식(2011)에서 소개되었다.

㉞ ㉠「句讀指南」

若·如·苟·倘·設或·萬一의 아래 '이면' '이어든'

雖·縱·假의 아래 '이나' '이라도'

豈·安·何·寧·烏·惡·胡·焉·盍·奈何의 아래 '고' '이오' '가' '이리오'

況·肯·忍·敢·能의 아래 '아' '가'

寧의 아래 '이언뎡'

使·俾·以·令·自·與의 아래 '으로'

使·令·俾의 아래 'ㅌㅅㄴ(거둘, 거늘)'

於·于의 아래 '에'

曩·頃·昔·初·嚮·先是의 아래 '이라니'

向使·向若의 아래 '이런들'

旣·已·每·始·方·屬의 아래 '애'

至·及의 아래 '애' 'ᄒ야ᄂ'

至若·至如의 아래 '은'

則·必·將·應·決의 아래 '이리니'

恐·懼의 아래 '일가 ᄒ니'

夫·盖·凡·大抵의 아래 'ᄒᄂ니'

非의 아래 '이면' '이라' '이오'

因·當의 아래 'ᄒ야'

吾·我·余·予·僕·朕의 아래 '이로니' '호니'

曰·云·謂·言·聞·以爲의 아래 '이라 ᄒ니'

願·請·乞의 아래 'ᄒ쇼셔' 'ᄒ라' 'ᄒ노이다' 'ᄒ노라'

早知의 아래 '이언들'

當 · 宜의 아래 '가' '이니'

尙 · 猶 · 惟 · 獨 · 但 · 只의 위 '호대' '라도'

況 · 矧의 위 '이어든' '이온' '이어니'

以 · 遂 · 因의 위 'ᄒ야'

輒 · 必 · 卽 · 豈 · 不의 위 '이면'

乃 · 方의 위 '이라야'

更 · 又 · 且 · 復 · 亦의 위 '이오' 'ᄒ고' '과'

至 · 及 · 會 · 適 · 後必 · 至是의 위 '이어니'

今의 위 '이어늘' '이러니'

旣.而 · 已而 · 頃之 · 久之 · 須臾의 위 '이러니'

所의 위 '의'

故 · 是以 · 由是 · 於是의 위 '이라'

然의 위 '이나'

與 · 曁 · 及의 위 '와'

非의 위 '이오'

ⓒ 「句讀擧要」

주체(主) '호대'

객체(客) '이어늘'

타인과 함께 할 때(他人相與) 'ᄒ니' '이라'

자기의 일(自己事) '호니' 'ᄒ노니'

타인의 일(他人事) 'ᄒ니'

과거의 일(往昔事) 'ᄒ더니' '이러니'

미래의 일(未來事) '이리니' 'ᄒ리니'

본래의 일(本然事) 'ᄒᆞᄂᆞ니'

당연한 일(當然事) '이니'

필연의 일(必然事) 'ᄒᆞ리니' '이리니'

한 사람을 단독으로 거론할 때(單擧一人) '이'

두 사람을 나란히 거론할 때(雙擧兩人) '은'

대우가 되는 일(對偶事) '이오'

연첩이 되는 일(連疊事) 'ᄒᆞ고' 'ᄒᆞ며'

㉢「助辭訓釋」

○ 조사가 위에 있는 경우[助詞在上者]

盖 의심하여 결정하지 못하는 말로, '대개 허유의 무덤이 있었다[盖有許由塚]'는 따위이다. [疑未定之辭 如盖有許由塚之類]

而 반어사로, '그런데 일에는 민첩하다[而敏於事]'는 따위이다. [反語辭 如而敏於事之類]

也 반어사로, '또한 절로 물결인다[也自波]'는 따위이다. [反語辭 如也自波之類]

其 '그(渠)'이니, 諺釋은 '저기'이다. [渠也 諺釋저기]

遂 '말미암아, 결과적으로(因)'이다. [因也]

豈 '어찌(寧)' 또는 '혹시(或)'이니, 諺釋은 '아니'이다. [寧也 或也 諺釋아니]

且 '또(又)' 또는 '장차(將)'이다. [又也 將也]

○ 조사가 중간에 있는 경우(助詞在中者)

而 접어사로, 諺釋은 '말니이이'이다. [接語辭 諺釋말니이이]

之 句讀의 '의(ㅿ)' 따위이다. [如句讀ㅿ之類]

○ 조사가 아래에 있는 경우[助詞在下者]

也 句讀의 '이라(ヽᅩ)' 따위이고, 또 음이 같기 때문에 '耶'와 통한다.
[如句讀ヽᅩ之類 又音同故 與耶通]

之 만물과 서로 어울리는 말로, 버리고 떠나다(棄去)를 去之라 하고
불러오다(招來)를 來之라 하는 따위이다. [與物相接之辭 如棄去曰去
之招來曰來之之類]

爾 '然'과 뜻이 같고, 또 句讀의 '이니(ヽ ヒ)' '이라(ヽᅩ)'의 따위이다.
[與然同義 又句讀 ヽ ヒヽᅩ之類]

矣 단정하는 말이니, '망하다(亡矣)' '죽다(死矣)'는 따위이다. [斷之辭
如亡矣死矣之類 (李森煥, 『百家衣』 「句讀指南」)

삼환의 「句讀指南」은 위와 같이 ㉞-㉠, ㉡, ㉢의 「句讀指南」, 「句讀
擧要」 「助辭訓釋」으로 구분되며, 총 64항목에 걸쳐 현토와 구결을 제
시하였다. ㉞-㉠의 「句讀指南」은 문장구조에서 어떠한 방식으로 현토
할 것인지를 설명한 것으로, '上有……' 형식으로 23항목, '下有……' 형
식으로 14항목 총 37항목의 구결을 제시하였다. ㉞-㉡의 「句讀擧要」는
행위의 主格과 문장의 시제, 태 등을 명확히 하기 위한 현토 방식으로 14
항목을 들었다. 행위의 주체에 따라 '主', '客', '他人相與', '自己事', '他人
事'로 나타내고, 과거[往昔事]와 미래[未來事]로 시제를 구분하였고, '本然
事', '當然事', '必然事'의 세 가지 態로 세분하였다. 한 사람을 단독을 거
론할 때는 주격조사 '-이'를 사용하였으나, 두 사람을 나란히 거론할 때
는 보조사 '-은'을 사용하였다. 이 '-은'의 용법은 '대조'를 나타내는 것이
라 하겠다. ㉞-㉢의 「助辭訓釋」에서는 조사의 용법과 현토와의 관계를
거론하였다. 조사가 위에 있는 경우, 중간에 있는 경우, 아래에 있는 경

우로 구분하였다. 여기에서 눈여겨 볼 만한 기술은 '也'이다. 특히 조사가 위에 있는 경우에 '也'를 반어사로 보았으나, 최식(2011: 381)에서는 이를 오늘날의 '發語辭'와 같으며 '또, 또한'으로 풀이한다고 하였다. '也'는 唐의 賀知章(659~744)의 「採蓮曲」 중 "鏡水無風也自波(거울 같은 물은 바람이 없어도 또한 절로 물결인다)"에서 '也自波'를 예로 설명하였다. 이에 반해 조사가 아래에 있는 경우의 '也'에서는 "句讀의 '이라(ヽ스)' 따위이고, 또 음이 같기 때문에 '耶'와 통한다"고 하였다. 이는 '也'의 종결사로의 쓰임을 설명한 것으로 '也'의 주된 용법이라 하겠다. 이처럼 이삼환은 현토의 방식을 개괄적으로 설명하고 문장 구조나 조사의 문법적 기능에 관심을 가졌다. 이삼환의 「구두지남」은 성호학파의 구두지남을 대표한다고 할 수 있다(최식 2011: 379).

다음으로 任圭直(1811~1853)의 「句讀解法」[32]을 들 수 있다. 임규직은 북인출신으로 '新老論'으로 지목받으며, 학술적 정치적으로 노론의 입장을 대변하였다. 따라서 「句讀解法」은 당시 북인과 노론, 특히 화서 학파의 구두·현토·구결에 대한 인식을 보여준다(최식 2011: 382).

⑮ 「句讀解法」의 구두 유형(윤용선 2009: 181)

㉠ 一意相承之辭, 一人之辭, 各人之辭, 他意相承之辭, 對待騈偶之辭, 斷辭, 承上之辭, 相反之辭, 歷言之辭

㉡ 泛論之辭, 自稱之辭, 前日之辭, 將然之辭, 禁止之辭, 引古語之辭, 他人言之辭, 自言之辭, 言語及行事在下文者

---

[32] 임규직(1811~1853)의 「句讀解法」은 규장각 소장 필사본[古3428-74]으로 권29 '잡저'에 수록된 10장 분량의 저술이다. 이에 대한 논의로 최식(2008, 2011)과 윤용선(2009) 등이 있다.

㉢ 直下之辭

㊱ ㉠ 凡此斷辭雖同 而其吐亦各有當 如이라者微絶之辭也 이니라者決絶
之辭也 ᄒᆞᄂᆞ니라者泛論以斷之辭也 ᄒᆞ다者政令詔除記錄之斷辭也 이러라
ᄒᆞ더라者如言論行事敍述之斷辭也 이로다之類乃遊辭以斷之例也 (7:6~8)
㉡ 凡一意相承及一人之辭 ᄒᆞ야 尊稱 ᄒᆞ샤 (5:3~4)
對待騈偶之辭 ᄒᆞ고 ᄒᆞ며 이오 이며 코 尊稱 ᄒᆞ시고 ᄒᆞ시며 이시며 ○ ᄒᆞ
며者 ᄒᆞ고 之相間 對待 ○ 亦且又復便字上亦同 (5:10~6:2)
㉢ 前日之辭 이러니 ᄒᆞ더니 이라가 ᄒᆞᄃᆞ가 이러니라 ᄒᆞ더니라
㉣ 言語 及 行事在下文者上 ᄒᆞ디 혼디 尊稱 ᄒᆞᄉᆞ디 (10:1) (任圭直,『錦
川集』卷29「句讀解法」)

「句讀解法」의 구두 유형은 크게 셋으로 나눌 수 있다. 윤용선(2009:
182)에 따르면 ㉟-㉠은 구절과 구절 사이의 논리적 의미관계에 의해 분
류된 유형이고, ㉟-㉡은 구절 내부의 문법적 의미(泛論之辭, 自稱之辭, 前
日之辭, 將然之辭) 혹은 통사구조(引古語之辭, 他人言之辭, 自言之辭), 문의 텍
스트적 성격(禁止之辭, 言語及行事在下文者)에 따라 분류된 유형이며, ㉟-
㉢은 말을 풀 때 순서를 나타내는 유형이다. ㉟-㉠에서 斷辭는 단락을
끊는 역할을 하는 것으로 종결형에 해당하며, 斷辭를 제외한 나머지는
내용을 연결하는 기능을 가진다. ㉟-㉢의 直下之辭는 바로 내리 읽는
구절로 동사보다 먼저 解語해야 한다. 直下之辭의 목록에는 '이 은 는
의 이라 앤 엔'(7:10) 등이 있다. ㉟는 같은 층위의 유형이 아니다. ㉟-㉠
이 상위의 개념으로 기본적 정보이며 ㉟-㉡, ㉢은 하위의 개념으로 부
차적 정보에 해당하는 것이다. 이러한 사실은 ㊱-㉠에서도 드러난다.

㉟-㉠에서 斷辭를 '微絶之辭, 決絶之辭, 泛論以斷之辭, 記錄之斷辭, 敍述之斷辭, 遊辭以斷之例'로 세분하여 토를 제시하였다. 斷辭의 예로 제시한 'ᄒᆞᄂᆞ니라'를 泛論以斷之辭라 하였는데, 이를 통해 ㉟-㉡의 泛論之辭를 ㉟-㉠의 斷辭의 하위 부류에 두었음을 알 수 있다. ㉟-㉡에서는 하나의 의미단락이 서로 계속하여 이어지거나(一意相承) 一人之事를 나타낼 때 'ᄒᆞ야'를 쓰며, 대구 관계로 나란히 이어지는 내용(對待騈偶之辭)일 경우 'ᄒᆞ고, ᄒᆞ며' 등을 사용한다고 하였다. 崔岦은 「韓文吐釋」에서 내용상 대등적으로 열거되는 경우 '爲也'(ᄒᆞ야)가 아닌 '爲弥'(ᄒᆞ며)를 사용해야 한다고 주장하였다.[33] 朴文鎬(1846~1918)의 『壺山集』 「이두해」에서도 서로 인과가 되어서 뜻이 이루어질 때는 'ᄒᆞ야, 서로 상대되어 뜻이 이루어질 때는 'ᄒᆞ고, ᄒᆞ며'를 쓴다고 하였다.[34] ㉟-㉢에서 선어말어미끼리 중첩된 형식은 분석적으로 인식하지 못하였으며,

---

[33] "爲之城郭甲兵以守之爲弥 土를 '爲也'로 하면 어떠한지요? ○ '爲也'는 편안하지 못합니다. '害至而爲備, 患生而爲之防'은 또한 자체가 보편적으로 하나의 단락을 설정한 것입니다. '敎之以相生養之道'는 먼저 제목을 세운 것이고, '爲之君, 爲之師' 이하는 條列로 말한 것입니다. '爲之衣, 爲之食, 爲之宮室'과 같은 것은 각각 名目을 붙여 한 단락을 만든 것이고, '害至而爲備, 患生而爲之防'에 이르러서는 名目을 붙인 것은 아니지만 또한 각각 자체로 한 단락이 되는데, 문장을 생략하여 또한 해당하지 않는 일이 없고자 한 것입니다. 그러므로 '守之'의 토는 '爲也'로 달아서는 안 되고 '爲之備', '爲之防'과 한 모양으로 '爲弥'로 토를 달아야 합니다." [爲之城郭甲兵以守之爲吐欲作爲也如何 ○爲也未安 蓋備害防患 亦自汎設一段 敎之以相生養之道 是先立題目 爲之君爲之師以下 方是條列言之 如爲之衣爲之食爲之宮室 各著名目作一段 至害至而爲之備 患生而爲之防 不著名目而亦各自爲一段 蓋欲省文而亦無所不該之事也 故以守之吐不得著爲也 而與爲之備爲之防一樣著爲弥吐爲得] (尹根壽, 『月汀別集』卷2 「韓文吐釋」)

[34] 이상하(2006)에서는 『맹자』를 현토할 때에 둘 이상의 구절이나 문장이 병렬을 이룰 경우에는 '하며', 시간적인 선후 또는 일의 선후가 있거나 글의 내용이 다른 단계로 넘어갈 경우 '하고'를 사용한다고 하였다.
㉠ 若殺其父兄하며 係累其子弟하며 毀其宗廟하며 遷其重器하면 如之何其可也리오 (孟子梁惠王下)
㉡ 狗彘食人食而不知檢하며 塗有餓莩而不知發하고 人死어든 則曰非我也라 歲也하면 (孟子梁惠王上)

선어말어미 '-오-'와 '-더-'의 통합형인 '-다-'의 예는 보이지 않는다(윤용선 2009: 187). '-더-'의 이형태로 '-러-'를 인식하였으며, '이라가'의 경우 '다'(-더- + -오-)까지도 인식한 듯하다. 'ᄒᆞ드가'는 'ᄒᆞ다가'의 잘못으로 보인다. ㊱-㉣에서는 존칭을 'ᄒᆞ샤ᄃᆡ'가 아닌 'ᄒᆞᄉᆞᄃᆡ'로 쓴 것이 특이하다.[35] 또한 「句讀解法」에서는 존칭을 구분하여 제시한 점이 주목할 만하다.

(3) 조선시대 구결의 사용 방식과 내용에 대한 논의

조선 초부터 현토작업은 학술 활동의 중요한 축을 차지해왔다. 처음에 세종과 집현전의 역할을 매우 각별했고 이는 하나의 전통이 되었다. 특히 경연의 교재로 쓰일 경서에 대해서는 현토, 언해, 주석 등 매우 꼼꼼한 작업이 이루어졌다. 선조 때에 이르면 이와 관련한 학인들의 담론이 공적으로나 사적으로 모두 활발하게 이루어지는데, 퇴계 이황과 미암 유희춘이 대표적이다. 이들이 주도했던 학술 작업의 중요한 부분도 바로 훈고·주석과 현토·언해를 정하는 일이었다(신영주 2009: 229~230). 조선시대에 이와 같은 학술 활동이 활발히 이루어진 원인은 경전의 해석과 연관이 있다. 조선은 유교를 통치 이념으로 하여 건국되었기 때문에 유가의 경전은 통치의 준거로서 절대적 권위와 사회 전반에 막대한 영향을 끼쳤다. 따라서 학자들이 경전 해석에 지대한 역할을 하는 구결과 구두에 관심을 가졌던 것이다. 이러한 사실은 세조대 경서 구결 작업에 참여한 崔恒(1409~1474)의 글에서도 볼 수 있다.

---

35 윤용선(2009)에서는 「句讀解法」에서 다루고 있는 구결 체계가 15~16세기의 언어에 바탕을 둔 것이라고 하였으며, 'ᄉᆞ'는 '샤'의 오표기일 가능성이 높다고 하였다.

㊲ 독서를 하려는 사람은 반드시 語訣을 정해야 한다. 어결이 이미 정해지면 다른 의혹들이 스스로 없어진다. 그러므로 正經의 구결은 진실로 유학자에게 있어서 달을 가리키는 손가락과 같다. [欲讀書者 須先正語訣 語訣旣正 則他岐之惑自祛 然則正經之有口訣 誠儒者指月之指也] (崔恒, 『太虛亭集』 卷2「經書小學口訣跋」)

정경의 구결이 유학자에게 있어 달을 가리키는 손가락과 같다는 것은 구결이 경서를 올바로 해석하는 길잡이 됨을 의미한다. 구결을 어떻게 붙이느냐에 따라 경서의 해석은 전혀 달라질 수 있는바, 경서를 올바로 해석하고 이해하려면 먼저 정확한 구결을 붙여야 함을 말한 것이다(이영경 2011: 120).

이처럼 조선시대의 학자들은 구결이 달라지면 경전이 완전히 다르게 해석될 수 있다는 점을 명확히 인식하고 있었다. 따라서 경전에 구결을 정확히 붙여서 올바르게 의미를 파악하기 위해 심혈을 기울였다. 이 과정에서 구결을 어떻게 달아야 할지에 대한 담론을 활발하게 벌였다. 대표적으로 성호학파의 학자들은 字音, 字義, 語義 등에 대한 훈고와 諺解에 큰 관심을 가졌다. 星湖 李瀷, 順菴 安鼎福, 茶山 丁若鏞은 각각 『孟子疾書』, 『孟子疑義』, 『孟子要義』를 남겼는데, 이를 통해 字義, 懸吐, 諺解에 대한 관심을 포착할 수 있다.[36] 성호학파는 경전의 原義에 집중하여 해석하고자 하였다. 성호 이익의 『맹자질서』에는 경전 본문에 대한 字音과 懸吐가 발견되며, 논란이 되는 구절에는 주석 전에 懸吐를 미리 밝혔다. 경전 해석에 있어 가장 문제가 된 유명한 구절

---

36 성호학파의 훈고와 해석에 대한 논의는 함영대(2008, 2010)을 참조하였다.

로 『孟子』 公孫丑上의 "文王何可當也"를 들 수 있다.

ⓠ 〔文王을 何可當也ㅣ리오－ 文王을 엇디 可히 當ㅌ리오 (『맹자』 3:5a)

〕文王은 何可當也ㅣ시리오－ 文王은 엇디 可히 當ㅌ시리오 (『맹자』

3:5a)

성호는 "文王乙 何可當也里五"라 현토를 달고, ⓠ-〔과 같이 해석
하였다. 그런데 순암 안정복의 『맹자의의』에서는 "文王을 何可當也ㅣ
리오"로 토를 읽고 "맹자가 문왕을 당할 수 없는 것으로 여겼다"로 해
석하였는데 이는 잘못된 것이며 ⓠ-〕처럼 "文王은 엇디 可히 當ㅌ시
리오"라고 해야 한다고 하여 기존의 토석과 언해를 비판적으로 검토하
였다. 다산 정약용은 이 구절의 현토에 대한 직접적인 언급은 하지 않
았다. 다만, '可'자의 해석 맥락을 들어 "후인들이 문왕을 당해낼 수 없
다"고 해석한 或說을 지지하며,[37] 성호나 순암과는 다른 의견을 폈다.
이는 先儒의 주석이 아닌, 훈고와 언해의 관점에서 경문 자체의 논리
에 의해 경전을 이해하려는 시도라 할 수 있다.

『韓文吐釋』에서도 月汀 尹根壽(1537~1616)와 簡易 崔岦(1539~1612)
이 韓愈의 문장에 구결과 주석을 다는 과정에서 토론한 내용이 실려
있다.[38] 월정과 간이는 조선 중기를 대표하는 두 문장가로 退溪와 眉巖
의 학술 전통을 계승한 후속 세대이다. 『한문토석』은 月汀이 던지는

---

[37] "註의 주장은 문왕이 은나라의 덕을 감당할 수 없다는 것이고 或說은 후인들이 문왕
을 당해낼 수 없다는 것인데 혹설이 나은 듯하다. 만약 문왕이 은나라를 당해낼 수
없었다고 한다면 '可'字가 편안하게 해석되지 않는다." [鏞案 註說謂文王不可當殷德
也 或說謂後人不可當文王也 或說似長 若云文王不當殷 則可字未安] (丁若鏞, 『與猶堂
全書』 「孟子要義」)

[38] 『韓文吐釋』에 대한 논의로 심경호(1999), 신영주(2009), 정재철(2009) 등이 있다.

질문에 簡易가 답하는 구성으로 되어 있다. 『한문토석』에 실린 몇 예를 살펴보도록 하자.

㉟ 원문[39]: 정원 연간에 월주에 계시다가 사부원외랑으로 초징되어 오셨는데, 도성 사람들이 매일같이 그 분을 찾아 갔지요. 그러나 문을 닫아 건 채 물리친 자들이 거리에 가득했습니다. [貞元中 自越州徵拜祠部員外郎 京師之人日造焉 閉門而拒之滿街 (韓愈, 「行難」)

토석: 日造焉爲也 토를 '於乙'로 하고, '閉門而拒之' 뒤에 토 '爲尼'를 달면 어떠한지요? ○[40] '於乙'은 편안하지 않은 듯합니다. 그리고 '拒之' 뒤에 따로 토를 달면 '滿街' 두 자가 앞 문장과 연결되지 않아서 크게 망가질까 염려되나 또한 무슨 상관이 있겠습니까. '日造焉' 이하가 (독자적) 서사 단락이 아니어서 마땅히 한 덩어리 문장으로 만들어야 하기 때문에 토가 이상할 수밖에 없습니다. 日造焉爲也로 토를 붙여 '滿街'까지 가는 것이 옳습니다. [日造焉爲也 恐當作於乙 閉門而拒之爲尼 如何 ○於乙未安 若然則拒之 別吐而滿街二字不系於上文 恐大碎 然亦自何妨 日造焉以下 非敍事之文 當作一滾說著文字 故吐不得不異常 謂日造焉爲也吐至滿街者是] (尹根壽, 『月汀別集』卷2「韓文吐釋」)

㉟에서 월정은 "日造焉" 뒤에 '爲也'(ᄒᆞ야) 대신 '於乙'(어늘)로 하자고 하였다. 간이는 '於乙'은 서사 단락을 나눌 때 사용하는 토라고 판단하여 "閉門而拒之滿街"가 독자적 서사 단락[41]으로 성립되기 어렵기 때문

---

39 韓愈의 문장 원문에 대한 내용은 『韓文吐釋』에 실려 있지 않으나 토석에 대한 이해를 돕기 위해 같이 실어 두었다.
40 '○' 이하는 간이 최립이 답한 것이다. 이하 동일.
41 간이는 문장을 성립하는 기본 구성 요소가 갖추어져 있고 완결된 내용을 나타내고

에 '爲也' 토를 붙여 전체를 한 덩어리로 만들어야 함을 밝혔다(신영주 2009: 236). 이 문헌에서는 계사 '-이-'를 생략하여 표기하는 경향을 보인다. '於乙' 앞의 계사도 생략되어 있다. 여기에서 간이가 '於乙'을 의미단락 완결의 기능을 가지는 것으로 본 것은 탁견이라 할 수 있다. 현대어에서는 '-거늘'이 주로 종속적인 의미로 쓰이나, 중세 한국어 문헌에서는 종결의 기능을 가지고 있었다. 중세 한국어에서 어미 '-아'의 경우 의미단락 완결의 기능이 없으나 '-거늘'은 의미단락 완결의 기능을 가졌다.[42]

다음은 句와 讀에 대해 언급하는 내용이다.

㊵ 원문: 옛날에 공정하고 사심이 없던 사람들은 취하고 버리고 등용하고 물리치고 하는 데 있어 자신과 가까운 사이건 먼 사이건 상관치 않고 오직 마땅한 사람만을 뽑았다. [古之所謂公無私者 其取舍進退無擇於親疏遠邇 惟其宜可焉] (韓愈,「送齊暭下第」)

토석: 그런데 '宜'자 뒤에 마땅히 '厓'라는 토를 붙여 그 뜻을 보여야 할 듯합니다. 혹시 '宜'자 뒤는 句를 떼기만 합니까? ○ '宜'자 뒤는 구를 떼기만 하고 토를 붙이지 않는 것이 옳을 듯합니다. 대개 끊어 읽기만 하고 토를 붙이지 않는 곳을 중국인[漢人]들은 '讀'라 하고, 끊어 읽으면서 토까지 붙이는 곳을 중국인들은 '句'라 말합니다. [然則宜字下 當着厓吐 其意乃見 或

있어 따로 떼어 독립시킬 수 있는 상태의 한 덩어리를 하나의 서사 단락으로 보았다 (신영주 2009: 235).

42 이현희(1994a: 71∼73)에서는 연결어미 '-거늘'을 전제, 근거, 대조, 양보 등의 의미와 그 외, 의미단락과 관련된 의미를 가진 것으로 보았다. 다음은 의미단락의 의미를 가진 예이다.

娑婆世界와 녀느 國土앳 그지업슨 天龍 鬼神이 忉利天에 다 모다 오나눌 그쩨 釋迦牟尼佛이 文殊師利法王子菩薩摩訶薩의 무르샤디(釋詳 11:4)

宜字下只句耶 ○再恐宜字下只句而不吐 是 大抵句而不吐處則漢人所謂讀

也 句而又吐處 乃漢人所謂句也] (尹根壽, 『月汀別集』 卷2 「韓文吐釋」)

⑩에서는 "惟其宜可焉"에 대해 월정은 '宜'자 뒤에 '厓'(애)라는 토를

붙여 실사임을 드러내는 편이 좋겠다고 하였고, 간이는 구를 떼기만

하고 토를 붙이지 않음이 낫다고 하였다. 간이는 대개 끊어 읽기만 하

고 토를 붙이지 않는 곳을 讀라 하고, 토까지 붙이는 것을 句라 하며,

句와 讀를 구분하고 있다. 이러한 두 사람의 견해를 보았을 때 월정에

비해 간이는 문장 호흡이 긴 편이다.

다음은 이른바 '有'로 시작되는 無主語文[43]에 대한 월정과 간이의 問

答이다.

⑪ 원문: 와서 각하에게 말하는 사람이 있어서 "물에 빠지고 불에 데이는

사람이 있는 것을 보면서, 구할 수 있는 길이 있는데도 끝내 구하지 않았습

니다"라고 한다면, 각하는 그 사람을 어진 사람이라고 보시겠습니까? [有

來言於閣下者曰 有觀溺於水而爇於火者 有可救之道 而終莫之救也 閣下且

以爲仁人乎哉] (韓愈, 「再上書」)

토석: '有觀溺於水而爇於火者伊'에서 위에 '有觀'이 있으므로, 者 뒤에 '爲

古' 토를 달면 어떻습니까? ○ 오로지 그와 같은 것을 보는 것에 근거해 말

한다면, '爲古' 토를 달지 못할 듯합니다. 그러면 '觀之'(동사구)의 토이지

'觀之者'(주어 명사구)의 토가 되지 않습니다. 「有觀溺於水而爇於火者伊

上有有觀字 欲作者爲古 如何 ○只得據觀其如此者言 恐不得懸爲古吐 若然

則觀之之吐 而非觀之者吐也]

‘觀之’의 토이지 ‘觀之者’의 토가 아니라는 말의 뜻을 다시 여쭤도 되겠습니까? ○ (‘歡之’의 토라면 이렇게 해석됩니다.) 물에 빠진 자를 본 자가 있지만 형세상 구할 수 있는데도 구하지 못하였으니 어찌 어진 사람이라 말하겠습니까. [觀之之吐 而非觀之者吐也 此意更問 ○溺於水蒸於火乙 觀焉者有之 而其勢有可以救而終莫之救焉 則此可謂之仁人乎] (尹根壽, 『月汀別集』 卷2 「韓文吐釋」)

㊶에서 월정은 “有觀”의 동사적 의미를 살려 ‘爲古’(ᄒ고)라는 토를 달자고 하였다. 그러나 간이는 ‘爲古’(ᄒ고) 토를 달면 동사구 ‘觀之’의 토가 되기 때문에, ‘觀之者’ 전체를 하나의 주어 명사구로 만들어 주는 주격의 토 ‘伊’(이)를 달자고 하였다. 월정은 “有觀溺於水而蒸於火者”에서 ‘有’를 서술어로 해석하였기 때문에 ‘爲古’(ᄒ고)라는 토를 붙이고자 한 것이다. 간이가 주격의 토 ‘伊’(이)를 쓰는 것은 중세 한국어 문헌에서 보이는 전통적 독법이다. 이른바 有無句文에서 ‘有’를 따로 번역하지 않아도 전체 문장의 의미에 지장을 주지 않는다.[44]

다음은 의문형 어미의 현토에 대한 내용이다.

㊷ 원문: 당나라가 천명을 받음에 만방을 신하로 삼았네. 그 누구인들 근방에 살면서 서로 도둑질하며 함부로 날뛰었으리오. 옛날 현종 황제 시절에 성대함이 극에 달해 기울기 시작했네. 하북에서 사납고 교만하게 굴자

---

[44] 심경호(1999: 201)에서는 조선조의 현토가 대개 釋讀을 행하지 않았기 때문에 ‘有’자를 무시하는 독법이 자주 사용되었다고 하였다. 또한 윤근수는 ‘~者’가 ‘有’의 주어임을 고려하여 ‘者’의 아래에 ‘爲古’(ᄒ고) 토를 달고자 했으며, 최립은 ‘有~者’의 구가 아랫구의 주어로 기능함에 유의하여 ‘伊’(이) 토를 달았다고 하였다.

하남에서도 부화뇌동하여 함께 일어났네. [唐承天命 遂臣萬邦 孰居近土 襲盜以狂 往在玄宗 崇極而圮 河北悍驕 河南附起] (韓愈, 「平淮西碑」)

토석: '孰居近土, 襲盜以狂可'에서 本注에는 '近土'가 모든 진영의 반역자입니다. '以狂' 뒤에 '可' 토를 '古'로 고치는 것이 어떠합니까? ○'그 시기에는 누구인들 침범하고 도둑질하여 함부로 날뛰려고 했겠습니까. 오직 성대함이 극에 달해 기울기 시작한 후에 그러했을 뿐입니다.' 저는 이렇게 (해석된다고) 생각합니다. [孰居近土 襲盜以狂可 本注近土 諸鎭之叛命者 以狂可吐 欲改作古如何 ○方其時 孰欲襲盜以狂可 惟崇極而圮乃後然耳 愚恐如此] (尹根壽, 『月汀別集』 卷2 「韓文吐釋」)

⑫에서 월정은 "누가 근방에 있으면서 침범하고 도둑질하여 함부로 날뛰었는가?"라는 단순 의문문으로 이해하여 '古'(고) 토를 붙이고자 하였다. 이에 반해 간이는 "누구인들 근방에 있으면서 침범하고 도적질하여 함부로 날뛰려고 했겠는가"라는 반어의 의미로 이해하여 '可'(가) 토를 고집하였다. 중세 한국어에서 판정의문문일 경우는 '-아'계 어미를, 설명의문문일 경우는 '-오'계 어미를 사용하여 구분하였으나, 이후 수사의문문에서 그 대립을 상실하여 간다. 나중에는 일반 의문문까지 확대되어 나타난다.

다음은 시제를 나타내는 어미에 대한 해석이다.

⑬ 원문: 보응 2년(763)에 하북이 평정되자 종친인 필굉이 가산을 털어 몸값을 지불하고 형제를 대속해왔다. 그러나 필증은 찾을 수 없었다. [寶應 二年 河北平 宋人宏以家財贖出之 求增不得] (韓愈, 「唐故河南府王屋縣尉 畢君墓誌銘」)

토석: 求增不得羅尼 토를 '戾尼'로 해야 마땅할 듯합니다. ○ 무릇 장래 혹은 아직 실현되지 않은 일에 대한 의미일 때에 '羅尼' 토를 쓰고, '戾尼'는 이미 일어난 일일 때 쓰는 토입니다. 이 예는 어떠합니까? [求增不得羅尼 似當作戾尼 ○愚於凡意擬將然或未果然之論則儵吐羅尼 若戾尼則汎然已 過之事之吐也 此例如何 (尹根壽, 『月汀別集』 卷2 「韓文吐釋」)

㊸에서 월정은 과거의 결과로 이해하여 '戾尼(러니)'[45]는 붙이고자 하였고, 간이는 장래의 일에 대한 추측으로 이해하여 '羅尼(라니)'를 붙이고자 하였다. 그런데 여기에서 간이의 인식은 잘못된 것이다. '戾尼'와 '羅尼'는 모두 과거를 나타내는 것이며, '羅尼'는 '戾尼'에 화자 주체를 뜻하는 선어말어미 '-오-'가 결합된 형태이다.

다음은 연속 동사 구성에 대한 내용이다.

㊹ 원문: 운주에 도착했을 때, 신라로부터 다음 임금 될 분이 훙거했다는 기별이 왔다. 이에 다시 돌아와 용주자사·용관경략초토사에 제수되었다. [至鄆州 會新羅告所當立君死 還拜容州刺史 容管經畧招討使] (韓愈, 「唐故 江西觀察使韋公墓誌銘」)

토석: '還爲也拜容州'에서 '還'자 뒤에 토를 넣지 말아야 할 듯합니다. ○ '還'자 뒤에 토를 붙이지 않으면 문세에 흠이 생길 듯합니다. [還爲也拜容州 還 字似無吐 ○還字無吐則恐欠於文勢 (尹根壽, 『月汀別集』 卷2 「韓文吐釋」)

㊹에서 월정은 '還'자 뒤에 토를 넣지 말아야 한다고 보았고, 간이는

---

45 선어말어미 '-더-'는 계사 뒤에서 '-러-'로 교체되어 나타난다.

'還'자 뒤에 '爲也'(ᄒ야) 토를 붙이지 않으면 문세에 흠이 생긴다고 반론하였다. 이는 연속 동사 구성과 관련된 문제이다. 월정은 분석하지 않으려는 태도를 취한 데 비해 간이는 이를 적극적으로 분석하여 해석하고자 하였다. 이전에 다른 문장에서는 월정이 더 토를 자주 붙이려고 하였고 간이는 토를 덜 달려고 했는데, 연속 동사 구성에서는 오히려 서로 상반된 모습을 보여주는 것이 흥미롭다.

다음은 연결어미 사용에 대한 문제이다.

⑤ 원문: 성인이 나타나 서로 도와 살아가는 방법을 가르쳐 주었으니, 임금이 되고 스승이 되어 벌레와 뱀과 금수를 몰아낸 후 중원에 살게 했다. [有聖人者立 然後敎之以相生養之道 爲之君 爲之師 驅其蟲蛇禽獸 而處之中土] (韓愈, 「原道」)

토석: 敎之以相生養之道爲尼 토를 '爲也'로 하면 어떠한지요? ○ '爲也'는 편안하지 않은 듯합니다. ('敎之以相生養之道'는) 전체를 말하여 아래의 문장을 펴는 것으로 연결되는 말이 아닙니다. [敎之以相生養之道爲尼吐欲作爲也如何 ○爲也恐未安 蓋總言以發下文而非連言之也] (尹根壽, 『月汀別集』卷2 「韓文吐釋」)

⑤에서 월정은 토를 '爲也'(ᄒ야)로 고치자고 하였으나, 간이는 '爲也'는 편안하지 않으며 '爲尼'(ᄒ니)로 하여야 한다고 보았다. 일반적으로 언해문에서 '-니'는 전제(혹은 배경제시)를 한 뒤 풀이할 때 쓰이며, '-아'는 주로 종속절을 연결할 때 쓰인다. 여기에서는 내용상 앞뒤가 서로 연결되는 문장이 아니므로 간이의 의견이 더 옳다고 할 수 있다.

이상에서 살펴본 내용을 통해 월정과 간이는 상당히 높은 수준의 식견을 가지고 현토 문제에 대해 논의하였음을 알 수 있다.

(4) 기타

이밖에 한글번역소설『玉嬌梨』에는 상단에 어휘요소와 문법요소에 대한 주석이 적혀 있다. 이 중 문법요소에 대한 주석에서는 상당히 높은 수준의 해석을 보여주고 있다.[46]『玉嬌梨』에 기록된 주석 중에서 주목할 만한 내용을 예로 들어 살펴보도록 하자.

⑯ ㉠ 랏다 始知之辭(본디 왕젼을 위ᄒ여 오미랏다) (옥교리 1:7)

　　㉡ 랏다 始覺悟之狀(힝젹이 크게 의심져으니 거의 면져의 소김을 니브리랏다) (옥교리 2:33)

　　㉢ 닷다 与도다語同而味異 初不知而始覺之貌也(온가일이 ᄠᅢ 잇닷다) (옥교리 2:23)

⑰ ㉠ 롸 自爲文辭(노션싱과 언약ᄒ야 오매 섈리 못 오롸) (옥교리 1:3)

　　㉡ 롸 自稱貌 與上略義(만일 병들롸 ᄉ양ᄒ면) (옥교리 1:23)

　　㉢ 此와字与롸字同 ᄒ字下有ㄹ 則롸字不成語訓 故自歸於와字 皆從上連讀 則自同矣(소리 나ᄂᆞᆫ 줄을 ᄭ닷디 못홀와) (옥교리 1:45)

⑯-㉠, ㉡에서 '-랏다'를 '비로소 깨달은 상태'를 나타내는 말이라 주석하였으며, ⑯-㉢에서 '-닷다'는 '-도다'와 말[語]은 같으나 뜻[味]이 다르다고 하여 처음에 모르다가 비로소 깨닫게 되는 모양을 뜻한다"고

46　동경대본『옥교리』는 정병설(2001)에서 소개되었는데,『옥교리』상단 주석의 내용을 부록으로 실었다.

하였다. 이현희(1994)에서 'ㅎ돗더라'는 '단순히 과거사실에 대한 감탄'을 나타냄에 비해 'ㅎ닷다'는 '과거에는 몰랐던 사실을 지금에 와서 새로 깨달음'을 나타낸다는 점을 지적한 바 있다. ⑯의 '-랏다'와 '-닷다'에 대한 주석은 정확히 이와 일치한다. ⑰은 '-롸', '-ㄹ롸'에 대해 해석한 것이다. '-롸'는 중세 한국어 '-오롸'에 소급하는 어형이라 할 수 있다. '-오롸'에서 순행원순모음화가 일어나 '-오롸'가 되고, 이후 선어말어미 '-오-'가 쇠퇴하면서 '-(으)롸'와 과잉분철된 '-(으)ㄹ롸'가 나타나게 된 것이다. 평서형 종결어미 '-롸', '-ㄹ롸'는 1인칭 주어와 결합하는 제약을 가지고 있는데 ⑰-㉠, ㉡에서는 각각 '自爲文辭', '自稱貌'라 하여 이러한 점을 인식하고 있었다. ⑰-㉢에서는 "이 '와'는 '롸'와 같은데 'ㅎ' 뒤에 'ㄹ'이 있어 '롸'가 오지 못하고 '와'가 온 것이다. 모두 연달아 읽으면 같다"라고 주석하였다. '-롸'와 '-ㄹ롸'가 표기만 다를 뿐 실제로는 같은 어미임을 알고 있었던 것이다. 이러한 문법요소에 대한 해석을 통해 이 주석을 단 사람이 수준급의 문법 실력을 가지고 있다는 점을 알 수 있다. 주석을 단 사람이 누구인지는 구체적으로 밝혀져 있지 않으나 일본인이 이러한 문법요소에 대한 이해를 가지고 있었다고 보기 어렵다. 아마도 한국인이 주석을 단 책이 나중에 일본으로 유입된 것으로 추정된다.

2) 어휘에 대한 인식

조선 후기의 지식인들은 어휘에도 관심을 보였다. 어휘의 유래와 기원을 고증한 類書를 편찬하기도 하였으며, 어휘를 다량으로 수집하기도 하였다. 때로는 속담을 채집하기도 하였고, 방언 어휘를 모아 제시하기도 하였다. 그러면 이 시기에 저술된 문헌들을 중심으로 하여 지식인들이 어휘에 대해 어떻게 인식하였는지 살펴보도록 하자.

(1) 類書 편찬

먼저 類書에 대해 검토해보기로 한다.[47] 類書란 주제별로 다양한 서적으로부터 기사를 모아 편집한 것이다. 유서는 서적의 원본을 읽지 않고도 지식을 축적하고 교양을 쌓을 수 있는 교양서 및 작시작문 용례의 길잡이 역할을 한다. 사물의 掌實(掌故事實)과 기원을 검색하기 위한 공구서로서도 발달하여 文獻用語事典의 형태를 갖추었다. 유서는 한 시대의 지식 형성에 기초가 되며, 기타 한학 기초학의 여러 저술들과 긴밀한 관계에 있다. 유서라는 명칭은 북송 때 구양수가 편찬한 『新唐書』「藝文志」에서 처음 출현한다. 유서는 經史子集의 특정 범주에 속하지 않으면서, 經史子集의 각 문헌에 걸쳐서 내용상 역사사실, 인물전기, 사물원류, 政區沿革, 명물제도, 시사가부, 문장려구, 성어전고, 醫卜星相, 천문지리, 일월성진, 산천하류, 飛禽走獸, 花草蟲魚 등을 포괄하므로, 자연계 및 인류사회의 일체 지식을 망라함. 일종의 근대 백과사전에 가깝다. 우리나라에서 '類書'라는 명칭을 처음 사용한 것은 崔瀣(1287~1340)의 「東人文序」에서다.[48] 하지만 이는 叢書와 동의어로

---

47 類書에 대한 논의는 심경호(2007)을 주로 참고하였다.
48 "간혹 동인의 문자를 보기 원하는 자가 있으면, 나는 다만 아직 이루어진 책이 없다고 대답할 뿐이니, 물러나 생각할수록 부끄러운 일이므로 이에 비로소 유서를 편찬할 뜻을 두고 동으로 돌아와서 10년을 두고 일찍이 잊은 적이 없었다. 지금 집안에 간직된 문집을 찾아내고, 본가에 없는 것은 두루 남에게 빌리어 모두 모아서 채집하여 그 다르고 같음을 교정하고 신라 崔孤雲에서 시작하여, 충렬왕 시대에 이르기까지 무릇 명가라 칭하는 이는 시 몇 편씩을 뽑아서 題를 「五七」이라 하고, 문 몇 편을 뽑아서 제를 「千百」이라 하고, 倂儷文 몇 편을 뽑아서 제를 「四六」이라 하고, 총괄하여 제목을 『東人之文』이라 하였다." [間有求見東人文字者 予直以未有成書對 退且恥焉 於是 始

백과사전식 資料匯編으로서의 類書와는 다르다. 白文寶(1303~1374)「及庵集序」, 許筠의 「明尺牘跋」에 쓰인 '類書'도 총서의 뜻이다. 백과사전식 資料匯編을 類書라 부르기 시작한 것은 18세기 말 『鏤板考』부터 인 듯하다. '類書' 대신 '類聚'라는 말도 많이 사용하였다. 심경호(2007)에서 지적된 바와 같이 기존의 연구(홍윤표 1988, 김영선 1999)에서 유서의 범주가 상당히 넓게 설정되었다. ① 사물의 장실과 기원을 검색하기 위한 공구서: 文獻用語事典, ② 사물의 이름과 성질을 표시하는 어휘들을 의미적 상관에 따라 분류하고 간략한 훈석을 붙인 공구서: 어휘분류사전, ③ 아동의 한자학습을 위한 공구서: 識字敎科書, ④ 외국어 학습을 위한 공구서: 異國語間語彙對應辭典을 모두 유서로 범주 안에서 다루고 있다. 이 글에서는 심경호(2007)와 마찬가지로 ①만을 유서로 다루고자 한다. 그 외의 나머지는 별도의 계통을 세워서 다루어야 혼동이 없을 것이다. 조선 후기에 ①에 속하는 유서로 어휘의 유래와 기원을 고증한 문헌으로는 黃胤錫의 「華音方言字義解」, 丁若鏞의 『雅言覺非』와 李家煥의 『貞軒鎖錄』,[49] 李義鳳의 『古今釋林』 권27·28 「東韓譯語」, 李睟光의 『芝峰類說』, 李圭景의 『五洲衍文長箋散稿』 등을 들 수 있다.

그중 黃胤錫(1729~1791)의 「華音方言字義解」은 상당한 분량에 걸쳐 약 150항목의 어원을 논증하였으며, 방법은 내외 史書에 실려 있는 지명·인명, 또는 방언 등에 나오는 어휘들을 한자음의 변천에서, 또는

有撰類書之志 東歸十年 未嘗忘也 今則搜出家藏文集 其所無者 徧從人借 裒會採掇 校厥異同 起於新羅崔孤雲 以至忠烈王時 凡名家者 得詩若干首 題曰五七 文若干首 題曰千百 倂儷之文若干首 題曰四六 揚而題其目曰東人之文 (崔瀣, 「東人文序」)

49 제도, 풍속, 인물, 시문, 서화, 음악, 기물, 어휘 등으로 고증하면서 잡록해둔 1권 1책 23장의 초서체 필사본. 당대의 풍속을 이해하는 과정에서 당시 어휘의 유래와 기원을 고증한 부분이 있다.

중국어나 梵語, 몽골어, 여진어 등에서 그 어원 및 변천과정을 비교하고 설명하였다. 이 문헌에 나타난 우리말 어원 연구의 예를 들면 아래와 같다.

㊽ ㉠ 중국어에서 온 것: 思那海→ 사나해(사내), 秀魚→ 숭어('슈→숭'), 他→ 똘(딸)(출가하여 다른 집으로 가는 사람이므로)

㉡ 몽골어에서 온 것: 冠→ 곳('冠'의 몽운은 '관', 곳갈(머리에 있는 일체의 것))

㉢ 범어에서 온 것: 波嵐→ 바람

㉣ 여진어에서 온 것: 旬子→드르(들) (黃胤錫, 『頤齋遺稿』 卷25 「華音方言字義解」)

㊽-㉠~㉣은 어휘의 기원을 각각 중국어, 몽골어, 범어, 여진어에서부터 온 것이라 본 예들이다. 이 밖에 삼국사기 卷38에 신라 관제 '舒發翰', '舒弗邯'이 다 '角干'과 같은 뜻이라는 기록을 통해 모두 '쌜한'이라는 신라말을 한자를 빌어 적은 것임을 증명하였다. 중세 ㅅ합용병서에서 각 자음이 모두 발음되었다는 증거를 제시한 것이다. 김석득(2009)에서는 이 문헌에 대해 우리말 어원에 대해 여러 나라 말과 비교 연구를 한 것은 국어학사상 처음 있는 일로 의미가 있지만, 신뢰도에는 문제가 많다고 지적하였다. 하지만 신라 관제어의 우리말 풀이는 빼어나며, 중세어 합용자의 발음을 추정함에 큰 공헌을 하였다고 보았다.

한문으로 쓴 유서가 대부분이긴 하나, 한글로 된 유서도 편찬되었다. 그 예로는 『彙言』과 『萬寶全書諺解』를 들 수 있다.[50] 『彙言』[51]은 국내에서 편찬한 한문본 유서 『大東彙纂』의 이본 중 하나를 언해한 자료로, 전체 기사를 완역하지 않고 총 344칙의 기사를 選譯하였다. 『萬寶全書諺解』[52]는 明淸代의 백과사전 『萬寶全書』를 우리의 실정에 맞게 편집하여 언해한 문헌으로, 19세기 후반에 필사된 것으로 추정된다. 중국 제왕의 사적과 명신들의 사적을 비롯하여, 바둑·장기를 비롯한 각종 놀이에 대한 해설 및 고대 중국의 수학 해설, 인생의 교훈, 受胎에 관한 해설, 꿈에 대한 해몽과 점법 등의 다양한 내용이 수록되어 있다. 항목에 따라 그림을 활용하여 해설을 하기도 하였다.

(2) 物譜, 才譜 계통의 어휘분류사전 편찬

物譜나 才譜 계통에 속하는 어휘집, 이른바 어휘분류사전도 조선 후기에 많이 편찬되었다.[53] 어휘분류사전은 사물의 이름과 성질을 표시하는 어휘들을 의미적 상관에 따라 분류하고 간략한 訓釋을 붙인 것이다. 이에 속하는 어휘집으로 李成之의 『才物譜』, 沈老淳의 외조부가 편찬한 것을 金炳圭가 필사한 『事類博解』, 柳僖의 『物名攷』, 茶山의 『靑館物名攷』, 張混의 『蒙喩篇』, 聖湖 李瀷의 후손인 李哲煥과 李家煥의 아들인 李載威가 편찬한 『物譜』, 李義鳳이 편찬한 『古今釋林』丁若詮의 『玆山魚譜』, 洪命福 등이 편찬한 『方言類釋』('方言集釋'이라고도 함), 鄭允容의 『字類註釋』, 李成之의 『才物譜』를 증보한 편자 미상의 『廣才物譜』 등이 이때에 출현하였다(홍윤표 1988). 이밖에도 '物名考, 物譜, 物名括, 物名類彙, 物名錄, 物名類解, 物名考類解, 物名纂' 등의 다양한

---

50 『彙言』과 『萬寶全書諺解』에 대해서는 각각 양승민(2005)와 함희진(2009)을 참조.
51 3권 3책으로, 국회도서관에 소장되어 있다.
52 총 17책의 필사본으로, 고려대학교에서 소장되어 있다.
53 물명고와 관련한 논의로는 홍윤표(1988, 2000, 2013), 최경봉(2005), 백승창(2009), 심경호(2012), 정승혜(2013) 등이 있다.

이름으로 어휘분류사전이 편찬되었는데, 이 중에서 가장 널리 알려진 것은 柳僖의 『物名攷』와 李哲煥·李載威의 『物譜』, 茶山의 『靑館物名攷』이다.

홍윤표(2013)에 따르면, 物譜나 才譜 계통에 속하는 어휘집은 몇 가지 공통된 특징을 지닌다. 첫째, 모두 필사본으로만 전할뿐 판본은 전하지 않는다. 둘째, 알려진 저자는 대부분 실학자들이다. 셋째, 이 자료들의 필사연대는 주로 18세기 중반부터 20세기 초까지 분포한다. 넷째, 어휘를 의미부류에 따라 분류하여 수록하고 있다. 다섯째, 표제어는 모두 한자어이다. 여섯째, 주석은 한문과 한글로 하여 놓았다.

그렇다면 조선 후기에 다수의 어휘집이 실학자들에 의해 편찬되게 된 이유는 무엇일까? 茶山의 『竹欄物名攷』에 실린 발문을 통해 그 까닭을 짐작해볼 수 있다.

⑭ 위의 『竹欄物名攷』 한 권은 내가 편집한 것이다. 中國은 말과 글이 일치하므로 한 물건을 입으로 부르면 그것이 바로 글이고, 한 물건을 글로 쓰면 그것이 바로 말이다. 그러므로 이름과 실제가 서로 어긋나지 않고 雅俗이 서로 다르지 않다. 그러나 우리나라는 그렇지 않다. '麻油' 한 가지만 시험삼아 논하더라도, 方言(고유어)으로는 '참기름'(參吉音)이라 하고, 文字(한자어)로는 '眞油'라 하는데, 사람들은 오직 '眞油'라 하는 것만 雅言인 줄 알고, '香油·胡麻油·苣藤油' 등의 본래 명칭 있는 줄을 모른다. 또 어려운 것은, '萊蔔'은 우리말로 '蕪尤菜'라 하는데 이것이 '武侯菜'의 와전임을 모르고, '菘菜'는 우리말로 '拜艸'라 하는데, 이것이 '白菜'의 와전임을 모른다는 것이다. 이런 예로 말하자면 중국에서는 한 가지만 배워도 충분하지만, 우리나라에서는 세 가지를 배워도 부족하다. 내가 物名을 편집하는 데

있어서는 本名을 위주로 하고 방언으로 해석하여, 유별로 나누고 같은 종류끼리 모은 것이 모두 30張인데, 누락된 것도 반이 넘는다. 그러나 규모는 이제 정해졌으니, 아마 아이들이 이를 이어서 완성할 수 있을 것이다. [右竹欄物名攷一卷 余所輯也 中國言與文爲一 呼一物便是文 書一物便是言 故名實無舛 雅俗無別 東國則不然 試論麻油一種 方言曰參吉音 文字曰眞油 人唯知眞油之爲雅 而不知有香油胡麻油萱藤油等本名也 又有難者 萊菖方言曰蕪尤菜 不知是武侯菜之訛也 菘菜方言曰拜艸 不知是白菜之誤也 由是言之 中國學其一已足 東國學其三猶不足也 余爲輯物名 主之以本名 釋之以方言 類分彙輯 共三十葉 其漏者過半 然規橅旣立 庶兒曹繼而成之] (丁若鏞, 『與猶堂全書』「跋竹欄物名攷」)

다산은 중국은 말과 글이 일치하여 물명에 혼란이 없었으나, 우리나라는 말과 글이 일치하지 않아서 물명이 혼란스럽게 되었다고 파악하였다. 물명을 그릇되게 말하는 상황을 바로잡고자 물명을 종류별로 나누어 어휘집을 만든 것이다. 이는 우리말에 대한 관심 없이는 불가능하다.[54]

(3) 漢譯 俗談集 편찬

조선 후기에는 漢譯 俗談集[55]도 다수 편찬되었는데, 洪萬宗(1643~1725)의 『旬五志』, 李瀷의 『百諺解』, 丁若鏞의 『耳談續纂』, 趙在三의 『松南雜識』 등을 들 수 있다. 이 시기에는 시대적으로 조선 후기 중화주의에 대한 회의와 민족의 주체적 자각이 성장하는 가운데 민의 생활과 감정을 한문학으로 수용하려는 것으로 구체화되었다. 실학과 문인

---

54 이러한 다산의 우리말 어휘에 대한 관심은 『雅言覺非』에도 나타난다.
55 한역 속담집은 한자로 번역한 속담을 가리킨다.

<표 1> 조선 후기 한역 속담집 비교 (이소원 1999)

冊名	作者	字數	解釋	叶韻	序跋	특징
旬五志 (143장)	홍만종 (1643~1725)	2~14 不定	근원설화를 밝힘	×	○	최초 한역속담집
百諺解 (387장)	이익 (1681~1763)	4언2구8언	×	×	○	본격적인 한역집 순오지 계승
察邇錄 (52장)	신후담 (1702~1761)	비정형	×	○	○	
洌上方言 (99장)	이덕무 (1741~1793)	3언2구6언	○	○	×	
耳談續纂 (214장)	정약용 (1762~1836)	4언2구8언	○	○	○	백언해 보충
松南雜識 (241장)	조재삼 (1808~1866)	비정형	중국의 고사, 우리 속담 기원 밝힘	×	×	순오지 참고
耳談續纂拾遺 (31장)	劉松田(?)	4언2구8언	○	○	–	1908년 양재건이 譯하여 우리말로 옮김
東諺解 (400여 장)	작자 미상	비정형	○	×	×	小倉進平 소장 「公私恒用錄」에 수록됨

들을 중심으로 민족어, 생활어의 도입이 이론으로 제기되고 작품으로 실천되면서 한역 속담집이 편찬되었다. '俗談'이란 용어는 柳夢寅의 『於于野談』에서 처음 쓰이기 시작하였는데 '俗談'은 '俚諺, 俗諺, 俗言, 俚言, 里言, 常言, 샹녜말씀, 諺, 常談' 등으로도 쓰였다. 이 시기에 편찬된 한역 속담집을 비교하여 표로 제시하면 다음 쪽의 표와 같다.[56]

洪萬宗의 『旬五志』는 최초의 한역 속담집이다. 이전의 속담 채록은 成俔(1439~1504)의 『慵齋叢話』, 魚叔權의 『稗官雜記』, 尹昕(1564~1638)의 『溪陰漫筆』 등에 수록된 몇 장에 불과하다. 『旬五志』에서는 4~8자 속담이 전체의 83.9%(120)로, 고전시가의 전통적 운율감을 살려 간결

---

[56] 한역 속담집에 대해서는 이소원(1999)을 참고하였다.

히 한역하였다. '鼴鼠婚'[두더쥐의 결혼], '蝙蝠之役'[박쥐구실] 등에는 관련된 설화까지 덧붙였다. 이후 속담집에서 정형성을 강조한 것과 달리 우리말 속담자체의 간결함을 살려 한역하였다. 李瀷의 『百諺解』는 『旬五志』 다음으로 수집 정리된 한역 속담집으로 수록한 양이나 내용면에서 본격적인 한역 속담집이라 할 수 있다. 총 387장으로 4언 2구 8언의 정형성을 띤다. 이익은 속담을 현실의 토대를 바탕으로 인정을 살피고 교화를 펴 나가기 위한 자료로 인식하였다. 『詩經』의 정신을 계승하여 저술하였는데, 이러한 속담의 채록과 이에 대한 가치부여는 이익의 실용주의적 학문관에 바탕을 둔 실천행위이다. 하지만 우리말 속담을 4언 2구 8언의 시경체로 정형성을 갖추고 한역하려다 보니 속담 자체의 간결성을 해치는 결과를 가져왔다는 점에 한계를 가진다. 『百諺解』는 『순오지』에 비해 간결하지는 않으나, 속담의 함축적인 뜻을 비교적 자세히 서술하였다. 이는 덕성의 함양과 실제 생활에 사용하는 데 있어 도움이 되고자 한 이익의 사상에 바탕을 둔 것이다. 『순오지』의 "烹頭耳熟"은 "그 우두머리를 다스리면 나머지 부하들은 스스로 복종한다[言治其巨魁 餘者自服]"의 뜻으로 파악되었는데, 『百諺解』에서는 "머리를 삶아도 귀는 똑같이 뜨겁지 않다"와 같이 상반되는 뜻으로 한역하였다. 누워서 떡먹기나 식은 죽 먹기는 현재는 매우 쉬운 것을 의미하나 『百諺解』에서는 "누워서 떡을 먹으면 콩고물이 눈에 떨어진다", "남의 허물 말하기는 식은 죽 먹는 것 같다"와 같이 현재와 다른 뜻으로 사용되었다. 丁若鏞의 『耳談續纂』은 다산 정약용이 1820년(순조20)에 편찬한 속담집으로 명나라 王同軌가 찬한 『耳談』과 성호 이익의 『百諺解』에서 협운이 맞지 않고 누락·탈락된 내용들을 고치고, 그 외 새로운 속담들을 보충하였다. 중국 속언 170여 조를 소개하고 다음에 우리나라 속담 214수를 실었다. 맨끝에 실린 속담 4首만이 4자, 12자로 되어 있고 나머지는 4언 2구 8자로 되어 있다. 다산은 속담이 백성들의 세상을 들여다보고 이해할 수 있는 가장 좋은 수단이고, 또한 백성들의 언어풍속과 습관을 제대로 이해하는 것은 곧 올바른 언어생활과 똑바로 선 세상을 세우기 위해 반드시 거쳐야 할 과정이라 생각에서 이 책을 저술하게 되었다. 『耳談續纂』에서는 속담의 뜻을 해석하는 데 그치지 않고 교훈적인 뜻을 가미하였다. "鯨鬪鰕死"의 주석을 "대관이 서로 문생을 다 기울이려고 하기 때문에 관리가 피해를 입는 것을 비유"한 것이라 하고, 당시 당파싸움에 여념이 없는 시대상황에 대한 풍자로 속담을 해석하였다. 趙在三의 『松南雜識』는 1855년 저술한 백과사전류 저술로 제 5~6책 「方言類」에 총 799개의 당시 쓰이던 단어, 고사성어, 관용어구, 고사, 속담의 뜻과 그 배경설화를 실었으며, 뒤에 '近取篇'에 1,320개의 2~4자 성어를 실었다. 이 중 속담은 방언류에 142개, 근취편에 73개(중복 26개)가 수록되었으며, 주석 부분에 당시 사용되던 속담들이 67개 포함되어 있다. 字數에 구애받지 않고 한역하였으며, 『순오지』의 한역 속담을 많이 참고하였다. 『송남잡지』에서는 각각의 속담에 더욱 상세한 설명을 첨부하고 비슷한 내용을 가진 새로운 속담들을 비교하여 함께 제시하였다. "먼 데 물은 가까운 데 불을 구하지 못하고, 먼 친척은 가까운 이웃만 못하다", "먼 데 나무는 서로 비춰주지만 가까운 나무는 서로 방해한다", "사람은 큰 사람 덕을 보지만 나무는 큰 덕을 보지 못한다"라는 연관성이 있는 속담을 나열하기도 하였다. "中學生花奸 活人別提罷職"은 현재 쓰이지 않는 속담으로 당시 관명이나 학제의 이름을 사용하여 시대배경을 유추해볼 수 있는 속담인데 그 배경이 되는 이야기를 자세히 설명하고, 역시 "중과 음탕한 여자 때문에 산지기가 파직 당한다"라는 비슷한 속담을 제시하기도 하였다. 또한 각 문헌이나 시 등 속담의 출처를 밝혀 그 속담의 원래 뜻을 유추하는 데 도움을 주었다. "僧梳"은 이수광의 글에서 "중이 빗을 둔다"는 구절의 뜻과 지금은 전하지 않는 이옥봉의 작품에서 이 속담을 인용한 것이라 설명하였다.

(4) 방언 어휘에 대한 관심

조선 후기에 접어들면서 方言의 어휘를 모아 제시하기도 하였다. 방언 어휘를 제시한 문헌으로 李德懋의『靑莊館全書』에 수록된「寒竹堂涉筆」(영남 방언), 洪良浩의『北塞記略』「孔州風土記」(함경도 방언), 柳義養의『北關路程錄』(함경도 방언), 尹廷琦의『東寰錄』(전라도 방언), 李翊漢의『耽羅誌』(제주도 방언) 등이 있다.[57]

방언 어휘를 제시한 문헌 중에서 李德懋의「寒竹堂涉筆」과 柳義養의『北關路程錄』를 각각 살펴보도록 하자.

    ㊿ 지방의 官長이 方言을 알면 그 지방의 俗情을 알 수 있다. 내가 처음 沙斤驛에 부임했을 때, 아전이나 하인들의 말을 얼핏 듣고는 알 수가 없었다. 이는 대개 그들이 신라의 방언을 사용했기 때문이었다. 그들 또한 나의 말을 잘 알아듣지 못해서 착오를 일으키는 일이 많았다. 얼마 지나서는 나도 자못 방언을 익혔으므로 드디어 백성을 대하는 데 방언을 사용하게 되었다. 한 번은 還穀을 거두어 창고에 들일 때 시험삼아 下隷들에게 방언

---

[57] 이 가운데 尹廷琦의『東寰錄』은 방언어휘를 수집한 것이 아니라 '居西干'이나 '花郎' 등 역사 어휘라든가 '嘉優' 즉 신라어 '嘉俳'와 같은 민속어휘 등을 들면서 '벼[稻]'를 나타내는 '羅錄'이 영호남인들이 쓰는 말이라 한 정도이다.

으로 분부하기를, “거치가 온전치 않으면 나락에 물이 새게 된다. 청이로 까분 뒤에 사창귀로 단단히 묶어서 정지간에 들여 놓으라” 하였다. 마침 서울에서 온 손님이 옆에 앉아 있다가 입을 가리고 킥킥 웃으면서 무슨 말이냐고 하기에 내가 다음과 같이 일일이 풀이해 주었다. “거치는 섬[苫]을 말하고, 나락은 벼를 가리키며, 청이는 키[箕]를, 사창귀는 새끼를, 정지간은 창고를 가리킨다.” [爲官長 能習方言 可通俗情 余初到沙郵 吏隷之言 驟聽不可解 蓋新羅方言也 余之言 吏隷亦不能曉 事多謬錯 居無何 余頗習方言 遂以方言臨民 嘗收糴納倉 余試分付官隷曰 居不完 則羅洛必漏 以請伊簸颺然後堅縛沙暢歸 納于丁支間 適有京客在坐 掩口而笑曰 此是何語 余一一釋訓曰 居者苫也 羅洛者 稻也 請伊者 箕也 沙暢歸者 藁索也 丁支間者 庫也] (李德懋, 『青莊館全書』 卷69, 寒竹堂涉筆 下, 「新羅方言」)

㊿ 븍도 말들이 아라 듯지 못ᄒᆞᆯ ᄉᆞ토리 만흐나 경셩 이븍은 도로혀 경셩 이남들이어셔 나으니 경셩 이븍 아홉 고을은 녜젹의 남듕 인민을 올마 와 기의 고향 언어를 ᄌᆞ손이 뎐ᄒᆞ야기의 죠곰 나은 듯ᄒᆞ다 ᄒᆞ나 처엄으로 드르니 알기 어렵더라 여긔 ᄉᆞ토리ᄅᆞᆯ 후의 보게 약간 긔록ᄒᆞ노라

어미ᄅᆞᆯ 워미라 ᄒᆞ고 형을 형ᄋᆡ라 ᄒᆞ고 오라비쳐ᄅᆞᆯ 올집어미라 ᄒᆞ고 아ᄋᆞᄂᆞᆫ 더런이라 ᄒᆞ고 도토리ᄅᆞᆯ 밤이라 ᄒᆞ고 밤은 춈밤이라 ᄒᆞ고 호박은 동화라 ᄒᆞ고 동화ᄂᆞᆫ 춈동화라 ᄒᆞ고 슈ː는 슉기라 ᄒᆞ고 옥슈ːᄂᆞᆫ 옥슉기라 ᄒᆞ고 천동소릐ᄂᆞᆫ 쇠나기 운다 ᄒᆞ고 댱마 지면 마 졋다 ᄒᆞ고 강ᄀᆞ을 긔역이라 ᄒᆞ고 병아리ᄂᆞᆫ 뱡우리라 ᄒᆞ고 꿩의 삭기ᄅᆞᆯ 딜우긔라 ᄒᆞ고 솔개ᄅᆞᆯ 슐개라 ᄒᆞ고 ᄃᆞᆰ 부ᄅᆞ기ᄂᆞᆫ 죠ː ᄒᆞ고 도야디 부르기ᄂᆞᆫ 오루러ᄒᆞ고 도야디 삿기ᄂᆞᆫ 쇨ː ᄒᆞ고 괴양이ᄅᆞᆯ 곤냥이라 ᄒᆞ고 ᄆᆡ야디 부르기ᄂᆞᆫ 허ː ᄒᆞ고 항쇼ᄂᆞᆫ 둥구레라 ᄒᆞ고 벙거지ᄂᆞᆫ 털가시라 ᄒᆞ고 그저 가ᄉᆞᆫ 빗갓이라 ᄒᆞ고 홍도씌ᄂᆞᆫ 다

드미대라 ᄒᆞ고 광히ᄂᆞᆫ 곽지라 ᄒᆞ고 머리 당기ᄂᆞᆫ 당긔라 ᄒᆞ고 체ᄂᆞᆫ 츼라 ᄒᆞ고 밧비 거르라 말은 ᄌᆡ오 거르라 ᄒᆞ고 ᄯᅩ 죵〻 거르라도 ᄒᆞ고 오식 비출 닐컷기ᄂᆞᆫ 홍식은 발가〻라 ᄒᆞ고 청식은 퍼러〻라 ᄒᆞ고 황빅 흑식들은 누러〻 허여〻 검어〻라 ᄒᆞ야 말을 거포 니ᄅᆞ니고 다ᄉᆞᆺ슬 닷쾌라 ᄒᆞ고 여ᄉᆞᆺ슨 엿과라 ᄒᆞ고 닐곱은 닐괘라 ᄒᆞ고 어렵다 말은 밧부다 말은 □□□□□□ 가져오라 말은 개야오라 ᄒᆞ더라 (柳義養, 『北關路程錄』)

㊿은 李德懋가 지금의 경상남도 함양에서 관직을 하면서 그 지역 사람들의 사정을 알기 위해 그 지역의 말을 단편적으로나마 익히는 일화를 담아내고 있다. 이 기록을 통해 '거치, 나락, 청이, 사창귀, 정지간'은 각각 '섬, 벼, 키, 새끼, 창고'의 영남 방언이라는 점을 알 수 있다. ⑤①은 柳義養의 『北關路程錄』[58]에 나타난 예이다. 지은이가 당시의 북관지방 언어에 많은 관심을 가지고 30여 개의 어휘를 소개하고 있어(권3에 수록됨) 영조시대 방언연구에 귀중한 자료가 된다. 여기에서 '아ᄋᆞ'를 '더런'이라고 한다고 언급하였는데, 여기에서 '더런'은 만주어에서부터 온 어휘로 보인다.

---

58 『北關路程錄』은 1773년(영조 49) 후송 柳義養(1718~?)이 함경도 유배 중에 보고 듣고 느낀 것을 기록한 것이라 하나, 여러가지 면에서 볼 때 沈尙祖에게 시집간 딸이 10세 전후에 지은이에게서 口述로 전해받은 내용을 기록한 듯하다. 권2에서는 北青邑-端川邑-摩天嶺-城津站-吉州邑-明川邑-鏡城邑-富寧邑-會寧邑-防垣까지의 노정과 그 사이에서 보고 듣고 느낀 史話 · 詩話 · 地名緣起說話 · 地方風俗 등을 기록하였다. 권3은 방원에서 종성까지의 30리 길과 종성에서 귀양살이하며 경험한 지방의 풍속 · 언어 · 설화 등을 기록하였다. 권4는 1773년 10월 5일(음력) 귀양이 풀렸다는 소식을 들은 10월 17일부터 출발준비를 3일간이나 하여 10월 20일 서울을 향하고 떠나서 종성-穩城邑-訓戎鎭-종성-慶源邑-阿山堡-慶興-赤池-경흥-赤島-경흥-西水羅-경흥-造山堡-鹿屯島-경흥-阿吾地-行營-高嶺鎭-회령을 두루 구경하고, 가던 길을 따라 서울로 돌아온 노정과 그 사이에서 보고 들은 사화 · 시화 · 雜說들을 기록하였다. 보다 자세한 내용은 최강현(1976) 참조.

(5) 어휘 사용에 대한 관심

어휘를 수집하는 것에만 목적을 둔 문헌도 있지만, 어휘의 사용적 측면에 관심을 두고 자신의 견해를 펴기도 하였다. 학자에 따라 중국 문헌에 나타나는 어휘의 의미에 맞게 어휘를 바르게 고쳐야 한다고 보기도 하였고, 언어의 자의성을 인정하여 우리가 쓰는 어휘를 최대한 살려서 써야 한다는 견해가 제기되기도 하였다. 그렇다면 각각의 견해에 대해서 좀 더 구체적으로 살펴보도록 하자.

전자의 견해를 가진 대표적 학자로는 丁若鏞을 들 수 있는데, 그의 저술인 『雅言覺非』[59]에서 이러한 사실이 명확히 드러난다.

㉒ 배움이란 무엇인가? 배움이라는 것은 깨닫는 것이다. 깨달음이란 무엇인가? 깨달음이라는 것은 그릇된 점을 깨닫는 것이다. 그릇된 점을 깨닫는다는 것은 어떻게 하는 것인가? 바른 말에서 깨달을 뿐이다. 말을 하는 데 있어서, 쥐를 가리켜 옥덩이[璞]라고 말하였다가 이윽고 이를 깨닫고서 말하기를 '이것은 쥐이다. 내가 말을 잘못하였다' 하고, 또 사슴을 가리켜 말[馬]이라고 말하였다가 이윽고 이를 깨닫고서 말하기를 '이것은 사슴이다. 내가 말을 잘못하였다.' 한다. 그리고 이미 저지른 잘못을 깨닫고 나서 부끄러워하고 뉘우치고, 고쳐야만 이것을 배움이라 하는 것이다. 자기 몸가짐 닦는 것을 배우는 사람은 '악한 일은 아무리 작아도 하지 말라' 하는데, 글 짓는 것을 배우는 사람도 악한 일은 아무리 작아도 하지 말아야만 배움에 진전됨이 있을 것이다. 멀리 궁벽한 곳에 있는 사람은 글을 배운다는 것이 다 남에게서 전해 들을 뿐이라 거짓되고 어그러진 점이 많기 때문

---

59 우리나라에서 일반적으로 잘못 쓰고 있는 용어 450여 가지를 3권 199항목으로 분류하여 어원을 밝힌 책이다.

에 이런 말이 있는 것이다. 그러나 스승이 한 모서리를 들어주면 제자는 나머지 세 모서리를 다 들어올려야 하고, 한 가지 가르침을 받으면 열 가지를 알아야 하는 것이 배우는 사람의 책무이다. 말을 다하자면 한이 없으므로 대강만 들어 말한 것이지, 그른 점이 이 정도에만 그치는 것은 아니다. [學者何 學也者 覺也 覺者何 覺也者 覺其非也 覺其非奈何 于雅言覺之爾 言之而喚鼠爲璞 俄而覺之曰是鼠耳 吾妄耳 言之而指鹿爲馬 俄而覺之曰是鹿耳 吾妄耳 旣覺而愧焉悔焉改焉 斯之爲學 學修己者曰勿以惡小而爲之 學治文者 亦勿以惡小而爲之 斯其學有進已 處遐遠者 學文皆傳聞耳 多訛舛 故有是言也 然擧一而反三 聞一而知十 學者之責 索言之不能窮 故槪言之 非其非止是也] (丁若鏞, 『雅言覺非』「序」)

㊾ ㉠ 우리나라 훈몽자회를 보면 '地'를 다만 언덕[原]이라 한다(고유어[方言]에서 언덕(言德)이라 말한다.) '居'는 다만 집[屋]이라 하는데(고유어로 집(集)이라 말한다) 어떻게 글[文]이 되겠는가? '崖'와 '岸'은 같은 뜻으로 쓰고, '隴'과 '阪'을 같은 뜻으로 쓰고, '丘'와 '皐'를 같은 뜻으로 쓰고, '陵'과 '阿'를 같은 뜻으로 쓰고, '阡'과 '陌'을 같은 뜻으로 쓴다. '皐'란 못의 언덕[岸]이고 '陂'는 물의 언덕[障]이다. 이들 글자는 각각 뜻을 달리 하는데, 지금은 모두 뜻을 언덕이라고 함이 옳겠는가?(북옥저 옛땅의 고유어로는 무릇 '隴'과 '阪'을 다 덕(德)이라고 말하였는데, 興地志를 보면 경기 지방에서는 이를 언덕(言德)이라고 말하였다.)[東俗訓蒙 地只有原 (方言曰言德) 居只有屋(方言曰集) 何以文矣 崖岸一類也(崖者山之堮也) 岸者水之干也 隴阪一類也[山脅也 大阪曰隴 長阪曰坡) 丘皐一類也(土山也) 陵阿一類也[大阜也] 阡陌一類也(田間道)皐者澤之岸也 陂者澤之障也 字各異義 今竝訓之爲原可乎[北沃沮 古地方言 凡隴阪謂之德 見興地志 京畿謂之言德](丁若鏞,

『雅言覺非』)

     ⓛ 우리나라의 훈몽자회를 보면 '山'을 다만 산봉우리[峰]라 하고(고유어로 '부리(不伊)'라고 한다.), '수(水)'를 다만 물가[濱]라 하였으니(고유어로 '믈가(物可)'라고 한다.), 어떻게 글[文]이 되겠는가? '嶽'은 산의 조종이다. '崗'은 산의 등성이다. '巓'은 산의 꼭대기다. '岫'은 산의 구멍이다. '岑'은 산이 작으면서 높은 곳이다. '嶽, 崗, 巓, 岫, 岑' 등의 글자들은 각각 뜻이 다른데 다만 산이 뾰족하다고 하여 칼날 봉(鋒)으로 만든 것을 산봉우리라 하였는데 지금 모두 訓을 산봉우리[峰]라 하는 것이 옳겠는가?(모두 訓을 부리[不伊]라고 말한다.) '洲'는 물 가운데서 살 만한 곳이다. '渚'는 小洲이다. '沚'는 작은 물가[小渚]이다. '湄'는 물가[岸]이다. '洲, 渚, 沚, 湄' 등의 글자들은 각각 뜻이 다른데 지금 모두 訓을 '물가[濱]'라고 하는 것이 옳겠는가?(모두 訓을 물가(物可)라고 말한다.)[東俗訓蒙 山只有峰(方言曰不伊) 水只有濱(方言曰勿可) 何以文矣 嶽者山之宗也(如泰山華山) 崗者山之脊也 巓者山之頂也 岫者山之穴也 岑者山小而高也 字各異義 唯山銳作鋒者爲峰 今竝訓之爲峯可乎(皆訓云不伊) 洲者水中可居之地也 渚者小洲也 沚者小渚也 湄者水之岸也 湄者水草之交也 字各異義 今竝訓之爲濱可乎(皆訓云勿可)](丁若鏞,『雅言覺非』)

    ㊲의『雅言覺非』서문은 "배움은 깨닫는 것이고, 깨닫는 것은 그릇된 점을 깨닫는 것이다. 그릇된 점을 깨닫는 것은 바른 말에서 깨달아야 하며 이미 저지른 잘못을 깨닫고 부끄러워하고 뉘우쳐서 고치는 것이 배움이다"는 내용을 골자로 하고 있다. 이를 통해 다산은 "바른 말로 그릇된 점을 깨닫게" 하려는 목적으로 이 책을 저술하였다는 점을 알 수 있다. ㊳-ⓛ에서는 여러 가지 다른 뜻을 가지는 한자들을 모두

언덕이라 풀이한 것은 잘못이라 지적하였다. ㉝-㉡에서도 '山'을 산봉우리[峰]라고만 하고, '水'를 물가[濱]라 한 것은 잘못이며, 의미에 따라 각각 다른 한자를 사용해야 한다고 하였다. 다산은 이를 통해 한자의 뜻을 정밀하게 살려서 써야 함을 주장하고 있다. 다산은 주로 우리말 어휘 가운데 중국 문헌에 나타나는 어휘의 의미와 다른 의미를 가지는 예들을 주로 제시하고 그것이 잘못 되었음을 지적하였다. ㉝-㉠, ㉡에 공통적으로 나타나는 "어떻게 글[文]이 되겠는가[何以文矣?]"에서 '文'은 과연 어떠한 의미를 가지는 것일까? 이는 다산의 저술인 『與猶堂全書』를 통해 그 의미를 추측해 볼 수 있다. 다산은 "仁·義는 質이요, 禮·樂은 文이라 하였다. 禮·樂이 일어나지 않으면 어떻게 文이 되겠는가?"[60]라 하여 仁·義와 禮·樂을 質과 文의 관계로 제시하였다. 그 것은 仁·義와 禮·樂을 本(質)과 末(文)의 구조로 해석하는 것이며, 禮·樂이 仁·義에 바탕을 두고 있음을 확인하고 있는 것이다(금장태 2006: 161). 다산은 仁·義와 禮·樂를 갖추지 못한 것은 文이 될 수 없다고 보았다. 즉, 바르지 않은 것은 글[文]이 아니라고 본 것이다. 그렇기 때문에 文이 될 수 있게 어휘를 고치는 작업이야말로 다산에게 반드시 필요한 것이었다. 다산의 이러한 노력은 조선시 선언에서도 볼 수 있듯이 우리말에 대한 깊은 관심이 그 바탕에 깔려 있다. 다시 말해 다산은 우리말을 최대한 살려 쓰되, 바르게 써야 한다고 본 것이다.

다음으로 언어의 자의성을 인정하여 우리가 쓰는 어휘를 최대한 살려서 써야 한다고 본 학자로 李鈺을 들 수 있다. 李鈺의 『藝林襍佩』에 실린 「俚諺引」의 '三難'에 이러한 점이 잘 드러난다.

---

[60] "仁義質也, 禮樂文也. 禮樂不興, 何以文矣?" (『與猶堂全書』卷14「論語古今註」)

�54 "청하건대 물건의 이름으로써 말하겠다. 물건의 이름이 매우 많으니, 눈 앞에 있는 물건 이름으로 말하겠다. 저 띠풀로 짜서 까는 것을 옛사람, 중국 사람들은 '席'이라 하는데 나와 그대는 '돗자리[兜單]'라 한다. 저 나무로 시렁을 만들어 기름등잔을 놓아두는 것을 옛사람, 중국 사람들은 '燈檠'이라 하는데 나와 그대는 '광명[炗明]'이라 한다. 저 털을 묶어서 뾰족하게 한 것을 저들은 '筆'이라 하는데 우리는 '붓[賦詩]'이라 한다. 저 닥나무 껍질을 찧어서 하얗게 만든 것을 저들은 '紙'라 하는데 우리는 '종이[照意]'라 한다. 저들은 저들의 이름하는 바로써 이름을 삼고, 우리는 우리의 이름하는 바로써 이름을 삼는다. 나는 모르겠거니와, 저들이 이름하는 것이 과연 그 물건의 이름이라 할 수 있으며, 우리가 이름하는 것은 과연 그 물건의 이름이라 할 수 있겠는가? 저 사람들이 '席'이라 하고 '燈檠'이라 한 것은 이미 반고씨가 즉위한 처음에 칙명으로 내린 이름이 아닐진대, 또한 그 본래의 이름이 아니다. 우리가 '붓'이라 하고 '종이'라 한 것도 또한 닥나무와 털의 嫡親 부모가 손수 만든 그 당시에 바로 명명한 것이 아니라면, 또한 그 본래의 이름이 아니다. 그것이 그 본래의 이름이 아님은 동일한 것이다. 저들은 마땅히 저들의 이름하는 바로 이름하고, 우리는 마땅히 우리의 이름하는 바로 이름하는 것이다. 우리가 어찌하여 반드시 우리의 이름하는 것을 버리고, 저들의 이름하는 것을 따라야 하겠는가? 저들은 어찌하여 그 이름하는 것을 버리고 우리의 이름하는 것을 따르지 않는단 말인가? (…중략…) 그러므로 우리나라 사람들이 의복, 음식, 그릇 등 무릇 물건에 대해 그 부르고 있는 명칭으로 이름을 지으면 세 살 먹은 어린아이조차 오히려 환히 알고도 남을 터인데, 저 붓을 잡고 종이를 대하여 두어 자의 件記를 작성하려 할 때면 곧 좌우로 보며 옆사람에 묻게 되지만, 그 물건이 어떤 중국 명칭에 해당하는 것인지는 알지 못한다. 어찌 이런 일이 있게 된 것일까? 아! 나는 그

뜻을 알 것 같다. 저들이 말하기를, '토속 이름이라고 하는 것은 토속에서 쓰는 이름이다. 우리가 그것을 다만 입으로만 부를 수 있고 붓으로 적을 수는 없다'고 한다. 나는 모르지만 신라가 국호를 정할 적이 어찌 '京'이라 하지 않고 '서라벌[徐那伐]'이라 하였으며, 왕호를 일컬을 적에 어찌 '齒文'이라 하지 않고 '이사금[尼師今]'이라 하였으며, 그 姓을 일컬을 적에 어찌 '匏'라 하지 않고 '박[朴]'이라 하였는가? 어찌 김부식이 그것을 잊어버리고 쓸 줄 몰랐겠는가? (…중략…) 아아! 가령 그 물건을 이름한 것이 모두 席, 燈檠, 筆, 紙라고 한 것처럼 반드시 그 물건에 합당하다면 나도 내 의견을 버리고 남의 의견을 따를 것이며, 반드시 토속 이름을 억지로 맞추어 마치 이기기를 힘쓰는 자처럼 하지는 않을 것이다. 그런데 푸른 깃을 가리켜 비취라 하고, 슬픈 울음소리를 듣고 두견새라 하는 데에 이르러서는 내가 비록 솜씨가 둔하고 혀가 어눌하여 諺文의 詩를 짓는 데 이르더라도, 결코 법유를 사고 청포묵을 먹는 일은 하지 않을 것이다. 그러니 내가 어찌하여 그 토속 이름을 쓰지 않을 수 있겠는가? 유감스러운 것은 창힐이나 朱黃이 이미 일찍이 우리를 위하여 따로 문자를 만들지 않았고, 단군이나 기자도 일찍이 글로써 진작부터 말을 가르친 적이 없는 것이다. 그런즉 많은 여러 가지 토속 말 중에 혹 문자(한자)로서 이름하지 않은 것이 있었는데, 문자(한자)로 이름할 수 있을 만한 것을 내가 무엇이 두려워 이를 하지 않겠는가? 이것이 내가 반드시 토속 명칭을 사용하게 된 까닭이다. 내 어찌 향암스러워 그렇게 했겠는가? 내 어찌 괴팍하여 그렇게 썼겠는가? 또한 내 어찌 주제 넘어서 그렇게 표현했겠는가? 그대가 이미 나를 참람하다고 하였으니, 청컨대 참람함을 피하지 않고 큰 소리로 말하겠다. 일찍이 『강희자전』을 보니, '㘴'자가 실려 있는데 '조선 종실의 이름'이라 하였고, 또 '畓'자가 있는데, '고려 사람들이 논[田]을 일컫는 말이다'라고 하였으며, 尤長州의 악부에는 우리나라의 俗語를 많이 일컬었다. 그대는 두고 보라. 훗날 중국에서 널리 채집하는 자가 있어, 내가 일컬은 물명을 기록하고 주석하기를, '조선의 絅錦子가 말한 것'이라고 할 것이다. 우습구려."[請以物之名言 物之名甚多 請以目前之物之名而言之 彼草織而藉者 古之人中國之人 則曰席 我與子 則曰兜單 彼架木而安油者 古之人中國之人 則曰燈檠 我與子 則曰炈明 彼束毛而尖者 彼則曰筆 我則曰賦詩 彼搗楮而白者 彼則曰紙 我則曰照意 彼以彼之所名者名之 我以我之所名者名之 吾未知彼之所名者 果其名耶 我之所名者 果其名耶 彼之曰席曰燈檠者 旣非盤古氏卽位初年欽差賜名者 則亦非其名也 我之曰賦詩曰照意者 又非楮與毛嫡親爺孃之所唾手命名者 則亦非其名也 其爲其非名也 則均矣 彼當以彼之所名者名之 我當以我之所名者名之 我何必棄我之所名者 而從彼之所名者乎 彼則何不棄其之所名者 而從我之所名者乎 (…중략…) 是故 國人之於服食器皿凡干之物也 以其所呼之名而名之 則三歲小兒 猶了然有餘 而及其操筆臨紙 欲作數字件記 則已左右視而問旁人 不知其物之當某名矣 豈有是哉 噫 吾知其意矣 彼以爲鄕名者 鄕之名也 吾只可以口呼之 不可以筆書之云爾 則吾未知新羅之建國號也 何不曰京 而曰徐那伐焉 稱王號也 何不曰齒牙 而曰尼師今焉 稱其姓也 何不曰匏 而曰朴焉乎 豈金富軾失之而未知書歟 (…중략…) 噫 使其所以名物者 皆如席也燈檠也筆也紙也 之必當其物 則吾亦當舍己而從人 不必强傳鄕名苦務勝者然 而至若指碧羽而爲翠聽哀鳴而爲鵑 則吾雖手鈍舌訥 至作諺文之詩 必不肯買法油而喫靑泡矣 吾如之何其不爲鄕名耶 所可歎者 蒼帝朱皇 旣不曾爲我而別造書焉 檀仙箕王 亦未嘗以書而早敎語焉 則刺刺鄕音 或有文字之所未名者 而如其可以名者 則吾何畏而不爲是哉 此吾之所以必以鄕名也 吾豈鄕闇也哉 吾豈詭也哉 吾豈僭也哉 子旣謂我以僭焉 則吾請不避僭 而大談之 常看康熙字典 載功字 曰朝鮮宗室之名也 又有畓字 曰高麗人水田之稱也 尤長洲樂

府 多稱我國俗語 則子安知後日中原不有博採者 錄吾所稱之物名 而註之曰
朝鮮綱錦子之所云乎哉 笑矣乎](李鈺,『藝林雜佩』「俚諺引」「三難」)

　　㊴에서 이옥은 우리나라 사물인데 중국식 이름을 쓰는 것에 대해 옳
지 않다고 여기고 작품 속에 조선과 관계된 토속 이름을 쓴다고 하였다.
또한 중국에서 사용하는 이름도 우리나라에서 사용하는 이름도 본래
이름이 아니라고 지적하면서 언어의 자의성을 언급하였다. 당시 사람
들이 중국식 이름을 써서 소통에 혼란을 빚은 경우가 많음을 제시하면
서 우리 언어를 써야 하는 당위성을 확고히 하였다. 있는 그대로의 진정
을 보여주기 위해서는 외래문화를 그대로 받아들여서는 안 되며, 우리
토속 문화를 그대로 표현해야 진정이라고 하였다. 하지만 이 또한 문장
단위의 차원에서 전체를 고유어로 사용하자고 한 것은 아니었다. 단지
한문 문장의 틀은 고수한 상태에서, 명사 차원의 어휘를 고유어로 사용
하여야 한다고 주장하였다. 즉, 우리나라에서 사용하고 있는 어휘를 굳
이 중국에서 쓰고 있는 한자어로 바꾸어 쓸 필요가 없다고 본 것이다.
　　위에서 살펴본 바와 같이 이 시기의 지식인들은 어휘와 관련한 다양
한 저술을 집필하였다. 이러한 노력은 모두 우리말에 대한 관심에서
비롯된 것이라 할 수 있다.

| 참고문헌 |

『중국역대인명사전』(2010), 이회문화사

『한국고전용어사전』(2001), 세종대왕기념사업회

諸橋轍次(1968), 『大漢和辭典』, 大修館書店.

漢語大詞典編纂委員會 編(1993), 『漢語大詞典』(全13冊), 漢語大詞典出版社.

강민구(2007), 「우리나라 중세 士人의 '우리말'에 대한 인식」, 『동방한문학』 33, 동방한문학회.

강신항(1973), 『사성통해 연구』, 신아사.

_____(2000), 『한국의 운서』, 태학사.

_____(2010), 『훈민정음 창제와 연구사』, 도서출판 경진.

계승범(2012), 「조선의 18세기와 탈중화 문제」, 『역사학보』 213, 역사학회.

금장태(2006), 『仁과 禮─다산의 『논어』 해석』, 서울대 출판부.

김남돈(2005), 「남녘에서 본 언어관과 문법」, 『한국어정보학』 7-1, 한국어정보학회.

김동준(2007), 「소론계 학자들의 자국어문 연구활동과 양상」, 『민족문학연구』 35, 고려대 민족문화연구원.

김문식(1997), 「18세기 후반 徐命膺의 箕子 認識」, 『한국사학사연구』, 나남출판.

_____(2000), 「18세기 후반 順菴 安鼎福의 箕子 인식」, 『韓國實學研究』 2, 한국실학회.

_____(2008), 「星湖 李瀷의 箕子 인식」, 『퇴계학과 한국문화』 33, 경북대 퇴계연구소.

김미형(2004), 「한국어 언문일치의 정체는 무엇인가」, 『한글』 265, 한글학회.

김민수(2003), 『전정판 신국어학사』, 일조각.

김석득(2009), 『우리말 연구사─언어관과 사조로 본 발전사』, 태학사.

김양진(2008), 「훈곡 홍희준의 『언서훈의설』에 대하여」, 『어문논집』 58, 어문학회.

_____(2009), 「18世紀 後半의 國語學과 鄭東愈의 『晝永編』」, 『대동문화연구』 68, 성균관대 대동문화연구원.

김영선(1999), 「歷代書目에 收錄된 類書의 分類에 관한 考察」, 『韓國書誌學論集』(恒心 尹炳泰 博士 停年紀念論文集)

김영주(2004), 「少論系 學人의 言語意識 研究 (1)-『正音』 研究를 중심으로」, 『동방한문학』 27, 동방한문학회.

김영환(2009), 「유학적 모화에 따른 동문·방언 의식에 관하여」, 『한글』 284, 한글학회.

김완진 외(1997), 『국어학사』, 한국방송통신대 출판부.

박광용(1980), 「箕子朝鮮에 대한 認識의 변천」, 『한국사론』 6, 서울대 국사학과.

박규태(2006), 「근대 일본의 탈중화·탈아·아시아주의」, 『오늘의 동양사상』 15, 동양사상연구원.

박병철(2009), 「朝鮮王朝實錄에 나오는 '釋'과 '訓' 관련 어휘의 對比的 研究」, 『어문논집』 42, 중앙어문학회.

_____(2011), 「『龍飛御天歌』 正音 表記 地名과 漢字語 地名의 對立, 變遷에 관한 研究」, 『국어학』 60, 국어학회.

방언연구회(2001), 『方言學 事典』, 태학사.

백두현(2004ㄱ), 「우리말[韓國語] 명칭의 역사적 변천과 민족어 의식의 발달」, 『언어과학연구』 28, 언어과학회.

_____(2004ㄴ), 「한국어 문자 명칭의 역사적 변천」, 『문학과 언어』 26, 문학과 언어연구회.

백승창(2009), 物名考類에 대한 國語學的 研究, 단국대 박사논문.

성화민(2007), 「이옥(李鈺)의 『이언(俚諺)』에 나타난 여성의식 연구」, 계명대 석사논문.

신영주(2009), 「『한문토석』에 나타난 윤근수와 최립의 현토 담론에 관하여」, 『한문학보』 20, 우리한문학회.

실시학사 고전문학연구회 譯注(2009), 『(完譯) 李鈺全集』, 휴머니스트.

심경호(1999), 「최립과 윤근수의 한문토석」, 『조선시대 한문학과 시경론』, 일지사.

_____(2007), 「한국 類書의 종류와 발달」, 『민족문화연구』 47, 고려대 민족문화연구원.

_____(2012), 『한국 한문기초학사』 1·2·3, 태학사.

양승민(2005), 「類書 번역본의 출현과 그 어문학적 의의-국문본 『彙言』의 자료적 가치」, 『정신문화연구』 28-4.

윤용선(2009), 「조선 후기의 구결 사용에 대한 고찰-『句讀解法』의 분석을 중심으로」, 『진단학보』 107, 진단학회.

이군선(2007), 「朝鮮 士人의 言語文字 認識」, 『東方漢文學』 33, 동방한문학회.

이병근(2003), 「근대 한국어의 형성에 관련된 국어관」, 『한국문화』 32, 서울대 규장각한국학연구원.

이상하(2006), 「한문학습 및 번역에 있어서 현토의 문제」, 『민족문화』 29, 한국고전번역원.

이소원(1999), 「朝鮮後期 漢譯俗談과 그 受用樣相 研究」, 성균관대 석사논문.

이영경(2011), 「칠서의 언해와 그 국어사적 의의」, 『국학연구』 19, 한국국학진흥원.

_____(2013), 「영조대의 교화서 간행과 한글 사용의 양상」, 『한국문화』 61, 서울대 규장각한국학연구원.

이주해 譯注(2009), 『한유문집』 1·2, 문학과지성사.

이현우(1993), 「李鈺『俚諺』의 研究」, 성균관대 석사논문.

이현희(1994), 『中世國語 構文研究』, 신구문화사.

장윤희(2013), 「근대 이행기 한국에서의 자국어 인식」, 『한국학연구』 23, 인하대 한국학연구소.

장형근(2011), 「한국에서 대중국관념의 변화」, 『아태연구』 18-2, 경희대 국제지역연구원.

정병설(2001), 「조선 후기 동아시아 어문교류의 한 단면-동경대 소장 한글번역본 玉橋梨를 중심으로」, 『한국문화』 27, 서울대 한국문화연구소.

정승철(2011), 「'方言'의 개념사」, 『방언학』 13, 방언학회.

_____(2013), 『한국의 방언과 방언학』, 태학사.

정승혜(2013), 「동양문고 소장 『物名括』의 書誌와 물명고 편찬에 관한 일고찰」, 『한국어학』 59호, 한국어학회.

정인보(1955), 『澹園國學散藁』, 文教社.

정재철(2009), 「조선 중기 문장가의 한유문 토석과 그 의미」, 『韓國漢文學研究』 44, 한국한문학회.

조성산(2009ㄱ), 「18세기 후반~19세기 전반 조선 지식인의 언문 인식」, 『한국문화』 47, 서울대 규장각한국학연구소.

_____(2009ㄴ), 「조선 후기 소론계의 東音 인식과 訓民正音 연구」, 『한국사학

보』36, 고려사학회.

_____(2009ㄷ), 「조선 후기 소론계의 고대사 연구와 중화주의의 변용」,『역사학보』202, 역사학회.

조태린(2006), 「국어라는 용어의 비판적 고찰」,『국어학』48, 국어학회.

최　식(2008), 「『句讀解法』, 漢文의 句讀와 懸吐, 口訣」,『민족문화』32, 한국고전번역원.

_____(2011), 「漢文讀法의 韓國的 特殊性 : 句讀, 懸吐, 口訣」,『漢子漢文敎育』27, 한자한문교육학회.

최강현 譯注(1976),『北關路程錄』, 일지사

최경봉(2005), 「물명고의 온톨로지와 어휘론적 의의」,『한국어의미학』17, 한국어의미학회.

_____(2012), 「근대적 언어관의 전개와 국어정립이라는 과제의 인식 양상」,『동방학지』158, 연세대 국학연구원.

함영대(2008), 「順菴 安鼎福의 학문적 지향과『孟子疑義』」,『한국실학연구』16, 한국실학학회.

_____(2010), 「星湖學派『孟子』解釋의 關心과 그 意味」,『동양철학연구』61, 동양철학연구회.

함희진(2009), 「『萬寶全書諺解』의 서지적 고찰과 그 언어적 특징」,『어문논집』59, 민족어문학회.

홍윤표(1988), 「18·19世紀의 한글 類書와 實學－특히 '物名攷類에 대하여」,『동양학』18, 단국대 동양학연구소.

_____(2000), 「유희의 物名攷」,『어문연구』28-4, 한국어문교육연구회.

_____(2013), 「『物名考』에 대한 고찰」,『진단학보』118, 진단학회.

제3장 문자관

이상훈·백채원

조선 시대의 문자 체계는 크게 삼분된다. 나라의 공식 문서나 상층의 문화 활동을 위해 사용되던 한문과 서민, 부녀자들 위주의 한글, 그리고 주로 아전이나 서리들 즉 관리들이 쓰던 이두문이다. 조선시대의 한문은 대외 관계를 포함하여 정치, 사회, 문화 등 거의 모든 영역에서 사용되던 공식 문자였다. 반면에 한글은 문자의 우수성에도 불구하고, 한문이 공식적으로 공용어의 지위를 잃은 갑오개혁 전까지 그 지위를 확보하지 못하였다. 한글은 의사소통과 지식을 전달하는 유용한 도구였으나, 한자의 보조적 역할에만 만족해야 했다.[1] 그리고 이두문은 행

---

[1] 한글 사용에 관한 기존 연구는 한글 사용의 주체로 중인과 아녀자를 상정하고 주로 여성의 한글 사용 실태를 밝히는 것에 관심을 두어왔다. 현재 남아 있는 한글 자료의 상당수가 여성이 창작했거나 여성을 위한 것이기 때문이다. 여성 지향이 아닌 한글 자료들로는 상층계급의 필요에 의해 번역한 것(윤음, 포고문)이나 상층계급이

정문서와 소송 문서나 상속 문서 등 공사 간의 실용문에서만 제한적으로 사용되었다.

그런데 문자 생활의 주된 표기 수단이었던 한문은 우리말의 체계와 달라서 문장을 지을 때 중국인들처럼 쉽지 않았다. 조선 후기에 들어 중국으로의 연행이 잦아지면서 조선 후기의 지식인들은 자연스레 중국인들과 접하게 되었는데 이들은 주로 필담을 통하여 중국 인사와 의사소통을 하였다. 여기에 사용된 수단은 한문이었는데, 중국인들이 자신의 생각을 거침없이 써내려 가는 것을 보고 조선의 지식인들은 언어와 문자의 괴리에서 오는 어려움을 인식하게 되었다. 그리고 조선 후기의 지식인들은 한자의 음표기와 관련하여 한글에도 많은 관심을 가졌다(이군선 2007: 35~36).

3장에서는 조선 후기 지식인들이 당대에 사용된 문자, 즉 한문과 언문, 이두문에 대해 어떠한 인식을 가지고 있었는지 살펴보고자 한다. 그리고 보편문어였던 한자와의 관련성 속에서 우리말과 우리글을 어떻게 생각하였는지 살펴볼 것이다. 이러한 작업을 통하여 근대 한국어 시기 지식인들이 중화사상 속에서 文字라는 것을 어떻게 인식하고 받아들였는지 확인할 수 있을 것이다.

한문을 모르는 사람들을 위해 특별히 번역한 것(교화서, 농서, 의서) 또는 한문을 모르는 하층계급과의 계약을 위해 사용한 것(한글 고문서) 등이 지적되고 연구되어 왔다(김인회 2012: 36).

1. 문자에 대한 인식

이 장에서는 조선 후기 지식인들의 문자에 대한 인식을 한자에 대한 인식, 한글에 대한 인식, 차자표기에 대한 인식으로 나누어 살펴볼 것이다.

1) 한자에 대한 인식

한자·한문 문화권에 속해 있던 조선시대에 한자 이외의 다른 문자를 만들어낸다는 것은 금기시되는 일이었다. 한자는 단순한 문자를 넘어 인륜과 도덕을 담고 있는 언어로서 인식되었기 때문이다.[2] 한문을 통하여 구축된 중화질서는 곧바로 인륜이며 사회질서를 유지하는 근간이었다. 이러한 생각은 조선 후기까지도 이어진다. 17세기 말 숙종은 한글로 된 문서의 債權은 인정하지 말라는 受敎를 내렸고, 1865년에 만들어진 법전인 『大典會通』에서는 한글로 된 문서의 효력은 인정하지 않는다고 공표하기도 하였다. 그리고 영조 때에는 한 御史가 백성들의 사정을 임금에게 보고하면서 보고서에 민간의 노래를 한글로 기록하여 바쳤다가 탄핵을 당한 일도 있었다고 한다(정병설 2009: 13). 조선 후기에도 한문의 위상은 쉽게 떨어지지 않았다.[3] 서론에서 언급했

---

2 조선시대 한문과 한글의 문화적 위상과 성격을 가장 극명하게 보여주는 예가 비석이다. 조선시대는 수십만이 넘는 비석이 세워졌지만, 그 가운데 온전히 한글로 된 비석은 하나도 없다. 진서로 불렸던 한문은 보편불변의 진리를 담는 글이므로 돌에 새겨 오래 전할 수 있지만, 한글은 끊임없이 변화하는 현상을 표현하는 문자에 불과하므로 후세에 길이 전할 비문을 적기에는 적당치 않다고 보았던 것이다(정병설 2009: 11~12).

던 황현의 글을 다시 살펴보겠다.

① 우리나라 말에서는 예부터 중국문자를 진서라 하고 훈민정음을 언문
이라 하여, 통칭 진언(眞諺)이라 하였다. 갑오년(1894) 이후로 시무(時務)
를 추종하는 자들은 언문을 대단히 받들어 국문이라 일컫고, 진서를 구분
지어 외국 것으로 취급하여 한문이라고 불렀다. 이에 국한문이라는 말이
용어가 되었고 진서나 언문이라는 말은 드디어 없어지게 되었다. 경박한
자들이 한문은 응당 폐기해야 한다는 주장을 폈으나 형세가 막혀서 제지
되었다.[4][我國方言 古稱華文曰眞書 稱訓民正音曰諺文 故統稱眞諺 及甲午
後 趨時務者 盛推諺文曰國文 別眞書以外之曰漢文 於是 國漢文三字 遂成
方言 而眞書之稱泯焉 其狂佻者 倡漢文當廢之論 然勢格而止](『梅泉野錄』
2, 高宗 31年 12月 13日)

①에서 황현은 예부터 한문은 '眞書'로 불렸고, 한글은 '諺文'으로 부르
며 구분하였다고 하였다. 그런데 갑오년 이후로 언문을 받들고 한문을
외국의 것으로 취급하며 심지어는 한문을 폐기해야 한다고 주장하는 이
들이 있다고 하면서 이들을 경박한 자들이라고 비판하고 있다. 19세기
후반의 보수적인 유학자의 한문에 대한 생각을 볼 수 있는 글이다.

그리고 한문으로 세계의 보편적인 언어체계를 구축하자는 의견도
있었다. 박규수(1807~1877)의 견해이다.

---

3 한글과 한문의 위상에 관해 기존의 논의와는 다른 견해들도 있다. 김슬옹(2005)는
『조선왕조실록』에 나오는 기사 기록을 대상으로 한글이 조선왕조의 제도적 공식
문자였음을 주장하였다. 그리고 김인회(2012)는 조선시대 사대부들이 한글을 이용
해 그들의 세계를 구축해 나가고 아울러 그들의 세계관을 전파하는 상황을 확인할
수 있다고 하면서 한글의 주체적이고도 적극적인 사용자라고 하였다.
4 임형택 외(2005), 『역주 매천야록』의 번역을 이용하였다.

② 듣자하니 말라카와 싱가포르에

서원이 있어 문자를 번역한다는데

마치 『論語』와 『孝經』의 문장을

가나(假名)로 일본어 적듯이 한다네

책 상자들을 바다로 실어 나르는데

그 양을 계산하면 해마다 수만 권이라네

이단이 유교를 표절함은 예부터 있던 법

제멋대로 꾸미고 잘난 체 뽐내게 두라

오랜 세월 뒤에 특출한 인물이 나온다면

사지에 집착한 것 뒤늦게 깨닫고 부끄러워하리니

<u>이 세계 어느 곳의 인류이든지</u>

<u>귀순하여 같은 문자 쓴다면 오랑캐도 중화로 변하리</u>[5]

[傳聞馬六新嘉坡 繙繹文字有書院 頗似論語孝經文 伊呂波寫日本諺 縹籤緗帙走海航 歲課動計書萬卷 異端剽竊古來有 任他文飾恣誇眩 久後生出魁傑人 慚愧晚覺私智穿 <u>環瀛匝地血氣倫 歸我同文夷一變</u>] (『환재집』 권3 「장
(14)」 앞)

　②에서 박규수는 서양인들이 한문을 습득하고 공부하는 것을 높이 평가하였다. 그는 서양인들이 말라카와 싱가포르에 각각 영화서원과 견하서원을 세우고 『論語』와 『孝經』 등 유교경전을 수입·번역하고 있는 사실을 들면서 세계 어느 곳의 인류이든지 같은 문자를 쓴다면 오랑캐도 중화로 변할 것이라고 하였다. 즉 서양인들이라도 유교에 귀

5　김명호(2008)의 번역을 인용하였다.

의하고 한자를 사용한다면 중화문명의 일원이 될 수 있다고 생각한 것이다. 동서 교섭의 결과 세계의 모든 인류가 중화 문명 속에서 하나가 되는 미래를 생각해 본 것으로 조선 후기에도 이어지는 한문의 위상에 대해 살펴볼 수 있는 글이다.

다음은 조선 후기에 진행된 小學(문자학·성운학·훈고학을 총칭하는 의미)[6]에 대한 연구를 살펴보겠다. 小學은 문헌에 기록된 한자의 形, 音, 義를 연구하는 것이 주된 내용이었기 때문에 연구의 대상은 주로 한자였다. 小學은 연구의 중점에 따라 한자의 형체를 위주로 연구하는 文字學, 한자의 발음을 연구하는 聲韻學, 한자의 의미를 연구하는 訓詁學으로 세분된다. 먼저 문자학은 한자 학습을 위해 편찬한 字書類, 한자의 구조와 字源을 논한 說文類의 서적을 통해 살펴볼 수 있고, 聲韻學은 주로 조선시대에 편집, 간행된 韻書를 통해서 그 내용과 수준을 파악할 수 있다. 그리고 訓詁學은 주로 경서의 주석에 나타나 있는데, 의미와 관련된다는 측면에서 語彙類의 서적을 훈고학의 저서로 분류할 수 있다(문준혜 2012: 178). 그런데 문자학과 훈고학은 특히 서로 밀접한 관련성을 가지고 있고, 전통 시대의 소학 자료 가운데에는 문자학과 훈고학의 성격을 동시에 지니고 있는 경우가 많이 있다고 한다. 따라서 이를 통합하여 문자훈고학으로도 부르는데, 이러한 견해에 따라 이 글에서도 조선 후기에 이루어진 소학의 연구를 문자훈고학과 성운학으로 나누어 살펴보겠다.

6　小學은 周代의 학교 명칭이었으나, 漢代 이후 문자를 연구하는 학문을 의미하는 용어로 사용되었고, 宋代 이후에는 좀 더 구체적으로 문자학·성운학·훈고학을 총칭하는 의미로 사용되었다. 교육기관인 小學에서는 六書 즉 글자 익히기 공부를 가장 우선시하였기 때문에, 小學은 문자를 공부하는 학문인 문자학을 의미하게 된 것이다(양원석 2006: 12~15).

먼저 문자훈고학 관련 연구부터 살펴보겠다. 조선 후기에도 한자 학습을 위한 교재에 대한 관심은 계속되었다. 조선시대 아동들을 위한 최초의 교육은 한자의 학습이었고, 그 대표적인 교재는 『천자문』이었다. 그런데 『천자문』은 아동들의 한자 교육을 위한 교재로는 많은 문제점들이 있었고, 이러한 비판 의식 속에서 새로운 한자 교재가 만들어졌다. 『유합』(조선 성종대), 최세진의 『훈몽자회』(1527), 류희춘의 『신증유합』(1576) 등이 『천자문』을 대신하여 새롭게 만들어진 교재들이다. 그리고 조선 후기에는 정약용의 『아학편』(19세기 초엽), 허전의 『초학문』(1877), 이승희의 『정몽유어』(1884) 등이 새롭게 만들어졌다. 이 중 『아학편』은 실학자로서 다산의 문자 및 아동 교육에 대한 관점을 엿볼 수 있는 중요한 책이다. 이 책은 다산이 강진에 유배되었던 시기에 제작된 것으로 추정되는데, 『천자문』에 대해 평가한 글인 「천문평」의 논리[7]와 맞닿아 있다는 점에서 관심을 끈다. 『아학편』은 『천자문』의 비판을 뒷받침하는 대안으로 제시된 문자 교재라고 할 수 있다(김태오 1993: 60).

다음은 『說文』 및 字源에 관한 연구를 살펴보겠다. 대표적으로 정조가 『규장전운』이 완성된 후 여러 신하들에게 문자학과 관련된 문제들을 제시한 「문자책문」과 이에 대해 신하들이 작성한 대책문을 들 수 있다.[8] 정조는 한자의 본질, 구조, 변화, 기능 등 한자 전반에 관한 14가지의 문제에 대해 상세히 질문을 하였다. 정조가 물었던 문제를 주제

---

[7] 다산은 「천문평」에서 『천자문』은 '不能類而旁通' 즉 같은 부류를 두루 통하게 할 수 없고, '孤行而寡居' 즉 서로 동떨어진 글자를 제시하고 있어 어린 아이들이 처음 글자를 익히는 데에 문제점이 많다는 점을 밝히고 있다(양원석 2006: 85).

[8] 대책문은 여러 신하들이 작성하였을 것으로 여겨지나, 현재 문집을 통하여 확인할 수 있는 것은 이덕무, 유득공, 박제가, 이서구, 윤행임의 것만이 있다(양원석 2006: 34).

<표 2> 정조의 한자 전반에 관한 질문

本質論	주로 '文字'의 名義 문제에 대해 논의, ① '文字'의 名義, ② '字'의 本義, ③ '文'과 '字'의 구분 등의 문제가 포함.
構造論	주로 '六書說'에 대해 논의, ④ '六書說', ⑤ '四經二緯說', ⑥ '轉注와 假借에 대한 說解' 등의 문제가 포함.
演變論	주로 '書體의 變化'에 대해 논의, ⑦ '古文'의 특징, ⑧ '文'과 '字'와 '書' 간의 관계, ⑨ '八體와 六體', ⑩ '筆寫方式', ⑪ '藝術書體', ⑫ '書法批評', ⑬ '河洛圖書' 등의 문제가 포함.
功能論	주로 '小學의 定義'에 대해 논의, ⑭ '名物小學'과 '義理小學'의 구분에 관한 문제가 포함.

별로 구분하면 위의 표와 같다(하영삼 2010: 192).

그 외에도 이형상(1653~1733)의 『字學』, 심유진(1723~미상)의 『第五游』, 홍양호의 「육서경세서」 이규경의 『오주연문장전산고』 중의 「說文辨證說」, 박선수(1821~1899)의 『說文解字翼徵』 등도 『說文』 및 字源에 관한 연구로 들 수 있다.

끝으로 한자 어휘 분류집에 대한 연구를 살펴보겠다. 字義에 대한 정확한 이해와 경전에 대한 올바른 해석에 대한 중요성을 강조하는 훈고학은 앞에서 언급하였듯이 의미와 관련된다는 측면에서 語彙類의 서적(한자 어휘 분류집)을 포함시켜 논의할 수가 있다. 조선 후기의 한자 어휘 분류집으로는 다산의 『아언각비』(第一集 권24), 『죽란물명고』, 『청관물명고』와 이만영의 『제물보』(1798), 『광제물보』(미상) 그리고 이철환이 초고를 쓰고 이재위가 체계화하여 정리한 『物譜』(1802), 이학규가 편찬하고 노덕규가 증보한 『물명유해』, 정약전의 『자산어보』(1814) 등 다양한 연구들이 있다.

그리고 조선 초기부터 이어져 온 한자음 중심의 음운학 연구도 계속 진행되었다. 한자음의 혼란은 학술의 발전을 저해할 수 있는 중요한 문제였기에 이를 해결하기 위해 韻書를 편찬하였다. 이 당시에 편찬된 대표적 운서로는 박성원의 『화동정음통석운고』(1747)와 홍계희의 『삼운성휘』(1751)를 들 수 있다. 『화동정음통석운고』는 조선 초기의 이원적 운서체계를 통합하여 화음과 동음을 병기하고 있는 점이 가장 큰 특징이다. 『삼운성휘』도 『화동정음통석운고』와 같이 화음과 동음을 모두 병기하고 있고, 동음의 경우 좀 더 분명하게 현실음을 반영하고 있다. 특히 한자의 배열 순서를 한자의 동음을 기준으로 한글 순으로 하여 중국 운서로부터 탈피한 새로운 모습을 보여 주었다(정경일 2001: 271~272). 이후 서명응의 『규장운서』(1778)와 더 정교한 수준에 이른 운서로 알려진 『규장전운』이 간행되었다.

『규장전운』은 1792년에 이덕무가 편찬하고, 윤행임, 서영보, 남공철, 이서구, 이가환, 성대중, 유득공, 박제가 등이 교정한 후 1796년 간행되었다. 그 뒤 방각본으로도 많이 인행되어 이본이 많은데, 1846년(헌종 12)에는 『어정시운』이라는 이름이 붙여져 수진본용(袖珍本用)으로 복각되었다. 『규장전운』의 한자음은 대체로 『화동정음』의 음계를 따랐으며, 별로 고친 것이 없었으나 글자 풀이는 다른 운서에 비해 훨씬 자세하다. 『삼운성휘』처럼 가나다순으로 열거하여 이용에 편리하게 하였고, 조선조에서 간행한 운서 가운데는 가장 정확하다는 평을 받고 있다(김완진 외 1997: 190). 그리고 『규장전운』을 바탕으로 하여 『강희자전』처럼 획인자전의 성격도 부여하고 뜻풀이도 하여 붙인 『전운옥편』이란 자전이 나왔는데, 중국의 한자음을 무시하는 등 실용자전에 가까워 일반인들에게 더욱 다가갔다. 이 자전은 조선광문회의 현대판 획인자전 『신자전』(1914)과 함께 쓰였을 정도로 오래 일반화되어 있었다.

우리나라에서 나온 이러한 대역사전은 한어, 즉 중국어의 경우가 유일한 것으로 발음 교육에서나 한시 창작에서의 韻의 교육에서나 한어와 한문이 당시에 사회적으로 또는 국제관계에 있어서 그만큼 중요시되었던 것으로 볼 수 있다(이병근 2011: 120~121).

2) 한글에 대한 인식

본격적인 논의에 앞서 우리나라의 문자 또는 문장을 뜻하는 용어 중 하나인 '언문(諺文)'에 대해 간단히 살펴보고자 한다. '언문(諺文)'에 부정적인 의미가 없음은 이미 많은 연구에서 지적되어 왔다.[9] '언문'은 서론에서 언급한 것처럼 원래적 의미의 언문(한글문장·문서) 외에 이두문도 포함될 수 있는 "한문이 아닌 문장들"을 의미하는 것이다. 다음의 예는 일본의 문자를 '언문'으로 표현한 것이다.

④ 홍법대사란 자가 있었는데 찬기 사람이다. (…중략…) 방언을 바탕으로 하여 48자로써 왜국의 언문을 만드니 우리 언문과 거의 같은데, 왜인으로서 글에 능하다 하는 자도 다만 언문 해석을 쓸 뿐 문자(한문)는 전혀 알지 못한다. [有弘法大師者 讚歧人也 (…중략…) 依方言以四十八字 分作倭諺 頗似我國諺文 倭人之號爲能文者 只用諺譯 而文字則了不能知] (정희득, 『해상록』 제1권 부(附) 일본총도(日本總圖))

⑤ 국중에 쓰는 언문은 48자가 있는데, 자형은 모두 진서 수미의 점과 획

---

9 홍현보(2012)는 15세기부터 20세 초까지의 문헌과 자료를 찾아 '언(諺)'과 '언문(諺文)'의 사용 실태를 살펴보았는데, 왜곡된 풀이의 근본 원인은 한자 '언(諺)'의 뜻을 정확히 알지 못한데서 기인한 것으로 보았다. 그리고 20세기 초에 '한글'이라는 이름이 새롭게 만들어지면서 의도적으로 한자어 '언문(諺文)'을 버리고자 하였고, 이런 의도에 영향을 받아 1940년을 전후로 '낮은 말'과 '상말'의 뜻으로 변질되어 사전에 정착되었다고 하였다.

을 잘라 만들었고, 음만 있고 석은 없어 서로 붙여 소리를 이루는 것이 거의 우리나라의 언문과 같았다. 그래서 그 방음(方音)으로써 방언(方言)에 맞추어 일반 사람이 익히기에 편리하고 통정하기에 적당한데, 그 언문의 초서가 기괴하여 떨어지는 꽃, 나는 새와 같아서 잘 알아볼 수가 없다. [國中所用諺文有四十八字 字形皆截眞書首尾點畫 有音而無釋 互着而成聲 略如我國諺文 以其方音 叶於方言而用之 便於俗習而利於通情 倭男女無少長 皆解之而諺草奇怪 如落花飛鳥 不可分曉] (신유한, 『해유록』下 부(附) 「문견잡록(附聞見雜錄)」)

④는 정희득(1575~1640)이 정유재란 때 일본에 끌려가 생활한 기록을 정리한 책인 『해상록』의 예이고, ⑤는 신유한이 1719년에 통신사 일행을 따라 일본에 갔을 때 쓴 『해유록』의 예이다. 위의 예에서 언문(諺文)은 우리나라의 문자를 지칭할 때뿐만 아니라 일본의 문자를 지칭할 때도 사용되고 있다.

그리고 일본에서 17세기 이래 문헌의 제목에 '諺解'가 포함된 것이 『尉繚子諺解』, 『吳子諺解』, 『五常五典諺解』 등 300여 종에 달한다고 한다.[10] 이러한 예들을 통해 보면 '언문'은 우리나라의 문자나 문장만을 의미하는 것이 아닌 일본 즉 중국을 제외한 다른 나라의 문자나 문장도 포함할 수 있는 개념으로 보아야 할 것이다.

그러면 지금부터 조선 후기 지식인들의 한글에 대한 인식을 살펴보겠다. 이 절에서는 한글에 대한 인식 크게 한글의 기원에 대한 인식과 한글의 가치에 대한 인식으로 나누어 살펴보겠다.

---

10 이는 사석에서 김시덕 교수를 통해 들은 것이다.

(1) 한글의 기원에 대한 인식

한글에 대한 관심은 그 문자의 기원에 대한 관심으로도 나타났다. 한글의 기원에 대한 인식은 단순히 한글이라는 형태의 기원에 대한 문제만은 아니다. 한글이 어느 문자의 계통을 이어 받아서 창제되었는지를 밝혀 보려고 한 설명이나 학설을 말하기도 하고, 한글의 제자 원리가 무엇인지를 연구하는 학문을 뜻하기도 한다(강신항 2003: 116). 이 글에서는 이러한 한글의 기원에 대한 인식을 크게 '상형설', '古篆 기원설', '몽고자 기원설', '범자 기원설'의 4가지로 나누어 살펴볼 것이다.

먼저 '상형설'은 크게 발음기관 상형설과 그 외의 상형설로 나누어 살펴볼 수 있는데, 신경준, 홍양호, 강위, 홍희준, 이사질, 노정섭, 권정선, 석범, 금영택 등이 주장하였다. 『훈민정음』 해례본이 알려져 있지 않고, 『조선왕조실록』의 내용만이 알려져 있었던 당시에 발음기관 상형설은 상당한 접근이라고 할 수 있을 것이다.

발음기관 상형설은 신경준, 홍양호, 강위 등이 주장하였다. 이 중에서 신경준의 견해를 살펴보겠다. 신경준은 기본 오음의 상형 생성에 대해 크게 두 가지로 보았는데, 오행상형(五行象形)[11]과 입술 혀 상형(象脣舌)이다. 상순설(象脣舌)을 살펴보겠다.

⑥ 후음인 'ㅇ'은 목구멍이 둥글고 통(通)함을 본뜨고, 아음인 'ㆁ'은 어금니의 곧고 뾰족함을 본떴으며, 설음인 'ㄴ'은 혀를 말았다가 펴는 것을 본뜬 것이다. 치음인 'ㅅ'은 이가 짝을 지어 이어짐을 본뜬 것이며 순음인 'ㅁ'은

---

11 五行 상형은 율력지(律歷志)에 바탕을 두고 초성을 후음, 아음, 설음, 치음, 순음으로
나누고 각각을 궁각치상우(宮角徵商羽)에 맞추고 이를 土木火金水의 오행에 각각
속하는 것으로 파악한 것이다(이상혁 2004: 134).

입술이 모나고 합한 모양을 상형한 것이다. [五音各象其形 盖ㅇ者 喉之圓 而通也 ㆁ象牙之直而尖也 ㄴ者 象舌之卷而舒也 ㅅ者 象齒之耦而連也 ㅁ 者 象脣之方而合也] (신경준, 『운해』 「상순설」)

⑥에서 신경준은 순설(脣舌)의 작용을 강조한 발음기관의 상형설을 주장하였다. 기본 오음이 입술과 혀를 본떴다고 보는 것이다. 신경준 만의 독창적인 상형의식이다. 그런데 위의 기본자는 『훈민정음』의 기 본자와 다른데, 아음의 기본자로 'ㄱ' 대신 'ㅇ'을 쓰고 있다.

이어서 그는 " 'ㅇ'은 혀가 가운데 있고 입술을 약간 합한 것을 본뜬 것이고, 'ㆁ'의 첫소리 'ㅣ'(伊)는 혀를 약간 토하고, ㅇ을 발음할 때는 입 술을 약간 닫는다. (…중략…) 'ㅁ'의 ㅁ(彌)를 발음할 경우에는 입술이 처음엔 합하였다가 열리고, 'ㅂ(晉)'을 발음할 때는 입술을 닫음을 상형 한 것이다."[12]라고 하였다. 이러한 상형 의식에 대해 김석득(2009: 189～ 190)에서는 조음체의 운동 작용에 대한 정밀한 관찰력을 보인 것으로 평가하였다. 그리고 입술과 혀를 조음체 가운데 가장 적극적이고 중요 한 역할을 하는 것으로 인식한 것은 오늘날의 조음 음성학에서도 인정 을 받을 수 있는 견해라고 평가하였다.

다음은 원방(圓方) 상형설을 주장한 이사질(1705～1776)의 견해를 살 펴보겠다.

⑦ 天은 둥근 것(圓)을 본뜨고, 地는 네모(方)를 본떴으므로 하늘과 땅 사 이의 만가지꼴, 만가지 현상은 모두가 둥근 것과 네모로부터 변화한 것이

12　김석득(2009: 189)에서 인용하였다.

다. 그러므로 글자 만듦의 처음에 이것을 본떠서 글자를 만들었다. [天象圓
地象方故凡盈天之間萬形萬象皆自圓方而變化者也 是故之造字之初象此而
製之] (『흡재고』, 『훈음종편』, '第一 造字象之原')

⑦에서 이사질은 모든 문자가 기본적으로 하늘과 땅의 상형에서 비
롯된 것으로 보았다. 즉 훈민정음이 원(圓)과 네모(方)로부터 비롯되었
다는 주장한 것이다. 이러한 주장을 바탕으로 그는 하늘의 모양을 본
뜬 'ㅇ'과 땅의 네모난 모양을 본뜬 'ㅁ'의 조화로 초성 17자가 만들어진
다고 하였다.[13]

'ㅇ'과 'ㅁ' 외에 나머지 초성자들은 모두 이 두 자를 바탕으로 만들었
는데, 원과 네모로부터 파생된 點과 획을 반절법을 이용하여 만들었
다. 예를 들어 ㅂ은 ㅁ의 상획을 잘라 중앙에 두어 만들었다고 하였다.
이사질은 초성자 뿐만 아니라 중성자도 원방 상형의식을 바탕으로 만
들어진다고 하였다. 모음은 點畫이 기본이 되는데, 點인 'ㆍ'는 원을 축
약한 것이고, 'ㅡ'는 네모의 單畫인데, 이 'ㆍ'와 'ㅡ'로부터 모음이 비롯
되었다고 주장하였다. 예를 들어 'ㅣ'는 'ㅡ'를 세워서 돌린 것이라고 하
였다(장향실 1998: 112~113).

다음은 '古篆 기원설'에 대해 살펴보겠다. 古篆 기원설은 최석정, 이
덕무, 홍희준 등이 주장하였다. 먼저 최석정은 그의 문집인 『명곡
집』에서 한글의 기원을 字體와 字數의 두 연으로 분리하여 字體는 篆
籀를 본떴고, 字數는 列宿의 數와 같이 한다고 하였다.[14] 한글이 篆籀
곧 大篆을 본떴다고 주장한 것이다. 이러한 견해는 후대의 이덕무에게

---

13 'ㅇ天圖之象 ㅁ地方之象' (第二 圓方之圖)
14 『명곡집』 11卷 「經世正韻五贊」 '稽訓'. "厥體伊何 取象篆籀 厥數伊何 並蹤列宿".

도 보인다.

⑧ 훈민정음의 첫소리·끝소리로 통용되는 여덟자는 다 고전(古篆)의 모양이다. 'ㄱ' 고문의 급(及)자인데 물(物)이 서로 미처 가는 것을 상징한 것이다. 'ㄴ' 숨는대匿]는 뜻으로 읽기는 은(隱)같이 한다. 'ㄷ' 물건을 받는 그릇으로 읽기는 방(方)같이 한다. 'ㄹ' 전서[篆]의 기(己)자이다. 'ㅁ' 옛날의 위(圍)자이다. 'ㅂ' 전서의 구(口)자이다. 'ㅅ' 전서의 입(入)자이다. 'ㅇ' 옛날의 환(圜)자이다. [訓民正音初終聲 通用八字 皆古篆之形也 ㄱ 古文及字 象物相及也 ㄴ 匿也 讀若隱 ㄷ 受物器 讀若方 ㄹ 篆己字 ㅁ 古圍字 ㅂ 篆口字 ㅅ 篆入字 ㅇ 古圜字] (이덕무,『청장관전서』「앙엽기」1권)

⑧에서 이덕무는『훈민정음』의 정인지 후서에 보이는 고전(古篆) 기원설을 지지하였다. 이를 통해서 한글과 닮은꼴의 고전을 확인할 수 있으나 이 여덟자를 제외한 나머지 자음과 모음에 대한 다른 언급을 찾을 수가 없다.[15]

다음은 '몽고자 기원설'에 대해 살펴보겠다. 이익은 그의 문집『성호사설』권16에서 성삼문 등이 遼東에 13번 왕복하며 黃瓚에게 배운 것이 몽고의 문자라고 하고 몽고자 기원설을 내세웠다.[16] 이러한 의식은 후대의 유희에게서도 보인다.

---

15 이러한 그의 견해는 손자인 이규경에게도 그대로 이어지고 있다. "나의 조부인 청장공께서 앙엽기를 지으셨다. 훈민정음 초성과 종성에 두루 쓰이는 8자 모두 古篆의 형태이다.(我王考靑莊公所選盎葉記 訓民正音初聲終聲通用八字 皆古篆之形也)" 이규경은 이덕무가 편찬한 「앙엽기」의 내용을 인용하며 한글 자형의 古篆 기원 의식을 드러내고 있다.

16 이익의 논거는 문자 외적인 역사적인 정황에 의존하여 추론한 것으로 이 견해 역시 구체적인 논증 없이 단편적인 언급을 한 것에 불과하다.

⑨ 우리 세종대왕께서는 사신에게 명하여 몽고 글자 모양을 의거하여 명나라 학사 황찬에게 질정하여 (훈민정음)을 짓도록 하셨다. (…중략…) 언문이 비록 몽고자에 의거하여 만들어졌으나, 우리나라에서 완성되어 실로 세간의 지묘한 것이 되었다. [我世宗朝命詞臣 依蒙古字樣 質問明學士黃瓚 以製 (…중략…) 諺文雖昉於蒙古 成於我東 實世間至妙之物 (유희, 『언문지』 전자례)

⑨에서 유희는 언문이 몽고자에 기대어 창제되었다고 하였다. 그러나 언문이 비록 몽고자에 의해 시작되었지만 우리나라에서 완성되어 세간의 묘한 것이 되었다고 하였는데, 이는 자신의 문자 기원 의식에서 우리의 문자가 완전히 몽고자를 모방한 것으로는 보지 않으려는 의도를 드러낸 것으로 보인다(이상혁 2004: 125).

다음은 '梵字 기원설'에 대해 살펴보겠다. 梵字 기원설은 조선 전기의 성현이 그의 문집인 『용재총화』에서 "其字體依梵字爲之"라 하여 최초로 언급한 것인데, 이러한 의견은 조선 후기의 황윤석에게도 보인다.

⑩ 범자에 이르러서는 혹 말하기를 석가여래가 지은 것이라고도 하지만 이는 알 수 없다. 그러나 우리나라 정음의 연원은 대체로 여기에 바탕으로 둔 것이니 끝내 범자의 범위를 벗어나지 못한다. [至於梵字 或云如來所製 此未可知 我國正音淵源 大抵本此 而終不出於梵字範圍矣] (황윤석, 『韻學本源』, '서역범자실담장')

⑩에서 황윤석은 훈민정음의 연원이 범자에 바탕을 두고 있어서 범자의 범위를 벗어나지 못한다고 하였다. 이러한 그의 문자 기원에 대

한 의식도 실증적 근거를 드러내지 못했다는 한계가 있다.[17]

다음은 이수광의 견해를 살펴보겠다. 기존의 많은 논의들이 그가 『지봉유설』에서 언급한 "我國諺書字樣, 全倣梵字" 부분을 한글의 기원에 대해 주장한 것으로 보았다. 그러나 이는 이현희(2004: 294)에서 주장한 것처럼 단지 언문의 서체에 대한 언급으로 보아야 할 것이다.

⑪ 우리나라 諺文 글자는 모두 고대 印度의 글자를 모방한 것이다. 이것은 世宗朝때 비로소 局을 설치하고 지어낸 것인데 글자를 만든 교묘함은 실로 임금의 지혜에서 나온 것이라고 한다. 대체로 이 언문이 나와서 萬方의 말과 소리가 서로 통하지 않는 것이 없다. 그러니 이것은 聖人이 아니고서는 불가능한 일이다.[18] [我國諺書字樣, 全倣梵字. 始於世宗朝, 設局撰出, 而制字之巧, 實自睿算云. 夫諺書出而萬方語音, 無不可通者. 所謂非聖人不能也.] (『지봉유설』卷18 「技藝部」 '書')

⑪은 이수광이 書體와 書法에 대해 서술한 '書'항의 일부이다. 앞 부분에서 한자의 서체와 서법에 대하여 서술해 오다가 갑자기 이 부분에서 언문의 기원을 언급한다는 것은 논리에 맞지 않다. '諺書字樣'은 문자 그대로 "언문의 글자꼴"을 의미하는 것으로 파악하는 것이 전체 글의 흐름이 더 어울린다. 그런데 이러한 해석에 문제가 되는 것이 뒤에 나오는 '倣'자의 의미이다. 일반적으로 '倣'자는 "모방하다, 본뜨다"의 의미로 사용된다. 그러나 경우에 따라 "비슷하다"나 "비슷해지다"의 의

미로 쓰이기도 한다. '倣'자가 후자의 의미로 사용된 것으로 보면 '我國 諺書字樣, 全倣梵字'는 "우리나라 諺書(眞書(한자)에 대비되는)의 글자 꼴은 다 梵字와 비슷하다"로 해석할 수 있을 것이다.

끝으로 이형상의 견해를 살펴보겠다.

⑫ 예전에 세종대왕께서 언문청을 설치하시고 정인지, 신숙주, 성삼문 등에게 명하시어 篆書와 籒文을 모방해 28字母를 만들어서 여러 글자를 만들 수 있게 하였다. 혹은 소리에 어울리게 하거나 뜻을 합하여 그것을 만들었는데 그 글자는 梵字를 본떠서 만든 것이다. 우리나라 및 여러 나라의 語音 중에 문자로 기록되지 않았던 것들이 모두 통하고 오류가 없게 되었다.[19] [昔我世宗大王設諺文廳 命鄭麟趾申叔舟成三問等 倣蒙籒二十八字母 演爲諸字 或諧聲或會意而爲之 其字依梵字造作(이형상, 『자학』, '追錄彦文反切說')

⑫에서 이형상은 세종대왕이 정인지, 신숙주, 성삼문 등에게 명하여 만든 28개의 자형은 전서와 주문을 모방하여 만들었으며, 범자를 본떠서 만들었다고 하였다. 그리고 같은 책의 '梵字五音假令'에서는 한글의 자모가 범자를 참고하여 만들었다는 증거로 범자를 아음, 치음, 설음, 후음, 순음, 초음(超音), 조음(助音) 등으로 나누어 제시하였다. 이러한 그의 견해는 '古篆 기원설'과 '범자 기원설'이 합쳐진 것이라고 할 수 있다.

지금까지 조선 후기의 지식인들의 한글의 기원에 대한 의식을 알아보았다. 조선 후기 지식인들의 한글의 기원에 대한 인식은 『훈민정음』

---

19 김언종(2008)의 번역을 이용하였다.

해례본이 발견된 현재의 관점에서 봤을 때는 대부분 받아들이기 어려운 견해들이다. 그러나 이들의 연구는 조선 후기에 이루어진 한글 전반에 걸친 연구의 일부로서 그것의 진위 여부와 관계없이 가치가 있는 것이다.

(2) 한글의 가치에 대한 인식

이 장에서는 조선 후기 학자들의 한글의 가치에 대한 인식을 살펴볼 것이다. 한글에 대한 학문적 관심은 주로 소론계열의 학자들에게서 보이는데,[20] 소론계열의 학자들은 조선의 한자음[東音]이 중국의 古音을 상당 부분 간직하고 있으므로 오랑캐의 음에 오염된 현재 중국의 음보다 우월하다는 자부심을 가지고 있었다. 즉 正音을 찾는 과정에서 상고 중화의 흔적이 남아 있다고 여긴 東音에 주목하고, 正音을 온전히 복원할 수 있는 도구로서 한글의 기능에 관심을 가진 것으로 보인다.[21]

조선 후기 학자들의 한글에 대한 인식은 주로 한자의 음 표기와 관련이 있었다. 즉 한자의 음을 정확하게 표기할 수 있는 방법으로 한글을 선택하였던 것이다.

⑬ 옛날 우리 세종대왕께서는 식견이 크고 밝으셔서 중국의 음과 맞추고자 하셔서 언문을 창제하시고 그것으로 반절의 뜻을 밝히려고 하셨다. 그

---

20   김양진(2009: 263~264)은 성리학과 구별되는 양명학적 심학의 전통이 소론계 학자들로 하여금 사물을 바라보는 데 있어서 客觀主義的 絕對性보다는 主觀主義的 相對性에 더 많은 관심을 보이게 한 것으로 판단하였다. 즉 양명학의 心學的 傳統이 이들 소론계 학자들로 하여금 중국보다는 조선의 입장에서 사물을 바라보게 하고 名分보다는 實利에 초점을 두게 하였다는 것이다.

21   소론계의 국어연구와 소론의 사상적 정체성을 관련시킨 연구로는 김영주(2004), 김동준(2007), 김양진(2008), 조성산(2009ㄴ) 등이 있다.

런데 후세로 내려갈수록 그것이 해득하기 쉬운 관계로 詩書를 공부하지 않고 경쟁적으로 학습해서는 이를 부인네와 서찰 왕래에 사용하였다. 그렇다면 언문이라는 문자는 동국의 특별한 문자로서 또 중국과 문자를 같이한다는 의리를 어긴 것이다. 정말 탄식할 일이다.[22] [昔我世宗大王之聖鑑孔昭, 思叶華音, 創爲諺文, 以明反切之義. 而寢及後世, 緣其易曉, 不學詩書, 競相傳習, 只用於婦人書札之相通. 然則諺之爲文, 別是東國之文, 而又非同文之義也, 尤可歎也] (이희경, 『설수외사』「말 따로 글자 따로」 중에서)

⑬에서 이희경은 세종이 중국의 음과 맞추고자 훈민정음을 창제하였다고 하였다. 훈민정음의 창제 의의를 단순하게 중국음의 주음부호를 만든 차원으로만 본 것이다. 그래서 그는 세종대왕이 민족의 문자를 만들었다는데 대하여 '書同文'이라는 기준으로 비판하였다(안대회 2001: 321).

이희경뿐만 아니라 조선 후기 학자들의 한글에 대한 인식은 대체로 한자의 음 표기와 관련이 있었다. 그런데 이러한 인식을 넘어 한글이 사물이 내는 모든 소리를 적을 수 있다는 즉 한글의 표음성에 대해 인식한 견해들도 보인다.

⑭ 대저 중국 사람의 말은 곧 中華의 正音입니다. 진나라 이후 五胡들이 번갈아 중국을 어지럽힌 이후부터는 방언이 자주 변하고 한자음도 또한 僞作이게 되었지만 그래도 그 유사한 것에 따라 진짜 音을 찾아낼 수 있습니다. 우리나라의 음은 중국의 것에 가장 가까웠는데, 신라와 고려 이래

---

[22] 안대회(2001)의 번역을 이용하였다.

로 이미 飜解하는 방안이 없어 매양 익히기 어렵다는 근심이 있었습니다. 오직 우리 세종대왕께서 하늘이 낸 예지로 혼자서 신기를 운용하여 창조하신 훈민정음은 중국 사람들에게 물어 미묘한 것까지 곡진히 하였습니다. 무릇 사방의 언어와 갖가지 구멍에 나오는 소리들을 모두 붓끝으로 그려낼 수 있어 비록 길거리의 아이들이나 항간의 아낙네들이라 하더라도 환히 알 수가 있으니, 개물성무(開物成務)의 공로는 전대의 성인들도 밝혀내지 못한 것을 밝혀내어 천지의 조화에 참여하였다고 하겠습니다.[23] [夫漢人之語 卽中華之正音也 一自晉代以後 五胡交亂 方言屢變 字音亦譌 而猶可因其似而求其眞矣 我國之音 最近於中國 而羅麗以來 旣無飜解之方 每患通習之難矣 惟我世宗大王睿智出天 獨運神機 刱造訓民正音 質諸華人 曲盡微妙 凡四方之言語 萬竅之聲籟 皆可形容於筆端 雖街童 巷婦 亦能通曉 開物成務之功 可謂發前聖之未發 而參天地之造化矣] (홍양호, 『耳溪集』卷 19 疏箚 '陳六條疏')

⑭에서 홍양호는 우리나라의 한자음이 중국과 가장 가까웠지만 이를 飜解하는 방법이 없어 배우기 어려웠는데 훈민정음이 나온 이후로는 이러한 어려움이 사라졌다고 하였다. 오랑캐의 음에 오염된 현재의 중국음보다 조선의 한자음이 古音을 많이 가지고 있는데, 이러한 이상적인 고음을 찾는 과정에서 훈민정음이 이를 정확하게 표기할 수 있게 해준다고 생각한 것이다. 그리고 훈민정음이 사방의 언어와 만물의 소리를 모두 표기할 수 있다고 하면서 세종의 공로를 천지의 조화에 참여하는 것이 비유하였다.

---

23 김문식(2003)의 번역을 이용하였다.

이러한 생각은 이규경, 홍희준, 신경준 등의 학자들에게서도 보인다.

⑮ 나의 왕고 청장공이 찬한 『앙엽기』에 "훈민정음의 첫소리·끝소리로 통용되는 여덟 자는 다 고전(古篆)의 모양이다. (…중략…) 대개 자획은 중국의 전주(篆籀)보다 나은 것이 없고, 성운은 서역의 패주(唄呪)보다 좋은 것이 없다고 한다. 그런데 이 두 가지의 묘를 겸하고 있는 것이 훈민정음이니, 성인이 아니고서야 어찌 이와 같이 할 수가 있었겠는가" 하였다. (…중략…) 내가 생각하기에는 번절법(翻切法)이 중국의 것은 두 글자가 서로 갈리어 소리가 되는 것을 번절이라고 하나, 우리나라는 두 글자 중에 앞의 것은 뒤를 버리고, 뒤의 것은 앞을 버린 후 합하면 소리가 되는 것인데, 대개 두 자를 먼저 우리 소리[東音]로 한 다음 훈민정음을 취하여 쓰는 것이다. 다른 번절의 글자 소리도 이것을 모방하면 번절의 법칙이 우리의 훈민정음보다 나은 것이 없으니, 다만 만국의 언어뿐만 아니라 비록 바람 소리·비 소리·새 소리·짐승 소리·벌레 소리 등 표현하기 어려운 소리까지도 다 기록할 수 있으며, 뒤집으면 중원의 무궁한 글자와 서역의 무궁한 소리까지도 다 그 가운데 포함되어 있는 것이다.[24] [我王考青莊公所撰『盎葉記』訓民正音初終聲 通用八字 皆古篆之形也 (…중략…) 蓋字畫莫善於中國之篆籀 聲韻莫善於西域之唄呪 故兼此二妙者 訓民正音也 匪聖人 烏能與於此乎 愚以爲翻切法 中原則兩字相摩 以爲聲韻 謂之翻切 我東則二字先去後後去先 合以成音 蓋兩字先以東音 而取訓民正音書之 (…중략…) 他翻切字音並倣此 則翻切之法 莫妙于我之訓民正音也 非徒萬國之語 雖風雨 鳥獸蟲豸難象之音 皆可得而翻焉 則中原無窮之字 西域無窮之音 自在其中矣 曾

---

24 고전번역원의 번역을 이용하였다.

有訓民正音辨證者 今但辨翻切而已也] (이규경, 『오주연문장전산고』「反切翻紐辨證說」)

⑮에서 이규경은 먼저 이덕무의 『盎葉記』를 인용하여 한글은 자획 면과 음을 나타내는 면으로 볼 때 매우 우수한 글자라고 하였다. 그리 고 한글은 반절법 이상으로 자연의 모든 음과 한자음, 서역음까지도 기 록할 수 있다고 하였다. 한글이 가지는 표음성에 주목을 한 것이다. 그 리고 같은 책의 「언문변증설」에서는 한글에 대한 무궁하고 간결한 우 수성을 들고, 한글이 멸시당함을 한탄하기도 하였다(김민수 2003: 177).

다음은 홍희준의 견해를 살펴보겠다.

⑯ 말[言]과 소리[聲]는 무궁하고 한자[文字]는 유한하여 소리는 있는데 글 자가 없는 것이 열에 여덟아홉이 된다. 그렇기 때문에 만 가지의 소리가 있 으나 끝내 그 형체를 다할 수 없으니 이것이 중국의 한자[文字]이다. (…중 략…) 우리 세종대왕께서는 하늘을 이어 표준[極]을 세워 묵묵히 예지를 운 행하셨다. 이에 아설순치후에서 나는 음을 본따서 비로소 언자를 만들어 형체로써 소리를 나타내어 그 오묘함을 다하였다. (…중략…) 사람과 사물 의 움직임이나 소리가 있어도 문자로 형체와 모습을 얻을 수 없는 것을 다 끝까지 표기할 수 있다. 이를 이름하여 '訓民正音'이라 하였다.[25] [言聲無窮 文字有限 有聲而無字者 十居八九 故有萬之聲 終無以盡形焉 此中華之文字 也 (…중략…) 我世宗大王繼天立極 默運睿思 乃象牙舌脣齒喉之音 肇刱諺 字以形寫聲 曲盡其妙 (…중략…) 人物之動而有聲而文字之不得形容者 無

---

25 이군선(2007), 김양진(2008)의 번역을 참고하였다.

不盡寫而窮至焉 名之曰訓民正音] (홍희준,『전구』「언서훈의설」)

⑯에서 홍희준은 한자는 모든 소리를 다 나타낼 수 없지만 한글은 사람과 사물의 움직임이나 형체와 모습을 얻을 수 없는 것들도 다 표기할 수 있다고 하였다. 이는 표의문자인 한자의 한계에 대해서 지적한 것이고, 이러한 한자의 한계를 한글을 통해 극복할 수 있다고 보는 것이다.

⑰ 한자[文字]는 오로지 그 뜻[義]만을 취하고 언자(諺字)는 오로지 그 소리[聲]만을 취하였으니 서로 표리가 될 수 있어야 크게 갖추어지는 것이다. [文字專取其義 諺字專取其聲 可以相爲表裏而大備者也] (홍희준,『전구』「언서훈의설」)

⑰에서 홍희준은 뜻글자인 한자와 소리글자인 한글의 조화야말로 가장 이상적인 문자 체계라고 생각하였다. 한자와 한글을 상보적인 관계로 생각한 것으로 이는 한자와 한글을 대등한 위치에서 생각하고 있는 것이다. 홍희준에게 한자가 문자의 근본이라고 여기던 통념은 보이지 않는다.

끝으로 신경준의 견해를 살펴보겠다.

⑱ 우리나라에는 오랫동안 사용되던 문자가 있었지만 그 숫자가 갖추어져 있지 않고 그 형태도 법도가 없어 한 나라의 말을 형용하고 한 나라의 쓰임에 대비하기에는 부족하였다. 우리 세종대왕께서 訓民正音을 창제하시어 例로는 半切의 뜻을 취하고 그 형상은 교역 변역의 加一倍法을 사용했고

그 文의 점획은 심히 간략하고 淸濁 闢翕과 初中終音聲이 찬연히 갖추어져 마치 하나의 그림자와 같게 되었다. 그 글자는 많지 않으나 그 쓰임은 지극히 넓고 쓰기는 심히 편하고 배우기는 매우 쉬어 千言萬語를 모두 형용할 수 있다. 비록 부녀자나 아이들도 모두 사용하여 그 말을 전달하고 그 정을 통하게 할 수 있으니 이는 옛 성인조차 미처 깨닫지 못한 것으로서, 천하에 없는 바를 통하게 한 것이다. (…중략…) 정음의 혜택은 우리 동방에 그치지 않는다. 가히 천하를 위한 성음대전으로 삼을 만하다. [東方舊有俗用文字 而其數不備 其形無法 不足以形一方之言而備一方之用也 正統丙寅 我世宗大王製訓民正音 其例取反切之義 其象用交易變易加一倍之法 其文點畫甚簡 而淸濁闢翕 初中終音聲 燦然具著 如一影子 其爲字不多 而其爲用至周書之甚便 而學之甚易 千言萬語 纖悉形容 雖婦孺童驗 皆得以用之 以達其辭以通其情 此古聖人之未及究得而通天下所無者也 (…중략…) 正音不止惠我一方 而可以爲天下聲音大典也] (『旅菴遺稿』卷3『운해』「序」)

⑱에서 신경준은 훈민정음이 문자로서 지닌 우수성과 사용의 편리성에 대해 언급하고 있다. 훈민정음은 비록 글자가 많지 않으나 쓰임이 넓고 쓰기는 편하고 배우기 쉬어 千言萬語를 자세히 표현할 수 있다고 하면서 부녀자들과 아이들도 훈민정음으로 그들의 의사를 쉽게 표현할 수 있다고 하였다. 끝으로 훈민정음은 우리나라뿐만 아니라 천하를 위한 성음 대전이 될 만하다며 극찬하고 있다.

'문자'로 기능하기 위해서는 뜻을 전달하는 데에 어려움이 없어야 하는데, 신경준은 음성을 정확히 표기할 수 있는 훈민정음이 그러한 역할을 할 수 있다고 생각하였던 것으로 보인다(조성산 2009ㄴ: 107). 한글의 문자로서의 가능성은 정동유와 유희에게서 좀 더 구체적으로 살펴볼 수 있다.

⑲ 훈민정음은 곧 천하의 대문헌이다. 어찌 한낱 조선이라는 한 곳의 언어를 적는 자료일 뿐이겠는가? 음운학으로서 훌륭하기가 심약과 주옹보다 훌륭하다. (…중략…) 오늘날 훈민정음은 '東'자의 음을 바로 '동'이라 하고, '江'자의 음을 바로 '강'이라고 한다. 만약 창힐이 글자를 만들 때 正音이 있어 같이 전하게 하였다면 그 때의 한자의 음이 천만세대를 통하여 차이가 생기거나 잘못될 까닭은 없다. (…중략…) 이러한 일은 오직 세종대왕 같은 총명하고 지혜로운 성인만이 할 수 있는 일이다.[26][訓民正音卽天下之大文獻 豈直爲朝鮮一區言語傳寫之資已而哉 音韻之學盛於沈約周顒 (…중략…) 今正音則東音而直言동江音而直言강 若使倉詰造書之時 有正音而並傳 則其時字音千萬世無差誤之理 (…중략…) 唯我世宗大王易所謂聰明睿知神武不殺之聖也](정동유, 『주영편』 下)

⑲에서 정동유는 『훈민정음』을 천하의 대문헌으로 평가하면서 이를 조선의 언어만을 적는 자료로 여기지 않았다. 그리고 반절법보다 훈민정음이 한자음을 표기하는 방법으로 훨씬 유용하다고 하면서 만약 창힐이 글자를 만들던 때에 정음 즉 한글이 있었다면 당시의 한자음이 정확하게 전해져 내려 왔을 것이라고 하였다. 한글의 표음성을 높이 평가한 것이다.

⑳ 정동유 선생은 격물에 정통한 분인데, 일찍이 나에게 다음과 같이 언

---

26 번역은 양정호(2004), 이상혁(2004)의 번역을 이용하였다.

급하셨다. (…중략…) 만일 언문으로 기록하여 전한다면 아무리 오래 간들 어찌 본음이 변할 것을 근심할 것이랴 한문은 간결하면서도 오묘한 것을 존중하여 내용을 잘못 알아보기 쉬우나, 한글로 쓰면 조금도 의심할 점이 없으니, 부녀자나 할 학문이라고 소홀히 해서는 안된다.[27] [鄭丈東愈工格物 嘗語不佞 (…중략…) 若註以諺文 傳之久遠 寧失眞爲慮 況文章必常簡奧 以簡奧通情 莫禁誤看 諺文往復 萬無一疑 子無以婦女學忽之](유희, 『언문지』「序」)

⑳은 유희의 『언문지』 서문에 있는 정동유의 견해이다. ⑳에서 한문은 내용을 잘못 알아보기 쉬우나, 한글로 쓰면 조금도 의심스러운 것이 없으니, 부녀자나 배워야 할 것이라고 소홀히 해서는 안된다고 하였다. 한문에 비해 우수한 한글이 천대받지 말아야 한다고 생각하는 것이다.

스승인 정동유의 이러한 견해는 유희의 『언문지』 저술로 이어졌다. 『언문지』에서 유희는 한글의 우수성을 더욱 구체적으로 설명하였다.

㉑ 이제 내가 이『언문지』를 비록 간간이 한자음을 가지고 설명하고 있으나 애초에 한자음을 밝히기 위한 것은 아니다. 다만 언문만이 아니라 한자음도 밝힘은 사람 입에서 발음되는 음을 다 전사하고자 함에 다름 아니다. [今余此志雖間間發明以字音初非爲字音設也只欲寫盡人口所出之聲而已] (유희, 『언문지』「초성례」)

---

27 이하 『언문지』의 번역은 이상혁(2002)의 번역을 이용하였다.

㉒ 언문은 비록 몽고자에 의거하여 만들어졌으나, 우리나라에서 만들어졌으며 실로 대단히 묘한 것으로 한자보다 뛰어난 두 가지 점이 있다. 한자는 육서법에 의해 만들어진 것이기 때문에 그 모양이 산란하여 한 예로써 만 가지를 미루어 살핀다는 것은 불가능한 일이다. 그러나 언문은 중성으로 초성을 이어받고, 종성으로 중성을 이어받아서 각각 차례가 있고 가로세로가 가지런하여 여자들이나 아이들이라도 모두 쉽게 깨칠 수 있다. 그리고 그 변화는 거의 주역의 효수(爻數)와 같아서 아무리 뒤섞여도 각기 그 순서를 따르지 않은 것이 없으니 이는 그 자체의 정교함이다. 한자는 해성(諧聲) 외에 또 획수를 더하는 것도 있어서, 세월이 흐를수록 글자수가 더 늘어나서 옛사람들이 전주한 것 외에 후세의 문인들이 제멋대로 바꾸어 읽어서 (…중략…) 항상 그 시비가 일지만, 언문은 전부를 옮기면 그만이며, 단 한 글자도 잘못 쓸 수 없고, 다 한 글자의 음을 다르게 읽을 수 없으니, 이것이 언문의 쓰임이 정교한 점이다. [諺文雖刱於蒙古 成於我東 實世間至妙之物 比之文字 其精有二 文字則制以六儀 爲物散亂 不可以一例推萬狀 諺文則以中係初 以終係中 各有條脈 織橫整齊 婦人孺子咸能頓悟 其變化殆 如大易之爻 錯綜往來 無不各從其次序 體之精也 文字則古人諧聲之外 偏方之加 漸久漸多 古人轉注外 後來詞客 任意變讀 (…중략…) 恒起?辦諺文則若移動全部則已 欲誤一字之形 得乎欲改一字之音 得乎 此用之精也] (유희, 『언문지』「전자례」)

㉑에서 유희는 한글이 한자음을 적는 기호일 뿐만 아니라 사람이 낼 수 있는 모든 음을 다 적을 수 있다고 하였다. 이는 한글이 지니는 표음성에 대해 언급한 것이다. 그리고 ㉒에서는 한글이 한자보다 뛰어남을 두 가지 측면에서 언급하였다. 먼저 한글은 중성으로 초성을 이어

받고, 종성으로 중성을 이어받아서 각각 차례가 있다고 하였다. 이는 초중종성의 결합으로 음절이 구성될 때의 정교함을 언급한 것이다. 그리고 가로 세로가 가지런함을 말하였는데 이는 자형이 정교함을 언급한 것이다. 두 번째로 한자는 세월이 흐를수록 글자 수가 늘어나서 잘 못 읽는 폐단이 있으나 한글은 표음문자로서 이러한 폐단을 해결할 수 있다고 하였다.

정동유와 유희 등의 한글에 대한 적극적인 인식은 동아시아 사회에서 하나의 공통 언어, 즉 한자를 사용한다는 '同文 의식'에 일정한 균열이 일어나고 있었음을 보여주는 것이라고 할 수 있다(조성산 2009ㄴ: 110).

반면에 이러한 동문 의식 균열에 대해 위기감을 표현하는 이들도 있었는데, 이희경, 이규상과 홍한주 등이다. 이희경은 앞의 ⑬에서 보았듯 우리나라가 한글을 만들어 사용하고 있는 것은 중국과 문자를 같이 한다는 의리를 어긴 것으로 탄식할 일이라고 하고 있다. 그리고 이규상은 그의 문집 속 '세계설'에서 다음과 같이 이야기하였다.

㉓ 각국의 언서(諺書)는 음에 속할 만한 데 비해 옛날 창힐이 만든 글자는 양에 속할 만하다. (…중략…) 가령 동방의 한 구역만을 예로 삼아 날마다 그 성쇠의 형세를 관찰해 보면, 오래지 않아 언문이 역내의 공행문자가 될 것 같다. 지금 더러 언문으로 쓴 소본이라는 것이 있다고도 하며, 공이 문자를 쓰기 어려워서 급한 형편에 따르지 않을 수 없어서 간간이 언문을 쓰는 경우가 있는데, 이것들이 그 조짐이다. 온갖 사물과 일에서 어느 하나도 음이 승하지 아니한 것이 없다.[28] [各國諺書, 可屬於陰, 古來蒼頡製字,

---

[28] 김동준(2009)의 해석을 인용하였다.

(…중략…) 如持東方一域, 而曰觀於其消長之勢, 則不久, 似以諺文爲其域
內公行文字. 卽令或有諺文疏本者云, 若公移文字難書, 倉卒者, 不無副急,
間間用諺文者, 此其兆矣. 物物事事, 無一物一事之不陰勝者] (이규상, 『一
夢稿』 卷23 '世界說')

㉓에서 이규상은 언문이 오래지 않아 公行文字가 될 것 같다고 하면
서 관청에서 급한 경우에 언문을 쓰는 경우가 있는데 이것이 조짐이라
고 하였다. 이러한 현상을 그는 陰이 勝하는 것으로 본다. 즉 음이 확
대되는 것으로 보아 부정적으로 인식하고 있는 것이다.

분명 이전 시기까지 한자는 주로 공적인 영역에서 쓰이고, 한글은
주로 사적인 영역에서 쓰이고 있었다. 그런데 한글이 이제 공적인 영
역 즉 관청에서 사용된다는 것은 이전과는 분명히 다른 것으로 이에
대해 이규상은 우려를 하고 있는 것이다.

그러나 시대의 흐름을 막을 수는 없다. 이후 19세기 말의 박문호
(1846~1918)에 이르면 앞선 정동유, 유희 등보다도 좀 더 진일보한 견해
를 볼 수 있다.

㉔ 온 천하에는 수만의 나라가 있고, 나라마다 문자를 달리하여 편리하
게 사용함으로써 거의 수만 가지의 문자가 있다. 성인이 "글은 문자가 같
다"란 말은 대개 중국의 입장에서 말한 것일 뿐이다. 지금 저 한문은 중국
의 문자요 언문은 동국의 문자이다. 한문에는 36개의 字母가 있고, 언문에
는 28개의 자모가 있으나 그 의리는 한 가지이다.[29] (朴文壺, 『호산집』 권

---

29 안대회(2006: 218)에서 인용하였다.

38, 34~35장 「諺文說 丙午」)

㉔에서 박문호는 한문은 중국의 문자이고, 한글은 우리나라의 문자라고 하면서 한문이나 한글이나 수많은 언어의 하나일 뿐이라고 하였다. 이러한 생각은 이미 한자와 한문 중심의 문자관에서 벗어났음을 의미하는 것이다.

3) 차자 표기에 대한 인식

우리나라에서는 매우 이른 시기부터 한자를 이용하여 우리말을 표기하는 차자표기법이 발달하였다. 이러한 차자표기법에는 이두, 향찰, 구결 등이 있는데, 이중 조선 후기까지 사용된 것은 이두와 구결이다. 이두는 행정 문서와 관련된 특수한 용도에 한정하여 사용되었고, 구결은 한문의 구두와 현토에 사용되었다. 이 중에서 구두 및 구결에 대한 인식은 2장에서 살펴보았으므로 이 장에서는 조선 후기 학자들의 이두에 대한 인식을 살펴보겠다.

이두에는 廣義와 狹義의 두 개념이 있다. 광의의 이두는 협의의 이두 및 향찰, 구결, 고유명사 표기까지도 모두 포함하는 것으로 차자표기 전반에 대한 대명사와 같이 쓰이는 것이다. 그리고 협의의 이두는 이두문에 쓰인 우리말을 가리킨다(남풍현 1999: 11~12). 이 글에서 쓰는 이두라는 용어는 협의의 개념으로 쓴 것이다.

그런데 역사적으로 이두가 사용된 국내용 공문서도 吏文이라고 하여 개념상의 혼란이 있다. 吏文은 외교문서인 事大文書에 쓰인 문체의 글만을 지칭하는 것이 아니라 일반 행정문서에 쓰인 吏讀文을 가리키기도 하는 것이다.

㉕ 사대(事大) 문서에 쓰는 이문은 비록 나라 안에서 쓰는 이문과는 다르지만, 제정한 법의 뜻이 과연 어떠한가. [事大之吏文 雖異於國中之吏文 制置法意] (『弘齋全書』 권47 「判」 「判湖南暗行御史李義甲書啓」)

㉕는 서론에서 언급했던 정조 임금의 글의 일부이다. ㉕에서 정조는 이문은 국내의 공용문서에 사용하는 것과 사대(事大) 문서에서 사용하는 두 종류가 있음을 언급하였다.

吏文의 개념이 이렇게 변천된 것은 국외와 국내의 두 문서에 사용된 文體가 다같이 公文書에 나타나며 더욱이 국내 문서의 書式이 외교문서의 격식을 그대로 받아들여 首尾가 같은 투식을 갖는 사실이 크게 작용하였기 때문인 것으로 보인다(안병희 1987: 23).

이두문은 주로 행정실무와 관련되어 사용되었다. 官衙 사이에 주고받는 關, 牒 등과 관아에 제출하는 민간의 所志, 文券 등이 그러한 문서들이다. 그리고 율법의 표기에도 이두문이 사용되었는데, 受教 등이 그 예이다(안병희 1987: 11). 그런데 이두의 문장은 점차 사대부들이 읽기 어렵게 되었다. 정조 연간에 『증수무원록』과 『증수무원록언해』를 간행하게 된 사실에서 그러한 변화를 볼 수가 있다(심경호 2008: 217).

㉖ 우리나라의 사부(士夫)는 법률을 제대로 공부한 이가 적다. 그러니 송사나 옥사를 다스림에 있어서 제대로 법에 맞게 하지 못하는 것이 당연한 일이다. 중대한 옥사의 검험(檢驗)은 더욱 신중하게 처리해야 함에도 그들이 보고 기준으로 삼는 것이라고는 오직 왕여가 지은 무원록 한 책뿐

이다. 그러나 그 책은 이두(吏讀)를 많이 사용하여 해독하기가 어렵다. 해독하기가 어려운 책이라는 이유로 평소에는 익히지 않고서 조금의 오차도 없이 진위를 판결하고자 하니 어찌 그리 그 방법이 엉성하단 말인가. 지난날 세종조에 최치운 등에게 명하여 주석을 달아 간행하게 하였는데 우리 선왕조에 또 구택규에게 명하여 구주(舊註)를 수정하고 보완하게 하였으니, 분명하고 신중하게 하시려는 두 성상의 뜻이 참으로 훌륭하셨다. 나는 봉조하 구윤명이 그 아비가 미처 완성하지 못한 책을 보완하고 윤색하였다는 말을 듣고서 가져다 보고 훌륭함을 칭찬하였다. 형조 판서 서유린에게 명하여 다시 교정을 하고 한글로 번역하여 책을 펼치기만 하면 환하게 알 수 있도록 하여 외각에 보내 활자로 인쇄하여 반포하게 하였다. 이후로 중외의 옥사를 다스리는 신하들은 법조문에 대하여 착오를 일으키는 일이 없게 될 것이다.[30] [我國士夫鮮有能讀律者 聽訟決獄之不能中窾 固其勢也 至如重獄檢驗 尤宜兢愼 而其所視爲準繩者 惟王與所撰無寃錄一書 <u>然其書 多用吏讀</u> 艱於曉解 夫以艱晦難通之書 考拈於平日不習之餘 而欲求其眞僞 毫忽之無少爽誤 何其術之疎也 昔在世宗朝 命崔致雲等撰註刊行 逮我先王 朝 又命具宅奎因舊註而刊訛補漏 兩聖明愼之意 猗歟盛哉 予聞奉朝賀具允 明 續其父未成之書 有所增潤者 取覽而善之 命刑曹判書徐有隣更加訂校 飜 諺爲解 俾可一開卷瞭如 付外閣活印頒行 自此中外按獄之臣 庶不至於臨文 錯解云] (『홍재전서』 제184권 「군서표기」 6)

㉖에서 우리나라의 사대부들이 중대한 옥사의 검험을 하는데 기준으로 삼는 것은 『무원록』인데, 이 책은 이두식 표기가 많아 해독하기

---

30 한국고전번역원의 번역을 인용하였다.

가 어렵다고 하였다. 그 후 서유린에게 명하여 다시 교정하게 하고 언해를 통해서 관리들이 쉽게 이해할 수 있도록 하였다. 사대부들이라도 이두식 문장을 따로 익히지 않으면 어려워했음을 알 수 있다.

그런데 정규 교육 과정을 통해서는 이두를 터득할 수가 없었다. 따라서 당시의 관리들은 이두를 따로 익힐 수밖에 없었는데, 이러한 추세에 맞추어 간행된 실용적인 문서작성 편람이 『유서필지』였다. 이 책에는 당시 널리 사용하던 이두를 모아 1~7자별로 분류 정리하여 찾아보기 쉽도록 한 「이두휘편」이 부록으로 실려 있다. 이는 조선시대 지식인들 사이에서도 이두가 얼마나 널리 사용되었는가를 짐작하게 하는 것이다(전경목 2006: 164).

이외에도 조선시대 후기에는 많은 이두 학습서들이 편찬·간행되었다. 이때에 편찬 또는 간행된 이두학습서로는 다음과 같은 것들이 있다. 먼저 1658년(효종 9)에 간행된 편자 미상의 목판본인 『이문(吏文)』과 17·18세기 간본으로 추정되는 『이문대사(吏文大師)』, 18세기 이후로 추정되는 『이문잡례(吏文襍例)』, 『전율통보(典律通補)』 등이 있다. 그리고 초고본의 「이문(吏文)」(1761), 『전율통보』 수정본인 「이문(吏文)」(1786), 『고금석림(古今釋林)』의 「나려이두(羅麗吏讀)」, 『재물보(才物譜)』의 「이두(里讀)」(1798), 『오주연문장전산고』의 「어록변증설부록(語錄辨證說附錄)」, 『주해어록총람(註解語錄總覽)』의 「이문어록(吏文語錄)」(1919) 등도 이두 학습서에 포함되어 논의될 수 있다. 이외에도 寫本만 전하는 『이두편람(吏讀便覽)』, 蒙牖의 『아동이두(我東吏讀)』 등이 있다(고정의 2003: 225~227).

2. 문자 생활에 대한 인식

이 절에서는 조선 후기의 지식인들이 어문 생활에서 말과 문자의 관계를 어떻게 인식하고 있었는지에 대한 다양한 양상을 살펴보고자 한다. 당대의 지식인들은 입으로는 한국어를 하지만, 글은 한문을 쓰는 독특한 語文 생활을 영위하고 있었다.[31] 이러한 二重構造를 개화기 사람들은 '言文二致'라고 요약하였으며(이기문 1970: 14), '言文不一致'로 일컫기도 한다.[32]

당시 조선은 중국이라는 문명국에 조금이라도 더 닿기 위해 부단히 노력하고 있었다. 조선의 입장에서 문명국에서 사용하는 문자는 최고 권위를 가진 것이었다. 중국과 더 가까워지기 위하여 끊임없이 중국과 조선을 비교하는 과정에서, 중국은 '言'과 '文'이 하나인데 조선은 그렇지 않다는 인식을 하게 되었다. 이러한 인식은 조선이 중국과 교류하는 과정에서 보다 심화되었다(류준필 2003). 특히 북학파는 중국과 교류하는 과정에서 필담을 통해 이루어지는 의사소통에서 불편함을 느끼며, 중국과 조선 사이에 존재하는 '차이'에 대해 본격적으로 인식하기 시작하였다(조성산 2009: 186~187). 조선은 중국과 글은 통하지만(通文)

---

[31] 이러한 양상을 'diglossia'나 이를 번역하여 '양층언어현상'으로 설명하기도 한다. 그런데 사회 계층과 상관없이 상층과 하층 계급은 모두 한국어를 사용하고 있었기 때문에, 두 종류의 언어가 공존하였던 것은 아니다. 다만 상층에서 사용하는 문자(한자)와 하층에서 사용하는 문자(한글)가 달랐을 뿐이다. 'diglossia'의 개념을 좀 더 엄격하게 적용한다면 이러한 현상을 'digraphia(양층문자현상)'로 부를 수 있을 것이다. 하지만 文字를 言語의 하위 개념으로 본다면 'diglossia'라는 용어도 무방하다. 이에 대해서는 4장에서 상술할 것이다.

[32] '言文不一致' 및 '言文二致'의 반대어는 '言文一致'이다. 본 글에서 '言文一致'란 언어 생활과 문자 생활의 일치, 즉 말은 한국어를 하고 글은 한글을 쓰는 것을 의미한다.

말은 통하지 않았던 것이다(不通語).[33]

그런데 현대적인 관점에서 보았을 때 言과 文이 하나라는 개념은 허상에 가깝다. 세상에 '말하는 대로' 기록되는 문자는 없다. '음성'과 '문자' 사이에는 필연적인 관계가 없기 때문이다. 한국인의 입장에서는 [sagwa]라는 음성을 한글을 이용하여 '사과'로 기록하면 마치 言과 文이 하나인 것처럼 느껴질 수 있다. 하지만 언어는 자의적이기 때문에 [sagwa]라는 음성을 반드시 '사과'로 전사해야 할 필연성은 없다. 이와 마찬가지로 "물이 깊어서 건너지 못한다"라는 의미를 반드시 중국처럼 '水深渡不得'로 적어야 할 필요는 없다. 하지만 당시 지식인들은 중국 중심적 사고를 가졌고, 한문은 절대적 권위를 가진 문자였기 때문에 꼭 '水深渡不得'라고 적어야 言과 文이 하나인 완벽한 표기가 되는 것이라 여겼다.

조선 후기의 사회적 상황을 고려하였을 때, 중국과의 대비에서 조선 후기 지식인들이 당시의 보편문어인 漢文와의 관련 속에서 우리의 말과 글을 어떻게 인식하였는지 살펴볼 필요가 있다. 조선의 지식인들에게 중국은 문명의 중심부였기 때문에 중국이 사용하는 언어는 '言'과 '文'이 同一한 보편어로 받아들여졌다. 이러한 인식은 당시의 많은 지식인들의 저서에서 쉽게 확인할 수 있다. 그들은 마치 이를 기본 전제처럼 받아들이고 문자와 관련된 논의를 확장시켜 나갔던 것이다.

이 절에서는 먼저 지식인들이 言과 文의 관계에 대해 언급한 여러 저서를 확인해 볼 것이다. 대부분의 지식인들은 중국은 言과 文이 하나인데 조선은 그렇지 않다고 생각하였다. 그런데 이러한 상황에 대한 지식인들의 대응은 다르게 나타난다. 우선, 중국과 달리 조선은 言과

---

33 조선 시대의 通文과 通語의 차이에 대해서는 조동일(1999) 참조.

文이 둘로 나누어져 있기 때문에 이에 대한 변화를 요구하는 주장과, 변화가 굳이 필요하지 않다는 주장이 있다. 전자의 경우 극단적으로 조선의 말을 바꾸자는 주장(이희경, 박제가, 윤행임 등)이 있고, 현실을 고려하여 한어를 배워야 할 필요가 있는 사람만 배우자는 주장이 있다. 하지만 언어라는 것은 지역마다 다른 것이 당연하기 때문에 굳이 중국을 따를 필요가 없다는 주장도 있다. 이에 대한 관련 저서를 하나씩 살펴보기로 하자.

1) 조선의 言文不一致에 대한 인식

우선 조선 후기 지식인들의 기본 전제가 되고 있는, 조선은 말과 글이 다르다는 인식은 다양한 글에서 찾아볼 수 있다. 먼저 黃胤錫(1729~1791)의 『頤齋亂藁』 중 「皇極經世書解」를 살펴보기로 한다.

㉗ 중국 사람은 말(言語)이 곧 문자이다. 비록 천한 사람, 하인, 아는 것이 없는 무지몽매한 사람일지라도 모두 문자로 말을 한다. (…중략…) 우리나라 사람은 문자로 말을 하지 않고 모두 한자의 우리말 새김을 가지고 말을 한다. 비록 문장에 능해 책을 읽을 수 있을지라도 이에서 벗어나지 못하기 때문에 화어를 할 수가 없다. 중국에 올리는 글을 지을 때에도 그 뜻을 통하게 하기 위해서는 우리말을 한문으로 번역해야 한다. 그러한 연후에야 뜻을 통할 수 있을 것이다. [中國之人 言語卽文字也 雖賤人走卒矇無知識 而皆以文字爲語 (…중략…) 我國之人 言語不以文字 而皆以字釋方言爲語 雖讀書能文者 亦不免如此 故不能作華語 若於中國奏咨之文 欲通其義 則必以方言 飜譯爲文 然後方可通義] (黃胤錫, 『頤齋亂藁』 卷1 「皇極經世書解」)

제시된 인용문에서 황윤석은 중국 사람은 모두 문자로 말을 하는데, 우리는 그렇지 않으며 한자의 뜻풀이를 가지고 말을 한다고 하였다. 그리고 문장, 즉 한문을 지을 수 있는 사람이라도 화어를 할 수는 없다고 하였다. 이러한 관점에서 본다면, 중국은 말이 곧 문자이며 문자가 곧 말이기 華語를 할 수 있으면 漢文도 얼마든지 자유자재로 지을 수 있게 된다. 말의 실력이 글짓기 실력과 직결되는 것이다. 하지만 우리는 말이 곧 문자가 아니기 때문에, 한문을 지을 수 있더라도 그것이 화어를 유창하게 하는 것과는 연결이 되지 않았다. 즉 중국어는 바로 문자화될 수 있지만, 조선은 그렇지 않기 때문에 한국어를 한문으로 번역하는 과정이 필요한 것이다. 이러한 그의 생각은 중국은 말이 문자("中國之人 言語卽文字也")라고 생각한 데에서 비롯한다.

다음으로 조선시대의 대표적인 실학자 朴趾源(1737~1805)의 글을 살펴보자. 박지원의 『熱河日記』(1737) 중 「避暑錄」에서는 글자와 말의 관계에 대한 인식을 찾아볼 수 있다.

㉘ 중국 사람들은 글자로부터 말을 배우고 우리나라 사람은 말로부터 글자를 익히므로 華 · 彝의 구별이 이에 있다. 왜냐하면 말로 인하여 글자를 배운다면 말은 말대로, 글자는 글자대로 따로 된다. 예를 들면 '天字'를 읽되 '하늘 텬(漢捺天)'이라고 한다면, 이 글자 이외에 다시 일종의 난해한 諺이 있게 되는 것과 같다. 說郛 중에 『鷄林類事』가 실렸는데, '天'을 '하늘(漢捺)'이라 하였다. 어린아이가 애당초에 '하늘(漢捺)'이란 것이 무슨 말인 줄을 알지 못하는데, 더군다나 '天'을 알 수 있겠는가. 鄭玄의 집 여종이 모두 『詩經』으로써 문답할 수 있었다 하여, 천 년 동안 아름다운 이야기가 떠돌고 있다. 그런데 그 實際에 있어서는 中國 사람들은 부인이나 어린이도

모두 文字로 말을 하므로, 비록 눈으로는 '丁'도 모르지만 입으로는 鳳을 읊조리니 그리하여 經·史·子·集은 모두 그들에게는 보통 말이다. 우리나라 사람이, 중국의 어린이가 시내를 격해서 어머니를 부를 때, "물이 깊어서 건너지 못하외다(水深渡不得)"라는 말을 처음 듣고는 크게 놀라서, "중국엔 다섯 살 먹은 아이가 입을 열자 시가 이룩되데그려." 한다. 이는 절대로 그런 것이 아니다. 그들은 말이 이러함이요, 무슨 뜻이 있어서 글귀를 이루려는 것은 아니다. 老稼齋가 일찍이 千山에 놀러 갔다가 어떤 술 파는 촌 할미를 보고서, "길이 궁벽하고 사람이 드문 이곳에 누가 술을 사 마시오" 하고 물었더니 그는, "꽃이 향기로우면 나비가 저절로 날아드는 법이지요[花香蝶自來]"라고 대답하였다. 여러 말이 아니되 辭意가 明暢하여 저절로 운치 있는 말이 되었다. 이는 다름 아니라, 글자에서 말로 들어간 妙證이다. 내 집에는 일찍이 아주 어리석은 계집종이 있었는데, 마땅히 떡을 얻어야 할 상황인데 다른 음식을 얻으면 이를 기뻐하고 감사하며 말하기를, "巴蜀 또한 關中이지요"라고 했다. 이는 본래 항간에 돌아다니는 속담으로 계집종은 본래 파촉과 관중이 어딘지 몰랐고, 단지 이것이 彼此의 차이가 없는 경우에 해당한다는 것만을 인지했다. 이를 통하여 비로소 중국말이 그렇게 어렵지 않고 반드시 鄭玄의 집 여종들을 千古에 없다고 쳐줄 것도 없음을 알 수 있었다. [中國因字入語 我東因語入字 故華彛之別在此 何則 因語入字則語自語書自書 如讀天字曰漢捺天 是字外更有一重難解之諺 說邪 有鷄林類事 天曰漢捺也 小兒旣不識漢捺爲何語 則又安能知天乎 鄭玄家婢 總能說詩 爲千載佳話 然其實中國婦人孺子 皆以文字爲語 故雖目不識丁 而口能吐鳳 經史子集 乃其牙頰間恒談也 我人初見中國孺子 隔溪呼母 水深渡不得 大驚以爲中國五歲兒 開口能詩 此殊不然 是乃語也 非有意成句也 老稼齋遊千山 有村媼賣酒 問路僻人稀 有誰沽飮 對曰 花香蝶自來

無許多轉折 而辭明意暢 自成韻語 此無他 因字入語之妙證也 余家小婢甞至
迷當得餅而獲他餌 喜謝曰 巴蜀亦關中 此本紙牌行語 婢本不識巴蜀關中 而
但認是爲彼此無異則當矣 始知華語非難 而未必鄭婢擅雅千古也] (朴趾源,
『熱河日記』「避暑錄」)

박지원은 조선은 말로부터 글자에 들어가기 때문에("因語入字") 말은
말대로, 글자는 글자대로 존재한다고 하였다. 말과 글이 각각 존재하
기 때문에, 글은 따로 배울 수밖에 없다. '하늘'이라는 말을 안 후에 '天'
이라는 글자를 알게 되는 것이다. 하지만 중국은 글자로부터 말에 들
어가며("因字入語"), 사람들은 모두 문자로 말을 한다. 말과 글이 하나로
결합되어 있으며 글을 아는 것은 곧 말을 아는 것이다. '天'이라는 글자
를 알면 [tiān]이라는 말을 저절로 알게 된다. 즉, 연암에게 '天'이라는
글자와 [tiān]이라는 음성은 서로 필연적인 관계로 굳어있는 있는 것이
었다. 하지만 현대의 관점에서 보았을 때 '天'의 의미는 굳이 [tiān]이라
는 발음으로 표상될 필요가 없으며, [hanul](하늘), [ten](てん), [skaɪ](sky)
등 언어에 따라 다양한 음성 실현이 가능하다. 언어는 자의적이기 때
문이다. 언어의 형식과 의미는 필연적인 관계를 맺지 않는다. 이러한
점을 고려하면, 글과 말이 일치한다는 인식은 허상에 지나지 않는다.
하지만 당시 조선은 중화사상으로부터 자유롭지 못하였기에, 중국은
말과 글이 일치한다는 환상을 버리지 못하였다.

그런데 연암은 중국은 말이 곧 글이라고 생각하긴 하였지만, 구어와 문
어의 차이는 인식하고 있었다. 『熱河日記』 중 「鵠汀筆談」을 살펴보자.

㉙ 燕京에 들어가 사람들과 필담을 해보니 그 言舌이 예리하지 않은 이

가 없었다. 한편 그들이 지은 문장을 보니 모두 필담보다는 못했다. 그제서야 우리나라 문인과 중국 문인의 차이를 알았으니, <u>중국은 글이 바로 말이므로</u> 經史子集이 모두 입에서 이루어진 말이요, 중국인들의 기억력이 특별해서 그런 책을 지을 수 있었던 것은 아니다. 그들에게 억지로 시문을 짓게 하면 본연의 자연스런 감정을 잃어버리고 마니, <u>이는 글과 말이 둘로 나뉘기 때문이다.</u> 그러므로 우리나라의 문장가가 서름서름해서 틀리기 쉬운 한자를 가지고 다시 알기 어려운 우리말을 번역하고 나면 그 글 뜻이 캄캄해지고 말이 모호하게 되는 게 바로 이 때문이 아니겠는가. 내가 귀국하여 사람들에게 두루 이 이야기를 하자 대개 그렇지 않다고 하니 참으로 개탄할 만하다. [及入皇京 與人筆談 無不犀利 又見所作諸文篇 則皆遜於筆語 然後始知我東作者之異於中國也 <u>中國直以文字爲言</u> 故經史子集皆其口中 成語 非其記性別於人也 爲之强作詩文則已失故情 <u>言與文判爲二物故也</u> 故 我東作文者 以齟齬易訛之古字 更譯一重 難解之方言 其文旨黯昧 辭語糊塗 職由是歟 吾歸而遍語之國人 則多不以爲然 良足慨然也已矣 罷溪雨屋謾書 (朴趾源, 『熱河日記』「鵠汀筆談」)

이 글에서 연암은 중국은 글이 곧 말("中國直以文字爲言")이라고 하면서도, 글과 말은 둘로 나뉘는 것("言與文判爲二物故也")이라고 하였다. 말이 좀 더 자연스럽고 다양한 감정을 담아낼 수 있는 반면, 글은 그렇지 않다는 것이다. 그리고 중국뿐만 아니라 우리나라 역시 우리말을 한자로 번역하면 뜻이 캄캄해지고 모호하게 된다고 하였다. 「避暑錄」에서는 언어의 형식과 의미의 관계에 대한 인식이 드러났다면, 「鵠汀筆談」에서는 구어와 문어의 관계에 대한 인식이 드러난다. 즉 여타의 글에서 언급된 '言'과 '文'이 말과 글이었다면, 「鵠汀筆談」의 '言'과 '文'("言與文判

爲二物故也")은 구어적인 것과 문어적인 것으로 보인다. 연암은 자연스러운 구어를 문어보다 더 높이 평가한 것이다. 이를 두고 박희병(1999: 302~303)에서는 박지원은 문자언어와 구두언어의 차이를 인식하였고, 구두언어가 사물과의 관계에서 더 직접적이며 더 생동감 있으며, 語文一致의 글이 훨씬 생기 있고 자연스럽다고 하였다. 이처럼 연암은 다른 지식인들처럼 중국은 문자가 곧 말이라고 생각하였지만, 이와는 독립적으로 구어와 문어의 관계도 인식하고 있었음은 특기할 만하다.

다음으로 李德懋(1741~1793)의 글을 살펴보자. 『靑莊館全書』 卷52 「耳目口心書」 5에서 그의 문자에 대한 생각을 살펴볼 수 있다.

㉚ 중국에 태어나지 않은 자로서 문장에 능숙하기는 더욱 어려운데 이는 方言이 방해되기 때문이다. 중국 사람은 한 마디 말이라도 文字가 아닌 것이 없다. 아이 때부터 귀로 듣고 입으로 말하는 것이 모두 音과 뜻이 있다. 다만 글을 배우기 전에는 눈으로 무슨 글자인지를 분별하지 못할 뿐이다. 石季龍이 눈으로는 글을 몰랐으나 사람을 시켜 漢史를 읽게 하여 옆에서 듣고는 마음에 벌써 환하게 알았고, 鄭康成의 여종도 능히 『詩經』을 외웠다. 비록 시골 백성과 마을 부인이라도 남이 傳奇 읽는 것을 듣고는 모두 손뼉을 치며 시끄럽게 웃지만, 읽게 하면 모른다. 옛적에는 남녀가 겨우 4~5살만 되면 먼저 『論語』·『孝經』·『烈女傳』 등 글을 읽는데, 입과 귀가 서로 통하기 때문에 눈으로 그 글자를 아는 것은 쉽기 때문에 반만 노력해도 성취된다. 그러나 우리나라 아이들 같으면 어찌 능히 처음부터 『논어』 등 글을 읽어 내겠는가. 가령 백 마디 말의 글을 중국 사람에게 읽게 하면 늘거나 줄어짐도 없어 다만 백 마디 말일 뿐이지만, 우리는 방언으로 풀이하므로 백 마디 말이 거의 3~4백 마디 말이 되고 또 토가 있어서 거의 50~60말

이 되어 중국과 비교하면 4~5갑절이나 된다. 그러하여 일 년 내내 부지런히 공부해도 몇 가지 글을 읽게 될 뿐이므로 우리나라 사람의 문장에 대한 식견이 끝내 중국 사람에게 미치지 못한다. 중국의 어리석은 백성이 도리어 문자를 대략 깨친 우리나라 사람보다 나은데, 중국의 어리석은 백성에게 우리나라 사람이 문자를 대략 깨치게 되는 정도의 공부를 하도록 한다면 그 見識은 제법 볼 만한 것이 있을 것이다. [非生於中國者 能文尤難 以其方言枳之也 如中州人一言一語 無非文字 自孩兒時 耳所聞 口所說 皆有音義 但不學文之前 目不辨某字耳 是故 石季龍目不知書 而使人讀漢史 從旁聽之 心已融解 鄭康成婢 能誦詩 雖野氓里婦 聞人讀傳奇 皆敼掌喧笑 但使讀之則不知耳 故古人男女 纔四五歲 先讀論語孝經烈女傳等書 以其口耳皆通 而目識其字 只隔些兒耳 故事半功倍 如東小兒 安能初讀論語等書也 如百言之文 使中國人讀之 無加無減 只百言 東國人則以方言釋之 百言幾至三四百言 又有吐幾五六十言 比中國四五倍 終年矻矻 讀得幾書 故東國人文章識見 終不及中國 中國之愚氓 應反勝於東國之畧解文字者 使中國之愚氓 加東國之畧解文字者之工 其識解頗有可觀耳 東國尤爲俗陋所拘 不能脫出 至京城近畿外方之文體 判然有異 以其山川局小故也 俗儒又不知字義 不辨大荳小荳 每稱豆太 盖以荳爲小荳 太爲大荳 甚至製表者 以荳分太平爲對陋矣 古俗官府簿記 書大荳幾石 煩難具書 只書大字 其下作一點 象荳形 久而浸訛 合爲太字 舉世皆以太荳 爲太 牢不可罷 青生菽 俗亦呼之爲青太 金慕齋日記 亦曰村人饋青太] (李德懋,『靑莊館全書』卷52「耳目口心書」五)

이 글에서 우리는 이덕무의 言과 文의 관계에 대한 인식을 살펴볼 수 있다. 그는 중국은 한마디 言과 語가 모두 문자인데 다만 눈으로 글자를 보기 전까지는 분별하지 못할 뿐이라고 하였다. 그래서 석계룡, 정강성의 여종, 시골 백성과 부인들은 글을 직접 읽을 수는 없어도 한사, 시경, 소설 따위를 들으면 훤히 알 수 있다고 하였다. 그리고 이덕무는 중국 사람은 입과 귀가 통하기 때문에 눈으로 문자를 아는 것이 매우 쉽다고 생각하였다. 즉 어떤 단어를 말로 먼저 알고 있으면 눈으로 그 단어가 가리키는 문자를 배우는 과정이 수월할 것이라 생각한 것이다. 예를 들어 "하늘"이라는 의미를 가진 [tiān]이라는 말을 이미 알고 있다면, [tiān]을 문자화한 '天'자를 아는 것은 쉽다는 것이다. 하지만 실제의 언어 학습에서 어떤 단어의 발음을 알고 있더라도 그것을 특정 문자와 관련시키는 과정은 쉬운 일이 아니며, 별도의 학습 과정이 필요하다. 어느 언어이든 마찬가지이다. 하지만 이덕무는 중국은 음성과 문자가 결합되어 있다고 생각하였기 때문에, 중국인들에게는 이 과정이 쉬울 것이라 생각하였다. 이러한 인식을 통해 중국은 말이 모두 문자라는 생각이 이덕무에게도 기본으로 전제되어 있음을 확인할 수 있다.

다음으로 洪義俊의 『傳舊』 중 「方言說」을 살펴보자.

㉛ 무릇 사람의 소리에는 소리(聲)가 있고 음(音)이 있으니, 고로 그 발함도 말(言)됨의 곡절이 있어 수없이 바뀐다. 새, 짐승, 벌레, 물고기의 소리는 소리는 있으나 음이 없으니, 고로 그 발함도 그대로 이어져 하나일 뿐 변함이 없다. 이 때문에 사람의 소리와 새 · 짐승 · 벌레 · 물고기의 소리가 각각 다르고 서로 통하지 못하는 것이다. 또한 다 같은 사람인데도 천하만국에 각각 방언이 있어 서로 통하지 못하니, 그 이유는 무엇인가? 風氣가 다르고 산천이 막혀있기 때문이다. 예를 들어, 새의 소리를 짐승이 알지 못하고, 벌레의 소리를 물고기가 알지 못한다. 그런데, 새 · 짐승 · 벌레 · 물고기는 앎은 있으나 깨달음이 없는 연고로 그 소리를 알아들을 수 있는 방

법이 없다. 오직 사람만이 앎과 깨달음이 모두 있어서 처음에는 통하지 않는다 하더라도 나중에는 통하게 된다. 이것이 바로 사람이 존귀한 바이다. 무릇 사람의 소리는 발하여 말이 되기도 하고, 또 문자로써 그것을 형용할 수 있다. 말은 소리에서 나오고, 글자는 말에서 나오니, 말은 소리에 따라서 그 바뀜이 무궁하다. 글자는 말에 따라서 그 소리 또한 다르다. 글자는 또한 음이 있고 뜻이 있다. 음은 소리에 기대어 그 글자를 구별하는데, 牙舌喉脣·淸濁·高下의 구분이 바로 그것이다. 뜻은 말로써 그 글자를 풀이한 것인데, 천지간 만물과 만사의 이름이 이것이다. 그 음을 통해서 그 글자를 쓸 수 있고, 그 글자로 인하여 그 뜻을 알 수 있다. 그런데, 중화의 글자는 음과 뜻이 하나인데 외국의 글자는 음과 뜻이 둘이다. 고로 중화의 사람들은 글자로써 말을 하기 때문에 말이 쉽게 통하지만, 외국의 사람들은 뜻으로써 말을 삼으므로 그 말을 환히 알기 어렵다. 이는 역시 중화와 외국의 말과 소리가 다른 것이다. 그러나 중화와 외국이 각각 자기 나라의 문자가 있으므로 한자를 써서 상호 절충할 수 있다. 여러 나라의 그 말과 그 소리가 비록 각각 다르지만, 齒舌候盾과 淸濁과 高下의 차이가 있다. 천지간 만물만사의 名義가 처음에는 분명하지 않고 그 혼란함이 문장의 뛰어남과 졸렬함으로, 또 성률의 어긋남과 합쳐짐으로 나타나지만 결국 통하지 못할 것이 없다. [凡 人之聲有聲而有音, 故其發也 爲言委曲而萬變鳥獸蟲魚之聲 有聲而無音 故其發也 直傳如一而不變此所以人之與鳥獸蟲魚之聲各異 而不能相通者也且均是人也 天下萬國各有方言 而不能相通者何也此 風氣之所以異 山川之爲之限也譬如 鳥之聲獸不能通 蟲之聲魚不能通也然鳥獸蟲魚有知而無覺 故其聲無可通之道惟人也 有知而有覺 故初若不能通 而後乃通焉此所貴乎人者也且夫人之聲也 發而爲言 而又有以文字而形容之者 其言出於聲 字出於言言隨聲 而其變也無窮字隨言 而其聲也不同其爲字也 又有音

焉有義焉音也者 依聲而別其字 牙舌喉脣・淸濁・高下之分是也義也者 以言而釋其字 天地之間萬物萬事之名是也因其音而可以卜其字　因其字而可以知其義 然中華之字 音與義爲一 外國之字 音與義爲二 故中華之人 以字爲言 而其言易通 外國之人以義爲言 而其言難曉此亦中華之與外國之言與聲所以異者也然中國　外國各有其國之文字 而互相折衷於華字其言與其聲雖各懸殊 其齒 舌 喉 脣 淸濁 高下之音 天地間萬物萬事之名義 初不得 相混而至於文章之工拙 音律之舛合 亦無不同焉] (洪羲俊,『傳舊』卷5「方言說」)

　제시된 인용문에서 홍희준은 소리(聲)와 말(言), 문자(文字)의 관계에 대해 논의하고 있다. 사람의 聲은 言을 이루고, 그 言은 또 文字로 형용할 수 있다. 그리고 그 문자는 음과 뜻을 가진다. 이를 정리해서 표현하면 아래와 같다.

〈그림 1〉

　소리, 말, 문자는 〈그림 1〉과 같은 관계에 있기 때문에 소리가 달라지면 말도 달라지고, 말이 달라지면 문자 또한 달라진다. 그리고 그는 音을 통하여 字를 알 수 있고, 字로 인하여 義를 알 수 있다고 하였다. 홍희준의 이러한 기술은 표의문자를 기준으로 한 기술이다. 예를 들어 [tiān]이라는 말을 통하여 우리는 그것이 '天'이라는 글자를 가리킨다는 것을 안다. 그리고 '天'이라는 글자를 통해 이 글자가 "하늘"이라는 뜻을 가지고 있음을 알 수 있다. 즉 '天'이라는 글자는 [tiān]이라는 음성과 "하늘"이라는 뜻을 동시에 가지고 있다. 그래서 그는 중화 사람들은 음과 뜻이 하나로 결합되어 있는 글자로 말을 하기 때문에 말을 알기 쉽지만, 외국 사람들은 음과 뜻이 따로 분리되어 있는 문자를 사용하며 뜻으로 말을 하기 때문에 알기 어렵다고 하였다.

다른 지식인들이 중국은 문자(文字)가 곧 말(言)이라고 기술한 것과는 달리, 홍희준은 文字의 音과 義가 하나라고 기술하였다.

文字	=	言	音 =	文字	= 義
天		[tiān]	[tiān]	天	"하늘"
〈그림 2〉				〈그림 3〉	

그런데 이미 "하늘"이라는 뜻을 포함하고 있는 '天'자가 [tiān]이라는 말(言)과 결합되어 있다는 설명(〈그림 2〉)과, '天'이라는 문자에 [tiān]이라는 음성(音)과 "하늘"이라는 뜻(義)이 하나로 합치되어 있다는 설명(〈그림 3〉)은 결국 같은 맥락이며 표현 방식만 다를 뿐이다. 그 당시 지식인들에게 字와 音은 떨어질 수 없는, 하나로 합치되어 있는 존재였던 것이다.

다음으로 丁若鏞(1762~1836)의 『與猶堂全書』 卷14 중 「跋竹欄物名攷」를 살펴보자.

㉜ 위의 『竹欄物名攷』 한 권은 내가 편집한 것이다. <u>중국은 말과 글이 일치하므로 한 사물을 입으로 발음하면 그것이 바로 글이고, 사물을 글로 쓰면 그것이 바로 말이다. 그러므로 名實이 서로 어긋나지 않고 雅俗이 서로 다르지 않다.</u> 그러나 우리나라는 그렇지 않다. '麻油' 한 가지만 시험삼아

논하더라도, 方言으로는 '참기름(參吉音)'이라 하고, 文字로는 '眞油'라 하는데, 사람들은 오직 '眞油'라 하는 것만 雅言인 줄 알고, '香油·胡麻油·菖蕂油' 등의 본래 명칭 있는 줄을 모른다. 또 어려운 것은, '萊薑'은 우리말로 '蕪尤荣'라 하는데 이것이 '武侯荣'의 와전임을 모르고, '菘荣'는 우리말로 '拜艸'라 하는데, 이것이 '白荣'의 와전임을 모른다는 것이다. 이런 예로 말하자면, 중국에서는 한 가지만 배워도 충분하지만, 우리나라에서는 세 가지를 배워도 부족하다. 내가 물명을 편찬함에 있어서는 본래의 명칭[本名]을 위주로 하고 우리말로 해석하여, 유별로 나누고 같은 종류끼리 모은 것이 모두 30張인데, 누락된 것이 태반이다. 그러나 규모는 이제 정해졌으니, 아마 아이들이 이를 이어서 완성할 수 있을 것이다. 竹欄靜者는 쓴다. [右竹欄物名攷一卷 余所輯也 中國言與文爲一 呼一物便是文 書一物便是言 故名實無舛 雅俗無別 東國則不然 試論麻油一種 方言曰參吉音 文字曰眞油 人唯知眞油之爲雅 而不知有香油胡麻油菖蕂油等本名也 又有難者 萊薑方言曰蕪尤荣 不知是武侯荣之訛也 菘荣方言曰拜艸 不知白荣之訛也 由是言之 中國學其一已足 東國學其三猶不足也 余爲輯物名 主之以本名 釋之以方言 類分彙輯 共三十葉 其漏者過半 然規橅旣立 庶兒曹繼而成之 竹欄靜者書] (丁若鏞, 『與猶堂全書』卷14「跋竹欄物名攷」)

제시된 인용문에서 글에서 다산은 중국은 言과 文이 하나이며, 이름과 실재가 일치한다고 하였다. 즉 중국은 말과 글, 대상의 실재가 모두 하나인 것이다(말=글=실재). 그런데 우리는 말과 글도 일치하지 않을뿐더러, 실재와도 직접 연결되지 않는다(말≠글≠실재). 다산은 말과 문자를 현실 세계에 존재하는 실제 대상과 연결시킴으로써, 말과 문자의 관계뿐만 아니라 물명에까지 관심을 확대하고 있다.[34]

그리고 다산은 중국은 雅俗, 즉 雅言과 俗言[35]이 다르지 않은데 우리나라는 그렇지 않다고 하였다. 중국에서도 雅言과 俗言의 차이는 분명히 존재했지만, 다산은 중국은 말과 글이 하나이기 때문에 아언과 속언의 차이도 없을 것이라고 생각한 것이다. 특히 그는 어떤 대상의 본명이 여러 가지가 있을 수 있는데 우리는 하나만 雅言인줄 안다고 하였다. 예를 들어 한자어 '眞油'를 방언으로는 '참길음'(參吉音)이라고 하는데 우리는 '眞油'만이 雅言인줄 알고 있으며, 香油, 胡麻油, 苣藤油 등의 본명을 알 생각을 하지 않는다고 하였다. 즉 참기름을 가리키는 다양한 표현이 있는데도 불구하고, 혹은 본명이 있음에도 불구하고 우리는 '眞油'만 쓰고 있는 현실을 개탄하여 정약용이 물명을 편집하게 된 것이다.

정약용이 물명을 모아 편찬하게 된 계기는 이처럼 그의 말과 글에 대한 인식에서 비롯되었다. 言文不一致에 대한 인식이 단순히 언어학적 차원에 머무르는 것이 아니라, 현실 세계에 대한 관심으로까지 이어져 물명을 편찬하게 된 것이다.

다음으로 洪敬謨(1774~1851)의 『叢史』중 「傾盖叢話引」에 나타난 그

---

34 이와 관련하여 조성산(2009)를 참조할 수 있다. 조성산(2009: 191~196)에서는 18세기 말과 19세기 초에 다양한 物名 類書들이 편찬되는 상황의 배경으로 언문불일치 속에서 야기된 언어 구사의 어려움을 지적한 바 있다. 언문불일치로 야기된 표현상의 한계를 해결하기 위해 각종 어휘 관련 서적들이 편찬되었다는 것이다.

35 이 맥락에서 雅言은 규범적이고 이상적인 바른말, 俗言은 세속에서 일상적으로 쓰는 말을 가리킨다. 雅言와 俗言의 관계는 한자음으로 따지면 正音과 俗音의 관계와 비슷할 것이다. 고전번역원에서는 '雅俗'을 '표준말과 방언'으로 번역하였고, 조성산(2009: 192)에서는 '雅言과 俗言'으로 번역하였다. 본 글에서는 후자를 따랐다. '雅'는 이 맥락에서 '표준말'의 개념에 가깝지만 '표준말'로 번역할 경우 오늘날 우리가 사용하는 '표준어'의 개념과 혼동될 여지가 있다. 그리고 '方言'이라는 말은 당시에 주로 "나랏말" 혹은 "고유어"의 의미로 사용되었는데, 이 문맥에서 '俗'은 '雅'와는 대비되는 개념으로 '세속'에서 사용하는 말을 가리킨다. "나랏말"과 "세속에서 사용하는 말"은 의미상의 거리가 있기 때문에 '俗'을 '방언'으로 번역하지 않았다.

의 문자에 대한 인식을 살펴보자.

㉝ 또한 중국의 사람은 글자에서 말로 들어가고 우리나라 사람은 말에서 글자로 들어가니 이것이 중국과 밖이 구별되는 이유이다. 중국은 글자에서 말로 들어가기 때문에 經·史·子·集은 모두 그들의 입에 익은 항용하는 말에 지나지 않는다. 말에서 글자로 들어가면 말은 말대로 글은 글대로가 된다. 그렇기 때문에 만약 필담을 할 경우 중국 사람들은 붓을 잡으면 문득 몇 천 마디를 쓰고 시율을 재빨리 지어 내어 거의 마치 나발을 치는 사이에 이루어 내어 필담을 하면 예리하지 않음이 없고 시율을 지으면 민첩하지 않음이 없다. 이는 말과 글이 하나이고 글자에서 말로 들어가기 때문이다. 우리나라의 경우는 일종의 난해한 방언으로 다시 번역하여 잘 맞지 않아 쉽게 와전되고 옛글자와 말이 혼동되어 글의 뜻이 맞지 않으니 이는 말과 글이 둘이고 말에서 글자로 들어가기 때문이다. [且中國之人 因字入語 東國之人 因語入字 此是中外之別 而因字入語 則經史子集 皆其牙頰間恒談 因語入字 則語自語書自書 故若其筆話也 華人則操紙輒下屢千言 走草詩律 殆如擊鉢而成 而筆話則無不犀利 詩律則無不敏速 此言與文爲一 而因字入語也 東人則以一重難解之方言 更譯齟齬 易訛之 古字辭語糊塗 文旨齘買 此言與文爲二 而因語入字也] (洪敬謨, 『叢史』「傾盖叢話引」)

홍경모의 말과 글에 대한 인식은 박지원과 그 맥락을 같이 한다.[36] "因字入語", "因語入字", "其牙頰間恒談" 등의 구절이 박지원의 『熱河日記』에서도 동일하게 쓰이고 있는 것으로 보아 홍경모는 『熱河日記』를

---

36 이군선(2007: 49~50)를 참조할 수 있다.

참조했을 것으로 추측할 수 있다. 『熱河日記』에서 박지원은 중국인과 필담하는 과정에서 그들의 문장과 필담을 비교한 결과, 그들이 쓴 문장은 자연스러운 구어가 반영된 필담보다 못하다고 언급한 바 있다. 그런데 홍경모는 우리가 필담에 능하지 못한 이유는 우리는 중국과 달리 말과 글이 둘이기 때문이라고만 언급한 것으로 보아, 그는 박지원과는 달리 구어와 문어의 차이까지는 아직 인식하지 못한 듯하다.

다음은 洪吉周의 『執遂念』 중 「東諺小鈔」에서 말과 글의 관계에 대한 부분이다.

㉞ 일찍이 이르기를, "동쪽 사람의 字音이 중국과 비교하여 정통에서 어긋난다."고 했다. 중국의 書契가 있기 전에는, 오직 말만이 있었다. 그래서 문자를 만든 처음에는, 그 세속 말을 따라서 문자의 소리로 삼았다. 동쪽이 개척되던 처음에도 方言이 있었고, 따로 글자를 만들지 않았다. 箕子가 동쪽으로 나와서 중국의 문자로써 가르쳤는데, 그 이미 쓰이던 지역말을 바꿀 수 없었으므로, 두 가지로 있는 것을 따랐다. <u>동쪽의 말과 문자는 두 가지로 판별되며 서로 들어맞지 않으니, 대개 이러한 까닭이다.</u> 그렇게 기자는 문자로써 동쪽 사람을 가르쳤다. 분명히 殷, 周나라의 소리로 가르쳤으니, 동쪽은 원래 따로 쓰이는 書契가 없었고, 중국의 문자를 가져다 썼으니, 그 소리 또한 그저 중국이 읽는 바를 따랐을 뿐이다. 또 어찌 다른 소리를 따로 만들어 스스로 중국과 달라졌겠는가? 이런 까닭으로 周나라 때의 문자의 소리는 중국과 동쪽이 분명히 같았다. 그 후 중국은 수천 년을 지나며 오랑캐의 난리를 여러 번 겪었고, 동쪽 또한 수천 년을 지나며 풍속이 바뀌고 문물이 자취를 감추어, 字音이 잘못된 것으로 어그러져 이어졌다. 각각 그 땅 안에서 바뀐 것을 따르면서부터, 서로 마땅한 것을 꾀하지 않았

으니, 지금 중국과 동쪽의 자음은 결코 서로 비슷하지 않다. 그럼에도 불구하고 중국과 동쪽의 자음은 지금도 같은 것이 꽤 많으니, 그 처음이 똑같았음을 더욱 알 만하다. 韻書로 시험하여 중국에서 운이 안 맞는 것을 살펴보면, '兒, 二' 두 종류가 있다. 동쪽에서 운이 안 맞는 것은 '箹, 緣' 두 종류이다. 중국 사람이라면 '侵韻, 覃韻'의 여러 소리를 발음하지 못해서, '眞韻, 先韻'과 온통 섞였으나, 동쪽 사람은 그것을 분명할 수 있다. 중국 사람은 入聲의 마지막 소리를 내지 못해서, '支韻, 微韻, 歌韻, 麻韻'과 온통 섞였다. 동쪽 사람은 그것을 판별할 수 있다. 대개 중국은 말과 글자가 合하므로, 말이 바뀌면 글자도 따라 바뀐다. 동쪽은 말과 글자가 달라서, 비록 말이 바뀌어도 글자가 꼭 같이 바뀌지는 않는다. 중국은 오랑캐에게서 여러 번 변란을 당했고, 동쪽은 자기 땅 안에서 스스로 바뀌는 것을 겪지 않았으니, 당연히 동쪽의 소리가 도리어 잘못이 적다. 그래서 "三代의 옛 소리를 구하려거든, 동쪽이 중국보다 가깝다"라고 한다. [嘗謂 東人字音比中華差正 中國書契之前 只有言語 故造字之初 因其俗稱而爲字 東方開荒之始 亦有方言 而不別造字 箕子東出 始以中國文字敎之 而不能(革)其已行之方言 遂兩存之 東方之言語文字判爲兩件 而不能相入 盖由是也 然箕子之以文字敎東人也必以殷周之音訓之 東方本無別行之書契 取用中國之文字 則其音亦姑從中國之所讀而已又何可別作他音 故自異於中國耶 是故 周之時字音華東必同其後中國歷幾千年 屢経胡夷之變亂 東方亦歷幾千年 風俗貿貿 文物(湮)晦 字音之以訛承舛 各自沿變於其方內 而不相謀宜 今之字音絶不相近似也 然而華東之音 今亦多同者 益可知厥初之無不同也 試以韻書攷之 華音不協韻者 兒二之類也 東音之不協韻者 箹緣之類也 而華人則不能作侵覃諸音 皆混於眞先 東人則能別之 華人則不能作入聲之終音 皆混於支微歌麻 東人則能辨之 盖華則言語文字合 故語變而字隨以變 東則言語文字別 故語雖變而

字未必俱變 華則屢變於夷狄 東不遇自訛於邦內 宜東音之尙爲寡過也 故曰
欲求三代古音 東比華爲近] (洪吉周, 『孰遂念』 「東諺小鈔」)

　　제시된 인용문에서 홍길주는 조선의 말과 글에 대한 인식을 기자 조
선에 대한 인식과 결합하여 서술하고 있다. 특히 조선의 말과 글이 달
라진 이유에 대한 나름의 이유를 제시하고 있다는 점이 흥미롭다. 그
에 따르면 동쪽이 개척되던 때 기자가 중국의 문자로 동쪽을 가르쳤는
데, 동쪽은 이미 쓰고 있던 말이 있었으므로 동쪽은 말과 글이 따로 존
재하게 되었다고 하였다. 예를 들어 기자는 하늘을 가리켜 '天'[tiān]이
라고 하였지만, 조선은 이미 '하늘'이라고 부르고 있었다는 것이다. 이
것이 곧 "言語文字判爲兩件"의 의미이다. 동쪽은 동쪽말을 따로 가지
고 있었기 때문에 말과 글이 하나로 합쳐지지 못한 것이다.

　　그리고 "華則言語文字合"라는 구절을 통해 홍길주 역시 중국은 말
과 글이 하나라고 생각하고 있었음을 확인할 수 있다. 그런데 "대개 중
국은 말과 글자가 合하므로, 말이 바뀌면 글자도 따라 바뀐다. 동쪽은
말과 글자가 달라서, 비록 말이 바뀌어도 글자가 꼭 같이 바뀌지는 않
는다"라는 부분은 다시 생각해 볼 필요가 있다. 한자음은 시대가 바뀌
면서 계속 변화를 겪는다. 그런데 한자음이 변한다고 하여 글자가 한
자음에 맞추어 따라 바뀌는 것은 아니다. 하지만 이 시기 지식인들은
중국은 말과 글자가 하나라고 굳게 믿고 있었다. 말과 글자는 하나이
고 서로 분리될 수 없는 것이므로, 홍길주는 말이 바뀌면 글자도 바뀌
게 된다고 생각한 것이다. 그의 이러한 생각은 한자음에 따라 글자가
바뀐 實例에 바탕을 둔 기술이 아니라, 추상적인 말과 글의 관계에 바
탕을 둔 원론적이고 이상적인 기술인 것으로 보인다.

그리고 그는 동쪽은 동쪽만의 書契가 없었기 때문에 중국의 것을 받아들일 수밖에 없었다고 하였다. 또 발음은 중국이 읽는 바를 따라서 중국의 한자음을 그대로 받아들였을 것이라고 하였는데, 이러한 점으로 인해 동쪽이 중국보다 三代의 古音을 잘 간직하고 있다고 하였다.

19세기까지도 말과 글의 관계에 대한 이러한 인식은 계속 이어진다. 李裕元(1814~1888)의 『林下筆記』 중 「薛荔新志」를 살펴보자.

> ㉟ 金老稼齋가 연경에 가다가 한 주점을 보고, "길이 궁벽하고 사람이 드문 이곳에 누가 술을 사 마시오"라고 하니, 그 주인 여자가 웃으면서 말하기를, "꽃이 향기로우면 나비가 저절로 날아드는 법이지요"라고 하였다. <u>중국어는 비록 일상적인 대화나 시골 사람의 말이라 하더라도 시문에서 벗어나지 않는다.</u> 그러므로 무식한 촌 여자의 문답하는 말도 모두 이와 같거니와, <u>관청에서 통용하는 언어로 말하면 더욱 문자의 풀이인 것이다.</u> 各省 중에서 福建省의 말이 아름답지 못하다 한다. [金老稼齋 燕行 見一店曰 何在窮僻處乎 其主女笑曰 花香蝶自來 <u>華語 雖常談俚語 不出於文</u> 故無識村女之問答 皆如是 <u>至於官話 尤是文字之解</u> 各省中 福建話不好云] (李裕元, 『林下筆記』 卷35 「薛荔新志」)

제시된 인용문에서는 앞서 살펴본 다른 글들처럼 중국은 言과 文이 하나라는 표현이 직접적으로 드러나 있지는 않다. 그런데 華語는 일상적인 대화나 시골 사람의 말이라도 모두 文에서 벗어나지 않는다고 함으로써, 중국은 말이 곧 문자라는 인식이 간접적으로 드러나 있음을 확인할 수 있다. 그리고 일상어도 말이 곧 문자인데, 官話는 더욱 문자에 가깝다고 하였다. 앞서 살펴본 다산의 글에서는 중국은 雅俗이 다

르지 않다고 하였는데, 이유원은 중국어 안에서도 일상어인지, 관화인
지에 따라 문자에 가까운 정도 차이가 있다는 점을 지적하고 있다는
점에서 흥미롭다. 즉 그는 중국의 일상어, 시골에서 쓰는 말, 官話는 비
록 정도의 차이는 있지만 모두 문자와 다름없는 것으로 보았다.

2) 조선의 言文不一致에 대한 해결 방안

지금까지 조선 후기 지식인들의 言과 文에 대한 인식을 살펴보았다.
그런데 당대의 몇몇 지식인들은 조선이 말과 글이 다름을 인식하는 데
에서 그치지 않고, 이를 타개하기 위한 나름의 해결책을 제시하였다.
말은 한국어를 하고 글은 한자를 사용하는 언어 현실을 해결하기 위한
방안은 간단하다. '말'을 바꾸거나, '글'을 바꾸는 것이다. 그런데 '말'을
바꾸는 방안은 현실성이 떨어진다. 수천 년 동안 전해져 내려온 한국
어를 버리고, 새로운 언어를 배워 사용한다는 것은 사람들에게 많은
노력을 필요로 하기 때문이다. 그러면 '글'은 바꿀 수 있는가? 한자를
버리고 다른 문자를 쓴다는 것은 조선시대 지식인들로서는 상상도 할
수 없는 일이었다.

이러한 진퇴양난의 현실 속에서 지식인들은 어떠한 선택을 하였는
가. 첫 번째 방안을 선택한 지식인들에는 박제가, 이희경, 윤행임 등이
있다. 그들은 글보다는 말을 바꾸는 것이 가능성이 있다고 보고, 조선
어 대신 중국어를 사용하자고 주장하였다. 그런데 모두가 중국어를 사
용할 수 없는 현실을 감안하여, 필요한 사람만 중국어를 배우자고 주
장한 사람도 있다. 유형원, 홍양호가 이에 속한다. 그리고 이러한 견해
들과는 달리 굳이 우리의 말을 바꾸거나, 중국어를 배울 필요가 없다

는 주장도 있다. 유수원이 이에 속한다. 아래에서는 이와 관련된 글을 하나씩 살펴보겠다.

먼저 조선어를 버리고 중국어를 사용하자고 주장한 박제가와 이희경, 윤행임의 견해를 살펴보자. 朴齊家(1750~1805)의 『北學議』(1778) 중 「漢語」편의 내용을 아래에 제시한다.

㊱ 漢語는 문자의 근본이다. 天을 곧장 天이라 부르는 것과 같으며, 다시 한 번 諺으로 풀이하는 간격이 없다. 그러므로 사물을 이름하는 데 있어서 더욱 분별하기가 쉽다. 비록 글을 모르는 부녀자나 어린아이라도 보통 쓰는 말이 모두 文句가 되며, 經·史·子·集도 입에서 말하는 대로 나온다. 중국은 말로 인해서 글자가 나왔고 글자를 찾아서 말을 풀이하지 아니한다. 그러므로 외국에서 비록 문학을 숭상하고 글 읽기를 좋아하는 것이 중국과 비슷하다 할지라도 마침내 간격이 없지 아니함은, 이 언어라는 커다란 꺼풀을 벗어날 수 없음이다. 우리나라는 지역적으로 중국과 가깝고 聲音이 대략 같으니, 온 나라 사람이 본국 말을 버린다 해도 불가할 것이 없다. 그러한 뒤에라야 오랑캐라는 말을 면할 것이며, 동쪽 수천 리 땅이 스스로 하나의 周·漢·唐·宋의 풍속으로 될 것이니 어찌 크게 쾌한 일이 아닌가? [漢語 爲文字之根本 如天直呼天 更無一重諺解之隔 故名物尤易辯 雖婦人小兒不知書者 尋常行話 盡成文句 經史子集 信口而出 蓋中國 因話而生字 不求字而釋話也 故外國 雖崇文學喜讀書 幾於中國 而終不能無間然者 以言語之一大膜子 莫得而脫也 我國地近中華 音聲略同 擧國人而盡棄本話 無不可之理 夫然後 夷之一字可免 而環東土數千里 自開一周漢唐宋之風氣矣 豈非大快] (朴齊家, 『北學議』「內篇」「漢語」)

「漢語」편의 첫 문장 "漢語 爲文字之根本"에서도 알 수 있듯이, 박제가는 '漢語'가 곧 '文字'의 근본이라고 하였다. 현대 우리의 관점으로는 말이 문자의 근본이 될 수 있다는 기술이 어색하게 느껴진다. 하지만 앞서 살펴본 바와 같이 당대의 여러 지식인들은 중국은 말에서 글자가 나온다고 생각하였기 때문에, 漢語로부터 문자가 나올 수 있다는 기술이 그들의 입장에서는 타당하다.

박제가는 중국은 '天'을 곧장 [tiān]이라고 부르며 조선처럼 '하늘'이라고 다시 풀이하지 않는다고 하였다. 그리고 중국은 말이 모두 문장을 이루며, 글을 모르는 사람이라도 여러 가지 문장들이 입에서 자연스레 나온다고 하였다. 하지만 우리는 그렇지 않기 때문에 이를 해결하기 위하여 우리말을 버리고 중국어를 사용하여도 문제될 것이 없다고 생각하였다. 한국어를 버리고 중국어를 사용하자는 것은 현대에 불거진 영어 공론화론의 주장과 유사하다. 당시에는 중국이 大國이었고, 조선은 중국의 영향에서 벗어나기 쉽지 않았기 때문에 중국에서 사용하는 언어를 사용하자는 것이 박제가의 주장이다. 현대에는 서양과의 교류가 활발해지면서 특히 미국의 영향력이 커짐에 따라, 여러 가지 정치·사회·문화적 이득을 위하여 세계 공용어인 영어를 사용하자는 것이 영어 공론화론의 주장이다. 어떠한 이유에서든, 자국의 언어를 버리고 타국의 언어를 사용하는 것은 실현되기 어려운 일이다. 박제가는 중화를 내면화하고 조선을 더 발전시키기 위하여 언어를 바꾸자고 주장하였겠지만, 현대 우리의 입장에서는 매우 극단적인 방안으로 보지 않을 수 없다.

박제가와 비슷한 생각을 가진 지식인으로는 李喜經(1745~?)이 있다. 그는 『雪岫外史』에서 중국어를 배워야 함을 강조하고 있다. 다음 글을 살펴보자.

㉗ 기자가 동방으로 와서 오랜 기간 있었다면 반드시 중국의 문화로 조선의 풍속을 바꾸었을 것이다. 그런데 제도와 문물이 하나도 남은 것이 없어, 중국과 조선의 언어가 서로 달라지고 문자의 음이 다른 지경에까지 이르렀으니, 아무리 연구를 해도 그 연유를 알 수가 없다.[37] 文은 말의 근본인데 우리는 문자를 말로 사용하지 않고 따로 말을 만들었다. 따라서 '天'을 부르되 '티엔'이라고 하지 않고 '하늘 천'이라고 한다. 다른 글자도 모두 이와 마찬가지다. 이것은 한 글자도 소리와 뜻이 판연히 다른 것이니 말은 말대로 문자는 문자대로 통용되는 것이다. (…중략…) 우리나라는 말과 글자가 각각 다르니, 글자에 뜻이 없을 수는 없고 글자의 음이 중국과 같지 않다. 비록 사성이 섞이지는 않으나 한 운자 안에서 글자와 소리가 서로 다르고, 또 쌍성과 양음으로 이루어진 글자가 없다. 어느 시대 어떤 사람이 글자의 음을 이렇게 만들어서 서로 어그러지게 하였는지 참으로 알 수가 없다. 옛날 우리 세종대왕께서는 식견이 크고도 밝으셔서 중국의 음과 맞추고자 하셔서 언문을 창제하시고 그것으로 반절의 뜻을 밝히려고 하셨다. 그런데 후세로 내려갈수록 그것이 해득하기 쉬운 관계로 詩書를 공부하지 않고 경쟁적으로 학습해서는 이를 부인네와 서찰 왕래에 사용하였다. 그렇다면 언문이라는 문자는 동국의 특별한 문자로서 또 중국과 문자를 같이 한다는 의리를 어긴 것이다. 정말 탄식할 일이다. 이제 만약 중국을 배워서 우리의 풍속을 크게 바꾸고자 한다면 먼저 중국어를 해득해야 할 것이다.

---

[37] 박제가도 이와 비슷한 생각을 가지고 있었다. 안대회(2001) 참조.
옛날 기자가 5천명의 백성을 이끌고 평양에 와서 도읍을 정하였다. 그러므로 백성들이 기자가 쓴 (중국) 말을 배웠을 것이 분명하다. 한나라 때에는 조선이 한나라 영역으로 편입되어 한사군이 설치되기도 했다. (이때에도 중국말이 사용되었을 것이다) 그런데 그때 사용되는 중국말이 전해지지 않는데 그 이유는 무엇인가? 혹시 발해의 땅이 완전히 요동으로 편입되면서 그 백성들이 중국으로 들어가고 우리 조선으로 귀속하지 않은 결과는 아닐까?

<u>그러면 그 나머지는 모두 저절로 바뀌게 될 것이다.</u> 기자가 조선에 와서 다스리고 백성들에게 여덟 가지 덕목을 가르쳤는데, 어찌 온 나라 사람들과 군주가 언어가 통하지 않은 채 통치할 수 있었겠는가? 군주는 중국말을 하고, 백성은 동방의 말을 하였다면 어떻게 가르침을 밝혀서 인도할 수 있었겠는가? 이것이 알 수가 없는 일이다. [箕聖東出 歷年旣久 則必能用夏變俗 是何制度文物 一無所在 至於言語相殊 文音不同 究之而莫得其故也 <u>蓋文者言之本 而不以文爲言 別作其言</u> 故呼天不曰天而曰漢乙天 他皆如此 是其一字之中音義判異 言自言而文自文也 (…중략…) 我國則不然 言與文各殊 則不可不文有其義 而文之音又與中國不同 雖有四聲之不混 而一韻之內 字音互異 又無雙聲兩音之文 果未知何世何人創得文音而有此乖謬耶 昔我世宗大王之聖鑑孔昭 四叶華音 創爲諺文 以明反切之義 而寢及後世 綠其易曉 不學詩書 競相傳習 只用於婦人書札之相通 然則諺之爲文 別是東國之文 而又非同文之義也 尤可歎也 <u>今若欲學中國不變風俗 莫如先解華音而餘皆自化矣</u> 箕聖來治朝鮮 敎民八條 豈一國之人與君 言語不通而出治乎 君爲華音民爲東話 而可能明其理而導乎 是未可知也] (李喜經, 『雪岫外史』)

이희경은 기자 조선에 입각하여 그의 언어 및 문자에 대한 생각을 기술하고 있다. 그는 기자가 그 당시에 동쪽의 풍습을 변화시켰음에도 불구하고 현재 남아있는 것이 없어, 조선이 중국과 말은 물론 글자의 음이 달라진 이유를 알 수 없다고 하였다. 앞서 살펴본 홍길주의 글에서는 동쪽은 이미 쓰고 있던 말이 있었기 때문에 말과 글이 따로 존재한다고 하였다. 이에 반해 이희경은 만약 기자와 백성이 서로 말이 통하지 않았다면 가르침을 받을 수 없었을 것이라고 하면서, 당시에는 우리가 중국어를 사용하였을 것이라고 생각하였다. 군주와 백성이 꼭

언어가 통해야 군주가 백성을 통치할 수 있는 것은 아니지만, 그는 말이 통해야 통치가 가능하였을 것이라 생각한 것이다. 홍길주는 기자가 동쪽을 다스리는 동안에도 동쪽은 동쪽 말을 계속 사용하였다고 본 반면, 이희경은 동쪽은 중국말을 사용하였다고 보았다. 그래서 그는 현재 우리가 중국어를 계속 사용하지 않고 조선어를 사용하고 있는 상황이 이해가 가지 않는다고 한 것이다.

그리고 이희경은 중국은 문자를 말로 사용하지만 조선은 그렇지 않다고 하며, 중국은 글과 말이 하나인데 우리는 말과 글이 따로 존재한다고 하였다. 그 당시 지식인들에게 '天'은 [tiān]이라는 음성과 하나로 결합되어 있는 것인데, 우리는 이를 '하늘 천'으로 풀어 읽으니 오죽 답답하였으랴. 또 세종대왕의 문자 창제를 '중국의 음과 맞추고자' 한 것으로 파악하고, 이것은 중국과의 의리를 어긴 일이라고 하였다.

이러한 그의 생각을 고려하였을 때, 말과 글이 다른 현실을 타개할 수 있는 방법은 자명하다. 중국과 같아지기 위해서는 중국어를 배워야 한다. 중국의 글은 물론, 중국의 말도 사용하려는 것이다. 이희경도 박제가와 마찬가지로 글을 바꿈으로써 조선의 언문불일치 문제를 해결하려는 입장인 것이다.

이와 유사한 견해는 尹行恁(1762~1801)의 『碩齋應製錄』에서도 살펴볼 수 있다.

⑧ 우리나라는 바닷가에 치우쳐 있지만 오히려 堯舜의 옷을 입고 堯舜의 정치를 행하며 堯舜의 책을 읽고 있어 군자의 나라라고 칭하고 있으니, 이는 中華의 법도를 사용하고 夷狄의 풍습을 변화시켰기 때문입니다. 그런데, 유독 언어는 방언을 쓰고 있으며 新羅, 百濟, 濊貊의 비루한 견문을 답

습하고 있습니다. 입고 있는 옷은 中華의 것이지만, 그 말을 들으면 외국어를 쓰는 듯합니다. (…중략…) 중국의 音은 곧 하나의 문자에 해당되어서, 말은 간결하면서도 뜻은 상세하여, 쉽게 이해할 수 있으며 배우기가 어렵지 않습니다. 지금 성스러운 지혜를 움직이시어 韻書를 새로 간행하셨으니, 중국과 우리나라의 음을 변별하시되 권점을 더하고 언문으로 주를 달아 비록 지극히 어리석은 사람이라도 한 눈에 이해할 수 있게 하셨습니다. 무릇 鄕語를 금지함을 선포하시고 漢音의 학문을 드날리시어 經書의 音譯을 고치시고 치우시고 어그러진 陋俗을 변화시키는 것은 다만 전하의 한마디 호령으로 이루어질 일입니다. (…중략…) 매일 먹고 마시는 사이에 漢語를 사용하고 秦對・酬酢에서 鄕音을 금지하시어 그 익숙하게 되기를 기다려 그 자제를 가르쳐야 합니다. 한 집에서 漢語를 하여 한 마을이 한어를 하는 데 이르고, 한 마을이 한어를 하여 온 나라가 한어를 하는 데 이른다면 십년이 되지 않아 마침내는 中華의 사람이 될 것이니, 무엇을 꺼려서 하지 않겠습니까? [我國僻在海上 猶能衣堯舜之服 行堯舜之政 讀堯舜之書 號稱君子之國者 卽用夏而變夷 獨奈夫言語之侏離 尙有襲乎羅濟濊貊之陋 見 其服則中華也 聞其言則外國也 (…중략…) 若中國之音 便一文字 而言簡 而意詳 自可易解而不難學者耶 方今聖智默運 韻書新刊 辨別華東之音 而加 之以圈 注之以諺 則雖使至愚至蠢之人 一寓目而可以瞭如矣 夫申明鄕語之 禁 闡揭漢音之學 改經書之音釋 變偏壤之俚俗者 特殿下一湖嶺間事耳 (… 중략…) 凡日用飮食之際 率由漢語 以至秦對酬酢 亦禁鄕音 稍待其媚熟 敎 授其子弟 一家漢語 而至於一鄕 一鄕漢語 而至於一國 則不十年 而居然爲 中華之人耳 何憚而不爲是哉] (尹行恁,『碩齋應製錄』)

제시된 글에서 윤행임은 우리의 언어 현실을 부정적으로 바라보면서 漢語를 사용하자고 주장하고 있다. 이는 앞서 살펴본 박제가, 이희경의 주장과 상통한다. "中國之音 便一文字"['중국의 음은 곧 문자']라고 하는 부분을 통해 다른 지식인들과 마찬가지로 윤행임도 중국은 音과 文字가 하나라고 생각하였다는 것을 알 수 있다. 그리고 그는 중국어의 음과 문자가 하나인 특징으로 인해 중국어가 배우기 쉬운 언어임을 강조하였다. 앞서 여러 번 언급한 바 있듯, 음과 문자가 하나인 言語는 세상에 존재할 수 없다. 또, 중국어가 배우기 쉽다는 내용은 전체적인 맥락에서도 알 수 있듯 중화 사상에 입각한 진술이다.

그리고 윤행임은 중국어는 조선어와 비교하여 言文一致가 된다는 인식에서 그치지 않고, 중화에 보다 가까워지기 위해서는 鄕語를 금지하고 漢語를 사용해야 함을 주장하였다. 한 집에서 한어를 하기 시작하여 온 나라가 한어를 하는 데에 이르는 시간이 10년도 되지 않는다고 하였다. 그렇게 온 나라 사람이 한어를 한다면 "中華之人"이 된다고 생각한 것이다. 이러한 윤행임의 주장은 지나치게 이상적이며 현실성이 떨어진다. 한 가정에서 한어를 시작하려면 부모가 한어에 능통한 사람이어야 하는데, 일반 백성들 중에서 한어에 능통한 사람이 과연 있었을까. 설사 한어를 조금 아는 사람이 있다 하더라도 몇 십 년을 배워도 제대로 통달하기 어려운 것이 외국어인데, 외부의 언어적 자극이 없는 조선에서 중국어를 꾸준히 사용하는 것이 가능한 것일까. 여러 가지 조선의 현실을 고려하였을 때, 그의 이러한 주장은 실현되기 어려운 것이다.

다음으로 柳馨遠(1622~1673)은 그의 저서 『磻溪隧錄』 卷25 續篇上 「言語」에서 양층문자생활에 대해 인식하고, 문관의 오품 이하의 관원, 선비 등은 중국어와 吏文을 배워야 한다고 강조하였다. 그리고 무엇보다 한자음을 교정하고 통일하는 일이 시급하다고 하였다. 아래에 해당 부분을 제시한다.

㉟ 5품 이하의 문관들은 매년 12월에 承文院에 모여 漢語와 吏文을 외우게 하는바 절반 이상 정통한 자에게는 상으로 가자 한 급씩 올려 주고 정통하지 못한 자에게는 한 급씩 내린다. (…중략…) <u>우리나라의 언어와 문자는 두 가지로 되어서</u>(우리나라의 <u>諺文</u>도 음만 있고 의미는 없다.) 政事, 經學 및 사물의 이름과 수량에 있어서 대부분이 다르므로 이해하기 곤란하다. 심지어 외교 관계에 있어서도 국가의 중요한 비밀 문건들을 통역을 시키게 되니 이것이 어찌 적은 일이겠는가? 대체 사람의 발음이 가볍거나 무거우며 더디거나 빠른 것은 지방 풍토에 관계되는 것으로서 진실로 같지 않은 것이다.(우리나라의 어음은 가볍고 청량하면서도 간편하고 빠르다.) 그러므로 중국 각지의 사람들도 어찌 꼭 같은 발음을 할 수 있으랴? 오직 그들이 발음을 같이 하고 언어를 통일시킨다면 언어에서 통하지 않을 것이 없을 것이다. 이와 같이 한다면 전 세계 백성들이 다른 것이란 있을 수 없다. 옛날 莊憲大王이 국가의 모든 제도를 새로 제정할 때에 여기에 뜻이 있어서 承文院을 설치하고 처음 문관으로 된 자들을 반드시 한어와 吏文을 학습하게 하였으며 또 『四聲通攷』를 편찬하여 그 音을 배우게 하였으며 또 모든 사물의 이름을 한어로 부르게 하였는데 지금도 그 책들을 학습하는 사람이 있다.(관청들에서 관리들이 출근한 뒤에 아전이 높은 소리로 '禁鄕談'이라고 하면 관청의 모든 관리들이 상하를 막론하고 모든 사물 이름을 한어로 발음하였으며 鄕談을 쓰지 못하였다. 지금 이 제도가 폐지되었지마는 아직도 더러 그대로 학습하는 사람들을 볼 수 있다. 예컨대 당직(當直)을 당디, 가사(家事)를 갸스, 하처(下處)를 '햐쥬', 동(銅)을 '퉁', 도괴

(頭盔)를 '투퀴', 대홍(大紅)을 '다훙', 자적(紫的)을 'ᄌ디', 아청(鴉靑)을 '야칭', 가적(假的)을 '갸디', 망건(網巾)을 '망긴', 단령(團領)을 '퇸링', 철릭[帖裡]을 '텨리', 노포(腦包)를 '롸봐', 천량(錢糧)을 '쳔량', 감결(甘結)을 '간게', 첩자(帖子)를 '텨즈'와 같이 발음하는 것과 같은 것이다.) 그러나 일상적으로 사용하는 말들이 조선말로 되었기 때문에 대중을 한자 발음대로 완전히 개변할 수 없으므로 결국은 도로 그만두게 되었다. 지금은 한어를 아는 문관들이란 전혀 없다. 만일 장헌대왕의 뜻을 받들어 낙후한 문화를 고치려면 <u>백성들이 하는 말을 갑자기 변화시키기 어려우므로 모든 한자는 중국 음을 따르며 선비 자제들이 학습하는 經書의 諺解는 洪武譯音으로 하여 암송하게 할 것이다. 이와 같이 한다면 말은 비록 다르나 한자의 음만은 동일하게 될 것이다.</u>(이렇게 하면 그 언어에서도 절반은 이해할 것이다.) 만일 그렇게도 할 수 없을 것 같다면 서울이나 지방에 있는 학교의 선비들은 소정 경서 이외에 이상 말한 바의 규정에 의하여 한어를 강독하게 하고 점차 한어를 정통할 수 있게 된 다음에 승급시켜 줄 것이다. 그리고 5품 이하의 관리에 대하여는 모두 1년에 한 차례씩 시험 강독을 시킨 뒤에 그들의 품계를 올리거나 내리도록 할 것이다.(이와 같이 한다면 承文院의 여러 관직을 둘 필요도 없어질 것이며 다만 과거를 한 자에게 한어를 학습하게 하면 된다.) [言語卽華語 文官凡言文官 在東班者 皆是 五品以下 每歲十二月 會承文院 講漢語 二書或吏文五分以上 賞加一資 (…중략…) <u>本國言語文字 旣爲二途 東方諺文 亦有音無義</u> 政事經學以及事物名數 多礙滯難通 至於事大之際 國家機務 徒憑舌人 是豈小事哉 夫人聲之輕重遲疾 風氣所拘 固有不同者 東方之音 輕淸而淺促 然中國之地 四方之人 亦奚必均齊哉 唯其同其音 而一其語語之而無不通 是則天下之人 無所異也 昔我莊憲大王 一新百度 有意於是 旣設承文院 令文官始出身者 必習漢語吏文 又撰四聲通

效 以卞其音 又令凡百名物 皆稱以漢語 至今尙有傳習者 每官府開坐 吏輒
唱曰 禁鄕談 則府中上下於凡物名 皆以漢語 不得用鄕談 今其制雖廢 而尙
有傳習之可見者 如當直曰當당直디 家事曰家갸事亽 下處曰下햐處츄 銅曰
銅퉁 頭盔曰頭특盔퀴 大紅曰大다紅훙 紫的曰紫즈的디 鴉靑曰鴉야靑칭 假
的曰假갸的디 網巾曰網망巾긴 團領曰團퉌領링 帖裡曰帖텨裡리 腦包曰腦
랖包봐 錢糧曰錢쳔糧랑 甘結曰甘간結계 帖子曰帖텨子즈之類 然日用言語
仍其鄕談 故衆楚一齊之勢 不能漸變 而終至還廢 今則文官之通漢語者 絶無
矣 如欲追先王之志 而變夷爲夏 卽民間言語 縱難一變 凡諸文字 皆從華音
士子所習經書諺解 一以洪武譯音 卽洪武正韻翻譯 使之講誦 如此則言語雖
異 字音則同也 如此則其於言語 亦思過半矣 如未能然 則京外學校之士 必
使本經外 依上式講習 漢語稍待能通 然後陞次 而凡在五品以下官 皆令歲一
試講 以升降其資 可也 如此則不必置承文院諸官 但令出身者 習之也] (柳馨
遠, 『磻溪隧錄』25㞢 「續篇」上, 「言語」)

제시된 인용문에서 "本國言語文字 旣爲二途 東方諺文 亦有音無義"
라는 구절을 통해 조선은 '언어'와 '문자'가 둘로 나누어져 있으며, 언문
은 음만 있고 뜻은 없는 표음문자라는 것을 유형원이 인식하고 있었음
을 확인할 수 있다. 그리고 그는 특히 조선말이 중국말과 다르기 때문
에 겪는 고충을 상술하면서 중국과의 외교 관계에서 국가의 기밀 문서
도 번역하는 사람을 따로 써야하는 어려움이 있음을 지적하였다. 이에
대한 해결책으로 모든 백성의 언어를 바꿀 수는 없지만, 모든 文字는
華音을 따르고 경서 언해는 홍무역음으로 암송할 것을 제안하였다. 이
렇게 하면 말은 달라도 字音은 같아진다고 생각하였다. 만약 이것이
불가능하다면 서울이나 지방의 선비들에게 한어를 강독하게 하고 한

어에 정통하게 되면 승급을 시켜주며, 5품 이하의 관리에게는 시험 강독을 시킨 후에 품계를 조정하자고 하였다.

즉 유형원은 백성들의 언어를 바꾸는 것이 어렵다는 것을 알고 있었기 때문에 구태여 자국어를 바꾸려 하지 않았다. 다만 선비나 관원들이 한어와 한자음을 익히는 것을 강조하였을 뿐이다. 한어 위주로 언어생활이 개편된다면, 양층문자생활로 인한 어려움이 해소될 수 있을 것이라고 생각하였다. 이는 앞서 살펴본 박제가나 이희경에 비하면 다소 현실적인 방안으로 보인다. 그는 사람의 발음은 지방 풍토와 관계되는 것이므로 모든 사람의 발음이 다 같지 않은 것을 인정하였고, 그렇기 때문에 백성들의 언어를 갑자기 바꾸는 것이 어렵다는 것을 알고 있었기 때문이다.

그런데 字音을 華音을 따르게 하면 말은 비록 다르더라도 절반은 이해될 것이라고 한 그의 의견은 흥미롭다. 그는 "당디"(當直), "갸스"(家事) 등의 한자음을 언급하면서 이러한 단어의 발음이 일상적인 조선어로 되었다는 것을 알고 있었으며, 이를 다시 되돌리기 어렵다는 것도 이미 지적하였다. 그럼에도 불구하고 중국과의 한자음 일치의 끈을 놓지 못하고, 경서 언해 강독을 홍무역음으로 한다면 한어의 절반은 이해할 것이라고 하였다. 말은 몰라도 한자음을 맞추면 그 언어의 절반을 이해할 수 있다고 생각한 것이다. 한자음과 중국의 구어는 별개 층위의 것이므로 조선의 한자음을 중국과 일치시킨다고 하여 중국어 전체를 이해할 수 있는 것은 아니다. 하지만 한국어 명사 어휘들을 華音과 맞추어 발음을 한다면 구체적인 내용은 이해하기 힘들더라도, 문장의 대략적인 뜻은 파악할 수 있을 것이다.

말과 한자음에 대한 그의 이러한 생각은 다음에 살펴볼 洪良浩(172

4~1802)의 글에서도 발견할 수 있다. 아래에 洪良浩의 『耳溪集』 권19 중 계묘년(1783, 정조7)에 정조에게 올린 「陳六條疏」를 제시한다.

⑩ 여섯째는, 華語를 익혀야 하는 일을 말하겠습니다. 대저 중국 사람의 말은 곧 中華의 正音입니다. 晉나라 이후 五胡들이 번갈아 중국을 어지럽힌 이후부터는 方言이 자주 변하고 한자음도 또한 僞作이게 되었지만 그래도 그 유사한 것에 따라 진짜 音을 찾아낼 수 있습니다. 우리나라의 音은 가장 중국의 것에 가까웠었는데, 신라와 고려 이래로 이미 飜解하는 방안이 없어 매양 익히기 어렵다는 근심이 있었습니다. 오직 우리 세종대왕께서 하늘이 낸 睿智로 혼자서 神機를 運用하여 創造하신 訓民正音은 중국 사람들에게 물어 미묘한 것까지 곡진히 하였습니다. 무릇 사방의 언어와 갖가지 구멍에 나오는 소리들을 모두 붓끝으로 그려낼 수 있어 비록 길거리의 아이들이나 항간의 아낙네들이라 하더라도 환히 알 수가 있으니, 開物成務의 공로는 前代의 성인들도 밝혀 내지 못한 것을 밝혀내어 천지의 造化에 참여하였다고 하겠습니다. 이를 가지고 漢音을 飜解해 나가면 칼을 만나 가늘게 쪼개지듯이 글자의 韻자도 맞고 聲律도 들어맞았습니다. 이 때문에 당시의 四大夫들은 대부분 華語를 통달하게 되어, 奉使하러 나가거나 迎詔하게 될 적에 역관의 혀를 빌리지 않고도 메아리치듯 주고받게 되었던 것입니다. 따라서 임진년과 계사년 무렵에 이르러서는 乞靈하기도 하고 辨誣하기도 하는 국가의 큰일들에 있어서 그 힘을 입게 되는 수가 많았으니, 화어를 읽히지 않을 수 없음이 이러합니다. 근세 이래로는 漢學을 가르치는 것이 형식만 남아 능히 句讀에 능통한 사람이 매우 적습니다. 따라서 사신들이 그들과 상대할 때에는 귀를 막고 입을 닫은 채 한 마디 말이나 간단한 말조차 오로지 역관들에게만 의지하는데, 소위 역관들

도 또한 겨우 길거리나 길거리의 일상 회화만 아는 정도이니, 장차 어떻게 심정과 의지를 통하여 어려운 일을 모두 분별할 수 있겠습니까? 지금은 다행히도 두 나라의 관계가 좋아 사신들의 일에 지장이 되는 것이 없지만 혹시라도 요청을 하거나 바로잡아야 할 일이 있다면 아마도 제대로 수행하지 못할 듯싶으니 소소한 근심거리가 아닙니다. 蒙學에 있어서도 그저 헛된 이름만을 끼고 있고 전혀 가르치거나 익히지 않습니다. 몽고와 우리나라가 지금은 비록 서로 通信을 하고 있지 않습니다만 국경이 매우 가깝고 그들의 兵馬가 가장 사나우므로 앞날의 일을 헤아릴 수가 없으니 어찌 소홀히 여기어 살피지 않을 수 있겠습니까? 신은 생각건대 司譯院을 감독하고 신칙하여 모든 語學의 과정을 엄격하게 하여 여러 방법으로 학습을 권하고 賞罰이 뒤따르게 하여 반드시 익숙히 통하게 하십시오. 또한 조정의 신료 중에서 漢學에 선발된 사람도 또한 반드시 과거의 조목을 거듭 밝혀 오직 배우고 익히는 것에 뜻을 두어 사신으로 보낼 수 있는 인재를 양성하게 하십시오. [六日肄華語 夫漢人之語 卽中華之正音也 一自晉代以後 五胡交亂 方言屢變 字音亦譌 而猶可因其似而求其眞矣 我國之音 最近於中國 而羅 麗以來 旣無翻解之方 每患通習之難矣 惟我世宗大王睿智出天 獨運神機 剏造訓民正音 質諸華人 曲盡微妙凡四方之言語 萬竅之聲籟 皆可形容於筆端 雖街童 巷婦 亦能通曉 開物成務之功 可謂發前聖之未發 而參天地之造化矣 以此翻出漢音 迎刃縷解 於以諧字韻 於以叶聲律 故當時士大夫多通華語 奉使迎詔之時 不假譯舌 酬答如響 及至壬 癸之際 如乞靈卜誣 國之大事 多賴其力 華語之不可不習也如此 近世以來 漢學之講 便成文具 能通句讀者絶少 故使臣之與彼相對也 耳礱而口噤 片言單辭 專仗象胥 所謂象胥 亦僅解街巷例話而已 將何以通情志而盡辨難乎 今幸兩國交好 使事無阻 而設有奏請陳卞之事 則恐無以責辨 非細憂也至於蒙學一科 徒擁虛名 全不講

習 蒙之於我 今雖不與通信 而疆域甚邇 兵馬最悍 他日之事 有未可料 庸詎

忽而不省乎 臣謂董飭譯院 嚴課諸學 激勸有方 從以賞罰 期使通熟 而朝士

之被選漢學者 亦宜申明科條 專意肄習 俾養專對之才焉] (洪良浩, 『耳溪集』

券19 「陳六條疏」)

   홍양호는 외교상의 필요로 인해 중국어를 익혀야 할 것을 주장하고 있다. 특히 그는 사역원을 감독하여 화어 학습을 권장하고, 중국에 사신으로 보낼 수 있는 인재를 양성하는 데에 힘써야 한다고 하였다. 이는 앞서 살펴본 유형원의 견해와 비슷하다. 다만 이 글에는 언어와 문자의 관계에 대한 인식이 직접적으로 드러나 있지는 않다. 하지만 화어 학습의 필요성을 강조하는 배경에는 조선어와 중국어의 차이에 대한 인식이 전제되어 있으며, 홍양호 역시 그로 인한 불편함을 알고 있었음을 확인할 수 있다.

   그리고 그는 훈민정음으로 한자음을 飜解하면 화어에 통달하게 되기 때문에 역관을 통하지 않고도 중국인과 소통할 수 있다고 하였다. 이는 앞서 살펴본 유형원의 견해와 비슷하다. 두 사람 모두 훈민정음을 통해 한자음을 옮겨 적으면 중국의 한자음에 맞출 수 있게 되고, 한자음을 맞추게 되면 중국어를 이해하거나 통달할 수 있다고 보았다. 차이가 있다면 유형원은 이러한 과정을 통해 한어의 절반을 이해할 수 있을 것이라고 하였고, 홍양호는 화어에 통달할 수 있을 것이라고 하였다. 홍양호의 이러한 견해는 지나치게 낙관적인 것으로 보인다. 한자음을 일치시킨다고 하여 중국어 구어에 능통하게 되는 것은 아니기 때문이다.

   지금까지 살펴본 지식인들의 견해는 우리의 언어를 중국어로 바꾸

거나, 혹은 필요한 경우에 한해 중국어를 배우자는 의견이었다. 이와
는 달리 柳壽垣(1694~1755)은 조선의 말을 굳이 중국과 일치시킬 필요
가 없다고 주장하였다. 아래에 그의 『迂書』권10. 중 「論變通規制利害」
를 제시한다.

② 문: 천하의 국가들은 각각 그들의 풍속이 있다. 우리나라가 비록 文教
를 숭상하여 小中華라고 불리지만, 본래부터 나라의 습속이나 시골의 풍
속들이 중국과 끊은 듯이 같지 않은 것이 많다. 그런데 지금 그대가 의논한
것을 보면, 거의 중국의 제도만을 취택하여 사용하려고 하면서, 事勢와 풍
습이 막혀 서로 먹혀들지 않는 점을 고려하지 않고 있으니, 나는 이것을 매
우 의심스럽게 여긴다.

답: 천하의 나라들은 과연 제각기 풍속이 있다. 南蠻이나 北狄들이 비록
짐승에 가깝지만, 그들은 예부터 지금까지 제각기 본래의 풍속들을 지켜 왔
기 때문에, 그 사람들이 질박하고 일도 간편하여 천백 년이 지나도록 서로
가 편안하여 이른바 새로운 폐단이나 지속하기 어려운 애로가 없는 것이다.
그런데 우리나라에서는 그렇지 못하다. 외국의 조그마한 나라로서 중국의
풍속만을 순전히 숭상한 나라는 온 천하에서 우리나라뿐이다. 그러나 이른
바 숭상한다고 한 것이 다만 외면적인 형식일 뿐, 나라를 경영하고 정치를
도모하는 중요한 도구에 있어서는 어떤 것은 그 명목만을 답습하기도 하고,
어떤 것은 그 껍데기만을 모방할 뿐이어서, 한 가지도 그 정신이나 골자가
있는 곳을 터득하지 못하여 왔다. 까닭에, 그 폐단은 마침내 나라를 浮虛하
고 無實하게 만들었고, 무실 2字는 무한한 병폐들을 발생시켜 그것을 바로
잡을 수 없는 처지에 이르고야 말았다. 이것이 내가 그 병든 곳의 소재를 깊
이 논구한 까닭이며, 이러한 폐단을 구제하기 위해서는 오직 實事와 實政을

가지고 이름만 흠모하고 실질을 버리는 풍속에다가 시행하여야만, 世道를 바로잡을 수 있을 것으로 여긴 것이다. 이것이 어찌 중국의 풍속만을 숭상하고 우리나라의 土俗은 얕잡아서, 온갖 일들을 물론하고 모두 중국의 것만을 우러러 답습하고 억지로 시행하려고 한 것이겠는가. 대저 음식으로 말한다면, 중국 사람들은 肉食이나 감미로운 것을 즐기지만, 우리나라 사람들은 魚物이나 짠 것을 즐기니, 참으로 각기의 토속을 따를 것이지, 구태여 똑같이 할 필요는 없는 것이다. 그리고 의복으로 말하더라도, 중국 사람들은 方巾에 襴衫을 입는데 우리나라 사람들은 漆笠에 道袍를 입으니, 이것도 구태여 똑같이 할 필요가 없는 것이며, 語音으로 말하더라도, 중국 사람들은 말이 모두 文字이지만 우리나라 方言은 모두 俚音이어서 참으로 중국에 따를 수 없는 것이나, 우리가 國音으로 서로 통하고 문자로 마음을 표현할 수 있으니, 이것 역시 무방하므로 구태여 똑같이 할 필요가 없는 것이다. (…중략…) 이러한 일들은 한두 가지에 그치지 않는다. 疆域이 이미 구별되어 있고 풍속이 또한 다르니, 제각기 그 謠俗에 따르고 土風에 순응하는 것이 어찌 해롭겠는가. 이것이 참으로 程子가 이른바 '일이 의리에 해롭지 않은 것은 시속(時俗)에 따르는 것이 옳다.'는 뜻인데, 내가 언제 우리나라 풍속이 일마다 중국의 것을 모방하지 못했다고 개탄했는가. 아, 言語·謠俗·의복·음식 따위는 바로 土俗이며 鄕風인데, 이런 것들까지 어찌 꼭 중국의 풍속을 답습할 것이 있겠는가. 중국의 경우를 보더라도, 남방과 북방의 풍속이 본래부터 끊은 듯이 같지 않은 것이 매우 많다. 그러나 政事에 있어서는 그렇지 아니하여 士·農·工·商과 禮·樂·兵·刑, 선거·관제와 稅斂·貢賦 등이 모두 聖人에게서 근원하였고 그 일들이 오직 중국에서만 시행되고 있는데, 온 천하에서 이 제도들을 흠모하여 시행하려는 나라는 오직 우리나라뿐이다. 이 제도들을 흠모하여 답습하지 않는다면 그만이겠지만,

기왕에 이 제도들을 답습하고자 한다면 반드시 그 정밀한 의의를 관통하여 깊이 체험하고 힘써 시행하여야 비로소 폐단이 없게 될 것이다. 만약 그렇게 하지 않는다면, 처음에 털끝만큼 틀린 것이 나중에는 千里나 틀리게 되어 그 마지막 폐단에 이르러서는 도리어 애초부터 중국의 제도들을 숭상하지 아니하였던 것만 못하게 될 것이다. [或曰 天下之國 各有其俗 我東雖崇尙文敎 號稱小華 然亦自有國俗鄕風之截然不同於中原者多矣 今子所論 則擧欲取用中國之制 不顧事勢習俗之扞格而不相入 此愚之所大惑也 答曰 天下之國 果各有俗 南蠻北狄 雖近禽獸 然自古及今 各守本俗 故其人也質 其事也簡 能相安於千百年之久 而無所謂新生之弊難支之瘼也 □至於吾東 則不然 以外國偏邦 純尙華風者 擧天下惟有我國而已 然其所謂慕尙者 只是外面儀文而已 莫其經邦致治之具 則或只襲其名目 或只模其皮膜而已 未嘗得其精神骨子之所在 故其弊也遂爲浮虛無實之歸 無實二字 生出無限病痛 以至於莫可救正之域 此吾所以深論其受病之所在 以爲必欲救此 則惟以實事實政 施之於慕名遺實之俗 然後庶可以救得世道也 此豈徒慕華風 低看土俗 勿論百事 皆欲慕襲而强施者乎 夫以飮食言之 中國之人 嗜肉嗜甘 而吾東之人 嗜魚嗜鹹 則固當各隨土俗 而不必苟同者也 以衣服言之 中國之人 方巾襴衫 而我國之人 漆笠道袍 則此亦不必苟同者也 <u>以語音言之 中國之人 言皆文字 而我東方言 皆是俚音 此固不及中國處 而能以國音相通 文字書心 則此亦無害 不必苟同者也</u> (…중략…) 如此等事 非止一二 而疆場 旣別 風氣亦殊 則各從其謠俗 各順其土風 有何妨乎 此固程子所謂事之無害於義者 從俗可也之意也 吾何嘗慨嘆東俗之不能事事模倣華制乎 噫 <u>言語謠俗衣服飮食等事 卽所謂土俗鄕風也 此何必盡襲中國之俗乎</u> 雖以中國言之 南北之俗 亦自截然不同者甚多矣 至於政事則不然 士農工商 禮樂兵刑 選擧官制 稅斂貢賦之屬 其源皆出於聖人 其事獨行於中國 擧天下慕而行之者 惟有我國而已 若不

慕襲其制則已矣 旣已行之 則必通其精微縝密之義 深體而力行之 然後方可

無弊 不然 則差之毫釐 謬以千里 及其末弊 反不如初不慕尙華制之爲愈也]

(柳壽垣, 『迂書』 卷10 「論變通規制利害」)

제시된 인용문에서 유수원 역시 "中國之人言皆文字"라고 함으로써
중국은 말이 모두 문자(文字)라고 생각하고 있었음을 확인할 수 있다.
그런데 그는 천하의 나라는 모두 제각기 풍속이 있기 때문에 꼭 중국
의 풍속을 답습할 필요가 없다고 하였다. 의식, 의복, 혼례, 상제에 있
어서도 물론이고 어음 역시 중국과 같을 필요가 없다. 특히 우리는 國
音으로 서로 통하고 文字로 마음을 표현할 수 있기 때문에 중국을 구
태여 따라할 필요가 없다고 하였다.[38] 이 문장에서 "國音"은 '우리말'
혹은 '조선 한자음'으로 해석할 수 있는데, 맥락을 고려하였을 때 앞서
우리말을 方言으로 지칭하였으므로 이 경우 "國音"은 조선 한자음으로
보인다. 중국 한자음과 굳이 맞추지 않아도 조선 한자음으로 서로 통
할 수 있기 때문이다. 그리고 "文字"는 한자로 생각할 수도 있겠으나,
마음을 표현할 수 있는 표기 수단인 넓은 의미의 문자를 뜻하는 것으
로 보아도 무방할 듯하다.[39]

유수원의 이러한 견해는 앞서 살펴본 유형원의 견해에서도 살펴볼
수 있다. 유형원은 중국 각지의 사람들도 모두 꼭 같은 발음을 할 수 없

---

[38] 장윤희(2012: 13)에서는 이를 언어 풍토설과 연관시키고 있다. 언어 풍토설에 입각
한 언어 인식이 곧 우리에게 가장 적합한 언어와 문자가 국어, 국문이라는 인식을 가
능하게 했고, 특히 국문의 사용을 강조할 수 있는 바탕이 되었다고 하였다.

[39] 당시 한글까지 포함하여 '文字'라고 지칭한 경우가 드물었기 때문에 넓은 의미의 문
자를 뜻하는 개념인지는 불확실하다. 하지만 문맥상 중국과 똑같이 할 필요가 없다
는 것으로 보아, 당시 지식인들이 널리 사용하고 있었던 한자만을 가리키지는 않을
가능성도 있다.

다는 것을 알고 있었기 때문이다. 유수원의 경우 유형원과는 달리 외교적 필요성에 따른 중국어 학습을 강조하거나, 다른 특별한 대안을 제시하지는 않았다. 다만 조선이 중국의 정사를 답습하려 한다면, 반드시 그 정확한 의의를 알고 시행하여야 폐단이 없을 것이라고 하였다.

지금까지 근대 한국어 시기 지식인들의 문자관에 대하여 살펴보았다. 3장 1절에서는 조선 후기 지식인들의 문자에 대한 인식을 한자에 대한 인식, 한글에 대한 인식, 차자표기에 대한 인식으로 나누어 살펴보았다. 먼저 조선 후기에도 한문의 위상은 쉽게 떨어지지 않았고, 이와 관련된 연구들도 여전히 진행되고 있었음을 확인할 수 있었다. 반면에 한글이 단지 한자의 보조적 역할만이 아닌 의사소통과 지식을 전달하는 유용한 도구라는 인식 아래 한글의 문자로서의 가능성을 볼 수 있는 견해들도 이 시기에는 논의되고 있었다. 그리고 이두문은 행정문서와 소송 문서나 상속 문서 등 공사 간의 실용문에서만 제한적으로 사용되었다. 따라서 조선 후기에도 이두문은 관리들에게 여전히 필요한 문자 수단이었고 이를 위해 이 시기에도 많은 이두 학습서들이 편찬·간행되었음을 볼 수 있었다. 3장 2절에서는 여러 가지 글을 통해 조선 후기의 지식인들이 중국은 言과 文이 하나로 결합되어 있다는 인식을 기본적으로 가지고 있었음을 확인할 수 있었다. 그들의 이러한 인식은 언어의 자의성을 고려하지 않았다는 점에서 현대적 관점에서 보면 이해할 수 없는 면이 있다. 하지만 당시 지식인들에게 중국은 문명의 중심부였기 때문에, 중국이 사용하는 말과 글은 우리에게는 매우 이상적인 것일 수밖에 없었다. 그리고 문명의 중심인 중국에 비해 조선은 문명의 주변부였으며 言과 文도 각각 따로 존재하였다. 그래서 이에서 오는 불편함을 해결하기 위해 몇몇 지식인들은 방안을 제시하기도 하였다. 극단적으로는 조선어를 버리고 중국어를 쓰자는 주장부터 시작하여, 필요한 경우만 배우자는 주장, 굳이 말을 바꿀 필요가 없다는 주장 등이 있었다. 이를 통해 근대 한국어 시기 지식인들의 문자 및 문자 생활에 대한 인식을 엿볼 수 있었다.

| 참고문헌 |

강민구(2007), 「우리나라 중세 士人의 '우리말'에 대한 인식」, 『동방한문학』 33, 동방한문학회.

강신항(2003), 『수정증보 훈민정음』, 성균관대 출판부.

_____(2010), 『훈민정음 창제와 연구사』, 도서출판 경진.

고정의(2003), 「이두 학습서의 이두와 독음」, 『구결연구』 10, 구결학회.

김동준(2007), 「소론계 학자들의 자국어문 연구활동과 양상」, 『민족문학사연구』 35, 고려대 민족문화연구원.

_____(2009), 「이규상의 『세계설』 다시 읽기」, 『문헌과 해석』 46, 문헌과해석사.

김명호(2001), 『박지원 문학 연구』, 성균관대 대동문화연구원.

_____(2008), 『환재 박규수 연구』, 창비.

김문식(2003), 「홍양호의 북학론」, 『문헌과 해석』 24, 태학사.

김민수(1964), 『신국어학사』, 일조각.

_____(2003), 『전정판 신국어학사』, 일조각.

김병문(2000), 「말과 글에 대한 담론의 근대적 전환에 관한 연구」, 연세대 석사 논문.

김석득(2009), 『우리말 연구사-언어관과 사조로 본 발전사』, 태학사.

김슬옹(2005), 『조선시대 언문의 제도적 사용 연구』, 한국문화사.

김양진(2008), 훈곡 홍희준의 『언서훈의설』에 대하여, 『어문논집』 58, 어문학회.

_____(2009), 「18世紀 後半의 國語學과 鄭東愈의 『晝永編』」, 『대동문화연구』 68, 성균관대 대동문화연구원.

김언종(2008), 「병와 이형상의 『자학』에 대하여」, 『한문교육연구』 31, 한국한문교육학회.

김영주(2004), 「少論系 學人의 言語意識 硏究 (1)-『正音』 硏究를 중심으로」, 『동방한문학』 27, 동방한문학회.

김완진·정광·장소원(1997), 『국어학사』, 한국방송통신대 출판부.

김인회(2012), 「조선시대 사대부의 한글 사용과 의미」, 『정신문화연구』 35-4, 한
국학중앙연구원.

김태오(1993), 「다산의 『兒學編』에 반영된 문자교육관」, 『교육철학』 11, 한국
교육철학회.

남만성 역(1994), 『지봉유설』, 을유문화사.

남풍현(1999), 『구결연구』, 태학사.

류준필(2003), 「구어의 재현과 언문일치」, 『문화과학』 33, 문화과학사.

문준혜(2012), 「조선시대 문집에 보이는 중국 언어 문자 연구 조망─이덕무(李德
懋)의 『청장관전서』를 중심으로」, 『중국어문학지』 38, 중국어문학회.

박수밀(2007), 『18세기 지식인의 생각과 글쓰기 전략』, 태학사.

박희병(1999), 『한국의 생태사상』, 돌베개.

백두현(2004a), 「우리말[韓國語] 명칭의 역사적 변천과 민족어 의식의 발달」,
『언어과학연구』 28, 언어과학회.

_____(2004b), 「한국어 문자 명칭의 역사적 변천」, 『문학과 언어』 26, 문학과
언어학회.

송호근(2011), 『인민의 탄생─공론장의 구조 변동』, 민음사.

심경호(2008), 「이두식 변격한문의 역사적 실상과 연구과제」, 『어문논집』 57,
민족어문학회.

심재기(1999), 『국어 문체 변천사』, 집문당.

안대회(2001), 「한문학에서 민족적인 것과 세계적인 것─조선 후기 학자의 민
족 언어에 대한 논의를 중심으로」, 『국문학과 문화』, 한국고전문학회.

_____(2006), 「조선 후기 이중 언어 텍스트와 그에 관한 논의들」, 『대동한문학』
24, 대동한문학회.

안병희(1987), 『이문과 이문대사』, 탑출판사.

양근용(2010), 「근대국어학 형성기의 언어의식 연구」, 인천대 박사논문.

양원석(2006), 「朝鮮 後期 文字訓詁學 硏究」, 고려대 박사논문.

양정호(2004), 「『주영편』의 국어학사적 고찰」, 『애산학보』 30, 애산학회.

이군선(2007), 「朝鮮 士人의 言語文字 認識」, 『동방한문학』 33, 동방한문학회.

이기문(1970), 『開化期의 國文硏究』, 일조각.

이병근(2003), 「近代國語學의 形成에 관련된 國語觀─大韓帝國 時期를 중심
으로」, 『韓國文化』 32, 서울대 규장각한국학연구원.

_____(2011), 「실학시대의 언어연구」, 『한국사시민강좌』 48, 일조각.

이상혁(2002), 「국어학사의 관점에서 바라본 柳僖의 언어관」, 『한국학론집』 36, 한양대 한국학연구소.

_____(2004), 『조선 후기 훈민정음 연구의 역사적 변천』, 역락.

이현희(2004), 「이수광의 국어학적 인식에 대하여」, 『진단학보』 98, 진단학회.

임형택 외(2005), 『(역주) 매천야록』, 문학과 지성사.

장윤희(2012), 「근대 이행기 한국의 자국어 인식」, 『近代 移行期의 東亞細亞의 自國語 認識과 自國語學의 成立 학회자료집』(별지), 인하대 한국학연구소.

장향실(1998), 「흡재(翕齋) 이사질(李思質)의 『훈음종편』고」, 『어문논집』 39, 안암어문학회.

전경목(2006), 『儒胥必知-고문서 이해의 첫걸음』, 사계절.

정경일(2001), 「조선 후기 국어 연구의 실학적 경향」, 『한국어학』 14, 한국어학회.

정다함(2009), 「麗末鮮初의 동아시아 질서와 朝鮮에서의 漢語, 漢吏文, 訓民正音」, 『한국사학보』 36, 고려사학회.

정병설(2009), 「조선시대 한문과 한글의 위상과 성격에 대한 一考」, 『한국문화』 48, 서울대 규장각한국학연구원.

정승철(2010), 「『畵永編』의 국어 연구」, 『震檀學報』 110, 진단학회.

조동일(1999), 『하나이면서 여럿인 동아시아문학』, 지식산업사.

조성산(2009), 「18세기 후반~19세기 전반 조선 지식인의 語文 인식 경향」, 『한국문화』 47, 서울대 규장각한국학연구소.

진재교·강민정(2011), 『북학 또 하나의 보고서, 설수외사』, 성균관대 출판부.

하영삼(2010), 「韓國 歷代 『說文解字』研究 綜述」, 『중국어문학』 56, 영남중국어문학회.

허재영(2011), 「근대 계몽기 언문일치의 본질과 국한문체의 유형」, 『어문학』 114, 한국어문학회.

제4장 다중 문자 사용의 양상

이영경

1. 조선 후기 다이글로시아(diglossia)의 전개

주지하다시피 훈민정음이 창제된 후 조선의 문자 생활은 크게 한문과 언문이 이원적 대립 체계를 형성하는 가운데 그 중간적인 존재로서 종래의 이두문도 함께 사용되는 다중 문자 사용 양상을 보이게 된다.[1] 그런데 이러한 조선의 문자적 상황은 단순한 "바이링구얼리즘(bilingualism)"의 성격이 아니라 이들 한문, 언문, 그리고 이두문이 위계적으로 공존하는 이른바 "다이글로시아(diglossia)"의 양상을 보인다는 점에서 특징적이

---

[1] 훈민정음 창제 이전에는 한문과 이두문이 雅·俗의 이원적 대립 체계를 가지고 있었다(1장 23쪽 참조).

다.[2] "다이글로시아"는 한 언어사회 안에서 둘 이상의 변이어가 그 위상을 달리하며 사용되는 언어 구조를 말하는 것으로, 이때 두 변이어는 상·하위로 우열의 사회적 인식이 뒤따르며 기능적으로도 제각기 달리 활용되는 것이 특징이다(박순함 1997 : 57~58).[3]

우리말을 온전히 표기할 수 있는 고유의 문자가 일찌감치 만들어졌음에도 법적·행정적 차원의 공식적인 문자 행위는 물론 학문 활동을 비롯한 모든 지적·고차원적 문자 생활은 여전히 한문으로 이루어졌으며 사적인 영역에 국한하여 언문이 사용되었던, 그리하여 계층적으로도 상층부인 양반은 한문을, 기층부의 백성과 여성들은 주로 언문을 사용하였던 조선의 문자적 상황은 이 "다이글로시아"의 양상을 정확히 보여준다. 공동문어(the cosmopolitan)로서의 한문과 민족어(the vernacular)로서의 언문이 위계적인 관계를 형성하고 있었음은 전자와 후자를 "雅·俗"의 관계로 파악하거나, 전자를 "眞書", 후자를 "諺文"이라 칭한 데서도 분명히 확인된다. 이처럼 조선의 다이글로시아는 문자의 사용과 관련된 것이라는 점에서 보다 정확히는 "다이그라피아(digraphia, 다중 문자 사용)"라 할 수 있다.[4] 한문을 상위어이자 공용어로 하는 문자생

2 　조선 외에 동아시아 한자 문화권에 속한 나라 가운데 공동문어인 한자와 자신의 고유문자를 함께 사용하는 나라들로 일본이나 베트남 등도 있었지만 이들은 한족의 중국 문명과 그 소산인 한문을 절대시하지 않고 자국 문자를 대등하게(예컨대 일본의 '和漢並立' 태도) 혹은 오히려 우위에 두었다는 점에서(김시덕, 2014 : 7~9) 소중화를 표방하며 한문을 공식문자로 삼은 조선과 차이를 보여준다.

3 　다이글로시아(diglossia)라는 개념은 원래 사회언어학자인 퍼거슨(Charles A. Ferguson)이 같은 언어의 두 가지 상이한 변종(two distinct varieties of the same language)이라는 의미로서 프랑스어 'diglossique', 'diglossie'에서 차용한 것이지만, 일반적으로 한 언어공동체에서 두 가지 이상의 언어적 변종이 사용되는 언어 상황을 가리키는 것으로 널리 사용된다. "다이글로시아"는 "양층언어구조"(박순함, 1997), "양층언어현상"(안대회, 2006; 정병설, 2009 등), "이중언어체계"(이종묵, 2007) 등 다양한 용어로 번역되었다.

4 　조선의 어문생활에 대한 논의에서 "다이글로시아(diglossia)"라는 용어는 이러한 문자적 상황을 가리키는 것으로 국한되어야 한다. 간혹 문학 등 타 분야의 논의에서

활에서의 다이글로시아, 즉 다이그라피아는 중화사상을 굳건한 토대로 하여 조선조 내내 지속된다.

그런데 조선 후기가 되면 이러한 문자 구도에 상당한 동요가 일어난다. 창제 후 주로 사적 영역에만 국한되어 사용되던 한글이, 구어에 밀착한, 사용과 학습이 용이한 문자라는 이점을 토대로 빠르게 세력을 확산한 끝에 급기야 공적 영역까지 넘보는 상황에 이르게 되면서, 엄격하고 견고하기만 하던 한문 공용어 체제가 점차 이완되고 동요하는 상황을 맞게 되는 것이다. 한글은 창제 초기에는 공용 문자인 한자를 보조하는 역할을 주로 담당해 왔으나 시간이 갈수록 문학 분야 등을 중심으로 점차 자족적 표현 수단으로 그 세력을 확대해 가게 된다. 그 결과 조선 후기에는 다양한 분야에서 이전까지와는 비교할 수 없을 정도로 많은 한글 저작물들이 쏟아져 나오게 되면서 문자생활에 일대 변화가 초래된다. 이러한 한글 사용의 확대는 조선의 다이글로시아적인 어문 상황에 대한 자각과 언어에 대한 학문적 관심을 촉발하여 이 시기 많은 언어 관련 담론과 연구를 불러오기도 한다.

구어로는 한국어를, 문어로는 한문을 사용하는 것을 "다이글로시아"로 설명하는 경우가 있는데 이는 그 개념을 정확히 이해하지 못하였거나 언어와 문자를 혼동한 데서 온 잘못이다. 이들 논의는 대개 언문(한글)을 한국어(음성언어로서의 한국어)와 동일시하는 오류를 범하고 있는데, 언문은 문자를 지칭하는 말이므로 한국어와 동일시되어서는 안 된다. 언문이 한국어 구어에 밀착되어 있다는 것, 즉 한국어를 표현하는 데 적절한 문자라는 것이지 이를 구어와 동일한 대상으로 간주해서는 안 된다는 것이다. 말하자면 "언문불일치"와 "다이글로시아"는 구별되어야 하는바, 위에서 언급된 바와 같이 "다이글로시아"는 같은 범주(구어면 구어, 문어면 문어)내에서 위상을 달리하여 사용되는 언어구조를 말하는 것이므로 조선의 경우 한문·언문(경우에 따라 이두문)이 위계적으로 사용된 문자적 상황을 가리키는 말로 한정되어야 한다. 한편 국어의 다이글로시아와 관련하여 박순함(1997 : 68~69)에서 일제 식민지 시기에 일본어·한국어가 위계적으로 사용된 상황을 다이글로시아로 설명하기도 하였다. 고대국어 시기 백제어에서 지배층에서는 부여계의 언어가 피지배층에서는 마한계의 언어가 사용된 것도 다이글로시아적 상황이라 할 수 있을 것이다.

이처럼 조선 후기는 한문이 지배적 우위를 차지하던 기존의 어문 구도에 동요가 생기면서 한문과 언문의(때로는 이두문까지 가세한) 한층 복잡한 다이글로시아 양상이 전개된다. 이 장에서는 이러한 조선 후기의 문자 사용 양상과 그 성격을 다양한 언어 자료와 저작물들을 통해 실증적으로 조명해 보고자 한다. 이를 위해 우리는 대상 자료들을 번역과 순수 창작의 경우로 나누어 살펴볼 것이다. 문자 사용과 관련하여 볼 때 번역은 목표 문자가 정해져 있는 반면, 창작은 필자에 의해 사용 문자가 자의적으로 선택된다는 점에서 구별하여 논의될 필요가 있다. 두 부문 모두 이 시기 문자생활의 특징적인 면모들을 뚜렷이 보여주는데, 세부적으로 번역에서는 언해와 한역을 통한 이중언어텍스트의 생산에 대해 중점적으로 살필 것이며, 창작에 있어서는 언문 사용의 양상과 이두문 사용의 양상을 차례로 검토할 것이다.

2. 번역과 이중언어 텍스트의 생산

조선 후기 다이글로시아의 실상을 가장 잘 보여주는 것은 단연 이 시기에 급증하는 이중언어 텍스트일 것이다. 언해가 필요할 경우 언해문이 덧붙여지던 기존의 관례에서 조선 후기에는 하나의 책(또는 문서)이 한문과 언문으로 동시에 간행·유통되는 출판문화의 뚜렷한 변화가 감지된다. 공적·사적 영역을 불문하고 한문이 먼저든 언문이 먼저든 두 텍스트가 동시에 생산되어 각기 다른 독자를 맞이하는 것은 이 시기 다이글로시아의 특징을 단적으로 보여준다 할 것이다. 특히 한문과 언문이 새롭게 형성하는 문자적 구도는 주로 한문으로 영위되던 공적 문자생활의 변모 양상을 살피는 데서 한층 분명히 드러날 것으로 생각된다.

1) 언해의 양상

창제 초기 한글의 주된 용도는 한문 텍스트를 언해함으로써 백성의 교화·교육을 위한 수단으로, 한자 및 한문 학습을 위한 도구로 사용되는 것이었다. 이러한 목적으로 간행된 각종 교화서, 경서언해, 한자학습서 등 초기의 언해서들은 한문 텍스트에 대한 보조적 기능을 하는 것이었다. 언해서 내에서도 언해문은 대개 한문 원문 다음에 배치되어 원문의 내용을 이해하거나 학습하기 위한 보조적 수단으로 활용되었다.

그런데 조선 후기가 되면 언해의 목적과 대상이 한층 다양해지면서, 한문 텍스트에 의존하던 언해서들은 그 자체로 자족적인 텍스트가 된다. 주로 교육적인 목적으로 행해지던 언해가 국가의 정책이나 명령을 직접적으로 전달하는 통치 수단으로, 나아가 다양한 문예물과 독서물을 광범위하게 향유하는 수단으로 적극 활용된다. 이 과정에서 언해서는 한문의 보조적 존재에서 벗어나 형식과 내용에서 보다 완성도를 갖춘 자족적인 텍스트로 부상하게 된다. 특히 문학 분야를 중심으로 언해서는 한문 텍스트와 대등한 텍스트로 동시에 생산·유통되며, 여타의 언해서들도 언해의 방법이나 체재 등에서 독립적인 텍스트가 되기 위한 변화를 보인다.

(1) 공적 영역에서의 언해와 "眞諺翻謄"

기왕의 언해는 주로 국가(중앙 정부)의 주도에 의해 교화서나 경전(불교 및 유교), 실용서(의학서) 등 대개 교육적 목적을 가진 문헌을 대상으로 이루어졌다. 그러나 조선 후기가 되면 공적 영역에서 언해의 활용이 한층 확대된다. 주로 교육적인 목적으로 행해지던 언해가 국가의 정책이나 명령을 직접적으로 전달하는 통치 행위에 본격적으로 활용되기 시작하는 것이 중요한 변화이다. 물론 그 이전에도 왕의 諭示나 명령 등이 언문으로 번역되어 유포된 경우가 없었던 것은 아니었다.[5] 그러나 이 시기 변화의 중요한 의미는 국가의 정책이나 명령이 한문과 언문(언해문)으로 동시에 반포되었다는 데 있다. 이른바 "眞諺翻謄"과 같은 절차를 통해 공적 문서나 기록물이 한문과 언문의 이중언어 텍스트로 동시에 제작되어 공표되는 것이다. 이는 언문이 한문과 함께 공적 소통 수단으로 그 가치를 인정받고 본격적으로 활용됨을 의미한다는 점에서 문자생활의 판도를 흔드는 중대한 변화가 아닐 수 없다. 대표적인 사례가 윤음언해이다.

윤음은 임금이 관료나 백성에게 어떤 정책을 호소하거나 위무 또는 경계하려 할 때 내리는 訓諭 문서로서, 대상에 따라 한문만으로 작성되기도 하고 언해가 덧붙여져 반포되기도 하였다. 현전하는 윤음은 30여 건으로, 영조와 고종대의 몇 건을 제외하면 대부분 정조대에 반포된 것이다.[6] 정조는 국정 운영의 한 수단으로서 윤음을 적극 활용하였

---

5 백두현(2001 : 207~208)에 따르면 기록(조선왕조실록)으로 확인되는 최초의 한글 교서는 성종 3년(1472) 9월 7일자 기사에 보이는, 절검에 힘쓰고 몸소 행하라는 교지를 언문으로 옮겨 중외에 반포하도록 명한 것이며, 현전하는 최초의 한글 교서는 임란 중인 1593년에 선조가 왜적에게 투항한 백성들을 회유하기 위하여 내린 "빅셩의게 니르는 글이라"라는 제목의 諭書이다.

6 백두현(2009 : 285~289)에서는 선조의 국문교서를 포함하여 모두 34종의 윤음이

는데 민과의 직접적인 소통을 위해 대개 언해를 함께 반포하였다. 정조대에 반포된 윤음언해의 하나인 「字恤典則」(1783)에는 이러한 윤음의 작성 및 시행 과정을 잘 보여주는 부분이 있다.

① 열 줄 륜음을 우헤 쓰옵고 아래로 아홉 가지 졀목을 <u>진셔와 언문으로 쓰옵고 번역ᄒ야</u> 오부와 팔도에 두루 베프와 뼈 기리 준힝ᄒ옵게 ᄒ올져 [弁以十行絲綸系以九條節目<u>眞諺翻謄</u> 布于五部八道以爲永久遵行之地爲白齊] (언해문 4b～5a)

이 윤음은 흉년으로 인해 빌어먹거나 버려진 아이들을 구휼하기 위해 내린 것으로, 그 내용을 담은 윤음과 이를 시행하기 위한 9개 조항의 사목(事目)으로 이루어져 있는데, 인용된 부분은 사목의 서두에 해당하는 부분이다. 즉 윤음과 절목을 "진서(한문)와 언문(언해문)으로 쓰고 베껴"[7] 오부와 팔도에 두루 베풀어 준행하게 하라고 하여 윤음의 시행 절차로 "眞諺翻謄"을 명기한 것이다. 이는 한문과 함께 언문을 왕명을 전달하는 공식적인 수단으로 삼았음을 의미한다(백두현, 2009 : 290).[8] 비록 한문이 일차적인(主) 텍스트이고 언문이 이차적인(從) 텍스트이지

현전하고 이 가운데 31종이 언해문을 가지고 있으며, 왕대 별로는 선조대 1건, 영조대 2건, 정조대 28건(언해가 없는 3건 포함), 고종대 3건이 전한다고 한다.

7 위 언해문의 "쓰옵고 번역ᄒ야(翻謄)"에서 '번역ᄒ다'는 "translation"의 의미가 아니라 "謄寫"의 의미로 사용된 것임이 1장에서 지적된 바 있다. 조선 시대의 "飜譯"의 의미에 대해서는 李賢熙(2013)에서 상세히 논의되었다. 다음의 각주 8)에서 후술되겠지만 "진언번등"은 진서를 언문으로 번역하라는 명령이 아니라 중앙으로부터 전달된 한문과 언해문을 나란히 베껴 유포하라는 의미로 해석하는 것이 타당할 것이다.

8 윤음은 조정에서 이처럼 한문과 언해문을 간행하여 지방 감영에 배포하고 감영에서는 이를 다시 번각 혹은 전사하여 지방민에게 공포하는 절차를 거쳐 시행되었다고 한다. 백두현(앞의 글 : 289～290)에 윤음의 시행 과정과 관련된 기록들이 자세히 소개되어 있다.

만 두 텍스트가 나란히 제작되어 동시에 유포되었다는 데서 언문의 위상 변화를 실감하게 한다. 백성을 대상으로 한 왕의 명령이나 유시가 이처럼 "진언번등"되어 유포되는 것은 영조대부터 나타나기 시작한다.[9] 당시 이미 각종 서적이나 글들을 眞諺으로 함께 펴내는 일이 매우 일반화되어 있었는데,[10] 이런 관례가 중앙에서 발급하는 공문서에까지 확대된 것으로 보인다.

그런데 이 "진언번등"의 "진서"는 앞서 언급된 것처럼 사실상 한문만이 아니라 이두문까지 포함하는 것이었다. 즉 언해문의 짝이 되는 원문이 한문이 아닌 이두문인 경우에도 "진언번등"이 적용되었는데, 위에서 "진언번등"을 명시한 『자휼전칙』의 사목 부분이 바로 이두문으로 되어 있다. 윤음 부분의 원문은 한문, 사목 부분의 원문은 이두문으로 된 것이다.

② 一 行乞兒必以無父母親戚無主無依之類爲準爲白乎矣 該部吏隷該里任掌或有符同瞞告之事是白去等 重治勿施 雖在留養之後是白良置 父母親戚主家中如有來推者 則取招於切隣 詳査其來歷明白無疑然後 自該部籍記月日捧侤音出給爲白乎旀 若其親戚及主家之形勢稍可接濟而全不顧恤 故

---

9 "진언번등"이 기록에 최초로 등장하는 것은 영조대의 다음 기록들이다. 이후 정조대부터 그 사례가 부쩍 늘어나서 고종대에 이르면 집중적으로 나타난다.
㉠ 別關措辭 備陳我聖上惻怛之敎 眞諺翻謄 成出十餘條節目 一關再關至五至六 另飭各邑 曉諭坊曲 咸使知之(『승정원일기』, 영조 27년(1751) 1월 13일)
㉡ 召入漢城府堂郞 下詢靑菴集得來與否 皆以終不能搜得爲對 上命以眞諺翻謄 布諭中外 懸賞以求(『영조실록』, 영조 47년(1771) 6월 3일)
10 "眞諺" 兩本의 제작과 관련하여 『승정원일기』를 검색하면 대략 숙종대부터 관련 기록이 눈에 띄게 나오기 시작하고 점차 증가하여 영조대에는 "眞諺竝書(雙書)", "眞諺兩本(二本)", "眞諺書各一件 書入", "眞諺曉諭", "眞諺刊布", "眞諺謄書", "眞諺翻布" 등과 같이 무수히 많은 기록이 나타난다.

令行乞者另加搜訪嚴飭還付 俾無更致流散之弊爲白齊 (원문 3a~b)

②' 일은 둔니며 비는 아희는 부모와 결네 업고 쥬인도 업서 의지 업슨 류
를 흐흐야 호되 당부하인과 당니 임쟝들이 혹 부동흐야 소겨 고흐는 일이
이시면 듕히 다스려 그는 물시흐고 비록 거두어 기른 휘라도 부모와 결네
와 쥬인 즁에 만일 와셔 츳즈리 이시면 졀닌의게 쵸스 바다 그 닉력을 즈셰
히 사힉흐야 명빅흐야 의심이 업슨 후에 당부로셔 월일을 긔록흐고 다짐
밧고 내여 주되 만일 결네와 쥬인의 형셰 젹이 가히 브칠 만흐고도 젼혀 돌
보지 아니흐야 짐즛 나가 빌게 흔 쟈는 각별이 두루 츳자 엄히 신칙흐야 도
로 맛져 흐여금 다시 뉴산흐는 폐가 업게 흐올져 (언해문 5a~6a)

①의 서두 부분과 ②를 비롯한 모든 항목의 문장 종결부가 "爲白齊"
로 되어 있으며, ②에서 "爲白乎矣, 是白去等, 是白良置, 爲白乎旀" 등
다양한 연결형과 "俗音" 같은 어휘가 이두로 표기된 것을 볼 수 있다.[11]
앞부분의 윤음이 한문으로 되어 있는 것과 대비가 되는데, 이 사목 부
분은 윤음의 시행 절차와 세부적 방법을 지시한 실용 문서의 성격이
강하므로 통상 각종 행정 문서의 작성에 사용되어 온 이두문으로 서술
되었다 할 것이다. 이러한 이두문에도 "진언번등"이 적용되고 있음이

---

11 정재영(2000 : 117)에서 지적된 바와 같이 실록에는 이 사목 부분이 서두와 결언 없
이 9개 조항만 모두 한문으로 기록되어 있다. 위 ②의 경우 다음과 같이 이두토들이
삭제되고 정격 한문으로 손질되어 있다.
② 一 行乞兒 必以無父母親戚無主無依之類爲準 而該部吏隷 該里任掌輩 或有符同瞞
告之事 重治勿施 雖在留養之後 父母親戚主家中 如有來推者 則取招於切隣 詳査其來
歷明白無疑 然後自該部籍記月日 捧俗音出給 其親戚及主家之形勢 稍可接濟 而全不
顧恤 故令行乞者 另加搜訪嚴飭還付 俾無更致流散之弊(『정조실록』 16권, 7년(1783)
11월 5일)

홍미로운데, 실제 "진언번등"은 조선 후기에 이두문으로 작성된 각급 관청의 문서 수발 과정에서 널리 행해지고 있음을 본다. 엄밀히 말하면 "吏諺翻謄"인 셈이다.[12]

다음의 '傳令'은 이를 잘 보여준다. '전령'은 각도 감영의 하위 관청에서 백성들에게 직접적으로 지시·명령을 전달하기 위해 발급한 관문서인데, 다음과 같이 이두문과 언문이 '翻謄'의 짝으로 나란히 실려 있다.[13]

③ 傳令串左方憲執綱各洞民人

卽到 巡甘內各營校卒輩 籍托公文遍行各邑村閭侵索掠奪無所不至嗣後<u>段無論兵水營巡兵中營各鎭校卒之無公文推捉平民者一幷捉致枷囚報來爲旀</u> 縱有公文之到付執置該校卒 具由先報于營門其捉送與否待回題擧行<u>亦爲有</u> 故玆以<u>眞諺翻謄</u> 令飭<u>爲去乎</u>本坊大小民人處 <u>這這</u>知委後 揭付坊曲 常時警目之地 宜當向事

辛卯五月廿九日 刑吏白允執

官 (押) 二十里

未時

순삿도감결닉에 병슈영슌병즁영 각진교졸이 공문 업시 쉬착허거든 착슈을 고보ᄒ며 비록 공문이 잇드리도 그 교졸 잡아두고 연유을 갓참보ᄒ여 졔사을 기달이여 거힝ᄒ라 ᄒ여 계시이라 [官印 (서울대 규장각 편,『古

---

12 학계에서 '眞諺翻謄'이 한문-언문의 짝 외에, 이두문-언문의 짝도 있었음이 간과되었음은 1장에서 언급된 바 있다.
13 조선 후기 傳令의 한글 번역과 대민 유포 과정에 대해서는 김봉좌(2013)에서 상세히 논의되었다.

文書』6, 傳令 297)

이 전령은 1891년(고종 28)에 신천군수가 "串左方憲執綱各洞民人"에
게 발급한 것이다.[14] 校卒의 수탈을 경계하라는 내용과 이를 "眞諺翻謄"
하여 널리 유포하라는 명령이 '段(똔)', '爲旀(하며)', '亦爲有(-여 ᄒ이신)',
'爲去乎(하거온)', '這這(ᄯᆞ)', '向事(안 일)' 등의 이두를 사용한 이두문으
로 작성되어 있고, 이를 번역한 언문이 나란히 실려 있다. 이처럼 조선
후기에는 윤음을 비롯하여 각급 관청의 공문서들이 한문과 언문, 또는
이두문과 언문의 이중언어 텍스트로 제작·유포되었다. 조선의 다이
글로시아적인 언어 상황을 가장 잘 보여주는 예가 아닐 수 없다.

"진언번등"과 관련하여 또 하나 주목되는 것은 원문에 대응되는 언
해문의 성격이다. 우선 위의 ①, ②, ③과 같이 이두문에 대응되는 언해
문의 경우 대개 원문을 줄여서 번역한 抄譯(拔萃譯)의 경향을 보여준다.
①, ②의 『자휼전칙』 사목의 경우 대체로 원문 내용을 충실히 번역하
였지만 글자 한 자 한 자를 번역에 반영하는 직역 대신 자연스럽고 이
해가 쉬운 문장으로 의역을 하였다. 원문의 이두도 언해문에 형태 그
대로 반영되지 않고 '是白去等(잇ᄉᆞᆸ거든)', '是白良置(잇ᄉᆞᆲ아두)', '爲白乎
旀(ᄒᆞᄉᆞᆲ오며)' 등이 '이시면', '-ㅣ라도', '-되' 등으로 문맥에 따라 적절한
형태로 바뀌어 번역되어 있다. 이 또한 원문에 구애받지 않는 번역임
을 말해주는 것이다. ③의 언해문은 원문의 내용이 상당히 축약 번역
된, 초역의 모습을 여실히 보여준다. 이처럼 주요 부분만을 번역하거

---

14 김봉좌(같은 글 : 283)에 따르면 현재 한글 번역문을 부기한 전령은 6건이 확인되며,
유사한 문서로 병영에서 발급한 감결 1건이 있다고 한다. 이들 가운데 4건이 서울대
규장각에 소장되어 있으며 위 ③이 그중 하나이다.

나 핵심 내용만 간추려 의역하는 것이 이 시기 전령 언해문들의 일반적인 모습이었다.[15]

이러한 양상은 윤음의 경우 한문 원문에 대응되는 언해문이 축자역에 가까운 철저한 직역으로 이루어지는 것과 대비가 된다. 『자휼전칙』의 윤음 부분의 번역 양상을 보기로 한다.

④ 傳曰 荒年饑歲吾民之顚頷顚連者孰非王政之在所拯濟 而其中寂無告寂可矜者童穉也 (원문 1a)

④' 전교ᄒᆞ샤 ᄀᆞᄅᆞ샤ᄃᆡ 흉년에 내 ᄇᆡᆨ성의 함함[굶은 거동이래ᄒᆞ고 젼련[뉴리ᄒᆞ야 업더지ᄂᆞᆫ 거동이래ᄒᆞᄂᆞᆫ 재 뉘 님금의 졍ᄉᆞ에 건지고 구휼 배 아니리오만은 그 즁 ᄀᆞ장 고홀 ᄃᆡ 업고 ᄀᆞ장 불샹ᄒᆞᆫ 재 아희들과 어린 거시니 (언해문 1a)

원문의 글자가 거의 빠짐없이 번역에 반영되어 있고 어려운 한자어를 그대로 언해문에 반영하면서 협주를 붙이는 것은 전형적인 직역의 모습이다. 이처럼 윤음언해는 축자적인 번역으로 인해 문장이 다분히 경직되고 어떤 경우는 의미 파악이 쉽지 않을 만큼 철저한 직역으로 이루어지는 것이 일반적이었다.

이두문도 기본적으로 한자로 표기된다는 점에서 독자층의 확대와 내용의 효율적 전달이라는 같은 목적으로 언해문과 나란히 '翻謄'했지만, 그것이 온전한 한문도 아닐 뿐더러 내용도 직접적인 지시나 명령을 주로 담은 실용적 성격이 강한 문서이므로, 원문을 완전히 직역하는 대신

---

15 김봉좌(같은 글 : 289~290) 참조. 이는 「ᄌᆞ경뎐진쟉졍례의궤」와 「뎡니의궤」와 같이 의궤에 수록된 이두문의 언해에서도 마찬가지이다(박성종 2011 : 40~41).

요점만을 간단명료하게 전달하는 방식으로 번역이 이루어진 것이라 판단된다. 반면 윤음의 경우 실제적 지시보다 해당 사안의 대의와 문서 발급의 목적에 대한 상세한 서술을 통해 백성들을 훈유하는 데 주안점이 있고 여기에 임금의 말이라는 권위가 덧붙여져 전이어까지 번역하는 철저한 축자역이 이루어진 것으로 볼 수 있겠다.[16] 윤음의 언해가 다소 특별한 감은 있지만 이 시기 공적 영역에서의 언해 양상은 이러한 원문을 충실히 번역하는 직역에 가깝다. 이에 대해서는 후술될 것이다.

　한편 언해문(언해서)의 체제에 있어서도 조선 후기에는 일정한 변화가 보인다. 전술한 윤음언해는 한문 원문과 언해문이 분책될 수 있는 체재로 되어 있다. 이는 영조대 이후 여러 문헌에서 눈에 띄게 등장하기 시작하는 편찬 방식이다. 윤음 외에 『천의소감언해』, 『종덕신편언해』, 『어제훈서언해』, 『명의록언해』 등 국가에 의해 새로 간행된 많은 문헌들이 이러한 방식을 취하고 있다.[17] 이전의 언해는 한문 원문을 일정 단위로 분절하여 해당 언해문을 나란히 배치하는, 그리하여 한문과 언해문이 교대로 반복되는 체재가 일반적이었다. 그러다 보니 언해문은 한문 원문에 대해 종속적이고 부속적인 성격이 강하였는데, 언해문이 분책될 수 있다는 것은 그 자체로 독자적인 텍스트가 될 수 있다는 의미였다. 즉 한문 원문에 대한 의존에서 벗어나서 텍스트로서의 독자성을 획득하게 됨을 의미하는 것이다. 한편 언해문의 표기 문자도 한문의 정확한 이해나 학습이 요구되는 소수의 문헌을 제외하고는 한글

16　轉移語는 전후의 문맥을 분명하게 해 주는 단어로, '뻐, 시러곰, 밋' 등과 같이 한문의 '以, 得, 及' 등의 번역 차용으로 이루어진 단어들을 말하는데, 국어 문장에서는 전혀 불필요한 존재인데도 원문을 축자역할 때 흔히 언해문에 반영된다.

17　앞의 세 책은 한문 원문이 아예 없이 언해문만으로 되어 있다. 앞 시기에 간행된 책의 중간본인 경우는 체제의 변화를 크게 보여주지 않는 경향인데 이는 원간본의 영향 때문일 것이다.

전용으로 표기되는 것이 일반적이었다. 한자를 모르는 언문 사용층에게 한글 전용 텍스트는 충분조건은 아니지만 최소한의 필요조건임은 말할 필요도 없을 것이다.[18] 이러한 언해 체제의 변화는 공적인 영역 외에 한문으로 된 각종 문예물과 기록물들의 언해본이 한문본과 별도의 텍스트로 동시에 제작·유통되는 사회 전반의 흐름과도 맥락을 같이 하는 것이라 하겠다.

이러한 언해문의 형식상의 독립은 내용적으로도 보다 충실한 언해를 요구하게 됨은 물론이다. 언해만으로도 내용이 충분히 전달될 수 있는 자족적인 텍스트가 되기 위해서는 원문에 대한 한층 충실한 번역이 필요했을 것이다. 조선 시대 同文(같은 텍스트)의 언해가 후기로 갈수록 한층 직역에 가깝게 개역되는 흐름을 보이는 것은 언해문의 이러한 위상 변화와 밀접한 관련이 있다 하겠다. 심지어 이 시기에 개역된 행실도류 문헌들은 언해문이 질적인 면에서 한문 원문을 넘어서는 모습을 보여준다. 「삼강행실도」 영조대 개역본의 경우 원문 내용을 빠짐없이 번역하는 동시에 원문과 관계없이 서술 체재에도 통일을 가하는 전면적인 개역 작업을 통해 내용과 형식 모두에서 그 자체로 완결성을 갖춘 텍스트로 거듭나고 있는 것이다.[19]

요컨대 조선 후기에는 언문이 한문과 함께 공적 소통 수단으로 그 가치를 인정받아 본격적으로 활용되기 시작하며, 한문을 언해한 언문 텍스트의 경우 한문 원문에 대한 의존에서 벗어나 그 자체로 자족적인

---

[18] 한글 전용으로 표기되었더라도 윤음의 언해나 『천의소감언해』, 『명의록언해』 등은 사실 한문 원문을 보지 않으면 그 의미를 온전히 파악하기 힘들다. 그러나 세부적인 의미 파악은 다음 문제이고 일단 읽어내는 것이 보다 우선적인 문제였을 것이다.

[19] 텍스트의 첫 문장을 '○○은 ○○사룸이라'로 통일하기 위해 원문에 빠진 정보를 추가하거나 원문 문장의 순서를 바꾸어 언해문의 문장을 재구성하려는 시도 등이 그 예이다. 자세한 내용은 이영경(2013 : 254~257) 참조.

텍스트로 변화해 가는 모습을 보인다.

(2) 사적 영역에서의 언해와 이중언어 텍스트의 量産

조선 후기에는 언해의 대상과 주체에 있어 큰 변화가 생긴다. 전술한 바와 같이 국가 주도의 권위적 독서물 언해가 주를 이루었던 이전 시기와 달리 한문으로 된 문예물이나 私家의 기록물의 언해가 크게 증가한 것이었다. 주로 교육적 목적으로 이루어지던 언해는 다양한 문예물과 독서물을 향유하고 가문의 전통을 전수하는 수단으로 그 폭을 넓혀 갔다.

언해가 가장 활발히 이루어진 분야는 단연 소설이었다.[20] 16세기에 이미 「설공찬전」처럼 국내에서 창작된 한문소설과, 「오륜전전」처럼 중국에서 전래된 소설들이 언문으로 번역되었으며,[21] 이러한 사례는 시간이 갈수록 더욱 증가하여 「삼국지연의」, 「서상기」, 「홍루몽」, 「옥교리」 등 다수의 중국소설과, 「운영전」, 「주생전」, 「최고운전」, 「장화홍련전」 등 수많은 국내 창작 한문소설의 언문본이 등장하기에 이르

---

20 이 부분을 포함하여 문학 작품의 언해에 대해서는 주로 고전문학 분야의 많은 연구 성과들에 기대어 서술하였음을 밝혀 둔다.

21 이는 「설공찬전」을 둘러싼 논란을 기록한 『중종실록』과, 명나라의 백화체 장편희곡 「오륜전비기」를 언문으로 윤색·번역한 「오륜전전」(1531)의 서문에서 확인된다.
㉠ 余觀閭巷無識之人 習傳諺字 謄書古老相傳之語 日夜談論 如李石端翠翠之說 汪?妄誕 固不足取觀 獨五倫傳兄弟 爲子以克孝……(내 보니 여항의 무식쟁이들이 諺字를 배워 古老들이 전하는 이야기를 베껴 밤낮 떠들고 있는데 李石端·翠翠의 이야기 같은 것은 음탕하고 허탄하여 보기에 부족하다. 오직 五倫傳 형제의 이야기만이 아들이 되어서는 효를 행하고……) 「오륜전전」, 「序」(정출헌(2003 : 169~170)에서 재인용).
㉡ 臺諫啓前事 憲府啓 蔡壽作薛公瓚傳 其事皆輪回 禍福之說 甚爲妖妄 中外惑信 或飜以文字 或譯以諺語 傳播惑衆(대간이 전의 일을 아뢰었다. 헌부가 아뢰기를, "蔡壽가 『薛公瓚傳』을 지었는데, 내용이 모두 禍福이 輪廻한다는 논설로, 매우 妖妄한 것인데 中外가 현혹되어 믿고서, 文字로 옮기거나 諺語로 번역하여 전파함으로써 민중을 미혹시킵니다. (『中宗實錄』, 6年(1511) 9月 2日)

렀다. 여기에는 상층에서 향유하고 있는 문예물을 자신의 언어인 언문으로 번역하여 공유하고자 한 여성과 대중의 문화적 욕구가 크게 작용하였다고 할 수 있다.[22]

중국에서 전래된 소설은 한문소설과 백화소설로 나누어지는데 백화소설의 경우 그 번역의 경로가 다양한 모습을 보인다. 1835년 홍희복이 중국의 백화소설 「鏡花綠」을 언문으로 번역한 「第一奇諺」의 序文에 "삼국지, 서유기, 수호지, 열국지" 등이 이미 한문(진서)으로 번역되었다는 언급이 있거니와(전술 1장 73~75쪽 참조), 백화소설에서 한문소설로, 백화소설에서 언문소설로, 백화소설에서 한문소설과 언문소설로, 백화소설에서 한문소설을 거쳐 언문소설로 번역되는 등의 다양한 경로를 보여주는 것이다. 백화체 희곡 〈西廂記〉가 李鈺에 의해 각색되어 언문으로 번역되고, 역시 백화체 희곡 〈荊釵記〉가 한문소설 「王十朋奇遇記」와 언문소설 「왕시봉전」으로 번역되었으며,[23] 백화소설 『警世通言』 속의 「玉堂春落難逢夫」를 번안한 한문소설 「王慶龍傳」이 나오고 여기서 다시 17세기의 언문소설 「왕경룡전」이 파생되어 나오는 등(1장 참조) 복잡한 양상을 보인다.

한문소설의 언해는 단순히 번역에 그치지 않았다. 언문 텍스트로 전환되는 과정에서 번안, 윤색, 개작까지 이루어졌던 것이다. 「최고운전」의 경우 한문본에 비해 언문본은 자아와 세계의 날카로운 대립을 화해

---

22 정출헌(위의 글 : 185)에서는 훈민정음 창제 직후부터 이루어진 여러 언해작업이 그 대상을 소설까지 넓혀나간 현상을 단지 '서사적 흥미'를 활용하여 '이념적 교화'를 이루려는 측면만으로 설명할 수는 없으며 하층의 문화적 욕구가 작용한 결과로 보았다. 이는 소설만이 아니라 조선 후기에 이루어진 한시, 기행문 등 다양한 독서물들의 언해에도 해당하는 것이라 하겠다.

23 이 한문본과 언문본, 그리고 〈형차기〉 간의 선후관계나 상관관계에 대해서는 아직도 엇갈린 견해들이 제시되고 있는 상황이라고 한다(정출헌, 위의 글 : 180).

의 분위기로 전환시키려는 경향을 보이며, 여성의 존재를 보다 능동적으로 형상화하는 등의 차이를 보인다고 한다(정출헌, 2003 : 188~189).

한시의 번역에 있어 조선 후기에 나타난 변화는 중국 시문류의 번역에서 나아가 국내 작품의 번역도 나오기 시작했다는 것과, 특히 개인의 시문집이 번역되어 나온 것이다. 중국의 시문류와 관련하여서는 『杜詩分類』, 『杜草堂詩』와 같은 여러 종의 두시 언해와 함께, 정통 고문인 『古文眞寶』와 『古文百選』의 언해본도 나왔으며, 『시경』 중 여성의 행실과 관련된 작품만 선별하여 언해한 『국풍』이란 책도 나왔다.

개인 시문집의 번역이 이루어진 것은 특히 주목할 만하다. 주로 여성 문인의 작품이 그 대상이 되었는데, 호연재 김씨의 『호연재유고』, 의유당 남씨의 『의유당유고』가 잘 알려져 있고, 최근에는 19세기 중반 綺閣이라는 여성에 의해 창작된 한글 필사본 한시집 『綺閣閒筆』이 발굴되어 학계에 소개된 바 있다.[24] 남성의 문집으로는 효명세자의 『학석집』이 유일한 사례인데 이 또한 여성을 위한 언해라는 점에서 공통된다. 그런데 이 언해본들은 독특한 한시 언해 방식을 보이는 것으로도 주목받는다. 한시 원문을 한글 독음으로만 표기하고 이어 언해문을 달아놓은 순한글 한시집의 형태인데, 이는 여성들이 자신의 문자인 한글로 한시를 향유하는 방식을 보여주는 것으로서 조선 후기 시문 번역의 한 전형으로 나타난다(이종묵 2007). 기행문이나 실기류, 야사류의 번역에서 그 속에 삽입된 한시도 같은 방식으로 번역되는바,[25] 이 또한 대개 여성 독자를 위한 것이었기 때문이다.

---

24 부유섭·강문종(2007)에서 원 자료와 함께 자세히 소개되었다.
25 주로 왕실 여성들이 읽었던 『조야회통』과 같은 역사서나 연행록 등의 언해본에 삽입된 한시들도 같은 체재로 되어 있다.

이 밖에 조선 후기에는 『을병연행록』과 같이 중국 여행의 견문을 적은 연행록도 번역되어 널리 읽혔으며, 『조야회통』, 『조야기문』, 『조야첨재』 등의 역사서와, 『열성지장통기』, 『열성후비지문』 등 왕실 관련 서적의 번역도 이루어지는 등 다양한 독서물이 언해를 통해 독자층을 넓혀 갔다.

민간에서 집안의 사적과 중요 문헌의 언해본을 제작하는 일도 많아졌다. 집안의 행장이나 가승 등이 널리 번역되었는데, 대표적인 예로 李匡贊의 행적을 기록한 『中翁實蹟』을 언해한 『선부군언행유사』와 한글 실기류 자료, 가문의 제문과 행장 등을 언해한 「永世寶藏」을 들 수 있다. 이는 가문 내의 여성들에게 가문의 전통과 선조의 행적을 알리기 위한 것이었는데 『영세보장』을 편찬한 黃鍾林의 다음 말에서 이러한 사정이 잘 나타난다.

⑤ 우리 집 문적이 예의 산일ᄒᆞ야 션세 덕ᄒᆡᆼ을 ᄡᅥ 고증ᄒᆞ기 어려우나, 오직 늇칠셰 이하로 언ᄒᆡᆼ과 지장의 가이 긔록ᄒᆞᆯ 즈ᄂᆞᆫ 삼가 ᄎᆔᄒᆞ여 번녁ᄒᆞ야 벗기미 두 며ᄂᆞ리로 ᄒᆞ여곰 각각 ᄒᆞᆫ 븐식을 ᄡᅥ 보아 감동ᄒᆞ고 닥가 살피ᄂᆞᆫ 방슈을 ᄒᆞ기로 요구ᄒᆞ노니[26]

두 며느리로 하여금 한 본씩 읽게 하여 수신의 자료로 삼게 하기 위하여 '번녁ᄒᆞ고 벗기기'(翻謄)를 하였다는 것이다.

26　황종림, 『영세보장』(정양완 역주), 태학사, 1998, 368~370.

2) 한역의 양상

(1) 공적 영역에서의 한역

조선 후기는 문학 분야를 중심으로 언문으로 지어졌거나 구비로 전승되던 것이 한문 텍스트로 번역되어 정착되는 사례도 적지 않게 출현하였다. 그러나 공적인 영역에서 언문으로 먼저 제작된 텍스트가 한문 텍스트로 번역되는 사례는 조선 후기라 하더라도 매우 드물다. 이는 공식적인 문자 생활을 한자로 해야 하는 한문 공용어 체제에서 당연한 일일 것이다.

안대회(2006: 212)에서는 언문 텍스트가 한문 텍스트로 번역되는 이유로 한문에 익숙한 식자층을 위한 목적과, 항구적인 기록물이나 공식적인 문예물로 인정받기 위한 목적을 들면서, 언문 텍스트로부터 한문 텍스트로의 변환은 조선이 이중 언어를 사용한 사회라는 사실을 극명하게 보여준다고 하였다. 이는 주로 문학 분야에 해당하는 말이지만 공적 영역에서 드물게 보이는 언문 텍스트의 한역 사례도 같은 목적으로 설명될 수 있다.

조선의 문자 생활에서 공적 문서나 기록물은 원칙적으로 한문으로 작성되었지만 특수한 경우 언문으로 이루어지는 경우가 있었다. 대표적인 예가 왕실의 여성들이 내린 언문교서였다. 內旨도 정치적 의미를 가진 공식 문서의 일종이다. 이를 최고 권력 기관에 내려 의사 결정에 관여하거나 왕을 대신하여 사면령을 내리기도 하고 일반 백성을 대상으로 반포하기도 하였던 만큼 정치적 효력을 가진 공적 문서였다.[27]

---

27 왕실 여성의 언문 사용과 그 성격에 대해서는 김슬옹(2005:78~88)에서 자세히 논의되었다.

왕실 여성들에 의해 언문으로 작성된 문서들은 그대로 효력을 발휘하기도 하지만 한문 사용층을 위해, 또한 공식적 기록으로서 인정되고 보존되기 위해 한문으로 번역되기도 하였다.

⑥ 명하여 영돈녕(永敦寧) 이상과 의정부(議政府)·대간(臺諫)·홍문관(弘文館) 관원을 불러서 빈청(賓廳)에 모으고 <u>양대비전(兩大妃殿)의 언문(諺文) 한 장을 내려서 승지(承旨)로 하여금 번역하여 이를 보이게 하고는,</u> 인하여 수의(收議)하게 하였다. 그 글에 이르기를, "우리들은 부귀(富貴)를 편히 누리면서 국가의 공사(公事)에 참여하지 못하나, (…하략…)" [命召領敦寧以上及議政府 臺諫 弘文館 會賓廳 <u>下兩大妃殿諺文一紙 令承旨飜譯示之</u> 仍收議 其書曰 我等安享富貴 於國家公事無預 (…하략…)] (『성종실록』, 23년(1492) 11월 21일)

⑦ 정원에 전교하였다. "대비의 교지가 계시니, 영의정·영중추부사·좌의정 및 예조의 세 당상을 즉시 부르라" 하였는데, 이윽고 대비전에서 이준경 등에게 의지(懿旨)【<u>언문(諺文)이었는데 사신(史臣)이 한문으로 기록하였다.</u>】를 내려 이르기를, "나같이 복(福)이 박하고 덕이 없는 사람이 나라의 후은(厚恩)을 입어 대비의 신분으로 여러 해 동안 영화를 누려 오다가 지금 우연히 병을 얻어 일어나지 못하게 되었으니 아무 여한도 없다." [傳于政院曰 大妃有敎 領議政領中樞府事左議政禮曹三堂上可卽招之 俄而自大妃殿下懿旨【<u>諺字也 史臣記之以文</u>】浚慶等曰 如我薄福無德之人 荷國厚恩 以大妃 多年享榮 而今偶得病 將至不起 餘恨則無](『명종실록』, 22년(1567) 3월 12일)

⑧"지금 내리신 <u>언문 교지</u>를 승지더러 번역케 하여 1통은 어람(御覽)토록 올리게 하고 조보(朝報)에도 반포하심이 좋을 듯합니다" 하니, 대왕 대비가 이르기를, "그렇게 하라" 하였다. [今下諺敎 <u>使承旨翻繹一通進覽 又頒布於 朝紙好矣</u> 大王大妃殿曰 依此爲之] (『철종실록』, 즉위년(1849) 6월 9일)

⑨ 죵고후비지님톙묘뎡내 유국지대불힝야라 미망인이이 만만불힝지인 쳐만만불힝지디 흐여 거연위칠년지구의라 (순원왕후 언간)

⑥은 아직 한글이 충분히 보급되지 못한 시기(15세기 말) 양 대비전의 언교가 한역되어 관료들 사이에서 논의되는 과정을, ⑦은 대비가 관료들에게 내린 언문 懿旨가 史臣에 의해 한문으로 기록된 정황을 보여준다. ⑧은 어람과 조보에의 반포를 위해[28] 언문 교지가 한역되어 이중텍스트를 형성하는 상황을 가장 잘 보여준다. ⑨는 순원왕후가 제종형제에게 편지와 함께 보낸 교지 사본의 일부로, 한문 원문의 음을 한글로 적어 놓은 특이한 자료이다.[29] 함께 보낸 편지의 "텰렴 뎐교를 경ᄌ년의 이리 말ᄒ엿기 벗겨 보ᄂ니 보시고 달리 곳칠 말이 이셔야 ᄒ게시니……"란 말에서 이것이 경자년(헌종 6)에 철렴을 하면서 내렸던 언문 전교의 한문 번역본을 베낀 것임을 알 수 있다. 언문 교지가 한문으로 번역되어 이중언어 텍스트를 형성함은 이를 통해 확실해진다. 왕실 여성들에 의해 작성된 언문 교지가 현재 실물이 하나도 남아 있지 않고

---

28 조보는 승정원에서 재결 사항을 기록하고 서사(書寫)하여 반포하던 관보를 말한다. 조칙, 장주(章奏), 조정의 결정 사항, 관리 임면, 지방관의 장계(狀啓)를 비롯하여 사회의 돌발 사건까지 실었다.

29 이 자료는 김완진(2004), 「경자기년 대왕대비 언문전교에 대하여」, 『문헌과해석』 27에서 소개되었고, 이승희(2013 : 308)에서 논의된 바 있다.

다만 ⑥, ⑦에서처럼 실록에 한문으로 번역되어 실린 것을 통해 그 내용을 알 수밖에 없다는 사실은 언문 텍스트가 항구적인 기록물로 남기 위해서는 한역되어야 한다는 사실을 역설적으로 보여준다 할 것이다.

언문교서 외에 왕실 여성에 의해 언문으로 작성된 또 하나의 주요한 공적 기록물로 언문 행장을 들 수 있다. 조선에서는 왕이 죽었을 때 왕비나 대비가 대행왕의 언행과 성품을 언문으로 기록한 행장을 지어 이를 왕의 공식적인 행장 수찬에 참고하는 일이 종종 있었다. 최초의 사례는 16세기 중엽 인성왕후가 인종의 행록을 언문으로 지어 대행왕의 행장 수찬에 참여한 일이며,[30] 조선 후기가 되면 그 사례가 더욱 늘어난다.

⑩ 자전이 언문으로 영창 대군의 행장을 지어 내리니, 상이 해당조에 명하여 시호를 議定하게 하였다. [慈殿以諺書 撰下永昌大君行狀 上命該曹 議定諡號] (『인조실록』, 1년(1623) 10월 29일)

⑪ 院相이 請對하여 아뢰기를, "大行大王의 行錄을 王大妃殿에서 諺書로 내리셨습니다. 大提學 金萬基와 右承旨 金錫冑는 모두 文人이니, 신 등이 이 두 사람과 더불어 의논하여 번역해내는 것이 어떻겠습니까?' 하니, 임금이 이르기를, "좋다" 하였다. [院相請對啓曰 大行大王行錄 自王大妃殿以 諺書書下矣 大提學金萬基 右承旨金錫冑皆文人也 臣等與此二人 <u>同議翻出</u> <u>何如</u>? 上曰 可] (『숙종실록』 즉위년(1674) 9월 8일)

⑫ 孝裕獻聖王大妃의 諺敎에 이르기를, "先王께서는 정해년 7월 18일 申

---

30 『명종실록』 즉위년 신사 7월 21일자 기사 참조. 인성왕후은 인종의 임종 때 들은 遺
   敎를 언문으로 옮겨서 조정 신료들에게 내리기도 하였다(『인종실록』 1년 갑자 7월 4
   일자 기사).

時에 昌慶宮의 景春殿에서 誕降하셨다. 병술년 10월 꿈에 翼宗大王께서 玉으로 아로새긴 나무를 匣에 담아서 내게 주시는 것을 본 것이 실로 탄강의 조짐이다. 포대기에 싸인 어린아이 때부터 타고난 자질이 비범하게 숙성하여 백일이 되기 전에 능히 섰고, 또 손을 대어 돌상에서 筆墨과 책을 먼저 잡았다. [孝裕獻聖王大妃諺敎 先王 以丁亥七月十八日申時 誕降于昌慶宮之景春殿 丙戌十月 夢見翼宗大王 以雕玉之樹 盛于匣而賜予 實誕降之兆也 自襁褓孩提 天質夙就非凡 百日前能立 而且與之手 晬盤 先執筆墨與冊] (『헌종실록』, 부록, 「孝裕獻聖王大妃」)

⑩은 인목왕후가 언문으로 아들 영창대군의 행장을 지어 내렸다는 기록이고, ⑪은 왕대비 명성왕후가 현종의 행록을 언서로 지어 내렸다는 기록이다. ⑫는 왕대비 신정왕후가 언교로 내린 아들 헌종의 행록이다. 그런데 이 언문 행장이 활용되거나 기록으로 남기 위해서는 역시 한문으로 번역되어야 했는데, ⑪은 이러한 사정을 잘 보여준다. 왕대비전에서 언서로 내린 행록을 文人 관료를 시켜 번역하게 하는 일이 논의되고 있는데, 이는 언문 행장이 왕의 공식적인 행장 수찬에 활용되려면 한문 번역이 이루어져야 했기 때문이다. 그리고 이처럼 언문 행장이 한문으로 번역되어 실린 것이 ⑫인 것이다.

이 사례들 외에도 실록에는 혜경궁 홍씨와 영조 계비 정순왕후가 각각 내린 정조의 행록, 순원왕후가 쓴 순조의 행록, 철종비 명순왕후가 쓴 철종의 행록이 더 실려 있다. 이들은 한문으로 된 행록만 실려 있을 뿐 그것의 작성과 관련한 아무런 기록이 없지만, 이들 또한 언문으로 씌어진 것의 번역일 것임에 틀림없다.[31]

앞서 왕실 여성이 언문으로 작성한 행장이 왕의 공식 행장을 수찬하는

데 참고자료가 됨을 언급한 바 있는데 실제로 둘 사이에 어떤 상관관계가 있는지 정조대왕 행장과 혜경궁이 내린 행록을 통해 살펴보기로 한다.

⑬ 왕은 영종 28년(1752) 임신 9월 22일(기묘) 축시에 창경궁 경춘전(景春殿)에서 탄생했는데 그 곳은 바로 숙묘(肅廟)가 계시던 곳이었다. 신미년 겨울 장헌 세자 꿈에 용이 여의주를 안고 침상으로 들어왔었는데 꿈속에서 본 대로 그 용을 그려 벽에다 걸어두었더니 탄생하기 하루 전에 큰 비가 내리고 뇌성이 일면서 구름이 자욱해지더니만 몇 십 마리의 용이 굼틀굼틀 하늘로 올라갔고 그것을 본 도성의 인사들 모두는 이상하게 여겼었다. 급기야 왕이 탄생하자 우렁찬 소리가 마치 큰 쇠북소리와도 같아서 궁중이 다 놀랐으며 우뚝한 콧날에 용상의 얼굴과 위아래 눈자위가 펑퍼짐한 눈에 크고 깊숙한 입 등 의젓한 모습이 장성한 사람과 같았다. 영종이 거기 와 보시고는 매우 기뻐하면서 혜경궁에게 이르기를, 제 이 아들을 낳았으니 종묘 사직에 대한 걱정은 없게 되었다" 하고는, 손으로 이마를 만지면서, 꼭 나를 닮았다고 하였다는 것이다. 그리고는 그날로 원손(元孫)으로 호칭을 정하였다. [王 以英宗二十八年壬申九月二十二日己卯之丑時 誕降于昌慶宮 之景春殿 卽肅廟所嘗御也 辛未冬 莊獻世子夢 神龍抱珠入寢 像夢中所覩 畫揭宮壁 誕降前一日 天大雷雨 流雲布濩 彩龍數十 蜿蜒騰空 都人士咸覩 而異之 及降覃訏之音 發如洪鍾 宮中皆驚 隆準龍顔 河目海口 日表儼若長 成 英宗臨視喜甚 語惠慶宮曰 得此兒 宗社無憂乎 手撫額曰 是酷類子 卽日 定號爲元孫] (『정조실록』부록, 「정조대왕행장」)

---

31 조선시대에 왕실 여성들의 언문 글쓰기는 개인의 한문에 대한 소양과 상관없이 규범화되어 있었던 것으로 보인다.

⑬' 대왕(大行大王)은 임신년 9월 22일 축시에 창경궁(昌慶宮) 경춘전(景春殿)에서 탄생했는데, 신미년 10월 경모궁(景慕宮) 꿈에 용이 여의주를 안고 침실로 들어왔다. 꿈을 깨고 나서는 꿈의 징조가 이상하다 하여 틀림없이 성자를 낳을 조짐이라 생각하고 새하얀 비단에다 용을 그려 벽에다 걸어두었는데 급기야 탄생하자 그 울음 소리가 마치 큰 쇠북소리 같아서 궁중이 다 놀랐었다. 비록 강보에 있지마는 기상이 의젓하고 우뚝한 콧날 용같이 생긴 얼굴에 모든 생김이 특이하여 영종 대왕이 보시고는 기뻐 칭찬하면서 내게 하교하시기를, 이런 아들을 낳았으니 종묘 사직이 무슨 걱정이 있겠느냐.” 그리고는 그 이마와 뒤통수가 꼭 당신을 닮았다고 늘 말씀하셨다. 仁元 · 貞聖 두 聖母도 처음 보시고는 표정을 바꾸면서 타고난 바탕이 특이하다고 하고는, 어디 이렇게 비범할 줄이야 생각이나 했느냐고 하였다. [大行大王壬申九月二十二日丑時 誕降于昌慶宮之景春殿 辛未十月景慕宮夢神龍抱珠入寢室 旣覺 以夢兆異常 必爲誕聖之禎祥 遂畫龍于白綾 揭之壁上 及誕生 其泣喤喤 聲若洪鐘 宮中皆驚 雖在褓褓 氣象岐嶷 隆準龍顏 體狀特異 英宗大王見之嘉悅 稱讚教余曰 汝得此兒 宗社有何憂乎? 每稱額上腦後之酷肖也 仁元 貞聖兩聖母 始見動色 稱其天質之卓異 曰豈意若是 其非凡也] (『정조실록』, 부록, 「惠慶宮洪氏行錄」)

정조가 태어날 때의 상황을 묘사한 부분인데 혜경궁의 행록이 조금 더 간략한 편이지만 전반적으로 내용이 일치하는 것을 볼 수 있다. 태어날 때의 상황이야 그를 낳은 모후보다 더 잘 아는 이가 없을 것이므로 이 부분은 전적으로 수용되었을 것이다.

(2) 사적 영역에서의 한역

사적 영역에서는 문학 분야를 중심으로 언문 텍스트가 한문 텍스트로 변환되는 사례가 급증하였다. 먼저 「사씨남정기」, 「창선감의록」, 「춘향전」 등 대중적인 인기를 얻은 한글 소설들이 한문으로 번역되거나 번안되어 독자층을 확대했다. 대중성을 획득한 한글소설이 다시 한문으로 번역되는 이유는 「사씨남정기」를 한역한 김춘택의 다음 말에서 알 수 있다.

⑭ 그러나 선생께서 이 책을 굳이 언문으로 창작하신 동기는 여항의 부녀자들로 하여금 모두들 입으로 읽고 외워서 보고 감동할 수 있도록 하는 데 있다. 정녕코 우연히 그렇게 하신 것이 아니지만 그로 인해 諸子書에 끼일 방법이 없으니 내가 일찍이 그 점을 병통으로 여겼다. 마침 귀양살이하면서 할 일이 없어 문자로 한 부를 번역하였다. 또 자신의 능력을 헤아리지 않고 제법 내용을 늘이기도 하고 줄이기도 하여 정리하였다. 그렇지만 선생은 특별히 성정과 思致의 오묘함을 지니셔서 이러한 책을 지으셨거니와, 따라서 언문 가운데서도 오히려 수사의 아름다움을 드러내 보이셨다. 이제 내가 번역한 것은 도리어 그에 미치지 못한다.[32]

지식인의 공용어인 한문이 아닌 언문으로 쓰여 지식인 사회에서 공유되는 한문저술인 "제자서"에 끼지 못하므로 번역을 하였다는 것이다. 말하자면 한문으로 번역되어야 문학작품으로서의 정통성을 인정받을 수 있었기 때문이었다(안대회 2006 : 213). 이렇게 김춘택에 의해 『諺翻南征記』라는 한문본으로 전환된 「사씨남정기」는 그 작품성과 교육적 가

---

[32] 김춘택, 「飜譯南征記引」, 이래종 교주, 『謝氏南征記』, 태학사, 1999.

치를 인정받아 수많은 작가에 의해 다시 언문으로 번역되면서 마치 그것이 원본인 것처럼 인식되게 되었다.[33] 다음의 사례에서 그 사정을 볼 수 있다.

⑮ 謝氏의 덕행과 행실은 만고에 드문 고로 天意 감동하여 일국이 태평하여 眞諺翻謄하여 閭閻에 전파하니 愚婦愚氓은 착심 열람하여 덕과 행실을 닦아 각별 조심하라[34]

한문 소설을 언문 소설로 번역한 것을 "진언번등하여"로 표현한 점이 흥미롭다. 이처럼 언문 텍스트와 한문 텍스트가 변이의 과정을 반복한 사례는 적지 않다. 호연재 김씨의 「호연재자경편」, 洛西居士의 「오륜전전」, 권식의 「姜虜傳」 등이 언해와 한역의 반복을 겪으며 이중 언어 텍스트로 유통되었다.

이처럼 언문 소설이 한문 소설로 전환될 때 단순히 "번역"만 이루어지는 것이 아님은 언해의 경우와 마찬가지다. 번안은 물론이고 "내용을 늘이기도 하고 줄이기도 하여 정리하였다"고 한 위의 김춘택의 말에서처럼 지식인층의 구미에 맞게 "개작"되기도 했던 것이다.

⑯ 늙은 내가 병중에 사람을 시켜 소설을 읽게 하고 누워서 들으니 가만히 마음을 감동되는 바 있었다. 어찌 俚諺이라고 하여 모두 허황하다고만

---

33 「사씨남정기」는 한문본 39종과 언문본 35종의 총 74종의 이본이 전한다고 하는데, 35종의 국문본 가운데 김춘택의 『언번남정기』의 영향을 받지 않은 이본은 하나도 없다고 한다(정출헌 2003 : 192).

34 박순오 소장 국문필사본 「사씨남정기」 후기, 『한글필사본고소설자료총서』 65권, 681쪽. 정출헌(위의 글 : 186)에서 재인용.

하겠는가? 내가 煩瑣한 것을 싫어하여 간략히 한문으로 번역하였으니 보는 사람들은 나에 대해 쉽게 논하지 말라. 내게도 다 생각이 있다. [斯老夫病中 使伊吾而臥聽 窃自感於吾心 豈俚諺而爲謊 我嫌煩瑣 簡以文翻 觀者勿易論我 我自有心][35]

⑰ ㉠ 어시예 소져 십셰예 이르라는지라. 졔스을 밧들며 부친을 호봉ᄒᆞ고 가ᄂᆞ을 치ᄒᆞ여 위덕이 병ᄒᆡᆼᄒᆞ여 열와 침션이 미흡ᄒᆞᆫ 비 업고 그 유이 임스의 디덕과 보노의 견고ᄒᆞᆷᆯ 별측ᄒᆞ여 이홍이졍의 차회ᄒᆞ미 읍스니 예셩과 명이 원근의 진동ᄒᆞ미 ᄒᆞ날이 임의 유의ᄒᆞ여 니미 엇지 ᄒᆞᆫ갓 지조분일이요? 일월의 명광을 품슈ᄒᆞ며 권곤조화을 타스니 ᄒᆞᆫ가지본[36]

㉡ 小姐年十歲 家政整齊 威德竝行 香名震遠邇 是其骨相如日月之明光[37]

위의 예에서 권섭이 언문 소설 「설저전」을 번역하면서 번쇄한 것이 싫어서 줄여서 한문으로 번역했다고 한 말이, ⑰과 같이 실제의 번역 과정에서 실행된 양상을 볼 수 있다.

시조, 가사와 같은 시가 작품의 한역도 활발히 이루어졌다. 조선시대에 시조를 한역한 작가는 16세기 후반부터 19세기 말까지 대략 20여 명 정도이며, 한글 시가를 한역한 한시는 최대 100여 수에 이르고 한역된 시조작품은 750여 수에 이른다고 한다(김명순 1998 : 379~383).[38] 자신의 문집 『이재난고』에 시조를 번역하여 실으면서

35　권섭, 「飜薛卿傳」 後記, 『玉所稿』 雜著 권3.
36　국립중앙도서관본 「설졔전」, 3~4쪽. 정출헌(1998 : 65)에서 재인용.
37　권섭, 앞의 책.
38　중복하여 한역한 것을 합하면 전체 한역시는 무려 1,200여 수에 이른다고 한다.

⑱ "오른쪽에 있는 노래 가사는 현인이나 시인, 방탕한 남자나 님 그리는 여인들의 무리들의 입에서 잡다하게 나온 것인데 그 사이에 왕왕 풍속을 바로잡는 내용이나 사람을 깜짝 놀라게 할 만한 운치가 있으므로 그런 것들은 모두 후세에 전할 만할 뿐만 아니라 중국의 많은 악부와 더불어 그 수준을 다툴 만하다. 그러나 우리나라의 방언이 중국의 음과 다르기 때문에 노래를 부름에 있어 모두 상말로서 하고 문자로 된 것은 참으로 드물다. 비록 후세에 전하고자 한다 하더라도 전해지는 것은 거의 드물다. 그러니 그 참된 모습을 잃어버릴 뿐 아니라 하물며 어떻게 古樂府와 함께 읽힐 수 있겠는가" (『이재난고』권1 「古歌新翻二十九章幷序」)

라고 한 황윤석의 말에서 이처럼 한글시가 작품을 한역하는 동기가 드러난다. "후세에 전하고자 해도 전해지지 않으니 참된 모습을 잃어버린다는" 구절에서 결국 한문으로 정착시켜 항구적으로 남기기 위해서임을 알 수 있다.

이러한 인식의 연장선상에 있는 것이 속담의 한역과 한역 속담집 편찬이라 할 수 있을 것이다. 조선 후기에는 우리의 속담을 채록하여 한문으로 번역한 한역 속담집이 다수 등장한다. 정약용의 『이담속찬』(1820)이 주로 알려져 있으나, 그 이전에도 이미 홍만종의 『순오지』(1678), 이익의 『백언해』(18세기 초), 신후담의 『찰이록』(18세기), 이덕무의 『열상방언』(18세기 후반) 등이 있었고, 동 시기에 조재삼의 『송남잡지』(순조 때), 이후 작자 미상의 『동언해』, 유송전의 『이담속찬습유』 등이 간행되는 등 조선 후기 속담집의 간행은 꾸준히 이어졌다.[39] 이익의 「百諺解跋」

---

39 김상홍(1986 : 12~14)에 따르면 속담의 한역은 그 연원이 『삼국유사』에까지 닿을 만큼 이른 시기부터 행해져 왔으며, 고려·조선조를 거치면서 사대부들에 의해 史

에는 그의 속담관과 속담 한역의 동기가 나타난다.

⑲ 속담이란 비속한 말이다. 여자나 어린아이의 입에서 만들어져 항간에 유행되고 있으나, 인정을 살피고 사리에 징험함으로써 뼛속 깊이 들어가 털끝처럼 미세한 부분까지 파고드는 점이 있다. 그렇지 않다면 어떻게 이처럼 널리 유포되어 오래도록 없어지지 않고 전해질 수 있었겠는가. 『시경』에 이르기를 "나무꾼에게도 물어보라. 〔詢于蒭蕘〕"라고 하였다. 나무꾼이 하는 말은 본디 경전의 뜻을 인용하거나 화려하게 꾸며대어 듣기 좋게 하거나 기분 좋게 할 만한 것이 없다. 그런데도 그 말을 채용하였으니, 어쩌면 실제 일어나는 일들과 딱 맞아떨어지기 때문이 아니겠는가. (…중략…) 만약 그 말이 세상에 도움이 된다면 어찌 말한 시대의 古今과 말한 사람의 聖愚에 구별을 두겠는가. 따라서 속담은 틀림없이 없어지지 않을 것이다. 나는 일찍이 뒷골목에서 듣거나 길 가다 들은 속담이 있으면 그때마다 수시로 기록해 두었다. 얼마 후 한 시대에 통행된 방언이 세월이 지남에 따라 혹 가리키는 바가 혼동되지 않을까 하는 염려가 들어, 이에 몇 마디 말을 덧붙여 그 뜻을 풀이해 놓았다. 그리고 그 제목을 『百彦解』라 하였다. 百이라는 것은 大數로 쓴 것이다.[諺者粗俗之談也 成於婦孺之吻 行於委巷之間 察之人情 驗之事理 有刺骨入髓 覈究乎毫芒之細者 不然其何能流而布之 傳久而不泯若是哉 詩曰詢于蒭蕘 蒭蕘之爲言 固無據典引義 增華飾彩 可以悅耳而賞心者 然且採之 豈非蹈于實而適乎務哉 其見於經則莫知苗碩之類 卽尊之丌上 播之後人 此爲詢之之證案 以之處

書, 疏章, 서간, 소설 등에 즐겨 인용되어 왔다고 한다. '산 개가 죽은 정승보다 낫다〔活狗子勝於死政丞〕'(盧守愼, 「乞骸疎」), '산 사람의 입에 거미줄 칠 리 없다〔生人無蛛綱冒口之理〕(成渾, 『大東野乘』 「月汀漫筆」) 등과 같은 식이었는데, 특히 후자는 문장 구조를 완전히 바꿔 한역을 하고 있어 흥미롭다.

家事措國政 要不可廢也 苟使言而裨益 何有於古今聖愚之別 諺之不可沒
也明矣 余嘗有聞於閭井 聞於行道 輒隨而錄之 旣而又懼夫一時方言 久或
迷指 於是加之數語爲之解 目之曰百諺解 百者大數也](『성호전집』 56권
「題跋」)

　　속담은 아낙네와 아이들의 입에서 이루어진 비속한 말이지만 인정
을 살피고 사리를 징험하는 데 골수에 스며드는 풍자가 있어 세세한
것을 살필 수 있다는 말은 앞『이재난고』인용문 첫머리의 "오른쪽에
있는 노래 가사는 현인이나 시인, 방탕한 남자나 님 그리는 여인들의
무리들의 입에서 잡다하게 나온 것인데 그 사이에 왕왕 풍속을 바로잡
는 내용이나 사람을 깜짝 놀라게 할 만한 운치가 있다는" 구절과 통한
다. 비속한 말이지만 교훈적이고 감각적이어서 세상살이에 도움이 된
다는 것이다. 그리고 "한 시대에 통행된 방언이 세월이 지남에 따라 혹
가리키는 바가 혼동되지 않을까 하는 염려가 들어, 이에 몇 마디 말을
덧붙여 그 뜻을 풀이해 놓았다"는 데서 속담 한역과 속담집 편찬의 동
기가 역시 한역을 통한 정착 및 보존임을 알 수 있다.

　　한편 번역 과정에서『백언해』,『열상방언』,『이담속찬』,『이담속찬
습유』는 우리 속담을 운문으로 정형화하고자 하였으며, 특히『이담속
찬』의 경우 우리 속담의 원의를 수용하면서 이를 예술적으로 형상화
하고자 하여(김상홍 앞의 글 : 36) 속담의 한역을 문학의 차원으로 수용하
려는 태도를 보이기도 한다. 이는 '하늘이 무너져도 솟아날 구멍이 있
다'는 속담을 '天地方蹶 牛出有穴'로 한역한 흥미로운 예에서 잘 드러
나는데, 여기서의 '牛'는 '솟아나다'라는 고유어의 어간을 표기하기 위
해 음차한 것으로서 우리말의 묘미를 최대한 살리고자 한 노력의 발현

이라 하겠다. 이는 시가의 한역에서 흔히 볼 수 있는 양상이다.

　문학 분야가 아닌 실용 분야에서도 한글 텍스트의 한역 사례를 볼 수 있다. 먼저 사대부가의 여성들이 아들이나 사위, 손자 등에게 보낸 언문 편지가 문집에 한역되어 수록된 사례가 있다.[40]

　⑳ 先府君早顯 嘗在外 致魚果 <u>書詰之曰 此物從何出 得無涉非義乎</u> 教子弟必 以義方 禁不得言人過失 (『息山集』 권6 「祖妣貞敬夫人朔寧崔氏墓誌」)

　㉑ 初喪 搜出落齒所盛囊 <u>得遺書一紙 有曰 余之祭祀 只具餠一斗 實果四色 湯三色 干南二器 有財力無加 油蜜果勿用 又曰 汝等皆爲七十 愼護其身必須扶持是望</u> 又曰 雖有設無所知 亦未知其歆饗 諸孫等切勿爲床致奠 如是書之 從吾所願 手澤森然 辭旨丁寧 奉讀摧咽 尙何言哉 (『杞園集』 2책 권25, 「祖妣贈貞敬夫人元氏行狀」)[41]

　⑳은 이만부의 『息山集』에 수록된 조모 삭녕 최씨(1619~1672) 묘지명의 일부인데, 최씨가 생전에 아들 이옥에게 보냈던 편지가 한역되어 인용돼 있다. 아들이 외지에서 근무할 때 물고기나 과일을 보내오면 출처를 묻는 언문 편지를 써서 보냈다는 것인데, 편지 내용이 인용된

40　이들은 발신 당사자의 행장이나 묘지명, 제문 등에 인용되어 있는 경우가 많은바, 이경하(2005)에서는 17세기 상층 남성 문인들에 의해 씌어진 여성 대상 비지류·전장류 산문을 검토하여 중세 상층 여성의 국문 생활을 추론한 바 있는데, 여기서는 『한국문집총간』에서 1600~1680년 사이에 태어난 작가 108명의 문집에 실린 글 가운데 여성을 대상으로 한 전장문 90여 편, 비지문 350여 편이 검토되었다. 아래의 예문은 같은 글에서 재인용한 것이다.
41　이경하(앞의 글 : 230)에서 재인용.

"此物從何出 得無涉非義乎(어디서 난 것이냐, 의롭지 못한 방법으로 얻은 것은 없느냐)" 부분은 원 편지의 일부만 번역되었거나 내용이 상당히 축약된 것임에 틀림없다. ㉑은 어유봉의 『杞園集』에 수록된 조모 원주 원씨 (1625~1715) 행장의 일부인데, 원씨가 죽기 전에 이미 써 두었던 유서가 한역되어 수록돼 있다. 자신의 제사를 간소하게 하고 나이 많은 자식들이 초상을 치르며 몸을 상하지 않기를 바라는 내용인데, "余之祭祀 只具餠一斗 實果四色 湯三色 干南二器 有財力無加 油密果勿用[내 제사에는 떡 한 말과 과일 네 가지, 탕 세 가지, 干南 두 그릇만 놓아라. 경제적 여유가 있다 해도 이보다 더 하지는 말아라. 유밀과는 쓰지 마라]", "汝等皆爲七十 愼護其身 必須扶持是望[너희들 모두 나이 칠십이다. 각자 몸을 삼가고 지켜라. 이것이 내가 바라는 바다]" 등의 인용문에서 보듯 언문 유서의 내용이 꽤 상세하게 번역된 것으로 보인다.

앞서 왕실 여성의 경우와 같이 사대부가 여성이 지은 한글 행장도 한역되어 문집에 수록된 사례가 있다. 유한준의 문집 『自著』에는 요절한 며느리 해주 오씨의 묘지명이 수록되어 있는데, 여기에는 아들 유만주의 장모 서씨 부인이 사위의 요청에 따라 한글로 써 온 딸의 행장을 시아버지 유한준이 한문으로 번역하여 실어 놓은 부분이 있다.

㉒ 장사를 지내고 나서 나는 만주에게 이렇게 말했다. "네 아내의 현숙한 점을 끝내 다 사라지게 할 수는 없다. 그러나 어릴 적 일은 자세히 알 수 없으니 네가 장모 서씨 부인께 가서 여쭈어 보거라" 서씨 부인은 언문으로 딸의 행장을 써 왔다. 그 내용은 다음과 같았다. "내 딸은 날 때부터 미목이 단정하고 예뻤다. 부모 곁에 있으며 한 번도 꾸지람 들을 만한 일을 한 적이 없다. [旣葬 余謂晩柱曰 汝妻之賢 終不可沒 然幼時事靡得以詳焉 汝其

往質之汝聘母徐夫人 徐夫人以諺狀其行來 其狀曰 女生而眉目端婉 在父母
側 未嘗一煩其呵叱] (유한준, 『自著』권24 「子婦孺人吳氏墓誌銘 幷序 甲
午」)

이 한문 행장이 원래의 한글 행장을 얼마나 충실히 번역한 것인지
확인할 길은 없다. 그러나 서사적인 내용을 담은 것인 만큼 다소의 축
약은 있었을지라도 완역에 가까운 번역은 되었을 것이라 생각한다.

3. 순수 창작의 양상

1) 언문 사용의 확대

(1) 공적 영역에서의 언문 사용

조선 후기 문자생활에서 가장 큰 특징은 단연 언문 사용의 확대라
할 것이다. 주지하다시피 언문은 창제 이후 주로 소설이나 시가 등의
문학작품 창작이나 편지를 주고받는 등의 사적 영역에 그 사용이 국한
되었지만 조선 후기로 오면서 공적 영역까지 침범할 정도로 광범위하
게 확산된다. 한문 공용어 체제가 여전히 작동하고 있었지만 사적 영
역은 말할 것도 없고 공적 영역에서조차 언문이 일차적인 소통 수단이
되는 경우가 나타나게 된다. 앞서 왕실 여성들의 언문 교서도 이에 해
당하지만 그것은 여성의 전용 문자가 언문으로 규범화되어 있었던 데

서 기인한 특수한 측면이 있었다. 이와 달리 통상 한문 또는 이두문으로 작성되던 공문서나 관문서 등이 처음부터 언문으로 작성되는 사례들의 등장은 이 시기 조선의 문자적 상황을 여실히 보여준다.

영조대의 윤음인 『어제경민음』이 그러한 사례의 하나이다. 통치 행위와 관련된 모든 공적 문자 사용은 일차적으로 한문으로 이루어지고 부수적으로 언해가 병행되는 형태인데 이 윤음은 반대의 과정을 보여주는 것이다. 이전에도 간혹 왕이 政事에 일차적으로 언문을 활용하는 경우가 없지 않았지만[42] 영조의 이 한글 윤음은 그와는 차원이 다른, 언문의 공적 사용 측면에서 매우 획기적 사건이라 할 만하다.

영조는 통치 기간 동안 수많은 한글 교화서를 간행하는 동시에 교훈적인 내용을 담은 "어제서"들을 직접 저술하고 언해하였으며,[43] 앞서 살펴본 바와 같이 윤음이나 왕의 유시를 "진언번등"하는 관례를 세우는 등 언문을 통치에 적극 활용한 왕이었다. 그런데 이러한 영조의 공적인 언문 사용은 단순히 언해에 그치지 않았다는 데 그 중요성이 있다. 바야흐로 언해가 아닌 한글 윤음이 등장하는 것인데, 1762년(영조 38)에 간행된 『어제경민음』이 바로 그것이다.

『어제경민음』은 영조가 백성들에게 금주령을 준수할 것을 촉구하기 위해 한문 없이 언문으로 바로 작성하여 교서관에서 목활자로 간행·반포한 윤음이다. 책 말미에 있는 다음 구절과 『승정원일기』의 관련 기록을 통해 이 윤음의 작성 경위를 알 수 있다.

---

42 이러한 사례는 대개 한글이 창제된 세종대와 그 직후에 집중적으로 나타난다. 세종 이후 역대 왕들의 정무와 관련한 언문 사용에 대해서는 김슬옹(2005 : 59~101)에 자세한 내용이 소개되어 있다.

43 영조대의 한글교화서 간행과 어제서의 언해에 대해서는 이영경(2013)에서 상세히 논의한 바 있다.

㉓ 그러모로 탄일이 호르밤이 フ리왓고 녯날을 싱각호옵는 모움이 근절
호되 춤아 자지 못호야 불너 쓰이니 견의 하교훈 거술 비록 언문으로 번역호
야 반포호야시나 서어훈 하교롤 설게 번역홀 제 엇지 주셰호며 츳츳 벗겨 뵐
제 쏘 엇지 쌔진 거시 업스랴 그러모로 이번은 교셔관으로 박아 반포호니 글
지 분명호야 비록 언문 선류라도 가히 아라볼 거시니 (『경민음』, 7a~8a)

㉔ 이 글은 이젼 범연히 번역훈 글과 다르니 너희 보기 어렵지 아니호고 쏘
가히 잠심홀지라 내 빅셩과 내 빅셩은 그 감동호며 감동홀지어다 임오 구월
십이일 불너 쓰이니 경고가 거의 이경이 넘엇더라 (『경민음』, 10b~11a)

㉕ 進御後命承旨 以方音書警民絲綸 上曰 噫 酒禁之若是罔效 寔由否德
雖然頃者蕩滌勤懇下敎之後 尤若是放恣 可謂寒心 臺臣之請是矣 故雖定日
申飭 期日不遠 此心未弛 吁嗟 未弛者非欲施其法 恐或犯法 靜以思之 今番
雖申申下敎 無知下賤 其何咸知? 雖聞之 亦何能領會? 理勢固然 其設或今
番止息 利之所在 而爲復犯 焉可必也? 昔禹征苗 其猶逆命 故蓋贊禹曰 至
誠感神 矧玆有苗 禹乃班師 舜誕敷文德 舞干戚於兩階 七旬有苗格 可見至
誠之攸感也 先諭此意 以方音書下 噫 予此心爲民苦心 令芸閣活字 印布中
外 莫使吾民 其陷重辟 亦於海東 仍使無酒 (『승정원일기』, 영조 38년 9월
12일)

㉖ 上曰 今番警民音後 若用法 則是誠不負於民 予當廢講矣 鳳漢曰 持
此不撓 則可期禁止矣 上曰 予以爲可恃者民矣 甚者酒也 士夫家亦有之云
予知之矣 啓禧曰 使承旨飜譯警民音 謄諸日記 好矣 晩·鳳漢等曰 重臣之
言是矣 上曰 彼重臣便是知製敎 飜出 好矣 (『승정원일기』 영조 38년 9월

15일)

㉓에서 전에 내린 하교가 언문으로 번역하는 과정에서 충분히 번역되지 않거나 빠진 부분이 있었으니 이번에는 교서관에서 언문으로 인쇄하여 반포하게 한다는 내용과, ㉔에서 이전에 범연히(신중하지 않게) 번역한 글과 달라 보기가 어렵지 않을 것이라는 내용이 보인다. 여기서 이전의 하교를 번역한 글은 1756년(영조 32)에 내린 『어제계주윤음』이다. 음주를 경계하는 윤음을 수년 전 내렸음에도 금주령이 잘 지켜지지 않자 그 준수를 다시금 촉구하기 위해 반포한 것이 『어제경민음』인데, 번역을 통한 내용 전달의 한계를 스스로 인식하여 아예 언문으로 윤음을 작성하여 반포하였다는 것을 ㉕, ㉖의 『승정원일기』 기록을 통해 분명히 알 수 있다.[44] ㉕에서 승지로 하여금 '方音'으로 써서 내려[45] 교서관에서 활자로 인출·배포하게 하였다는 것과, ㉖에서 경민음 반포 3일 후 언문으로 작성된 이 윤음을 한문으로 번역하여 일기(승정원일기)에 베껴쓰는(謄) 문제가 논의되고 있는 것이다.[46]

통상 한문으로 작성되고 필요에 따라 언해되거나 진언번등되었던 관례와 달리 이 윤음은 왕이 백성을 대상으로 공식적인 글을 내리는 데 있어 한문의 매개 없이 처음부터 언문이라는 수단을 사용하였다는

---

44 ㉓, ㉔의 기록만으로는 한문본이 존재하지 않는다는 것을 분명히 알 수 없다.

45 여기서 '方音'은 한글을 가리키는 것으로 보아야 한다.

46 이처럼 독자적으로 그 역할을 완수한 언문 텍스트도 공식적인 기록물로 남기 위해서는 역시 한문으로 번역되어야 했음을 여기서 다시금 확인할 수 있다. 실제로 ㉕의 『승정원일기』 '上曰' 이하는 그 내용을 축약하여 한역한 것이라 할 수 있으며, 동일한 내용이 『비변사등록』에도 그대로 수록되어 있다. 한글 윤음이기 때문인지 『영조실록』에는 이에 대한 기록이 보이지 않는다. 『어제경민음』은 언문 텍스트가 기록으로 남기 위해 한문 텍스트로 변환되는 사정을 잘 보여주는 좋은 사례이기도 한 것이다.

점에서 그 의미가 매우 크다. 이는 언문이 공적 영역에서도 더 이상 한문을 보조하는 존재로서가 아니라 독자적인 소통 수단으로서 그 필요성과 효용성을 인정받았음을 의미하는 것이다. 비록 『어제계주윤음』의 후속 조치로서의 성격이 없지 않지만 조선 시대를 통틀어 언해가 아닌 유일한 한글 윤음이라는 의미는 결코 가볍지 않다. 진언번등에 의한 한문과의 동시적 반포보다 한 차원 더 나아간, 더 한층 격상된 언문의 문자적 지위를 보여주는 사건으로 볼 수 있겠다.[47][48]

관에서 임금에게 올리는 문서인 장계가 언문으로 작성되는 사례도 등장한다. 장계는 지방에 파견된 관원이 자기 관하의 중요한 일을 임금에게 보고하는 문서인데 통상 이두문으로 작성되었다. 그런데 최근에 18세기 말 冬至 兼 謝恩副使로 청나라에 들어가 있던 李亨元이 義州府尹에게 편지 형태로 보낸 언문 장계가 학계에 소개되었다(황문환 : 2013, 전술 1장 참조). "부침(浮沈) 홀가 넘녀 ᄒᆞ야" 언문으로 편지를 작성하여 보낸다는 내용에서 그것이 작성된 경위는 결국 "기밀 유지"를 위해서였음을 짐작할 수 있다. 박지원 또한 같은 이유로 언문 장계의 필요성을 역설한 바 있음은 전술한 대로다. 의주부윤에게 도착한 언문 장계는 다시 이두문으로 번역되어 중앙정부에 보고되었다고 한다.

---

47 윤음이라고 하면 흔히 양적으로 절대 다수를 차지하는 정조대의 것이 주로 거론되지만, 영조대의 윤음은 한글 사용과 관련하여 질적인 측면에서 재조명될 필요가 있다.

48 이 한글 윤음 외에도 영조는 언문 사용과 관련하여 기존 문자생활의 관례를 깨는 듯한 사례를 보여주는데, 대행 대왕대비 빈전의 책문을 언문으로 써서 들여오게 하였다는 다음의 기록도 이런 점에서 주목된다. 이전의 기록들에서 왕실 비빈의 책문은 女官이 읽어야 하므로 통상("舊例(前例)에 따라") "眞諺竝書"하여 들여오게 하였다는 내용으로 일관되어 있는 이전의 기록들과 비교가 되는데, 관련 기록을 통해 그 정확한 사정을 좀 더 살펴볼 필요가 있음을 전제하고 여기서는 해당 기록을 일단 인용해 둔다. "대행 대왕대비 빈전의 諡冊文과 哀冊文을 諺文으로 써서 들여오도록 명하였다. [命大行大王大妃殯殿諡冊 哀冊文 以諺書書入(『영조실록』, 33년(1757) 5월 5일)

이렇게 등장한 언문 장계는 이후에도 간간이 나타난다. 다음과 같은 기록들에서 확인되는데, 특히 ㉗, ㉘은 헌종 연간에 언문 장계를 둘러싸고 발생한 한 사건을 기록한 것으로 그 과정에서 언문 장계에 대한 본질적 논의가 함께 이루어지고 있어 흥미로운 사례이다.

㉗ 또 장계하기를, 사신이 관에 머무를 때 혹 언서로 비밀스럽게 보고하였는데, 이것은 대개 우리나라가 저 나라(청국)와 통하면 거스를 수 있는 내용인 것입니다. 이번의 언문 장계는 과연 저 땅과 어긋날 수 있는 것이 아닙니까. 마땅히 상례에 따라 치계해야 하나 거조가 소홀함을 면하지 못했습니다. 일의 체모상 그대로 둘 수가 없으니 동지 삼사가 모두 일을 마칠 때까지 기다렸다가 도강한 후 파직의 처벌을 내리는 것이 어떻겠습니까? [又所啓 使臣留館時 或有諺書密報 而此蓋我國 當通彼地可諱者耳 今番諺啓 果是彼地可諱者耶 正宜如例馳啓 而擧措未免疎忽 事體不可仍置 冬至三使並待竣事 渡江後 施以罷職之典 何如 大王大妃殿答曰 依爲之] (『비변사등록』, 헌종 6년(1840) 2월 6일)

㉘ 守判中樞府事李嘉愚가 상소하였다. "무상한 천신이 외람되게도 사신의 명을 받았었습니다만 아는 것이 어둡고 짧으며 일 처리가 소략하기에 밤낮으로 걱정하고 두려워 하며 어떤 처벌이 내릴까 기다리고 있다가, 마침내 언서 장계의 일로 파직의 처벌을 받게 되었습니다. 언서 장계는 예전부터 사행의 명을 받은 자가 관에 머무를 때 혹 긴급한 상황의 일을 만나 어쩔 수 없이 즉시 계문(보고)해야 하게 되면, 그 일이 저들의 비밀에 저촉될 것인지 그렇지 않을 것인지 막론하고 곧장 언서로 진서를 대신해서, 저 사람들(중국인)을 고용해서 몰래 부탁해서 발송했던 것입니다. 그것은 이

와 같이 하지 않는다면 수 천리 먼 노정에 혹 뜻밖의 일이 벌어질까 염려해서였지, 우리나라의 공가 문서를 저 사람들로 하여금 몰래 엿보게 하려는 뜻에서 그렇게 한 것은 아닙니다. 근거할 사례가 한 두 가지가 아니었기 때문에 이번에도 상례를 따르는 것을 면하지 못하고 믿는 마음으로 행했던 것입니다. 그러나 언서는 민간에서 행하는 방언이고 장계는 곧 임금이 보는 문자입니다. 일의 체모가 참으로 외설스러운데, 과연 대신이 처벌할 것을 요청하니 이는 일의 면모를 바로잡고 체모를 높이기 위해서 나온 것이라, 신은 그 처벌을 달게 받을 뿐입니다. 어찌 얼굴을 들고 항거하며 스스로의 죄를 밝히겠습니까? 헤아릴 바 없이, 은혜롭게 저를 서용하는 조치를 내리시어 저의 관함이 이와 같으니 신은 참으로 황공하고 감격해서 몸둘 바를 모르겠습니다. [守判中樞府事李嘉愚疏曰 伏以無狀賤臣 猥膺使命 智識昏短 處事疎繆 夙宵憂懼 惟譴何是俟 畢竟以諺書狀啓事 至被罷職之典矣 夫諺啓 從前奉使者留館 時或值事係緊急 不可不登時啓聞者 則無論本事之彼中諱祕與不諱祕 輒以諺書代眞 雇得彼人 密囑付送者 蓋以不如是 則數千里遠程 恐有不虞之慮 而不欲使我國公家文蹟 許令彼人窺覘之意也 已例可據 非止一二 故今番亦未免循例而信心行之矣 雖然 諺書 卽俗行之方言也 狀啓 乃乙覽之文字也 事面體貌 俱極猥屑 果然大僚請譴 出於正事面而尊體貌 則臣固當甘受爲罪 何敢抗顏而自明也? 不料恩敍旋降 官銜自如 臣誠惶隕 感激 措躬無所 而情禮居先 義分是懼 雖不得不反面登筵 粗伸經歲逖違之忱 而臣之私心懇悚 誠不容以時日之稍久 晏然自恕也審矣 退伏私次 歷日徊徨 玆敢略暴衷懇 仰瀆崇嚴 伏乞聖慈 俯賜鑑諒 亟勘臣當被之律 俾王綱振肅 私分獲安焉 臣無任云云 答曰 省疏具悉 請罷 存事體也 卿其勿辭行公] (『승정원일기』 헌종 6년(1840) 3월 28일)

㉙ 권돈인이 아뢰길, "며칠 전에 진주사가 올린 언문 장계를 보았는데, 사신으로 간 일이 순조롭게 이루어져 많은 시일이 소요되지 않았으니 참으로 천만다행입니다. 오래 쌓여 있던 무안이 이제 깨끗이 씻겼으니 성상의 기쁜 마음은 어떠하겠습니까? 신들 또한 기쁘고 다행스러운 마음 이길 수가 없습니다. [敦仁曰 日昨見陳奏使諺啓 使事順成 不費多日 誠爲萬幸 而積年誣案 今始快雪 聖心之欣感 當如何? 臣等亦不勝喜幸萬萬矣] (『승정원일기』 철종 2년(1851) 4월 15일)

㉗, ㉘의 내용을 보면 청나라로 간 冬至三使가 언문 장계를 작성하여 중국인을 시켜 조선으로 보냈는데 그 과정에서 비밀 편지가 들통나는 일이 생겼던 듯하다. 이로 인해 파직의 처벌을 받았다가 서용이 된 판중추부사 李嘉愚가 사건의 경위를 해명하는 과정에서 중국에 사신으로 간 사람들이 급하게 처리할 일이 있으면 언문으로 장계를 만들어 올리는 것이 오랜 관행이라는 것과, 그것이 기밀 유지를 위한 것임이 언급되고 있다. 또한 임금이 보는 문자인 장계가 민간에서 행해지는 방언인 언서로 작성된 데 대해 "외설스럽다"고 한 부분에서 언문 장계들이 중간에 (이두문) 번역의 과정을 거쳐야 했던 경위를 이해할 수 있게 된다.[49] 언문 장계를 올리는 것은 이처럼 단순치 않은 일임에도 ㉙와 같이 철종대를 거쳐 고종대까지 이어진다.

사회 생활에 필요한 실용 문서의 작성에 언문이 사용된 사례는 이미

---

[49] 아마도 이 언문 장계는 당시 수렴청정을 하던 대왕대비(순원왕후)에게 직접 전해져 그 절차상의 문제도 제기되었던 듯하다. 언서를 임금에게 올리는 것은 "외설"에 해당하는 것으로 금기시되었던 듯한데 아래 각주에서 언급될 이홍로 처의 언문 단자 사건에서도 사간원은 '외설'이라는 표현을 쓰며 문제를 삼고 있다"而諺書出納 非但 事極猥褻 且有後日之弊 (…하략…)"] (『광해군일기』 2년(1610), 5월10일)

잘 알려져 있다. 관청과 개인 간에 주고받는 행정 문서나 민간에서 실용적인 목적으로 작성하는 문서는 이두문을 사용하는 것이 원칙이었는데, 조선 후기로 가면서 이러한 문서들이 언문으로 작성되는 사례가 심심찮게 나타나는 것이다. 안병희(2007 : 215~216)에서 지적되었듯이,「속대전」戶典 徵債 항에 수록된 "언문으로 되었거나 증필이 없는 사채 문서는 소송을 수리하지 않는다(私債成文 諺文及無證筆者 勿聽)"는 1675년(숙종 1)의 受敎는 당시 언문이 이러한 공적 문서의 작성에 사용되는 일이 빈번하여 큰 문제가 되었음을 역으로 알려주는 것이다.[50]

그런데 이 수교가 있은 후에도 대개 여성을 중심으로 한 언문 문서의 작성은 끊이지 않았던 것으로 보인다. 숙종 연간에 있었던 여성들의 언문 청원, 언문 訴狀, 언문 공초 작성과 관련한 기록들과,[51] 실물로 전하는 1687년(숙종 13) 趙持元의 처 鄭氏가 예조에 올린 언문 所志 등을 통해[52] 당시 여성들이 관청을 상대로 억울하거나 어려운 사정을 언문 문서로 호소하는 일이 드물지 않았음을 알 수 있다. 최근에는 18세기 초엽 한 여성이 임금에게 올린 언문 상언이 발굴되어 소개되었다(임형택, 2004). 김만중의 딸이며 이이명의 부인이었던 김씨 부인이 당쟁으로 가문이 큰 화를 입자 손자와 시동생의 목숨을 구명하기 위해 임금인 영조에게 올린 언문 상언이었다. 특이한 자료인바 여기에 일부를

---

50 1610년(광해군 2), 유배되어 사사된 이홍로의 처 기씨 부인이 언문 단자로 상언한 것이 문제가 되어 언문서를 접수한 의금부 관리가 탄핵을 받은 사건은 언문 문서의 출납이 엄격히 금해져 왔던 사정을 잘 보여준다.(『광해군 일기』, 2년 5월 5일~5월 16일자 기사 참조). 그러나 이후 언문 문서의 출납은 점차 증가한 것으로 보인다.

51 자세한 내용은『숙종실록』의 관련 기사 및 김슬옹(2005 : 230~236), 백두현(2004 : 163) 참조.

52 소지는 백성이 민원을 관청에 올리는 문서를 말한다. 안승준(1999)에서 소개된 이 언문 소지는 몰락한 친정의 조상 신주를 출가녀인 정씨 자신이 모실 수 있도록 허락해 달라는 내용의 청원서를 언문으로 작성한 것이다.

제시해 본다.

㉚ 튱청도 부여현 거 고 녕부스 신 니이명 쳐 김시

우 샹언 의단은 녀의신이 부지 스이예 용납디 못홀 죄홀 지읍고 쳔고의 업스온 이 은을 닙스와 모딘 목숨이 일괴육을 위호와 싀여디디 못호읍고 이제꾸디 셰샹의 머무와 일야 셩은만 축슈호읍더니 쳔만 몽미밧긔 의손 봉샹을 더게 극뉼노 쳐단호야디라 호읍고 쏘 의부뎨 익명을 봉샹의 망명 홀 째예 디호얏다 호읍고 듕죄롤 주어디라 호읍는 긔별을 듯줍고 녀의신 이 고디 죽어 몬져 모르려 호읍다가 다시 싱각호오니 이 궁텬극디호원혹 을 어딘 하늘 아래 져허 조조 호야 폭빅호디 못호고 그만호야 진호오면 당 초 특명으로 사로오신 셩은을 져브리올 분 아니오라 쏘 녀의신이 혼자 닙 스올 죄롤 무고흔 익명을 횡니호게 되여스오니 실노 디하의 도라가 의부 롤 보올 눗치 업스와 앗가 튱청도 부여 짜흐로서 촌 젼진호야 감히 신엄 아 래 훈번 인호호고 죽기롤 쳥호오니 오직 셩명은 블샹히 너겨 슬피오쇼셔 쳐엄 봉샹이 죽게 되온 째 녀의신이 모움의 호오디 의부의 가계디로 튱뎡 을 극진호다가 이제는 문회 멸망호여신들 하늘이 현마 이 훈 혈쇽을 모자 쓴허 삼디 일시예 의지 업손 원귀 되랴 시브와 져롤 망명호게 호여습더니 그 후 뎍소 짜희셔 빅셩들의 뎐호는말을 듯조오니 경종대왕겨오셔 본도 보스장계 못호온 젼의 뎐지롤 여러 날 느리오시디 아니호오시다가 인호야 그만 호오시다 호오니 이는 경묘의 호셩호시는 은덕이 하늘 조조오시고 을스년의니르러 셩샹이 군하의 말솜을 기드리디 아니호오샤 의뷔 모춤내 결스훈가 너기오셔 방손을 녹용꾸디 호오시고 밋 녀의신이 봉샹을 드리읍 고 궐하의 와 디명호오니 셩샹이 져롤 블러 위로호오시믈 가인부조나 다 르디 아니케 호오시고 녀의신을 디명 말라꾸디 호오시니 이는 고금의 업수온 은악이라 셰셰싱싱에 몸을 무으고 쎼골리 되야도 죡히 갑디 못호올 거시니 오늘날 와 혼번 죽기롤어이 감히 스양호오리잇가마는 다만 셩샹의 이러호오신 셩덕이 혼갓 고과롤 블샹히 너기시미 아니라 진실노 의뷔 평일의 나라 위호야 진췌호옵던 졍셩을 구버 싱각호오셔 십년샹약의 우국망가라 호오시고 관일지튱이 잇다 호오셔 일로 브더 혼 혈쇽이나 쓴티 마라 셜워호며 주리는 귀신이 되디 아니콰져 호오시는가 호느이다 이러호온 거술 시졀 사람들이 무자 죽여 업시 호랴 호오니 이는 셩샹의 호싱호시는 덕이 도로혀 져희 스스 원슈 갑는 거시 될가 셜워 호느이다 (…중략…) 녀의신이 만 번 죽기롤 스양티 아니호고 부월의 업듸기롤 쳥호오니 브라옵느니 텬디부모는 특별히 원혹혼 졍스롤 술피오셔 마치 녀의신만 버히오시고 봉샹의 명을 빌리오셔 의부의 혈스롤 닛고 의부데 익명을난 횡니호는 화롤 면케 호오쇼셔

옹경오년십월 일

최고 통치자인 임금을 대상으로 엄격한 격식을 갖춘 가운데 논리정연하면서도 곡진하게 자신의 주장을 펼치고 있는, 당시 여성의 공적 문자 행위의 생생한 한 사례라 할 것이다. 그런데 이보다 앞서 2년 전에 김씨 부인은 같은 사안에 대해 이미 한 차례 상언을 올린 바 있고 영조는 이를 받아들여 그 손자 봉상의 죄를 사하고 공릉참봉을 제수하는 은전을 베풀며 직접 불러 보기까지 한 일이 있었다. 당시의 실록과 승정원일기에는 이러한 사실과 함께 김씨 부인의 1차 상언 내용이 한문으로 수록되어 있는데,[53] 2차 상언으로 미루어 보아 언문으로 작성되었을 이 상언의 원래 모습을 짐작하기는 어렵지 않다. 여성에 의해 작

성된 언문 텍스트가 공적 공간에서 한문 텍스트로 변환되는 양상을 직

53 故領府事李頤命妻金氏上言 略曰 臣孫鳳祥 連命未及首罪 伏見夫弟臣益命所報 則聖上不惟不罪 至令該曹錄用 今則鳳祥再生矣 天地之仁 河海之大 不足以喩此 然臣何敢以恩數之夐異 不請碪質之伏乎? 請一陳而死焉 亡夫只有一子器之 器之凡有二子 而一則盲廢 獨鳳祥可以繼嗣 而禍作之日 年纔十六 器之藁葬之後 王府收孥之報又至 臣何畏一身之嚴誅 不保兩世之一塊乎? 仍謂子婦曰 此兒已離此地 因以圖生 則豈非天耶? 但無趙氏之僞孤 爲之奈何? 適有家僮 年貌彷彿鳳祥 臣諭以代死之意 其僮慷慨不辭 投江而死 鳳祥使自逃去 乃棺歛僮屍 經官府之剖檢 成墓造主 鳳祥之存亡 一去無聞 今年二月 始知其生 卽欲跟尋自首矣 伏聞鳳祥 已除參奉 苟非聖上繼絶存亡之恩 卓越百王 安能保覆巢之卵於天地之間耶? 玆敢悉暴事狀 席藁俟誅 上敎曰 今觀金氏上言 不覺愴然 家僮之以命代主 實前古罕有之事 玆遣中官 勿待命事傳諭 家僮之爲主捨命 亦爲考例褒賞 (故 領府事 李頤命의 처 金氏가 上言하였는데, 그 대략에 말하기를, "신의 손자 李鳳祥은 생명을 위해 도피하느라 미처 自首하지 못하였습니다. 그런데 삼가 남편의 아우인 신 李益命의 보고에 의하면 성상께서 죄를 주지 않았을 뿐만 아니라 該曹로 하여금 錄用하게까지 하셨다 하니, 이제는 이봉상이 다시 살아났습니다. 天地같은 인자하심과 河海같은 큰 것으로도 이 일에 비유할 수 없습니다. 그러나 신이 어떻게 감히 恩數가 특이하다는 것 때문에 斬首하는 형벌을 청하지 않을 수가 있겠습니까? 청컨대 한마디 진달하고 죽겠습니다. 亡夫는 단지 아들 하나 李器之를 두었습니다. 이기지는 아들 둘을 두었는데, 하나는 장님이어서 폐인이 되었고 유독 이봉상이 後嗣를 이을 수 있었습니다. 禍亂이 일어날 때에는 나이 겨우 16세였는데, 李器之를 藁葬한 뒤 王府에서 가산을 몰수하고 처자는 노예를 만들도록 했다는 소식이 또 이르렀습니다. 그러나 신이 어떻게 一身에 닥칠 嚴誅를 두려워하여 두 세대에 걸쳐 하나 남은 핏줄을 보존시키지 않을 수 있겠습니까? 그래서 子婦에게 말하기를, '이 아이가 이미 이곳을 떠났으니 이로 인하여 목숨을 도모할 수 있다면 어찌 천명이 아니겠는가? 그러나 趙氏의 거짓 孤兒가 된 사람이 없으니 어찌하면 좋겠는가?' 하였는데, 마침 家僮 가운데 나이와 용모가 이봉상과 비슷한 아이가 있었으므로 신이 대신 죽어줄 수 있겠느냐는 뜻으로 말하였더니, 그 가동이 비분 강개한 마음으로 사양하지 않고 강에 몸을 던져 죽어서 이봉상을 도망하여 갈 수 있게 만들었습니다. 그리하여 가동의 시체를 斂하고 棺에 넣어 官府의 剖檢을 거친 다음 무덤을 쓰고 神主를 만들었습니다. 이봉상이 살았는지 죽었는지는 한번 떠나간 뒤에 소식이 없었는데, 금년 2월에야 비로소 살아 있다는 것을 알고 즉시 찾아서 自首하게 하려 하였었습니다. 삼가 듣건대 이봉상이 이미 參奉에 임명되었다고 하니, 진실로 성상께서 끊어진 세대를 이어주고 망한 것을 다시 보존시켜 주시는 은혜가 百王들보다 뛰어나지 않았다면 어떻게 천지 사이에 顚覆된 집안의 아들을 보존할 수가 있겠습니까? 이에 감히 일의 정상을 다 아뢰고 席藁俟誅합니다" 하니, 임금이 분부하기를, "이제 金氏의 上言을 보니, 나도 모르게 悲痛한 마음이 든다. 家僮이 주인을 위해 목숨을 대신 바친 일은 실로 前古에도 드문 일이다. 이에 中官을 보내어 待命하지 말라는 일로 傳諭하고 주인을 위하여 대신 목숨을 바친 가동에 대해서도 전례를 상고하여 褒賞하도록 하라" 하였다.) (『영조실록』 6권, 1년(1725) 5월 9일)

접적으로 보여주는 사례라는 점에서도 이 문서는 자료적 가치가 크다 하겠다.

한편 해남 윤씨가를 비롯하여 여러 문중의 방대한 문서들을 수록한 『고문서집성』(한국학중앙연구원 편)에는 여성뿐 아니라 다양한 계층에 의해 언문으로 작성된 실용 문서들의 사례가 산재해 있다. 조선 후기 매매나 계약 문서, 분재기, 물목기, 告目 등 다양한 종류의 문서 작성에 언문이 실용되었음을 확인하기에 부족하지 않은바 여기서 자세한 내용은 재론하지 않기로 한다.

이처럼 공적 영역에서 언문이 사용되는 사례들은 언문의 확산에 따른 조선 후기 어문 구도의 변모 상황을 가장 여실히 보여준다는 점에서 큰 의미가 있다.

(2) 사적 영역에서의 언문 사용

사적 영역에서의 언문 사용은 한층 범위가 확대되고 다양화되었다. 무엇보다 한글 문학작품의 양적 팽창이 가장 두드러졌다. 구어를 생생하게 전달할 수 있는 언문의 효용에 힘입어 「사씨남정기」, 「창선감의록」, 「춘향전」 등의 한글소설과, 사대부와 여성 등 다양한 계층에 의해 창작된 한글시가들이 쏟아져 나왔다.[54] 한글 기행문도 다수 등장하는데, 특히 한문 사용층인 사대부들이 언문으로 지은 기행문들이 주목된다. 18세기 후반 유의양이 각각 남해와 함경도의 유배지에서 지은 『남해견문록』과 『북관노정록』이 나왔고, 17세기 초 김창업의 『노가재연행록』과 서유문의 『무오연행록』, 18세기 말경 박조수의 『남정일기』

---

[54] 조선 후기에 나온 한글소설 및 한글시가의 자세한 면면에 대해서는 그간 고전문학 분야에서 이루어진 많은 관련 연구 성과로 미루기로 하고 여기서는 다루지 않는다.

등 한글 연행록도 등장하였다.[55]

　창제 직후부터 언문의 주 사용층이었던 여성의 언문 사용은 조선 후기 들어 그 폭을 더욱 넓혀 갔다. 언간을 쓰는 일은 이제 일상생활의 한 부분으로 자리잡았으며,[56] 각종 실용문서의 작성은 물론, 행장·묘지명·제문 등 기록류나 일기·회고록, 시가·소설·전기·기행문 등 문학 활동에의 참여도 활발하였다. 여기서는 이미 많은 논의가 이루어진 언간, 실용문서, 문학 분야에 대해서는 기존의 연구 성과로 미루기로 하고 기록, 회고록과 관련하여 몇 가지만 언급하기로 한다. 이승희(2013 : 318~321)에서는 조선 후기 들어 왕실 여성의 한글 글쓰기에 새롭게 등장한 유형으로 회고록을 들었다. 인목왕후, 혜경궁 홍씨와 같이 굴곡 많은 삶을 살았던 왕실 여성들이 자신이 겪은 비극과 원통함을 토로한 글들이 이에 해당하는 것으로『穆陵宸翰』에 실려 있는 인목대비의 술회문 두 편과,[57] 최근 소개된 인원왕후의 「션군유亽」, 「션비유亽」, 혜경궁 홍씨의 「한중만록」 등이 있는데, 일반 사대부 여성의 글로

55　이처럼 한글로 된 연행록 또는 통신 사행록은 한문 식자층의 전유물이었던 사행록이 한글독자의 교양물로 확산되어 가던 정황을 단적으로 보여준다는 지적이 있다(정훈식, 2012 : 6).

56　현전하는 이 시기 많은 양의 언간뿐 아니라 편지 교환을 중요한 일과의 하나로 기록하고 있는 남평 조씨(1574~1645)의『병자일기』등 기록물이 이를 말해준다(이경하, 2005 : 220).

57　이 글들은 국한문혼용체로 되어 있다. 1621년에 쓴 「其一」은 "生我者爲誰 鞠我者爲誰 皆所以爲父母也라 身在母腹에 渴ᄒ면 母血을 먹고 飢ᄒ면 母之肉을 먹다가 及生ᄒ얀 乳哺三年 곧 디나면 汗血이 거의 斛로 혠다 ᄒ노니 欲報之德이라도 昊天罔極이라 粉身碎骨 ᄒ야도 갑디 몯ᄒᄂ니라"로 시작하며 「其二」도 짧지만 여기 국한문혼용체로 되어 있다. 부분적으로 한문에 구결을 단 것과 같은 수준의 구절들도 적지 않지만 엄격히 말해서 국한문혼용체의 이른 시기의 예라 할 수 있는데 그동안 이에 대해서는 별로 논의가 없었던 듯하다. 최근 이승희(2013 : 319)에서도 이 글이 국한문혼용체로 되어 있다는 점만 간단하게 언급되고 있는데 국한문혼용체의 연원과 관련하여 보다 본격적인 논의가 되어야 할 것으로 보인다.

는 일기류가 비슷한 유형에 속한다고 보았다. 유만주의 『흠영』에는 자신의 할머니가 언문으로 쓴 曆記를 우연히 읽었다는 내용이 나오는데 이 역기는 책력의 해당 날짜의 공란에 기록하는 메모 형식의 일기이다. 당시 사대부가 여성들이 간단하게 일과를 기록하는 것은 일상화되어 있었던 듯하다. 또한 앞서 유만주의 장모 서씨 부인이 언문으로 행장을 지어 온 일이 소개되었는데, 18세기 문집 자료에는 사대부가 여성들이 행장이나 행록의 초안을 썼다는 기록이 종종 등장한다고 한다 (김경미, 2005 : 18~25). 왕실에서 왕비나 대비가 선왕의 행장을 초안했던 관례가 민간에까지 확산된 것으로 생각된다.

언문 사용과 관련하여 조선 후기 들어 눈에 띄는 변화 중의 하나는 일기나 문집, 서찰 등과 같은 사대부의 전형적인 한문 저작물에 한글 혼용 사례가 나타나는 것이다. 앞서 정조가 심환지에게 보낸 서신에서 '뒤죽박죽', '만조'와 같은 한글 표기가 혼용된 예를 볼 수 있었거니와 이와 유사한 사례가 유만주(1755~1788)의 『흠영』이나 황윤석(1729~1791)의 『이재난고』 등에도 보이는 것이다.[58]

③ 初更 量急錄諸症 書問醫洪云 "(…상략…) 似睡非睡 必是昏沈 胸以上有潤氣 面部與背後微有汗 自腹至足則 보숑보숑 (…중략…) 恒開口呼吸 比昨加急 微有 늣기논 樣者二次 (…중략…) 初七日追錄 喘息入少出多 凡食米飮 트림則不吐 트림不出則吐 (初更에 여러 증세를 헤아리고 급히 적어 의원 홍씨에게 편지를 보내 물었다. "(…상략…) 가슴 위쪽으로는 윤기가 있고 얼굴과 등 뒤에는 땀이 약간 나며 배부터 발까지는 보숑보숑하다 (…중

---

58 『흠영』의 예는 김하라(2012 : 231~235)에서 재인용.

략…) 항시 입을 벌리고 호흡하는데 어제에 비해 숨이 더욱 가쁘며 약간 느끼는 것 같은 양을 두 번 했다 (…중략…) 초 7일치의 병록을 되짚어 적는다. 숨을 쉴 때 들숨은 적고 날숨은 많다. 대체로 미음을 먹고 나서 트림을 하면 토하지 않는데 트림이 나지 않으면 토한다) (『흠영』, 1787년 5월 11일)

㉜ 陪家大人出小荷堂 池水之澄漪者 變爲靑滓머흘머흘 (가대인을 모시고 소하당으로 나가다. 잔물결이 지던 맑은 연못물이 변하여 푸른 찌꺼기가 머흘머흘했다) (『흠영』, 1784년 4월 6일)

위의 예들은 『흠영』의 일부이다. ㉛은 일기면서 동시에 의원에게 보일 아들의 병록이자 편지라 할 수 있는데, 한문 문장에 '보송보송', '늣기는', '트림'과 같은 한글 표기가 혼용되어 있다. '보송보송'은 '잘 말라서 물기가 없고 보드라운 모양을 뜻하는 현대어 '보송보송'의 소급형으로 보인다. '늣기다'는 현대어 '느끼다'(① 가쁘게 숨을 쉬다, ② 서럽거나 감격에 겨워 (흑흑 소리내어) 울다(≒ '흐느끼다'))의 소급형인 듯한데 ②의 의미에 가까운 걸로 생각되지만 확실하진 않다. '트림'은 현대어의 그것과 다르지 않을 것이다. 이들은 모두 아들의 병세를 표현한 고유어들로, 위독한 아들의 상태를 묘사해야 하는 급박한 상황에서 증상의 정확한 전달을 위해 구어를 한글로 표기한 것으로 보인다.[59] ㉜의 '머흘

---

[59] 김하라(위의 글 : 200)에서는 이 사례들을 "구어를 반영한 즉시적 표현"이라 정의하였다. 適實한 표현이 아닐까 생각한다. 다만 이들에 대해 각각 '乾燥', '泣涕(흐느껴 울다)', '咯' 등으로 바꿀 수 있음에도 한글 단어를 사용한 것은 위독한 아들의 상태를 묘사해야 하는 촉급한 상황이 작용하였기 때문이라 보았는데(같은 글 : 232), 그러한 사정도 물론 있겠지만 우리는 앞의 한자어들로는 정확한 증세를 전달하기가 어려웠으리란 이유도 컸을 것이라 추정한다. '보송보송한(잘 말라서 물기가 없는)' 상태와 '건조한' 상태는 모두 물기가 없는 상태란 점에서 공통되지만 적절성이라는 정

머흘'은 연못의 풍경을 묘사하는 말인데, '머흘다('험하고 사납다')'의 어간이 중첩되어 조어된 어휘로 생각된다. 그리하여 '(푸른 찌꺼기가) 험하고 사납게 요동하는(흘러가는)' 정도의 의미로 사용된 듯한데, 당시 목격한 연못의 형상을 묘사하는 데 '머흘머흘'이라는 고유어를 대신할 한자어를 찾지 못한 까닭에 역시 이를 한글로 표기한 것으로 보인다.

다음은 『이재난고』에 나타난 한글 혼용 사례이다.

㉝ 柳德弼聞余閔溫弟之病 試問其詳 余詳答 則柳德弼曰 大凡瘻類 有血有痰 所謂血瘻者 外皮薄而軟 色赤如爛 所謂痰瘻者 外皮如常 不痛不痒 而按之皮厚 中有核 今令季之病其如痰瘻 而非血瘻也明矣 血瘻則輕先用藥 必致大敗 痰瘻則自有妙方 累試累驗 無可疑慮 但用蘿葍根 [무우믿] 生者切作薄片 廣大如瘻樣 乃以陶瓦器置火上 而以薄片置器上 待熱貼于瘻上 次第輪貼 使熱氣蒸徹不絶 則不出十日 皮中痰滓漸融 乃以竹籤試作一小孔 用手壓之 [누루고] 搾之 [짜내다] 則有汁如淸油 先從孔中流下 汁盡則滓出 滓盡而孔合 皮子少無傷痕 而病如失矣 又有一妙方 四五月間 雀瓢草莖 [새박됴가리 풀줄기] 新秀未成蔓時 [너출되지아녀서] 取莖寸寸斷之白汁自出 [시앗동진 것다] 取汁就瘻上 徧塗之 亦取差爲度則瘻體表裡 自焦自縮 因而自消 病如失矣 此是眞妙 如神之法 須令試之可也 (유덕필이 내가 온제의 병을 근심하는 것을 듣고서 그 자세한 상황을 묻기에 내가 상세하게 답하였다. 유덕필이 말하기를, "대체로 瘻의 종류에는 혈이 있는 것과 痰이 있는 것이 있는데, 이른바 血瘻라는 것은 외피가 얇고 연하며 그 색이 불에 데인 듯이

도의 차이가 있다. 이처럼 정밀한 상태 묘사에 고유어를 완벽하게 대신할 수 있는 한자어를 찾기 어려운 것은, 우리의 세세한 정서나 감정을 표현하는 시가 등의 문학 작품 창작에 한글이 더 효과적이라고 했던 이전 시대 혹은 동시대 몇몇 문인들의 언급을 상기하게 한다.

붉습니다. 이른바 痰癭이라고 하는 것은 외피가 평상시와 같고 통증이나 종기는 없는데, 그것을 살펴보면 피부가 두꺼운 가운데에 핵이 있습니다. 지금 동생분의 병증은 담영과 같고 혈영이 아닌 것이 분명합니다. 혈영이라면 가볍게 약을 먼저 쓰다가는 필시 크게 패하는 지경에 이를 것인데, 담영이라면 내게 묘방이 있어서 여러 차례 시험해보아서 의심하고 염려할 필요는 없을 것입니다. 蘿葍根 생것을 잘라서 박편으로 만드는데 크기와 너비를 혹 모양과 같게 해서 구운 瓦器를 불 위에 두고 박편을 와기 위에 올려서 뜨거워지기를 기다려 혹 위에 붙이는데, 순서대로 이어서 돌아가며 붙여 열기가 투과하는 것이 끊어지지 않게 하면, 10일을 넘지 않아 피부 가운데의 담의 앙금이 녹습니다. 이에 대롱을 만들어 이것으로 작은 구멍을 하나 내고서 손으로 누르면서 짜내면 맑은 기름 같은 담즙이 먼저 구멍을 따라서 흘러내립니다. 담즙이 다 나오고 나면 앙금이 나오는데, 앙금이 다 나오고 구멍을 봉합하면, 피부에는 자그마한 상흔도 남지 않으면서 병이 떨어진 것 같을 것입니다. 또 다른 하나의 묘방이 있는데, 4월 5월 사이에 雀瓢草莖 중에서 새로 솟아나와 아직 성하지 않은 것을 가져다 그 줄기를 취하여 마디마디 자르면 하얀 즙이 자연히 나옵니다. 그 즙을 취하여 혹 위에다 넓게 도포하면서 또한 차도가 살피다보면 혹 덩어리의 안과 밖이 자연스레 줄어들고 소멸하면서 병이 떨어진 것 같을 것입니다. 이것은 진실로 기묘하여 神의 법과 같으니, 모름지기 명하여 시험해보는 것이 가할 것입니다" 하였다.) (『이재난고』 2책 권12, 48b)

위의 예는 癭類라는 병의 증상과 치료법(用藥)에 대해 지인과 대화한 내용을 서술한 부분인데, 약재(식물)의 이름이나 처치법 등에 한글 협주를 달아 놓은 것이 보인다. '蘿葍根', '雀瓢草莖'에 '무우 밋', '새박됴가리

풀 줄기'라는 고유어 명칭을, '用手壓之', '搾之'와 '新秀未成蔓時', '取莖寸寸斷之白汁自出'에는 각각 고유어 동사 표현 '누루고', '짜내다'와 '너출 되지 아녀서'[60] '시앗동진 것다'[61]를 부기해 놓은 것이다. 비록 위 유만주의 경우와는 달리 한글 어휘를 한문 문장에 혼용한 것이 아니라 추가적으로 부기한 데 불과하지만, 보다 익숙한 고유어 구어를 함께 제시해 놓음으로써 의미 이해 및 전달의 편의를 꾀한 것으로 판단된다.

이처럼 전형적인 한문 저작물이던 사대부들의 일기나 문집, 혹은 서신에 한글을 혼용하는 현상은 비록 양적으로는 미미한 수준이지만 질적인 측면에서 그 의미가 적지 않다. 위의 인물들은 모두 개인적으로 언문에 친숙하고 개방적이며 언문에 대한 자의식이 비교적 강했던 이들이지만[62] 실제 자신의 저작물에 한글을 혼용함에 있어서는 사실상 매우 제한적이고 소극적인 태도를 보였다. 한글을 부기한 데 그친 황윤석뿐 아니라 유만주의 경우도 같은 일기의, 『역어유해』를 인용하여 물명을 정리한 부분에서 고유어 물명을 기본적으로 음차, 훈차에 의한 한자로 표기하고 그것이 불가능할 경우만 한글을 혼용하고 있는 데서,[63] 한문 글쓰기 관습을 고수하고자 한 사대부들의 여전히 완고한 태

---

60 '넌출이 되지 않았을 때' 즉 '줄기가 길게 뻗어 나가기 전에' 정도의 의미를 가진다.
61 '시앗동'은 '왕고들빼기'를 가리키는 현대어 '씨앗동'의 소급형인 듯하다. '진(津)'은 '풀이나 나무의 껍질에서 분비되는 끈끈한 물질'을 가리킨다. '것다'는 '걷다(收)'의 이표기인 것으로 보인다. 문맥을 보면 줄기를 마디마디 자르면 흰 즙이 나오고 그 즙을 취하여 환부에 도포하라는 의미인 듯한데, 여기서 '시앗동'이 정확하게 무엇을 의미하는지는 알 수 없다.
62 「한중록」에 따르면 정조는 어린 시절 모친인 혜경궁 홍씨에게 매일 언문 편지로 문안을 드렸을 정도로 한글 사용에 익숙했던 인물이고, 유만주 역시 생활 속에서 많은 한글 기록물을 접하고 가문의 여성들과 한글 편지도 수시로 주고받았음을 스스로 『欽英』에 기록하고 있으며, 황윤석은 한글에 대해 높은 학문적 관심을 가지고 관련 저작을 남긴 인물이다.
63 『역어유해』를 인용한 유만주의 어휘 정리에 대해서는 최근 김하라(2013)에서 자세한 내용이 소개되었다.

도를 엿볼 수 있다. 그러나 위의 예들처럼 불가피했건 무의식적이었건 혹은 편의를 위해서였건 몇몇 인물들에 의해 한글이 혼용된 사례들은 당시 사대부들 사이에서도 언문 사용이 편만해 있었고 이러한 글쓰기가 그리 특이한 일만은 아닌, 일상에서는 보다 보편적으로 행해졌을 수도 있음을 시사한다. 문자 생활에서 한글의 필요성과 효용성을 더 이상 부인할 수 없는 상황임을 드러내는 사례들이 아닐까 한다.

한문이 유일한 공용 문자였던 사대부들도 여성이나 노비 등 언문 사용 계층을 상대로 한 저작에서는 통상 언문을 사용하였다. 사대부들이 작성한 언간이나 가내의 한글문서 등은 이미 많이 알려져 있다.[64] 최근에는 죽은 누이를 위해 한 사대부가 작성한 한글제문이 소개되기도 하였다(정승혜, 2013). 그동안 발견된 한글제문은 주로 19세기 이후 여성들이 쓴 것이 대부분이었다는 점에서 18세기에 기태동(1697~1770)이라는 호남 지역의 사대부에 의해 작성된 이 제문은 조선 후기 사대부들의 다양한 언문 사용 실상을 보여주는 중요한 자료라 할 것이다. 더욱이 후대에 작성된 것으로 보이는 한문본도 함께 전해지고 있어 자료적 가치가 크다 하겠다. 다음에 일부를 인용해 둔다.

㉞ 유셰츠 병○○○
태동은 망미 유인 힝쥬괴시 녕연의 젼ᄒᆞ여 우러 ᄀᆞ로더 오호 통지라 ᄒᆞᆫ 잔으로 울미 엇지 가히 내 인통을 샤ᄒᆞ여 두어줄 글이 엇지 다 미시의 덕힝을 긔록ᄒᆞ리오 오호 통지라 미시의 나히 애호로지 삼십이셰라 하놀이 엇지 우리 미시를 밧비 아서 이 동긔의 쇠로ᄒᆞᆫ 쟈로 형희 더욱 ᄆᆞᆯ고 심신으로 다

---

64 정철, 김성일, 김정희를 비롯한 사대부들의 언간과 선조 임금의 언간 등이 널리 알려져 있다.

스라지게 흐느뇨 나롤 울 재 누의어늘 내 도로혀 울고 나롤 쟝스할 재 누의어
늘 내 도로혀 쟝스하니 쳔니 그르되고 인스의 변이로다 (…중략…) 이 모음 결
울홈을 미시 그 아느냐 아지 못하느냐 오호 통지라 거의 그와 격홈을 브라노라

㉞' 維歲次 丙寅五月二十四日

泰東奠于亡妹氏 孺人幸州奇氏之靈曰 嗚呼痛哉 單盃之哭 烏可瀉我之哀
慟 數行之文 豈盡述妹之德行 嗚呼痛哉 妹氏之年年 纔三十有二年 天何集
吾之妹氏 遽然短折 而使此同氣之衰老者 形骸愈枯 心神俱銷也 哭吾者妹
而吾反哭之 葬吾者妹 而吾反葬之 天理錯矣 人事變矣 (…중략…) 此心缺鬱
妹其知耶不知耶 嗚呼痛哉 庶幾來格

한편 앞서 소개된, 對日外交實務線에서 작성된 일련의 국한문체 간
찰들은 매우 특이한 언문 사용 사례이다.[65] 여성이 수신자가 아닌 남성
(관료)의 간찰에 언문이 사용된 드문 사례이고, 그 대상이 일본인 통사
라는 점, 한문도 언문도 아닌 국한문체로 되어 있다는 점이 그러하다.
조선의 역관들이 일본의 통사들에게 보낸 이 간찰들은 대일외교와 관
련한 실무적 내용을 담고 있는 경우도 있지만 대개 비밀리에 혹은 비
공식적으로 주고받은 사적 성격이 강한 편지라 할 수 있다. 이러한 편
지가 한문이 아닌 언문(국한문)으로 작성되었다는 점은, 그것이 특수한
상황에서 이루어진 것임을 감안하더라도 흥미로운 일이 아닐 수 없다.
그 경위야 정확히 알 수 없지만 이 간찰들은 언문 사용이 일상화된 역
관 계층의 문자생활의 일면과 함께 소위 국한문체의 연원이 현재 알려

---

65 1장에서 많은 자료가 소개되었으므로 여기서는 해당 사례를 따로 들지 않기로 한다.

진 것보다 오랜 것임을 우리에게 알려준다.

2) 이두문 사용의 지속

(1) 공적 영역에서의 이두문 사용

한글은 창제시에 이미 일상의 문자 생활을 지배하던 이두를 대체하는 용도가 있음이 표명되었다.[66] 실제 세종은 이두를 한글로 대체하기 위한 세부적인 정책을 연이어 내놓기도 하였다.[67] 이러한 세종의 기대대로 이두문은 일정 부분 언문에 의해 대체되며 그 사용 영역이 축소되기도 했지만 여전히 공적, 사적 영역에서 그 사용을 이어갔다. 무엇보다 공적 영역에서 각종 관문서(실용문서)의 작성에 이두문의 사용은 여전히 고수되었다.[68] 박성종(2004 : 110∼112)에 따르면 고문서 중 이두문으로 작성되거나 이두가 쓰인 것은 민원 및 공증 관련 문서(所志類, 立案類, 호적류), 분재 관련 문서(衿給文記, 和會文記, 別給文記, 유서 및 기타), 매매 관련 문서(노비매매문기, 토지매매문기, 牌旨·手標) 등이며, 관료 관련 문서 중 賜牌敎旨와 狀啓와 牒呈, 差定帖 등에도 이두가 일부 사용되

---

66 옛날에 신라의 설총(薛聰)이 처음으로 이두(吏讀)를 만들어 관부(官府)와 민간에서 지금까지 이를 행하고 있지마는, 그러나 모두 글자를 빌려서 쓰기 때문에 혹은 간삽(艱澁)하고 혹은 질색(窒塞)하여, 다만 비루하여 근거가 없을 뿐만 아니라 언어의 사이에서도 그 만분의 일도 통할 수가 없었다(昔新羅薛聰始作吏讀 官府民間 至今行之 然皆假字而用 或澁或窒 非但鄙陋無稽而已 至於言語之間 則不能達其萬一焉).(『훈민정음』, 「정인지 서문」;『세종실록』, 28년(1446) 9월 29일)

67 창제 후 이서 10여명에게 언문을 익히도록 한 것(최만리 상소문), 반포 후 이서 선발시 훈민정음을 시험하도록 한 것(『세종실록』, 28년 12월 26일), 함길도 및 각 관아의 관리를 선발할 때 먼저 훈민정음을 시험하여 합격한 자에게만 다른 시험을 보게 한 것(『세종실록』, 29년 4월 20일) 등이 이에 해당한다.

68 앞서 언급한 숙종의 수교는 이러한 상황을 명확하게 보여주기도 하는 것이다.

었다고 한다.[69] 이러한 양상은 조선 후기에도 이어진다. 물론 한글의 확산에 따라 실용 문서에까지 언문이 등장하는 경우도 있었지만 관문서 작성이라는 이두문의 본령은 조선 후기까지 대체로 지켜졌다.[70]

이 밖에도 이두는 각종 등록과 성책류(推案, 鞫案, 量案, 호적 등), 기록류(事目, 節目 등), 전적류(승정원일기, 광해조일기, 의궤 등) 등에도 사용되었다.[71] 특히 조선왕조실록이나 승정원일기 등의 국가 기록은 원칙적으로 한문으로 작성되었으나 이두문으로 된 문서들을 그대로 전재하는 경우도 있었다. 전자는 앞서『자휼전칙』사목의 사례에서 본 것처럼 대개 이두토를 제거하고 정격한문으로 손질하여 수록하였지만 이두토가 남은 이두문이 그대로 수록된 경우가 소수 남아 있다. 이에 비해 후자는 이두문으로 된 문서들을 손질하지 않고 그대로 싣는 경우가 다반사여서 등록류에 못지않게 이두문을 상당히 많이 포함하고 있다.

㉟ 臣按行州郡, 廉問守令賢否及不法之事爲白乎矣。(『선조실록』, 38년 (1605), 4월 16일]

㊱ 庚申二月二十七日乙亥吏曹啓曰 一自軍興之後 關西守令 盡以武弁差

---

69 관료 관련 문서에는 고신류(홍패 · 백패, 고신교지, 贈諡敎旨, 賜牌敎旨), 敎令類(교서, 諭書, 유지, 전교, 봉서, 비답), 疏箚狀啓 및 關牒通報類(상소, 장계, 첩정 등), 기타(녹패, 외교, 차정첩, 척문 등) 등이 있다(박성종, 2004 : 111). 교령류는 대체로 한문으로 작성되지만 16세기 중엽의 수교(어떤 사안에 대해 받은 왕명. 하교, 교지, 전교 등)를 各司별로 모아놓은『각사수교』(1636)에는 이두토들이 곳곳에 쓰여 있다고 하며, 이후에는 이두토가 쓰이지 않는다고 한다(박성종, 2011 : 43).

70 이러한 공문서의 이두문은 갑오개혁 이후 국한문혼용으로 바뀌었다. 이 국한문혼용문은 기존의 이두문에서 조사나 어미를 한글로 바꾼 것이며, 이 또한 이전의 '진언번등'의 관행에 따라 언문이 부기되었다(김봉좌, 앞의 글 : 293~298).

71 이러한 자료들은 대개 엄밀히 말하자면 이두문을 사용했다기보다는 이두문이 수록된 것이라 할 수 있다.

送 民生之困瘁 固其然矣 張晩 李時發 朴燁 目見咸從 龍崗 宣川 慈山尤甚不治 狀啓罷黜 請以文官擇送者 其意有在 依狀啓施行 平壤庶尹兪晉曾 中和府使尹知養 博川郡守李檢 永柔縣令申景瑗等 盡心撫摩 闔境晏然是如爲白臥乎所 極爲可嘉 褒奬之典 係干恩命 上裁施行何如? 判付內 答曰 只咸從縣令 以文官擇送 龍岡 宣川 慈山 以武官擇送 兪晉曾 尹知養 李檢 申景瑗竝加資 (『광해군일기』 12년(1620) 2월 27일)

㊲ 金蓍國 以委官意啓曰 私奴武明結案白等 矣根脚段 父良人金大仁生存母私婢奉花生存 父矣父良人金賢故 父矣母不知故 母矣父良人張彦孫故 母矣母私婢乭壯伊生存白良乎 父母以年二十私婢德伊交嫁居生爲白如可 矣母乙 持杖亂打 矣義同生七歲兒童 亦爲打殺爲白乎所 的只白乎事 私奴武明年二十三矣 矣身一行半缺歲兒童乙 亦爲打殺罪同律 段大功以下尊丈條云若尊長段小功卑幼至死者絞 名例云 二罪俱發 以重者論 死囚覆奏待報條云其犯十惡之罪應死者 決不待時亦爲白有臥乎等用良 武明段 從重斬不待時是白乎事(『승정원일기』 인조 4년(1626) 7월 20일)

위의 예들은 각 아문에서 임금에게 어떤 내용을 요청하거나 보고하는 문서인 啓(啓本과 啓目)를 수록한 예들이다. ㉟, ㊱에서처럼 실록에서도 '爲白乎矣', '是如爲白臥乎所'와 같이 이두토가 달린 이두문의 계가 그대로 수록된 사례들이 보이지만 그 수도 적고 노출된 이두토도 소수에 불과하다. 이에 비해 『승정원일기』는 打母殺弟한 金武明의 結案을 보고하는 委官의 계를 전재한 ㊲의 사례처럼 장문의 이두문을 그대로 전재한 예가 수도 없이 많다.[72] 관찬 사료에서 보이는 이러한 사례들은 이두문을 경우에 따라 한문의 영역으로 편입시키는 인식이 기본적으로 잠재되어 있었기 때문이 아닐까 한다.

이두문으로 된 문서들은 개인의 문집에도 수록되는 경우가 있었다. 앞에서 정조의 문집인『홍재전서』에 이두문이 사용된 예를 살펴본 바 있다. 호남 암행어사 이희갑의 서계에 대한 判에서 이문(사대문서인 이문과 행정문서인 이문 모두)의 중요성과 그 습득의 긴요함을 강조하는 내용을 정조가 직접 이두문으로 작성한 흥미로운 사례였다(1장 58~60쪽 참조). 선인이나 선배의 문집을 편찬할 때 이두를 사용한 공용문서에서 이두를 제거하고(刪削) 문장을 潤色하는 것이 다반사였는데,[73] 국왕의 문집에 이두문을 그대로 남겨놓은 것은 바로 그 이두문의 중요성을 강조한 내용 때문이 아닌가 한다.[74]

이황의『퇴계집』은 장계와 같은 공용문서가 문집에 수록될 때 이른바 산삭과 윤색의 과정을 거친 결과임을 잘 드러내준다. 심경호(2006 : 10~11)에 따르면『퇴계집』에는「乞致仕狀(치사를 허가해 줄 것을 청하는 장계)」51편이 수록되어 있는데 그중 33편에는 이두가 하나 이상 남아 있고 18편은 이두가 삭제되어 있다고 한다. 이두가 남아있는 것들의 경우 원문을 손질한 흔적이 있어 이두가 삭제된 것도 산삭과 윤색을 거쳤음을 짐작할 수 있으며, 이 가운데 이두가 있는 5편이『명종실록』에도 수

---

72 심경호(2006 : 11)에서는 장계의 변격 한문은 조정에 제출된 뒤『승정원일기』따위에 수록될 때 이미 손질을 거치고 다시 실록의 편수 때에 손질되었던 듯하다고 하였다. 그러나『승정원일기』에는 손질한 흔적 없이 전재된 장계들이 상당히 많이 실려 있다.
73 조선조 여러 문집에서 장계나 공이 등의 공용문자가 정격한문으로 제시되어 있는 것은 刪削과 潤色을 거친 결과로 본다(심경호, 2008 : 212).
74 이두문은 아니지만 정조는 또한 신하들과 은밀하게 주고받은 서찰들에서 이두를 자주 섞어 썼으며 의성어나 비속어, 속담 등을 한역하여 쓰는 일도 많았다고 알려져 있다(안대회, 2009 : 163~171). 사적 문자 생활에서 구어체의 문장을 선호하여 이두와 그것을 포함한 변격 한문을 자주 구사했던 정조의 면모를 엿볼 수 있거니와, 이는 비단 정조 개인만의 일이 아니라 구어 표현의 욕구와 한문 글쓰기의 관습성 사이에서 고민했을 조선 사대부들의 언어적 상황이 엿보이는 부분이라 하겠다.

록되었는데 실록에서는 이두를 제거하고 원문에 손질을 가하여 정통 한문에 가깝게 교정되어 있다고 한다. 이는 다음 예에서 확인된다(심경호(같은 글)에서 재인용).

㊳ 臣<u>矣段</u> 多年重病以 <u>節</u>大司成除授後 必于經涉二朔<u>爲白良置</u> 其間仕進 不過數日 因犯風寒 心熱上氣證暴發 痰壅腹脹 日益沈困 不得已三次呈辭 從願得遞 卽時軍職付授 天恩罔極<u>爲白置</u> (『退溪先生文集』 8권 「辭狀啓辭」)

㊳' 辭職啓曰 臣以多年重病 前爲大司成時 雖經涉二朔 其間仕進 不過數日 因犯風寒 上氣證暴發 不得已三次呈辭 從願得遞 卽授軍職 天恩罔極 (『명종실록』, 13년(1558), 12월 8일)

이렇게 보면 임진왜란 당시 정문부의 장계 10편이 모두 원문 그대로 전재되어 있는 『農圃集』은 매우 특이한 자료라 할 수 있다.[75] 한편 『朝野記聞』, 『광해조일기』 등 개인이 편찬한 사서에도 이두문이 수록된 사례가 보인다. 이들 또한 대개 이두문으로 된 공용문서가 그대로 실린 것이다. 이처럼 행정 및 생활의 문제들과 관련되어 있었기 때문에 실제로 이두문이 조선의 문자생활에서 차지하는 비중은 적지 않았다.

---

75 이는 『농포집』이 산삭과 윤색이 덜 되었음을 알려주는 것으로 볼 수 있다(심경호, 2008 : 220). 『농포집』의 장계와 그 이두에 대해서는 박성종(2011 : 44~45), 안승준(2007)에서도 논의된 바 있다.

(2) 사적 영역에서의 이두문 사용

사적 영역에서는 한글 창제 이후 이두문 사용이 상당 부분 축소되었다 할 수 있다. 한글 창제 초기에는 각종 실용문서 외에 일반 서찰에도 이두문이 사용되는 경우가 있었다. 1468년 김종직의 모친 밀양박씨와 아내 하산조씨가 김종직에게 보낸 간찰 2통, 이번(1463~1500)의 간찰 4통이 이두 간찰로 알려져 있다(안승준, 2007). 현전하는 자료는 소수에 불과하지만 이두 간찰은 실제로는 남성들에 의해 꾸준히 쓰어졌을 듯하다. 앞서 이두를 편지에 많이 섞어 썼다는 정조의 경우를 보아도 이를 짐작할 수 있다. 그러나 여성을 중심으로 해서 간찰은 대개 언문으로 급속히 대체되었음은 주지의 사실이다.

그런데 이 밖에도 이두문이 사적 문자생활에서 조선 후기까지 여전히 사용된 정황을 보여주는 사례들이 있다. 이 시기에 작성된 것으로 보이는 이두 문학작품이 존재하는 것이다. 흔히 고려 말에 지어진 초기 가사로 언급되는 「歷代轉理歌」와 「僧元歌」가 대표적이다.

「역대전리가」는 그 출전인 『華海師全』에 따르면 1371년 고려 공민왕 때 申得靑(1332~1392)이 지은 작품이다.[76] 이 노래는 각 구절마다 이두(이두문)와 언문 번역을 雙行으로 대응시켜 놓은 특이한 형태로 되어 있는데, 이두는 원작자인 신득청이, 언문 번역은 이 노래의 내력을 서술한 范承洛이 1454년(단종 2)에 붙였다고 한다.[77] 그러나 그 이두와 언문이 보여주는 언어 사실은 고려 말, 조선 초의 그것과 상당한 거리가 있다.

---

[76] 『화해사전』은 신득청의 조부인 不諼齋 申賢(1298~1377)의 행적을 엮은 책으로 「역대전리가」와 함께 작품 내력, 작자의 전기 등이 함께 실려 있다.

[77] 고려대 중앙도서관 소장 『화해사전』 권6, 8~9장.

㊴ ㉠ 羅到南 南道乃家 到也 本可[나도 남 남도 너가 되야 본기]

　　㉡ 燕臺壯士 莉卿匕臥[와]

　　㉢ 他國矣道[의도] 師則爲乃[ᄒ녀]

　　㉣ 亂世羅高 邑室孫可[ㄹ고 읍실손가]

　　㉤ 朝得暮失 多尤習多[ᄃ 우숩ᄃ]

　주격 조사 '가'는 16세기에 등장하지만 18세기를 전후하여 본격적으로 나타나는데 ㊴㉠에서 이미 그 사용을 볼 수 있고, ㊴㉡의 공동격 '臥'는 후기 이두자료에서나 볼 수 있는 것이다. ㊴㉢, ㉣의 어미 '-녀'와 '-ㄹ 손가'는 17세기 이후에 나타나는 종결어미이다. ㊴㉤의 종결어미 '-다'가 '-ᄃ'로 표기되는 'ㆍ' 표기의 극심한 혼란은 19세기에 흔히 볼 수 있는 현상이다. 조선 후기의 작품임을 보여주는 사례들이다.[78]

　「승원가」는 고려 후기 懶翁和尙(1320~1370)이 지은 불교 가사로서, 흔히 최초의 가사 작품으로 알려져 있다. 1972년 부산 동래의 한 사가에서 이두 표기의 필사본으로 발견되었는데 역시 그 언어 사실은 고려 말의 것으로 보기 어렵다.

㊵ ㉠ 極樂世界 莊嚴見小 (극락세계 장엄 보소)

　　㉡ 下勿面 美達孫也 (하물며 믿을소냐)

　　㉢ 寸步道 忘之末古 (촌보도 잊지 말고)

　　㉣ 期別無隱 惡眞病以 (기별 없는 모진 병이)

　　㉤ 寒爲暑爲 生覺殘古 (추위 더위 생각잖고)

---

78 정재호(1983)에서는 출전, 작자, 형식, 내용, 표기 등 여러 가지 면에서 여말 창작설에 의심되는 바가 많다고 하였다.

ⓗ 冷水朴其 未食介多 (냉수밖에 못 먹겠다)

⑩ㄱ, ㄴ의 종결어미 '-小(소)', '達孫也(-ㄹ소냐)'은 모두 17세기 이후 나타나는 종결어미이다. ⑩ㄷ, ㄹ의 '忘之', '惡眞'은 각각 '잊지', '모진'을 표기한 것으로 구개음화가 적용된 형태이다. ⑩ㅁ에서 '殘古'는 '-지 아니하고'의 축약형인 '-잖고'를 표기한 것이다. 구개음화에 상·하위문의 응축 현상까지 적용된 19세기 정도에 가야 나타나는 언어 사실이 반영된 표기이다. ⑩ⓗ에서는 미래 시제 선어말어미 '-겠-'이 보이는데 이 또한 조선 후기에 형성된다. 이는 조선 후기에 지어졌거나 적어도 구전되다가 조선 후기에 이두문으로 표기되었다고 밖에는 설명할 길이 없다.[79]

시가 외에 이두문으로 작성된 이두 산문도 있었다. 앞서 고려 때 李兆年(1269~1343)의 『응골방』 뒤에 기록되어 있는 이두문 작품 "沔川居韓進士狀"이 1장에서 소개된 바 있다. 이 작품은 이조년이 詩作에 필요한 먹, 붓, 종이를 보내달라는 내용을 呈狀 형식을 빌려 해학적으로 표현해 요청하고 이에 호응하여 兵使 李大信이 題辭 형식으로 답한 글이다. 박성종(2008)에서는 이 작품이 呈狀 형식을 빌린 문학 작품으로서

---

[79] 백두현(2007 : 168~169)에서는 제주도의 무당 노래를 채록한 『풍속무음』(제주대, 1994)의 가사에 향찰식 표기와 군두목식 표기가 유지되어 있는 다음과 같은 사례가 소개되기도 했는데 이 또한 유사한 경우라 할 수 있을 것이다.

천 년 살 집 지어 사는 千年生屋 造居何隱
하늘로 내린 물 天午路下限水(상권, 39쪽)
산오로 흘어 내린 물 山午路流下限水(상권, 39쪽)
개 고양이 손 시슨 물 狗猫手洗限水(상권, 40쪽)
쌀 주명 물 주명 멀리 모라 내자 米授命 水授命 遠伊 驅出何者(상권, 47쪽)
왕으로 하시오 하니 王午路何是要何尼(상권, 249쪽)

후대에 필사된 것이며, 필사 과정에서 약간의 변개가 있었지만 당대의 언어를 반영한 비교적 원본에 충실한 자료로 추정하였다.

이와 유사한 이두 산문 작품을 이옥의 소품 가운데서 찾아볼 수 있다. 이옥의 영남 지방 견문기 『鳳城文餘』에 수록된 「愛琴供狀」이라는 작품인데 이두문으로 되어 있다.[80]

⑪ 愛琴供狀

右謹陳 中心是悼 言之辱也 情由矣段 女矣身亦 本以造實坊胎生 居住良女 十五歲分良中 出嫁於新支村禹令益處爲有置 之子于歸 宜其室家 三歲食貧 靡室勞矣是白如可 夫也不良 人而無禮 不我能畜 反以我爲讎分叱不喩 讒言罔極 搆我二人 以爲潛通於隣居人金起文是如爲白遣 逝不相好 薄送我畿 反是不思 亦已焉哉 女矣身 復我諸父 終窶且貧 敦彼獨宿 不我活兮是白只以 適音葛明谷張桂生家良中 傭織價受來次以 東方未晞 陟彼崔嵬 厭浥行露 獨行踽踽是白加尼 彼何人斯 有力如虎 遭我乎猫之間兮 邂逅相遇 執我仇仇 顚之倒之 伊其相謔 使我不能息兮 中心如醉 尙寐無吡 我躬不閱 遑恤我後? 汔可少休 覆出爲惡 甚至女矣身背脫脚痿 昏倒不知之中同 厥漢褫奪赤衫而 去是如 女矣身 匍匐歸家 累日不能起 則矣始聞其由是白遣 或恐女子獨居 復逢强暴之辱 許嫁於隣居老鰥夫丁貴南處 昏因之故 言就爾居 以我賄遷 與子偕老 不意今者 前日厥漢 始稱龍儀谷居金命吉 而手持官牌及女矣身所失 之衫是遣 謂以女矣身 携手同行 信誓朝朝 豈曰無衣 美人之貽 他人入室 大 無信也是如 無數誣陷是白良置 大抵 取妻如何 匪媒不得 子無良媒 云如之 何 命吉段 所可道也 亦孔之醜 狂童之狂 匪我思存 雖速我獄 室家不足 雖速

80 『鳳城文餘』는 김려(金鑢)가 1810년(순조 10) 이후에 편찬한 『담정총서(潭庭叢書)』 권14에 수록되었다.

我訟 亦不汝從 貴南段 妻子好合 及爾偕老 黃髮兒齒 實維我儀 之死矢靡他 玆敢具由仰訴爲白去乎 右項緣由乙 細細參商教是後 無信人之言 哀此煢獨 歸哉歸哉 適我願兮爲白只爲 (삼가 진술합니다. 마음이 슬프니 말하는 것조차 욕스럽습니다. 사실은 제가 본래 조실방에서 태어나 살고 있던 양가 여자로, 열다섯 살 즈음에 신지촌에 있는 우영익에게 시집갔습니다. 여자가 시집감에 그 집안을 잘 가꾸어야 했기에 삼년 동안 가난하게 살면서도 집안 일을 수고로이 여기지 않았습니다. 그러나 남편이 불량하고 사람으로서 예의가 없어서 저를 제대로 돌보지 않고, 도리어 원수로 생각할 뿐만 아니라 헐뜯고 중상하는 말이 끝이 없어 우리 두 사람을 죄인으로 얽어매기에 이르렀습니다. 이웃에 사는 김기문과 몰래 간통하였다 하면서, 끝내 서로 좋아하지 않고 문안에서 나를 보냈습니다. 이렇게 될 줄은 생각조차 못했지만 또한 어쩔 수 없었습니다. 제가 우리 아버지와 여러 어른들께 돌아가 말씀을 드렸으나 끝내 어렵고 가난하여 홀로 거처하게 하고 저의 생활을 돌볼 수 없었기에 마침 갈명곡에 있는 장계생의 집에 베 짠 삯을 받아오기 위하여 동이 트기도 전에 저 높은 산을 올랐습니다. 이슬이 흥건히 내린 길을 홀로 외로이 가는데 저 어떤 힘이 범 같은 놈이 저를 노산의 사이에서 만났습니다. 우연히 만났는데 저를 원수처럼 붙들고는 넘어뜨리고 덮치고 하여 나를 희롱하며 쉬지도 못하게 했습니다. 마음이 취하듯이 잠들어 깨어나지를 못했습니다. 내 몸도 주체하지 못하는 형편에 하물며 뒷일을 근심하겠습니까. 조금 쉴 만하면 다시 약한 행동을 하여 심지어 저의 등이 까지고, 다리고 저려 혼절하였을 때 저도 모르는 사이에 그 놈이 내 적삼을 빼앗아 가버렸습니다. 제가 기다시피 하여 집으로 돌아와 며칠 동안 일어나지 못했는데, 이에 저의 아버지께서 그 사유를 들으시옵고 혹시라도 딸이 혼자 살다가 다시 흉포한 욕을 당할까 염려하여 이웃집 늙은 홀

아비 정귀남에게 시집가는 것을 허락하였습니다. 결혼을 한 까닭에 그의 집에 가서 저의 재물을 옮겨다가 함께 해로하려고 하였는데 뜻밖에 지금, 전날 그 놈이 와서 처음에는 용의곡에 사는 김명길이라고 하면서 손에 관패와 내가 잃어버린 적삼을 가지고 말하기를, "이 여자가 나의 손을 잡고 함께 가면서 아침마다 함께 살기를 맹세했는데 어찌 옷이 없어진 것인가. 당신이 주었기 때문이요, 다른 사람과 사는 것은 너무도 신의가 없는 것이다"라고 하였습니다. 수없이 무고하게 모함이 있었으나 대저 아내를 어떻게 얻는 것입니까? 중매가 없으면 얻지 못하는 것인데 그에게 좋은 중매쟁이가 없으니 어찌하겠습니까. 명길은 말을 하더라도 또한 심히 추악합니다. 저 미친놈의 미친 행동은 저는 전혀 마음에 없습니다. 나를 옥사에 불렀으나 가정을 이루기에는 부족합니다. 비록 나를 송사에 엮었으나 또한 그를 따르지 않겠습니다. 귀남은 처자와 화합할 만하여 그와 해로하며 누런 머리와 새 이빨이 나도록 진실로 저의 짝이 될 만합니다. 죽어도 다른 곳에 시집가지 않겠습니다. 이에 감히 사연을 갖추어 우러러 하소연을 하오니, 위의 연유를 자세히 헤아리신 후에 다른 사람 말을 믿지 마시고 이 외로운 사람을 가엾게 여기시어 돌아가고 싶은 곳에 돌아가 제가 소원을 이루도록 해주소서.)

이 작품은 성주 지방 양녀 愛琴의 소장이 아이들 사이에 베껴 전하는 것이 있었는데 내용이 우습고 진술한 말도 포복절도할 만하여 이옥이 이를 대략 다듬고 고쳐서 무료할 때 이야깃거리로 삼고자 만든 것이라고 한다. 위의 이조년의 산문 작품처럼 訴狀 형식을 빌려 해학적 이야기를 풀어낸 문학 작품이라 할 만하다. 이두문을 문학 작품의 창작에 원용한 또 하나의 사례라 할 수 있겠다.

실용 문서 작성이라는 공적 영역에서의 이두문 사용이 다분히 관행적으로 이루어진 측면이 있다면 이처럼 조선 후기까지 사적 문자생활에도 여전히 이두문이 사용되고 있는 모습은 오랜 역사를 가진 이두의 만만치 않은 생명력을 보여주는 것이라 할 수 있겠다.

| 참고문헌 |

김경미(2005), 「18세기 양반여성의 글쓰기의 층위와 그 의미」, 『한국고전여성 문학연구』 11, 한국고전여성문학회.

김봉좌(2013), 「조선후기 傳令의 한글 번역과 대민 유포」, 『한국문화』 61, 서울 대 규장각한국학연구원.

김상홍(1986), 「다산의 『이담속찬』 연구」, 『한문교육연구』 1, 한국한문교육학회.

김슬옹(2005), 『조선시대 언문의 제도적 사용 연구』, 한국문화사.

김시덕(2014), 「동아시아 문헌학의 지역별 특성 – 전근대 일본 문헌을 사례로」, 『동아시아 문헌학 거점 구축을 위한 제언』(서울대 규장각한국학연구원 인문한국사업단 제22회 HK워크숍 자료집), 서울대 규장각한국학연구원.

김완진(2004), 「경자기년 대왕대비 언문전교에 대하여」, 『문헌과해석』 27, 문헌 과해석사.

김일근(1961), 「인목대비 술회문의 소개와 몇 가지 문제」, 『국어국문학』 23, 국 어국문학회.

김종우(1971), 「나옹화상 僧元歌」, 『국어국문학지』 10, 문창어문학회.

김하라(2012), 「통원 유만주의 한글 사용에 대한 일고」, 『국문학연구』 26, 국문 학회.

_____(2014), 「조선 후기 지식인 남성의 자국어 인식 - 『역어유해』 등 한어 어 휘집 수용과 관련하여」, 『2013년도 규장각한국학연구원 신진학자연구발 표회(2차) 자료집』, 서울대 규장각한국학연구원.

박병채(1977), 「歷代轉理歌에 나타난 口訣에 대하여」, 『어문논집』 19·20, 안 암어문학회.

박성종(2008), 「李兆年의 『鷹鶻方』에 나타난 吏讀文 作品에 대하여」, 『국어국 문학』 148, 국어국문학회.

_____(2011), 「조선 시대의 이두와 그 연구 방법의 편모」, 『구결학회 발표논문 집』 41.

_____(2011), 「『牛馬羊猪染疫病治療方』과 그 吏讀에 대하여」, 『국어사연구』 12, 국어사학회.

박순함(1997), 「양층언어구조(Diglossia)연구의 약사-그리고 상민족어 개념과 한국적 유형에 관한 검토」, 『사회언어학』 5, 한국사회언어학회.

백두현(2001), 「조선시대의 한글 보급과 실용에 관한 연구」, 『진단학보』 92, 진단학회.

_____(2004), 「조선시대 여성의 문자생활 연구 - 조선왕조실록 및 한글 필사본을 중심으로」, 『진단학보』 97, 진단학회.

_____(2005), 「조선시대 여성의 문자생활 연구 - 한글 편지와 한글 고문서를 중심으로」, 『어문논총』 42, 한국문학언어학회.

_____(2007), 「한글을 중심으로 본 조선시대 사람들의 문자생활」, 『서강인문논총』 22, 서강대 인문과학연구소.

_____(2009), 「훈민정음을 활용한 조선시대의 인민 통치」, 『진단학보』 108, 진단학회.

부유섭·강문종(2007), 「기각한필 연구」, 『고전문학연구』 32, 한국고전문학회.

실시학사 고전문학연구회 역(2001), 『역주 이옥전집』 1~3, 소명출판.

심경호(2006), 「한문산문 연구에 대한 몇 가지 제안」, 『동방한문학』 31, 동방한문학회.

_____(2008), 「이두식 변격한문의 역사적 실상과 연구과제」, 『어문논집』 57, 민족어문학회.

_____(2009), 「문자와 매체-조선선비의 문자생활과 지적 교류」, 『국학연구』 14, 한국국학진흥원.

안대회(2006), 「조선 후기 이중 언어 텍스트와 그에 관한 논의들」, 『대동한문학』 24, 대동한문학회.

_____(2009), 「御札帖으로 본 正祖의 인간적 면모」, 『大東文化研究』 66, 성균관대 대동문화연구원.

안병희(1999), 「왕실자료의 한글필사본에 대한 국어학적 검토」, 『장서각』 창간호, 한국학중앙연구원.

_____(2007), 『훈민정음 연구』, 서울대 출판부.

이경하(2003), 「15~16세기 왕후의 국문 글쓰기에 관한 문헌적 고찰」, 『한국고전여성문학연구』 7, 한국고전여성문학회.

_____(2005), 「17세기 상층여성의 국문생활에 관한 문헌적 고찰-여성 대상

傳狀文, 碑誌文을 중심으로」, 『한국문학논총』 39, 한국문학회.

_____(2010), 「중세의 여성 지성과 문자의 관계」, 『여성문학연구』 24, 한국여성문학학회.

_____(2013), 「15세기 조선, 젠더의 번역과 문자의 젠더화」, 『한국어문학과 번역』(서울대학교 한국어문학연구소 제2회 국제학술대회 발표논문집), 서울대 한국어문학연구소.

이상규(2011), 『한글 고문서 연구』, 도서출판 경진.

이승희(2013), 「조선 후기 왕실 여성의 한글 사용 양상」, 『한국문화』 61, 서울대 규장각한국학연구원.

이영경(2013), 「영조대의 교화서 간행과 한글 사용의 양상」, 『한국문화』 61, 서울대 규장각한국학연구원.

이임수(2009), 「『역대전리가』와 형성기의 가사문학 고(考)」, 『우리말글』 47, 우리말글학회.

이종묵(2002), 「조선시대 한시 번역의 전통과 양상」, 『장서각』 7, 한국학중앙연구원.

_____(2007), 「조선시대 여성과 아동의 한시 향유와 이중언어체계(Diaglosia)」, 『진단학보』 104, 진단학회.

이현희(2013), 「현대 이전의 '飜譯'과 '諺解'에 대한 몇 고찰」, 『한국어문학과 번역』(서울대 한국어문학연구소 제2회 국제학술대회 발표논문집(별지)), 서울대 한국어문학연구소.

이호권(2008), 「조선시대 한글 문헌 간행의 시기별 경향과 특징」, 『한국어학』 41, 한국어학회.

임형택(2004), 「김씨부인의 국문 상언(上言) - 그 역사적 경위와 문학적 읽기」, 『민족문학사연구』 25, 민족문학사학회.

장윤희(2005), 「국어생활사의 관점에서 본 문학작품의 가치」, 『국어국문학』 141, 국어국문학회.

정병설(2008), 「조선 후기 한글, 출판 성행의 매체사적 의미」, 『진단학보』 106, 진단학회.

_____(2009), 「조선시대 한문과 한글의 위상과 성격에 대한 一考」, 『한국문화』 48, 서울대 규장각한국학연구원.

정승혜(2012), 「조선통사가 남긴 대마도의 한글편지에 대하여」, 『어문논집』 65, 민족어문학회.

_____(2012), 「한글 간찰을 통해 본 근세 역관의 대일외교에 대하여」, 『대동한 문학』 37, 대동한문학회.

_____(2013), 「儒學 奇泰東이 죽은 누이를 위해 쓴 한글제문에 대하여」, 『국 어사연구』 17, 국어사학회.

정재영 외(2000), 『정조대의 한글 문헌』, 문헌과해석사.

정재호(1983), 「歷代轉理歌의 眞僞考」, 『동방학지』 36-37, 연세대 국학연구원.

정출헌(1998), 「17세기 국문소설과 한문소설의 대비적 위상」, 『한국한문학연 구』 22, 한국한문학회.

_____(2003), 「표기문자의 전환에 따른 고전소설 미학의 변이양상 연구」, 『민 족문학사연구』 23, 민족문학사학회.

정훈식(2012), 「역자서문」, 『을병연행록』, 경진출판사.

조해숙(2003), 「17세기 시조 한역의 성격과 의미」, 『배달말』 33, 배달말학회.

황문환(2013), 「(韓中間) 對外機密 維持를 위한 諺簡 實用의 한 事例: 冬至副 使 李亨元이 義州府尹 沈晉賢에게 부친 諺簡」, 『近世東アジアの外國語 教育とその背景(근세 동아시아의 외국어 교육과 그 배경)』, 譯學書學會 第5回 國際學術會議 발표문, 역학서학회.

| 연구진 소개 |

이현희(李賢熙 Lee, Hyeon-Hie)
서울대학교 국어국문학과를 졸업하고, 동대학교 대학원에서 박사학위를 받았다. 현재 서울대학교 국어국문학과 교수로 재직중이다. 주요 논문으로 「'채'와 '쩨'의 통시적 문법」(『규장각』 36, 서울대 규장각한국학연구원, 2010)와 「권덕규의 생애와 그 국어학적 업적에 대한 한 연구」(『규장각』 41, 서울대 규장각한국학연구원, 2012)가 있으며, 저서로는 『중세국어구문연구』(신구문화사, 1994)가 있다.

이영경(李玲景 Lee, Yeong-Gyeong)
서울대학교 국어국문학과를 졸업하고, 동대학교 대학원에서 석사 및 박사학위를 받았다. 현재 가톨릭관동대학교 국어교육과 조교수로 재직중이다. 주요 논문으로 「국어 온도 표현 어휘의 발달에 대하여」, 「조선 후기 『소학』 언해의 활용과 보급에 대한 국어학적 연구」 등이 있으며, 저서로는 『중세국어 형용사 구문 연구』, 『그림으로 본 조선』(공저) 등이 있다.

김한결(金한결 Kim, Han-Gyul)
경남대학교 국어교육과를 졸업하고 서울대학교 국어국문학과 박사과정을 수료했다. 현재 한국방송통신대학교 국어국문학과 조교로 재직중이다. 주요 논문으로 「'갓가이'에 대한 통시적 해석」(『국어학논집』 6, 역락, 2009), 「단일(單一)피·사동접미사와 이중(二重)피·사동접미사의 형태소 목록에 대한 검토—남광우(1962)와 구본관(1998)을 중심으로」(『관악어문연구』 34, 서울대 국어국문학과, 2009), 「'{-고뎌, -과뎌} ᄒᆞ-' 구성에 대한 통시적 연구」(서울대 석사논문, 2011)가 있다.

김민지(金敏智 Kim, Min-Ji)
선문대학교 중어중국학과를 졸업하고 서울대학교 국어국문학과 박사과정을 수료했다. 주요 논문으로 「중세국어 '아쳗-'과 '아쳗브-'의 통시적 고찰」(『국어학논집』 7, 역락, 2011), 「문세영의 『조선어사전』에 대하여」(『국어학논집』 7, 역락, 2011), 「어미 '-거든'에 대한 통시적 연구」(서울대 석사논문, 2012), 「개화기 중국어 회화서 『學淸』·『你呢貴姓』에 대하여」(『국어사 연구』 18, 국어사학회, 2014)가 있다.

이상훈(李相勳 Lee, Sang-Hoon)
명지대학교 국어국문학과를 졸업하고 서울대학교 국어국문학과 박사과정을 수료했다. 주요 논문으로 「중세국어 양보부사 연구」(서울대 석사논문, 2011), 「규장각소장 『오륜힝실』에 대한 국어학적 연구」(『규장각』 41, 서울대 규장각한국학연구원, 2012), 「중세 한국어의 '현마'에 대하여」(『국어사연구』 15, 국어사학회, 2012)가 있다.

백채원(白采媛 Baek, Chae-Won)
서강대학교 국어국문학과를 졸업하고 서울대학교 국어국문학과 박사과정을 수료했다. 주요 논문으로 「중세 한국어의 정도 부사에 대한 연구」(서울대 석사논문, 2010), 「부사 '같이'에 대한 통시적 연구」(『국어사 연구』 14, 국어사학회, 2012), 「20세기 초기 자료에 나타난 '言文一致'의 사용 양상과 그 의미」(『국어국문학』 166, 국어국문학회, 2014)가 있다.

18세기 후반 조선의 지식인 연암 박지원은 "법고(法古)하면서도 변통할 줄 알고 창신(創新)하면서도 능히 전아(典雅)할 수 있는" 경지를 추구했다. 옛 것에만 얽매이거나 새로운 것만 추종하는 세태를 경계했기 때문이다. 박지원이 거론한 "법고창신"의 정신은, 오늘날의 우리 학문이 처한 현실에서도 소중한 지침이 될 수 있을 것이다. 규장각한국학연구원은 이로부터 우리 학문이 나아갈 방향을 찾고자 하며, 이에 걸맞은 연구 성과를 모아 "규장각 학술총서"라는 이름으로 간행하고자 한다.

우리 연구원은 전근대로부터 근대에 이르기까지의 귀중한 기록문화 유산을 소장하고 있다. 우리 연구원에서는 이들 유산을 원형대로 보존하고 적절하게 관리하는 데 최선을 다하고 있지만, 한편으로는 이들에 대한 정밀한 연구로 우리 시대의 학문을 개척하는 것이 또한 중요한 보존이며 관리라고 판단하고 있다. 우리 연구원이 소장한 기록문화 유산은 국가의 운영, 인간의 삶과 의식 그리고 세계와의 만남에 대한 생생한 기록을 담고 있으므로, 무궁무진한 연구의 원천이 될 수 있을 것이다. 기왕의 한국학 연구가 이러한 사실을 입증하고 있는 바이거니와, "법고창신"의 학문적 전통을 만들어가고자 하는 "규장각 학술총서"는 보다 큰 학문적 성과를 통해 이를 다시 입증할 수 있으리라 기대한다.

"규장각 학술총서"에는 다양한 방식, 그리고 다양한 형태의 학술서적이 포함될 것이다. 개인 명의가 있는가 하면 공동의 명의로 간행되는 것도 있을 것이다. 전문적인 연구서가 있는가 하면 일반 독자까지 고려한 단행본도 있을 것이며, 고전의 주석을 포함한 각종 번역서나 자료집도 포함될 것이다. 또 연구 대상으로서의 자료의 범위와 주제 또한 다양할 것이다. 이는 한국학을 선도하고자 하는 우리 연구원의 포부와 기대를 반영하는 것이다. 우리 연구원에서 추구하는 "법고창신의 학문"이 깊어질수록, 우리 총서는 더욱 다양한 모습을 지닐 수 있을 것이다. 우리 총서의 성과물 하나 하나가 한국 인문학의 성장에 기여하는 디딤돌이 될 수 있기를 기대한다.

2014년 규장각한국학연구원장 김인걸